JUSTICE
정의란 무엇인가

JUSTICE: What's the right thing to do?

마이클 샌델

JUSTICE
정의란 무엇인가

김선욱 감수 | 김명철 옮김

와이즈베리
WISEBERRY

이 책에 쏟아진 찬사

마이클 샌델은 세상에서 가장 흥미로운 정치 철학자 중 한 사람이다. 정치가와 정치 평론가는 흔히 '이것이 유권자들에게 좋을까?' 혹은 '이것이 유권자들의 자유에 영향을 미칠까?'라는 질문을 한다. 하지만 샌델은 그러한 논쟁의 천박함을 올바르게 지적하며 다음과 같은 제3의 기준을 제시한다. '이것이 공동선에 어떤 영향을 미칠까?' 〈가디언〉

마이클 샌델은 정치적으로 가장 어려운 도덕적 주제들을 과감히 다루며, 정치적 견해의 차이점을 명확히 보여 준다. 이 책은 우리가 일상생활에서 맞닥뜨리는 개인적인 윤리 문제는 물론이고, 월스트리트 구제 금융, 이민법, 시장의 역할, 병역, 차별 시정 조치, 동성 결혼 등에 관해 생각하는 데 도움을 준다. 〈워싱턴 포스트, 마이클 거슨Michael Gerson〉

현대의 도덕적 딜레마를 헤쳐 나가는 로드맵이다. 도덕 철학을 이해하는 지름길을 찾으려는 사람들은 재치 있고 속도감 있게 전개되는 이 책을 읽지 않을 수 없을 것이다. 〈시애틀 타임스, 케빈 해밀턴Kevin J. Hamilton〉

마이클 샌델은 수년간 강의해 온 경험을 통해 정의의 이론들을 명확하고 빠르게 이해할 수 있도록 설명하고 있다. 철학자들의 견해를 이토록 쉽게 설명한 책은 없었다. 〈뉴욕 타임스, 조너선 라우흐Jonathan Rauch〉

마이클 샌델은 도덕 철학을 시민의 논쟁의 결과물이자 교양으로 보는, 고대 그리스로 거슬러 올라가는 전통적 입장을 취하고 있다. 정의에 관한 이 책의 가장 놀랍고 매력적인 특징 가운데 하나는 실제 법적, 정치적 논란의 사례들을 소개하고 있다는 점이다. 정치적 논쟁에서 피할 수 없는 윤리적 특징을 가진 샌델의 주장은 무척 신선하다. 〈뉴 스테이트맨〉

마이클 샌델은 구제 금융, 모병제, 대리모 임신, 동성 결혼, 이민법 개혁, 노예제 보상 등에 관한 논쟁의 여러 가지 측면을 잘 보여 준다. 그는 복잡한 주제를 알기 쉽고, 심지어 재미있게 설명해 주는 대단한 재능을 가졌다. 〈퍼블리셔스 위클리〉

하버드 대학교에서 정치 철학을 가르치는 슈퍼스타 마이클 샌델 교수의 강의는 세상에서 사람들이 가장 많이 찾아 듣는 강의 중 하나다. 〈데모크라시, 리처드 리브스Richard Reeves〉

역사, 해외 토픽, 문헌 사례, 법적 공방, 그리고 위대한 철학자들의 가르침으로부터 나온 가설, 뉴스 스토리, 에피소드를 흥미롭고 재미있게 엮어, 마이클 샌델은 우리가 갖고 있는 가정, 편견, 게으른 사고 등을 되돌아보게 해준다. 우리가 교수들로부터 늘 원했던 뛰어난 해설이다. 〈키르쿠스 리뷰스〉

학생과 독자들을 몇 번이고 설득시킬 수 있는 매우 흥미로운 이 책은 품위 있는 삶을 살아가는 데 필요한 포괄적인 안내를 제공한다. 〈보스턴 리뷰, 비비언 고닉Vivian Gornick〉

마이클 샌델의 손에서 멋진 철학이 탄생했다. 『정의란 무엇인가』는 정치적 논쟁을 그만두고, 우리가 진정으로 살고 싶은 사회는 어떠한 사회인지에 대한 상식적인 논의가 가능한지를 알려 주는 시기적절한 책이다. 〈옵서버, 조너선 리Jonathan Ree〉

이 책의 목적은 사회 정책의 중요한 문제들을 분명하게 인식하는 즐거움을 주는 데 있다. 이 명쾌한 책을 읽는다는 것은 학기말 보고서와 시험 같은 귀찮은 일 없이 그의 유명한 '정의' 수업을 듣는다는 것을 의미한다. 〈조지 윌George F. Will〉

『정의란 무엇인가』는 마이클 샌델의 기량이 마음껏 발휘된 책이다. 그는 이제껏 당신이 단정했던 것들을 다시 생각하게 하고 기존의 사고방식에 의문을 제기하게 만든다. 그는 우리 삶을 보다 풍부하게 만드는 방법을 제시한다. 〈디온 주니어E. J. Dionne, Jr.〉

이 책을 읽다 보면, 우리가 옳고 그름의 개념에 어떻게 도달하는지에 대해 열중하게 된다. 은연중에 드러나는 위트는 그의 책에 생동감을 불어넣으며, 우리가 흔히 생각하는 경험 세계의 질서를 엿보는 데 도움이 된다. 〈더 플레인 딜러, 캐런 롱Karen R. Long〉

여러 세대에 걸쳐 학생과 교육받은 시민들은 샌델의 이 책에서 많은 도움을 얻을 것이다. 〈헤지호그, 아미타이 에치오니Amitai Etzioni〉

마이클 샌델은 정의에 관한 담론을 기적적인 성과물로 만들어 놓았다. 〈네이션. 새뮤얼 모인 Samuel Moyn〉

키쿠에게, 사랑을 담아

한국의 독자들에게

나는 학자들뿐만 아니라 일반 시민들을 위해서도 이 책을 썼다. 정의, 공동선, 시민의 의미 등 커다란 철학적 물음에 대해 생각하는 즐거움을 독자들에게 전하고 싶었다. 또한 철학을 우리가 살고 있는 세상과, 공적 삶과, 일상에서 마주치는 도덕적 딜레마와 연결하고자 했다. 이전에 철학을 공부했든 안 했든 상관없이 누구에게나 철학을 소개하고, 또 고취하길 원했다.

이런 모든 바람에도 불구하고, 나는 이 책이 특히 한국에서 뜨거운 호응을 받는 것을 보고 크게 놀랐다. 나는 한국의 백만 독자들에게 이 책이 사랑받을 것이라고는 전혀 예상하지 못했다. 또한 내 책이 한국에서 정의로운 사회의 의미에 관한 공개 토론에 일조하리라고는 생각도 하지 못했다.

나는 이런 놀라운 반응이 나타난 이유가 무엇인지 설명해 달라는 질문을 자주 받는다. 그 답을 확실히 알지는 못하지만, 나의 추측은 이러하다. 한국을 방문할 때마다, 나는 도덕과 가치에 관한 물음처럼 커다란 질문을 놓고 공개적으로 함께 추론하길 원하는 한국인들의 열망 혹은 갈증에 큰 인상을 받았다. 한국의 독자들이 내 책과 강의에 매력을 느꼈다면, 그 이유는 내가 결정적인 답을 제시해서라기보다는, 우리들이 직면하고 있는 가장 어려운 도덕적 질문에 대해 함께 생각하고자 정중한 태도와 상호 존중의 정신으로 독자와 청중을 초대했기 때문일 것이다. 나는 그러한 공개 담론에 대한 깊은 열망을 한국에서 발견한다.

한국은 젊은 민주 사회다. 최근 수십 년간 한국은 경제적으로 경이롭게 변모했다. 세계에서 앞서 가는 경제권 가운데 하나가 된 지금, 한국인들은 좋은 삶의 의미에 대해 묻고 있다. 일인당 소득이 어느 정도 달성된 뒤에도, 돈으로 더 많은 행복을 살 수 있을까? 아니면 행복은 돈으로 살 수 없는 활동과 관계에 달려 있을까? 불평등이 심화되고 부자와 가난한 자의 차이가 확대되는 것을 어떻게 해야 할까? 건강 보험료는 지불 능력에 따라 부담해야 할까, 아니면 필요에 따라 부담해야 할까? 교육 역시 마찬가지다. 부유한 부모가 그렇지 못한 부모에 비해 자녀 사교육에 더 많은 돈을 지출할 수 있는 상황은 정당할까?

기업의 정의는 어떠한가? 자본주의 사회에서 기업들은 규모를 키워 효율을 추구하고 경쟁한다. 하지만 기업은 다른 것에 우선해 주주 가치의 극대화를 추구해야 할까? 아니면 종업원, 고객, 협력업체, 그리고 기업이 속한 공동체의 복지 증진에도 힘써야 할까? 기업이 가격을 낮추고 이익을 늘리기 위해 일손을 아웃소싱하는 것은 잘못일까? 대기업이 중소기업에 대한 책임이 있다면 무엇일까? 정부는 소비자들에게 낮은 가격을 제시할 수 있는 대형 업체들로부터 지역 상권을 보호하는 노력을 해야 할까?

세계적인 문제, 혹은 한국이 처한 특수한 여건으로부터도 여러 가지 정의 및 도덕의 문제가 제기된다. 북한의 위협적인 언사와 행동에 남한은 어떻게 대응해야 할까? 오늘날 국가 간의 관계에 있어, 과거의 아픈 역사적 기억 및 부당 행위는 어느 정도 영향을 미쳐야 할까? 또한 최근에 있었던 가슴 아픈 세월호의 비극에 대해 한국은 어떻게 대응해야 할까?

이러한 질문들에 대답하기란 쉽지 않다. 사실 이러한 질문들은 극심한 이견과 격렬한 논쟁을 촉발한다. 그리고 그 이견들은 흔히 정의와 좋은 사회란 무엇인가에 관해 서로 이견을 보이는 원칙 및 개념에 각각 기초하고 있다.

의견 충돌의 두려움 때문에 우리는 때로 심오한 도덕적 신념을 공적인 담론의 장으로 가져오길 주저한다. 하지만 나는 그것이 실수라고 생각한다. 정의에 관해 경쟁하는 원칙들을 두고 공개적으로, 그리고 공적으로 다투는 것은 나약함의 징표가 아니라, 성숙되고 자신감 넘치는 민주주의의 징표다. 나는 한국인들이 이러한 물음에 대해 공개 담론으로 논의할 의지와 능력이 있다고 생각하며, 이에 깊은 인상을 받고 또 존경하고 있다.

2012년 아산정책연구원은 사회 정의에 관한 여론 조사를 실시했다. 미국인들의 38%가 미국 사회를 정의롭지 못하다고 생각한 데 반해, 한국 사회를 불공정하다고 생각한 한국인은 74%나 되었다. 하지만 이 조사를 바탕으로 미국 사회가 한국 사회보다 더 정의롭다고 결론 내리는 것은 오류일 것이다. 그 조사는 얼마나 정의롭다고 생각하는지를 측정한 것이지, 정의 그 자체를 측정한 것이 아니기 때문이다. 자기 사회가 직면하고 있는 부당함에 대한 비판을 한국인들이 미국인들보다 더 잘하기 때문인 것으로 나는 생각한다. 예를 들어, 미국은 한국처럼 불평등의 증가를 경험해 오고 있다. 하지만 정치 스펙트럼 전체에 걸쳐 불평등 문제에 관해 한국인들은 미국인들보다 더욱 민감하게 여기고 우려한다는 느낌이다.

이 책과 또 다른 내 책『돈으로 살 수 없는 것들』에 보여 준 한국인들의 관심과 열정 덕분에 나는 한국 독자 및 친구들과 대화를 나누며 개인적 여행을 하는 듯한 느낌을 받곤 한다. 나는 한국철학회의 초청으로 2005년에 한국을 처음 방문하여 다산 기념 철학 강좌를 했다. 서울대, 경북대, 전북대 등 몇몇 대학에서 강의를 했다. 나는 세 명의 뛰어난 한국 철학자인 서울대 황경식 교수, 연세대 박정순 교수, 숭실대 김선욱 교수와 동행했다. 함께 여행한 철학 일행 중에는 당시 조교였으며 이후 박사 학위를 받은 정훈도 있었다. 그들은 한국의 학계(그리고 한국의 홍삼)를 내게 소개해 주었다. 나는 그들의 지속적인 우정에 감사한다. 나는 특히 이 책이 보다 명확하고 정확하게 새로 번역될 수 있도록 감수를 맡아 준 김선욱 교수에게 감사하고 싶다.

그 후 이 책이 나오고 나서, 2010년에 아산정책연구원의 초청으로 한국을 다시 방문했다. 그리고 아산정책연구원장 함재봉 박사와 그의 최고의 팀으로부터 커다란 친절과 환대를 받았다. 당시 나는 아산 기념 강연뿐만 아니라 경희대학교에서 약 4,500명의 학생들을 상대로 공개 강의를 했다. 그때는 확실히 많은 것이 바뀌어 있었다. 많은 분들이『정의란 무엇인가』를 읽고 나의 하버드 '정의' 강의를 온라인이나 텔레비전으로 미리 접하고 강연에 참석했다. 크고 아름다운 강당을 가득 메운 분들이 나와 대화를 나누고, 나의 질문에 지혜롭고 사려 깊고 유머러스하며 생생하고 희망에 가득 찬 대답을 해 주었다. 나는 한국 독자들과 청중이 자기 발견이라는 철학적 여행을 나와 함께 했음을 느꼈다.

『돈으로 살 수 없는 것들』이 출간됐던 2012년 6월에 서울을 다시 방문했을 때도 여행은 계속되었다. 그때는 정의의 주제가 돈과 시장에 대한 도덕적 딜레마로 확장되었다. 이번에는 연세대학교에 있는 야외 노천극장에서 강의가 진행되었다. 약 1만 5천 명이 참석한 그곳에서 나는 결코 잊을 수 없는 경험을 했다.

그토록 많은 사람들이 있었어도, 우리는 모두 친밀감을 느꼈다. 나는 새로 나온 내 책을 소개하며, 청중을 대화에 초대했다. 좋은 사회에서 돈과 시장은 어떤 역할을 해야 하는가? 돈으로 살 수 없는 것들이 있는가? 돈으로 살 수 있지만, 사서는 안 되는 것이 있는가? 나는 시장 논리의 도입으로 논란이 될 수 있는 일부 사례에 대한 청중의 반응을 물었다. 예를 들어, K팝 스타는 소득의 일부를 내고 군대를 면제받아도 될까? 하버드나 다른 유수의 대학들이 부모로부터 상당한 기부금을 받고 자식을 입학시켜도 될까? 만약 그 돈이 우수하지만 가난해서 등록금을 낼 수 없는 학생들의 장학금으로 사용된다면?

청중이 토론에 참석하면서 수백 명이 손을 들어 답해 주었다. 그들은 또 다른 딜레마와 논쟁을 했고, 잘 추론된 주장으로 자신의 의견을 뒷받침했다. 흔히 사람들은 다른 사람들과 견해를 달리했다. 하지만 이견에도 불구하고, 사람들은 서로에게 귀를 기울였고, 견해가 다른 주장에 이성적으로 반응했다. 황혼이 지고 달이 노천극장 위로 솟아오를 때까지 논쟁은 계속되었다. 우리는 논쟁했던 특정 딜레마와 사례들을 넘어,

정의의 기본 원칙과 좋은 사회의 의미에 대해 논쟁하고 있음을 발견했다.

밤이 되었어도 우리는 논쟁했던 모든 질문을 해결하지 못했다. 이견은 여전했다. 하지만 나는 깊은 인상과 감동을 받았다. 아마도 세계 역사상 가장 큰 상호 작용 철학 강의로 기록될 노천극장에서의 강의에 참여했다는 사실에 황홀했다. 하지만 내가 가장 큰 감동을 받은 이유는 따로 있었다. 내 생각에, 아마도 서울의 따뜻한 봄날 저녁 야외에 모였던 대중의 생각은 고대 아테네 집회에 참석했던 사람들이 느꼈던 생각과 비슷했을 것이다. 이견을 가진 사람들이 정중하고 예의를 갖춰 나눈 그 대화는 민주주의 시민정신이 무엇인지 엿볼 수 있게 해주었다.

나는 이 기회를 빌려 한국 독자들이 내 책에 보여 준 관심, 그리고 민주주의의 희망을 보여 준 영감 있는 여행에 초대해 준 것에 깊은 감사를 표하고 싶다.

마이클 샌델

차례

01 정의란 옳고 그름을 판단하는 문제일까? • 17

복지, 자유, 미덕 | 어떤 부상을 입어야 상이군인 훈장을 받을 자격이 될까? |
구제 금융에 대한 분노 | 정의에 대한 세 가지 접근법 | 사례1: 폭주하는 전차
| 사례2: 아프가니스탄의 염소 목동 | 도덕적 딜레마

02 최대 행복 원칙: 공리주의 • 57

제러미 벤담의 공리주의 | 반박1: 개인의 권리 | 반박2: 가치를 재는 단일
통화 | 존 스튜어트 밀

03 우리는 우리 자신을 소유하는가?: 자유지상주의 • 95

최소 국가 | 자유 시장 철학 | 마이클 조던의 돈 | 우리는 우리 자신을 소유
하는가?

04 대리인 고용: 시장 논리의 도덕성 문제 • 121

징집과 고용, 어느 쪽이 옳을까? | 모병제를 옹호하는 주장 | 돈을 주고받는
대리 출산의 사례 | 대리 출산 계약과 정의 | 외주 임신

JUSTICE

정의란
옳고 그름을 판단하는
문제일까?

01

DOING THE RIGHT THING

2004년 여름, 멕시코 만에서 세력을 확장한 허리케인 찰리가 플로리다를 휩쓴 뒤 대서양으로 빠져나갔다. 이 태풍으로 인해 22명의 인명 피해와 110억 달러의 재산 피해가 발생했다.[1] 이후 사람들 사이에는 난데없는 가격 폭리 논란이 벌어졌다.

올랜도에 있는 어느 주유소는 2달러짜리 얼음 한 봉지를 10달러씩 받고 팔았다. 8월 한여름에 전기가 제대로 들어오지 않아, 냉장고나 에어컨을 틀 수 없게 된 많은 사람들은 어쩔 수 없이 가게 주인이 달라는 대로 돈을 다 줄 수밖에 없었다. 쓰러진 나무들을 치우느라 전기톱을 사거나 지붕을 수리하려는 사람들도 크게 늘었다. 그러자 주택 수리업자들은 지붕을 덮친 나무 두 그루를 치우는 데 무려 2만 3천 달러를 요구했다. 가정용 소형 발전기를 팔던 가게에서는 평소 250달러 하던 발전기를 2천 달러에 팔았다. 일흔일곱 살의 한 할머니는 나이 많은 남편과 몸이 불편한 딸을 데리고 허리케인을 피해 모텔에 묵었는데, 평소에는 하룻밤에 40달러 하던 방을 이때는 1박에 160달러씩 쳐서 숙박비를 내야 했다.[2]

플로리다 주민들은 바가지요금에 분개했다. '태풍 뒤에 찾아온 약탈자들'이란 문구가 「USA 투데이」의 헤드라인을 장식했다. 주택 지붕 위로 쓰러진 나무를 치우는 데 1만 500달러가 들었다는 어느 주민은 "다른 사람의 어렵고 불행한 처지를 이용해 한몫 챙기려는 행동은 옳지 않다"고 분통을 터뜨렸다. 플로리다 주 법무장관 찰리 크리스트^{Charlie Crist}도 이에 동의했다. "허리케인 때문에 고통받는 사람들을 이용하는 자들의 지나친 탐욕에 경악하지 않을 수 없습니다."[3]

플로리다에는 가격 폭리를 금지하는 법이 있었기에, 허리케인이 지나간 뒤 주 법무장관실에는 2천 건 넘는 신고가 접수되었다. 이 중 일부는 승소 판결을 받기도 했다. 웨스트팜비치에 있는 '데이스인^{Days Inn}'은 벌금에다 평소 금액 이상으로 받았던 숙박료를 투숙객들에게 돌려주느라 7만 달러를 지불했다.[4]

하지만 법무장관이 가격폭리방지법을 집행하려 하자, 일부 경제학자들은 해당 법과 대중의 분노가 오해에서 비롯되었다고 주장했다. 중세시대에 철학자와 신학자들은 전통적으로 매겨진 가격 혹은 물건이 본래 가지고 있는 가치에 의해 결정된 소위 '공정 가격^{just price}'에 의해 거래가 이루어져야 한다고 생각했다. 하지만 경제학자들이 생각하기에는, 시장 사회에서 가격은 수요와 공급에 의해 결정될 뿐, '공정 가격' 따위는 존재하지 않는다.

자유 시장 경제를 지지하는 경제학자 토머스 소웰^{Thomas Sowell}은 가격 폭리란 표현은 "감정적으로는 중요하겠지만 경제학적으로는 무의미한 표현이라서, 대부분의 경제학자들은 혼란스럽다는 이유로 관심을 기울이지 않는다"라고 말했다. 소웰은 「탬파 트리뷴^{Tampa Tribune}」에 기고한 글을 통해 "어떻게 '가격 폭리'가 플로리다 주민들에게 도움이 되는지" 설명하고자 했다. 그는 가격 폭리라는 비난은 "사람들에게 익숙한 가격 수준보다 현저히 가격이 높아질 때 생겨난다"고 언급했다. 하지만 '사람들에게 익숙해진 가격 수준'이라고 해서 도덕적으로 신성불가침의 것이라고 볼 수는 없다. 다양한 시장 상황(허리케인으로 인한 혼란한 상황 등)에서 형성되는 다른 가격과 마찬가지로 "특별하거나 '공정한 가격'이라고 할 수 있다".[5]

소웰은 얼음, 생수, 지붕 수리, 발전기, 모텔 방값 등의 상승은 수요자의 소비를 억제하고, 먼 곳에 있는 공급자들로 하여금 허리케인으로 인해 수요가 늘어난 재화와 용역을 공급하려는 동기를 강화한다고 주장했다. 8월 무더위에 정전 사태를 맞은 플로리다 주민들에게 얼음 한 봉지가 10달러에 거래된다면, 얼음 생산업자들은 얼음을 더 많이 생산해 플로리다로 보낼 가치가 있다고 여기게 된다. 소웰은 그 가격이 부당하지 않다며, 그 가격은 구매자와 판매자가 서로 거래하고자 하는 물건에 부여하기로 한 가치일 뿐이라고 주장했다.[6]

친시장 평론가 제프 저코비Jeff Jacoby는 「보스턴 글로브Boston Glove」에 기고한 글에서 비슷한 근거로 가격폭리방지법에 반대하는 주장을 폈다. "시장이 감내할 수 있는 가격을 매기는 것은 폭리가 아니다. 탐욕스럽거나 뻔뻔스러운 행동도 아니다. 자유 사회에서 재화와 용역이 배분되는 방식일 뿐이다." 그는 "가격 급등은 강력한 허리케인으로 생활이 큰 혼란에 빠진 사람들에게는 특히 화나는 일"이라는 점에는 공감했다. 하지만 대중의 분노가 치솟는다고 해서 자유 시장에 대한 개입을 정당화할 수는 없다. 필요한 물건을 더 많이 생산하도록 공급자들에게 동기를 부여하기 때문에, 얼핏 지나쳐 보이는 가격이 "해가 되기보다는 득이 된다". 그는 이렇게 결론을 내렸다. "상인들을 악마 취급한다고 플로리다가 빨리 회복되는 것은 아니다. 그들이 장사를 하도록 내버려 두는 편이 차라리 낫다."[7]

주 법무장관 크리스트(공화당원이며, 후에 플로리다 주지사가 된 인물)는 「탬파 트리뷴」에 특별 기고한 글에서 가격폭리방지법을 지지하는 주장을 펼쳤다. "허리케인으로 인한 비상 시기에 생존을 위해 대피하고 가족을 위해 기본 생필품을 구하러 다니는 주민들을 상대로 불공정한 가격을 청구하는 상인들을 정부는 그저 구경만 하고 있을 수 없다."[8] 그는 자신이 언급한 '불공정한' 가격이 자유로운 교환이 반영된 결과라는 견해에 동의하지 않았다.

> 현재는 자발적 구매자들이 자유롭게 시장에 들어가 자발적 판매자를 만나고, 가격이 수요와 공급에 따라 결정되는 정상적인 자유 시장 상황이 아니다. 비상 상황에서 압력을 받는 구매자들에게 자유는 없다. 안전한 숙소와 같은 생필품의 구매는 강제되고 있다.[9]

허리케인 찰리가 휩쓸고 간 뒤 발생한 가격 폭리 논란으로 인해 도덕과 법에 관한 어려운 질문이 떠올랐다. 재화와 용역을 제공하는 사람이 시장이 감내할 수 있는 한도 내에서 자연재해를 기회로 삼아 가격을 높이는 것은 잘못일까? 그럼 법이 어떤 역할을 해야 한다면 어떤 법이 만들어져야 할까? 구매자와 판매자의 자유로운 거래를 침해하더라도 주 정부는 가격 폭리를 금지해야 할까?

복지, 자유, 미덕

앞서 제기한 질문은 단지 개인 간의 문제에 국한되지 않는다. 법은 어떤 역할을 해야 하며, 사회는 어떻게 조직되어야 하는지에 대한 문제이기도 하다. 곧 정의에 대한 물음이다. 이에 답하기 위해서는 먼저 정의의 의미를 알아보아야 한다. 사실 우리는 이미 그 의미를 따져 보기 시작했다. 가격폭리방지법에 대한 찬반 주장을 면밀히 들여다보면 복지, 자유, 미덕이라는 세 가지 항목에 각기 초점을 맞추고 있음을 알 수 있다. 즉 복지를 극대화하는 것이 가장 중요한지, 자유를 존중하는 것이 더 중요한지, 아니면 미덕을 추구하는 것이 더 중요한지에 대한 논쟁이라고 할 수 있다. 이러한 견해들은 정의를 각기 서로 다른 시각으로 바라본다.

시장 논리를 앞세우는 사람들은 기본적으로 다음 두 가지 요소를 중요시한다. 그것은 바로 복지와 자유다. 첫째, 시장은 사람들이 원하는 물건을 공급하기 위해 열심히 일하도록 공급업자들에게 동기를 부여함으로써 사회 전체의 복지를 증가시킨다(복지welfare란 용어는 사회의 안녕이라는 측면의 비경제적 요소까지 아우르는 보다 넓은 개념이지만, 대개는 경제적 번영을 일컫는다). 둘째, 시장은 개인의 자유를 존중하기 때문에, 재화나 용역에 어떤 특정한 가치를 강제로 부여하기보다는 사람들 스스로 자신이 교환하고자 하는 것에 가치를 매기도록 한다.

놀랄 것도 없이 가격폭리방지법을 반대하는 사람들은 이처럼 자유시장을 옹호하는 이 같은 귀에 익은 두 가지 논리를 내세운다. 한편 가격폭리방지법을 찬성하는 사람들은 어떻게 반응할까? 첫째, 어려운 시기에 과도한 가격 인상은 사회 전체의 복지를 늘리는 데 기여하지 못한다고 주장한다. 가격이 올라가면 그 상품의 공급이 늘어나기는 하지만, 그에 따른 이익은 그 가격을 감당하기 힘들어하는 사람들이 지는 부담으로 상쇄되고 만다는 것이다. 부유한 사람은 허리케인으로 인해 기름한 통이나 모텔 방값이 올랐다고 하더라도 조금 성가신 정도지만, 서민에게는 심각한 고통이기 때문에 비싼 돈을 내고 안전한 곳으로 대피하느니 위험하더라도 그냥 집에 머물 수밖에 없다. 가격폭리방지법에 찬성하는 사람들은 복지의 총량을 측정할 때는 비상시에 가격 폭등으로 생필품을 구매하지 못하는 사람들의 고통도 포함시켜야 한다고 주장한다.

둘째, 가격폭리방지법에 찬성하는 사람들은 어떤 상황에서는 자유시장이 실제로는 자유롭지 못하다고 주장한다. 크리스트는 이렇게 지적한다. "강요받는 구매자에게 자유는 없다. 안전한 숙박 시설 같은 생필품의 구매는 사실상 강요받는 것이다." 허리케인을 피해 가족과 함께 대피하면서 가솔린이나 안전한 잠자리 같은 생필품을 터무니없는 가격을 내고 사야 한다면, 이는 진정한 자발적 교환이 아니다. 강탈한다는 표현이 더 어울린다. 그러므로 가격폭리방지법이 정당한지 판단하기 위해서는 복지와 자유에 대한 서로 다른 주장을 비교해 봐야 한다.

그런데 고려해야 할 또 다른 주장이 있다. 가격폭리방지법에 대한 대중의 지지는 대개 복지나 자유보다 더 본능적인 감정에서 비롯된다. 사람들은 타인의 절박함을 먹잇감으로 삼는 '약탈자'에게 분노하며 그들에게 뜻밖의 횡재를 안겨 주기보다는 처벌하고 싶어 한다. 흔히 이런 정서는 공공 정책이나 법에 끼어들어서는 안 되는 원초적 감정으로 여겨져 무시되곤 한다. 저코비의 말대로 "상인들을 악마 취급한다고 플로리다가 빨리 회복되는 것은 아니다".[10]

하지만 가격 폭리에 대한 분노가 단순히 비이성적인 분노는 아니다. 진지하게 받아들일 가치가 있는 도덕적 주장이다. 이익을 취할 자격이 없는 사람이 폭리를 얻는다고 생각되어 느껴지는 특별한 종류의 분노, 즉 정의롭지 못한 것에 대한 분노다.

"허리케인으로 인해 고통받는 사람들을 이용하려는 자들의 지나친 탐욕"이라는 크리스트의 언급은 그러한 도덕적 측면에서 우러나온 분노를 표출하고 있다. 크리스트는 이 같은 도덕적 정서와 가격폭리방지법을 대놓고 연관시키지는 않았지만, 그의 언급 속에는 다음과 같이 미덕을 중시하는 정의에 관한 주장이 담겨 있다.

탐욕은 악덕이고 나쁜 태도다. 특히 타인의 고통을 망각하게 만들 때는 더욱 그러하다. 단순히 개인적 차원의 악덕일 뿐만 아니라, 때로는 시민의 미덕과도 상충한다. 좋은 사회는 어려운 시기를 함께 헤쳐 나간다. 이익을 극대화하려고 하기보다는 서로를 챙긴다. 위기가 닥쳤을 때 이웃으로부터 금전적 이득을 취하려는 사회는 좋은 사회가 아니다. 그러므로 지나친 탐욕은 좋은 사회라면 최대한 억제해야 하는 악덕이다. 가격폭리방지법으로 탐욕을 완전히 제거할 수는 없지만, 적어도 지독한 탐욕은 억제시키며, 사회가 이를 용인하지 않는다는 신호를 보낼 수는 있다. 사회가 탐욕스러운 행동에 포상하기보다는 벌을 줌으로써 공동선을 위해 함께 희생을 감수하는 시민의 미덕을 지지한다.

미덕을 중시하는 주장의 도덕적 효력을 인정한다고 해서 미덕과 경쟁하는 다른 고려 항목보다 항상 우선되어야 한다는 뜻은 아니다. 허리케인으로 피해를 입은 공동체는 상황에 따라서 악마의 거래를 해야 할수도 있을 것이다. 탐욕을 규제하는 도덕적 조치를 희생하는 대신 폭리를 허용함으로써 먼 곳에 있는 지붕 수리업자들과 건물 수리업자들을끌어들일 수 있기 때문이다. 일단 지붕부터 수리하고 사회 구조는 나중에 손보는 것이다. 그런데 주목할 중요한 점은, 가격폭리방지법을 둘러싼 논란은 단순히 복지와 자유에 관한 것이 아니라는 점이다. 이 논쟁은 미덕에 관한, 즉 좋은 사회의 기반이 되는 태도와 기질, 인격을 길러내는 일에 관한 것이기도 하다.

이처럼 미덕과 관련 짓는 논변에는 어떤 사람들, 심지어 가격폭리방지법에 찬성하는 많은 사람들조차 불편해한다. 그 이유는 복지와 자유를 앞세우는 주장에 비해 판단의 요소가 들어 있기 때문이다. 어떤 정책이 경제 회복을 빠르게 하는지 경제 성장에 박차를 가하는지 여부를 묻는 데는 사람들의 선호에 대한 판단이 포함되어 있지 않다. 그 질문은 누구나 적은 수입보다는 많은 수입을 선호한다고 가정할 뿐이며, 그들이 돈을 어떻게 쓰는가에 대해 심판하지 않는다. 마찬가지로 강요된상황에서 사람들에게 정말로 선택의 자유가 없었는지를 묻는 것에는그들의 선택에 대한 평가가 요구되지 않는다. 그들이 자유로운 선택을했는지, 혹은 강제적인 측면이 있었다면 어느 정도까지 자유로웠는지가 문제일 뿐이다.

반면, 미덕 논변은 탐욕은 악덕이며 주 정부가 나서서 억제해야 한다는 판단을 기반으로 하고 있다. 하지만 무엇이 미덕이고 무엇이 악덕인지 누가 판단한단 말인가? 다원화된 사회의 시민은 그러한 판단에 반대하지 않는가? 또한 미덕에 대한 판단을 법으로 부과하는 것은 위험한 일 아니겠는가? 이러한 우려에 직면하여, 많은 사람들은 미덕과 악덕의 문제에 대해 정부가 중립을 견지해야 하며, 또한 선한 태도를 배양하려 하거나 악한 태도를 억제하려는 노력을 해서도 안 된다고 주장한다.

이처럼 가격 폭리에 대한 우리의 반응을 잘 살펴보면 이중적임을 알 수 있다. 자격 없는 사람이 이득을 얻으면 많은 사람들이 분노하며 다른 사람의 불행한 처지를 이용하는 탐욕에 대해서는 포상이 아니라 벌을 줘야 마땅하다고 생각한다. 그러면서도 법을 통해 미덕과 악덕을 심판하려 할 때는 우려를 나타낸다.

이런 딜레마는 정치 철학의 중요한 문제 하나를 드러낸다. 정의로운 사회라면 시민에게 미덕을 장려해야 할까, 아니면 법이 미덕을 둘러싼 서로 다른 견해 사이에서 중립을 지키면서 시민들 스스로 최선의 삶을 선택하도록 해야 할까?

교과서적 설명에 따르면, 이 질문을 기준으로 고대 정치사상과 근대 정치사상을 구분하고 있다. 한 가지 중요한 측면에서 이 설명은 옳다. 아리스토텔레스Aristoteles(B. C. 384~B. C. 322)는 사람들에게 그들이 마땅히 받을 자격이 있는 것을 주는 것이 정의라고 가르친다. 따라서 누가 무엇을 받을 자격이 있는지 판단하려면, 어떤 미덕에 명예와 포상을 주어야 하는지 결정해야 한다. 아리스토텔레스는 우선 어떤 삶의 방식이 바람직한 것인지 심사숙고하지 않고서는 무엇이 정의로운 법인지 알 수 없다고 주장했다. 그는 법이란 좋은 삶을 묻는 질문에 중립적일 수 없다고 생각했다.

반대로 근대 정치 철학자들(18세기의 이마누엘 칸트부터 20세기의 존 롤스에 이르기까지)은 우리의 권리를 규정하는 정의의 원칙은 무엇이 미덕이며 최선의 삶의 방식인가에 대한 주관적 견해에 좌우되어서는 안 된다고 주장한다. 그 대신 정의로운 사회라면 개인이 각자 생각하는 좋은 삶을 스스로 선택할 자유를 존중해야 한다고 말한다.

이처럼 고대의 정의론은 미덕에서 출발하는 반면, 근대의 정의론은 자유에서 출발한다고 할 수 있다. 앞으로 이 둘의 장단점에 대해 살펴볼 것이다. 하지만 우선 이런 식의 이분법적인 대조는 오해를 불러올 수도 있다는 사실을 알아 둘 필요가 있다.

왜냐하면 오늘날 정치를 움직이는 정의에 관한 주장들(철학자들이 아닌 일반인들의 견해)을 가만히 들여다보면, 그 모습이 보다 복잡하기 때문이다. 사실 우리 대부분이 내세우는 주장을 보면 최소한 겉으로는 경제적 풍요와 개인의 자유를 존중하고 있다. 하지만 이러한 주장의 이면에는 명예와 포상을 누릴 미덕이 무엇이며 좋은 사회가 장려해야 할 생활 방식이 무엇인가를 판단하고자 하는 일련의 또 다른 신념들이 자리 잡고 있다. 이 두 가지 견해는 때때로 서로 경쟁한다. 즉 풍요와 자유를 굳건히 지지하면서도, 정의에 있어서 판단의 요소를 개입시키고자 하는 한 가닥 소망을 품고 있는 것이다. 정의에 선택의 자유뿐만 아니라 미덕도 포함시키고자 하는 생각은 뿌리가 깊다. 정의에 대한 고민은 불가피하게 바람직한 삶의 방식에 대한 고민 역시 포함시킬 수밖에 없는 것으로 보인다.

어떤 부상을 입어야 상이군인 훈장을 받을 자격이 될까?

어떤 주제들은 미덕과 명예의 문제임이 너무 확실해서 이를 무시하기 힘들다. 상이군인 훈장 자격을 놓고 벌어진 최근의 논쟁을 살펴보자. 1932년 이래 미군은 전투 중 적의 군사 행동으로 다치거나 사망한 군인에게 훈장을 수여해 왔다. 이 훈장을 받은 사람들은 명예를 누릴 뿐 아니라 재향군인병원을 이용할 수 있는 특전을 얻게 된다.

이라크와 아프가니스탄에서 전쟁이 시작된 후부터 '외상 후 스트레스 장애' 진단을 받아 치료를 받는 참전 용사들이 해마다 늘고 있다. 이들은 잦은 악몽, 심각한 우울증, 자살 시도 등의 증상을 보인다. 보고에 따르면, 참전 용사들 가운데 적어도 30만 명이 외상에 의한 스트레스나 심각한 우울증에 시달린다. 이들을 옹호하는 사람들은 이들에게도 상이군인 훈장을 수여해야 한다고 주장한다. 정신적 손상도 신체적 손상 못지않게 사람을 피폐하게 만들기 때문에 이들도 훈장을 받을 자격이 있다는 것이다.[11]

미 국방부는 자문단을 통해 이 문제를 연구한 뒤, 상이군인 훈장 대상은 신체적 손상을 입은 군인으로 한정한다고 2009년에 발표했다. 정신적 장애와 심리적 외상에 시달리는 참전 용사는 정부가 지원하는 치료와 장애 보상은 받을 수 있지만 훈장은 받지 못한다. 국방부는 이러한 결정에 대해 두 가지 이유를 내세웠다. 외상 후 스트레스 장애는 적이 군사 행동을 통해 의도적으로 일으킨 것이 아니며, 객관적으로 진단하기도 어렵기 때문이라는 것이다.[12]

국방부는 옳은 결정을 했을까? 그들이 내세운 이유만 보면 설득력이 떨어진다. 이라크 전쟁에서 상이군인 훈장 대상으로 인정받은 가장 흔한 손상은 인접 거리에서 폭발물이 터져 입은 고막 파열이었다.[13] 하지만 총격이나 포격과 달리 폭발은 적이 아군을 다치게 하거나 죽일 목적으로 구사한 전술의 결과가 아니다. 그보다는 (외상 후 스트레스처럼) 전장의 활동에서 생긴 부수적 손상이다. 외상에 의한 정신 장애는 다리가 부러진 것보다 진단하기는 어려운 반면, 후유증은 더 깊고 오래 지속된다.

상이군인 훈장을 둘러싼 논쟁이 확산되면서, 훈장의 의미와 훈장이 기리는 미덕이 문제의 핵심이 되었다. 그렇다면 이 훈장이 기리는 미덕은 무엇일까? 다른 군인 훈장과 달리 상이군인 훈장은 희생을 기린다. 영웅적 행동의 여부와는 상관없이 적으로부터 입은 부상만이 기준이 된다. 문제는 어떤 종류의 부상이어야 하느냐는 것이다.

상이군인훈장협의회Military Order of the Purple Heart라는 이름의 참전 용사 단체는 훈장 수여 대상을 정신적 부상을 입은 사람에게까지 확대하는 데 반대하면서, 그럴 경우 훈장의 영예가 빛바래고 말 것이라고 주장했다. 이 단체의 대변인은 '피를 흘린' 것이 훈장의 자격 요건이 되어야 한다고 말했다.[14] 그는 피가 흐르지 않은 부상이 왜 제외되어야 하는지는 설명하지 않았다. 하지만 정신적 부상도 수여 대상에 포함되어야 한다는 의견을 가진 전직 해병대 대위 테일러 부드로Tyler E. Boudreau는 이 논란에 대해 설득력 있는 분석을 내놓았다. 그는 외상 후 스트레스를 일종의 나약함으로 여기는 군대 내의 뿌리 깊은 사고를 반대 의견의 원인으로 지적했다. "강인한 마음가짐을 요구하는 문화는 정신이 매우 건강한 사람 역시 전쟁의 폭력으로 정신적 부상을 입을 수 있다는 시각을 부정하도록 부추긴다. (……) 안타깝게도 우리 군대가 전쟁에서 입은 정신적 손상을 은연중에 경멸하는 태도를 버리지 않는 한, 정신적 고통에 시달리는 참전 용사들은 상이군인 훈장을 결코 받지 못할 것이다."[15]

따라서 상이군인 훈장 논란은 부상의 진실성을 어떻게 판단할 것인가 하는 의학적·임상적 논쟁에 국한되지 않는다. 논쟁의 핵심에는 도덕과 군인의 용맹이라는 서로 다른 생각이 다투고 있다. 피를 흘린 부상만 인정해야 한다고 주장하는 사람들은 외상 후 스트레스를 명예와는 거리가 먼 나약한 성격의 결과라고 생각한다. 정신적 손상도 인정해야 한다고 생각하는 사람들은 외상으로 인한 스트레스나 심각한 우울증으로 오랫동안 고생하는 참전 용사들도 팔다리를 잃은 사람처럼 국가를 위해 명예롭게 희생했다고 주장한다.

상이군인 훈장 논란은 아리스토텔레스의 정의론에 담긴 도덕 논리를 보여 준다. 군인 훈장의 경우, 어떤 미덕을 기려야 하는가를 묻지 않고는 수여 대상자를 결정할 수 없다. 그리고 그 물음에 답하기 위해서는 성격과 희생이라는 경쟁적인 개념들에 대해 살펴보아야 한다.

어쩌면 군인 훈장 논란은 명예와 미덕이라는 고대의 윤리관을 되짚어 보아야 하는 특수한 사례일지도 모른다. 오늘날 정의와 관련된 대부분의 논란은 번영의 열매나 고난의 짐을 어떻게 배분할 것인지, 그리고 시민의 기본권을 어떻게 정의해야 하는가에 관한 것이기 때문이다. 이러한 주제에서는 복지와 자유를 앞세우는 사고가 지배적이다. 하지만 경제적 배분의 옳고 그름에 관한 주장은 어떤 사람들이 어떤 이유로 도덕적 자격을 갖추었는지 따지는 아리스토텔레스의 질문으로 흔히 다시 돌아가게 된다.

구제 금융에 대한 분노

2008~2009년에 발생한 금융 위기에 대한 대중의 분노가 그러한 예다. 여러 해에 걸쳐 주가와 부동산 가격이 크게 올랐다가, 주택 가격의 거품이 꺼지면서 심판의 날이 닥쳤다. 월스트리트의 은행 및 금융 기관들은 그간 주택 담보 대출에 기반을 두고 수십억 달러의 복잡한 투자를 해왔는데, 갑자기 집값이 곤두박질쳤던 것이다. 기세등등하던 월스트리트 기업들이 벼랑 끝에 내몰렸다. 주식 시장이 붕괴되면서 대형 투자 회사들뿐만 아니라 일반 미국인들까지 은퇴 자금 대부분을 날리는 등 큰 피해를 입었다. 2008년 미국 가정들이 총 11조 달러의 손실을 입었는데, 이는 독일, 일본, 영국의 연간 총생산액을 합친 것과 맞먹는 액수였다.[16]

2008년 10월, 조지 W. 부시George W. Bush 대통령은 대형 은행과 금융 기업들을 구하기 위해 7천억 달러의 구제 금융 승인을 의회에 요청했다. 좋은 시절에 엄청난 수익을 올린 월스트리트를 상황이 나빠졌다고 납세자의 돈으로 도와주는 것은 부당해 보였다. 하지만 대안이 없어 보였다. 은행과 금융 기업들이 너무 거대하게 성장했고, 모든 경제 부문과 복잡하게 얽혀 있어서, 이들이 무너지면 금융 시스템 전체가 무너질 판이었다. 그들은 "망하게 두기에는 너무 컸다".

그런 은행과 투자 기관들이 지원금을 받을 자격이 있다고 주장하는 사람은 아무도 없었다. 그들의 무모한 투기(정부의 허술한 규제로 가능했다)가 위기를 불렀다. 하지만 공정성을 따져 보기에는 경제 전체에 미칠 영향이 너무 크고 급박했다. 의회는 어쩔 수 없이 구제 금융을 승인했다.

이후 보너스 문제가 불거졌다. 지원 자금이 풀리기 시작하고 얼마 안되어, 공적 자금을 지원받은 일부 기업들이 임원들에게 수백만 달러의 보너스를 지급했다는 뉴스가 보도되었다. 가장 어이없는 사례는 위험 상품에 대한 위험한 투자로 파멸을 자초한 AIG 그룹이었다. 정부의 막대한 자금 지원(총 1730억 달러)을 받아 되살아났음에도, 위기를 초래한 바로 그 부서의 임원들에게 보너스로 1억 6500만 달러를 지급했다. 그밖에 73명의 직원들도 100만 달러 혹은 그 이상의 보너스를 받았다.[17]

뉴스가 보도되자 사람들은 격렬하게 항의하기 시작했다. 이번에는 10달러짜리 얼음 봉지나 바가지 모텔 방값 수준의 문제가 아니었다. 전 세계 금융 시스템을 거의 붕괴 직전으로 몰고 간 사람들에게 납세자의 돈으로 포상금을 주었다는 사실 때문이었다. 뭔가 잘못 돌아가고 있었다. 이제 이 회사의 지분 80퍼센트를 미국 정부가 소유하고 있음에도 불구하고, 정부가 임명한 AIG 최고 경영자에게 재무장관이 보너스 지급을 철회해 달라고 호소해야 했다. 이에 AIG 최고 경영자는 거절하며 이렇게 대답했다. "재무장관의 지속적이고 임의적인 개입에 따라 자신들의 보수가 왔다 갔다 한다고 직원들이 생각하게 되면, 우리는 똑똑하고 능력 있는 인재들을 끌어오고 또 유지할 수가 없습니다." 그는 결국 회사 지분의 대부분을 소유하게 된 납세자들을 위해서라도 부실 자산을 털어내기 위해 직원들의 재능이 필요하다고 주장했다.[18]

사람들의 반응은 격렬했다. 타블로이드 신문 「뉴욕 포스트」는 헤드라인으로 한 면을 통째로 도배해 많은 사람들의 정서를 표현했다. "천천히 해먹어라, 탐욕스러운 놈들아!"[19] 미국 하원은 구제 금융을 많이 받은 기업의 임직원들에게 지급된 보너스의 90퍼센트를 세금으로 회수하는 법안을 통과시켰다.[20] 뉴욕 주 법무장관 앤드루 쿠오모 Andrew Cuomo 의 압력을 받은 AIG에서는 가장 많은 보너스를 받은 20명 중 15명이 보너스를 반납하는 데 동의했고, 그 결과 약 5천만 달러가 회수되었다.[21] 이 같은 모양새 덕분에 대중의 분노는 어느 정도 가라앉았으며, 상원에서 징벌적인 세금 부과를 주장하는 목소리도 잦아들었다.[22] 하지만 이런 일을 겪으면서 사람들은 금융권이 저질러 놓은 혼란을 정리하는 데는 돈을 쓰려 하지 않았다.

구제 금융에 대한 분노는 주로 부당하다는 생각 때문이었다. 보너스 문제가 불거지기 전에도, 사람들은 구제 금융 지원을 꺼리며 탐탁하지 않게 여겼다. 미국인들은 모두가 피해를 입게 되는 경제 파국만은 막아야 한다는 주장과 잘못을 저지른 은행과 투자 회사에 막대한 돈을 지원하는 것은 부당하다는 주장으로 갈렸다. 결국 경제적 재앙만은 막자는 데 공감하여, 의회와 국민은 자금 지원에 동의했다. 하지만 도덕적으로 볼 때 일종의 강탈을 당했다는 느낌을 받지 않을 수 없었다.

구제 금융을 둘러싼 분노의 밑바탕에는 도덕적 자격에 대한 판단이 자리 잡고 있다. 보너스를 받은 임원(그리고 금융 지원을 받은 기업)들은 그것을 받을 자격이 없다는 판단이 있었다. 왜 자격이 없을까? 그 이유는 언뜻 생각하는 것처럼 분명하지 않을 수 있다. 두 가지 가능한 답을 생각해 보자. 하나는 그들이 탐욕스럽기 때문이고, 다른 하나는 그들이 실패했기 때문이다.

분노의 원인 가운데 하나는 타블로이드 신문의 거친 헤드라인에서 알 수 있듯이, 보너스가 탐욕에 내리는 상처럼 보이기 때문이다. 이는 도덕적으로 받아들이기 어려웠다. 보너스는 물론이고 구제 금융 자체도 탐욕스러운 행동을 벌하기는커녕 도리어 포상해 주는 말도 안 되는 조치처럼 느껴졌다. 파생 금융 상품을 거래하던 자들은 더 많은 수익을 좇아 무모한 투자를 하다가 자신들의 회사와 국가를 파탄에 빠뜨렸다. 호시절에 실컷 이익을 챙기는 것은 물론이고, 투자가 완전히 실패한 이후에도 아무 탈 없이 수백만 달러의 보너스를 받았다.[23]

타블로이드 신문뿐만 아니라 공직자들도 (보다 점잖은 표현으로) 그들의 탐욕을 비판했다. 세로드 브라운Sherrod Brown 상원 의원(오하이오 주 민주당 의원)은 AIG의 행태에 대해 "탐욕과 오만과 그 이상의 악취가 풍긴다"고 비판했다.[24] 버락 오바마Barack Obama 대통령은 "AIG가 무모함과 탐욕으로 경제적 위기를 자초했다"고 말했다.[25]

탐욕 비판의 문제점은 금융 위기 때 구제 금융으로 부여받은 포상과 경기가 좋았을 때 시장으로부터 부여받은 포상을 구별하지 못한다는 것이다. 탐욕은 악하고, 나쁜 태도이며, 외골수로 이익을 추구하는 욕망이다. 따라서 사람들이 탐욕에 포상을 주고자 할 리 없다. 하지만 구제 금융으로 보너스를 챙긴 사람들이 몇 해 전 경기가 달아올라 더 많은 포상을 받았을 때보다 더 탐욕스러워졌다고 말할 수 있을까?

월스트리트의 증권 거래인, 은행가, 헤지펀드 매니저들은 이익을 좇아 내달리며, 경제적 이득을 챙기는 사람들이다. 그것이 그들의 생계 수단이다. 직업이 이들의 인격에 악영향을 미쳤다고 해도, 이들의 도덕성이 주식 시장 상황에 따라 오르내릴 리는 없다. 그러므로 막대한 구제 금융으로 탐욕을 포상하는 것이 잘못이라면, 시장에서 후한 포상을 주는 것도 잘못 아니겠는가? 2008년에 월스트리트 기업들(납세자들의 지원으로 되살아난 기업들을 포함하여)이 직원들에게 160억 달러의 보너스를 나눠 주었을 때 사람들은 분노했다. 하지만 이는 2006년(340억 달러)과 2007년(330억 달러)에 지급된 보너스의 절반도 안 되는 수준이었다.[26] 탐욕을 포상할 수 없어서 이들에게 지금 포상금을 줄 수 없다면, 그전에는 무슨 근거로 포상금을 주었단 말인가?

한 가지 분명한 차이점은 좋았던 시절에 받았던 보너스는 회사의 수익에서 나온 반면, 구제 금융 보너스는 납세자들로부터 왔다는 사실이다. 하지만 사람들이 분노한 이유가, 그들이 보너스를 받을 자격 자체가 없기 때문이었다고 한다면, 보너스로 받은 돈이 어디에서 왔는가는 중요하지 않다. 하지만 한 가지 실마리는 있다. 그들의 보너스가 납세자로부터 나온 이유는 그 기업이 실패했기 때문이다. 이것이 불만의 핵심이다. 미국 국민들이 그들의 보너스(그리고 구제 금융)에 반대한 진짜 이유는 탐욕을 포상했기 때문이 아니라 실패를 포상했기 때문이다.

미국인들은 탐욕보다 실패에 더 엄격하다. 시장 경제 사회에서는 야심적인 사람들이 이윤을 적극적으로 추구하는 것을 당연시하며, 이익 추구와 탐욕의 경계는 대부분 모호하다. 하지만 성공과 실패의 구분은 확실하다. 아울러 성공한 사람은 포상받을 자격이 있다는 생각이야말로 아메리칸 드림의 핵심이다.

탐욕에 대해 잠깐 언급하기는 했지만, 오바마 대통령은 사람들 사이에 논란과 분노를 일으킨 근본 원인은 실패에 포상을 했기 때문임을 이해하고 있었다. 그는 구제 금융을 지원받은 기업 임원들에 대한 보수 제한 조치를 발표하면서, 구제 금융을 둘러싼 분노의 진짜 원인을 잘 드러냈다.

여기는 미국입니다. 우리는 부를 폄하하지 않습니다. 성공한 사람을 탐탁하지 않게 여기지도 않습니다. 성공은 포상받아야 한다고 확신합니다. 하지만 사람들이 분노하는, 또한 마땅히 화를 내는 이유는 경영진들이 실패하고도 포상을 받았기 때문입니다. 게다가 그 돈이 미국 납세자들로부터 나왔기 때문입니다.[27]

구제 금융의 도덕적 문제에 대한 가장 기이한 언급은 재정 문제에서 보수적 성향의 지역구 출신 상원 의원인 찰스 그래슬리Charles Grassley(아이오와 주 출신 공화당 의원)가 한 말이다. 그는 보너스 문제로 사람들의 분노가 들끓었을 때 아이오와 주의 한 라디오 프로그램에 출연하여, 그가 가장 못마땅하게 여기는 것은 기업 임원들이 실패에 책임을 지지 않는 것이라고 말했다. "일본의 사례처럼 국민 앞에 나와 깊이 고개 숙이며 죄송하다고 사과한 뒤 은퇴하든지 자살했으면 그 사람들에 대한 기분이 좀 풀어졌을 겁니다."[28]

그는 나중에 임원들더러 자살하라는 이야기는 아니었다고 해명했지만, 그들이 실패에 대한 책임을 지고, 진정 뉘우치며, 공개 사과하기를 원했다. "그런 말을 하는 CEO를 본 적이 없어요. 그러니 내 지역구 납세자들이 주머니에서 돈을 꺼내게 만들기가 심히 어려운 겁니다."[29]

그래슬리의 말은 구제 금융을 둘러싼 분노의 주원인이 탐욕에 있지 않다는 나의 짐작을 뒷받침한다. 미국인들의 정의감을 가장 심하게 침해한 것은 자신의 세금이 실패를 포상하는 데 사용된다는 사실이었다.

그 말이 옳다면, 구제 금융에 대한 이런 시각은 정당한 것인가 하는 물음이 남는다. 대형 은행 및 투자 기업의 CEO와 고위 임원들은 진정 금융 위기를 초래한 책임이 있는가? 많은 임원들은 그렇게 생각하지 않았다. 이들은 의회 금융위기조사위원회에 출석하여 증언하면서, 자신들은 가능한 한 모든 정보를 동원해 최선의 노력을 다했다고 주장했다. 2008년에 문을 닫은 월스트리트 투자 회사 베어스턴스의 전 CEO는 당시 다른 조치를 취할 수도 있지 않았는지 오랫동안 고뇌했노라고 말했다. 그는 할 수 있는 모든 일을 했다고 결론지었다. "아무리 생각해도 우리가 직면했던 상황에서 달리 어떤 방도를 취해야 했는지…… 도저히 알 수 없었을 뿐입니다."[30]

실패한 다른 기업들의 CEO 역시 자신은 통제할 수 없는 '금융 쓰나미'의 희생자라고 주장했다.[31] 젊은 증권 거래인들도 비슷한 태도를 보였다. 그들은 자신의 보너스에 대한 사람들의 분노를 이해하지 못했다. "우리를 동정하는 사람은 어디에도 없군요." 월스트리트의 어느 증권 거래인이 『베너티 페어Vanity Fair』 기자에게 말했다. "마치 우리가 열심히 일하지 않은 것처럼 여기네요."[32]

쓰나미란 비유는 특히 금융권에서 구제 금융에 관련해 자주 사용하는 용어가 되었다. 자신들의 회사가 쓰러진 것은 커다란 경제적 힘 때문이지, 자신의 결정 때문이 아니라는 임원들의 주장이 옳다면, 그들이 그래슬리 상원 의원이 듣고 싶어 하는 사죄의 말을 하지 않는 이유가 될 수 있다. 하지만 그 말이 맞다면 실패, 성공, 정의와 관련한 광범위한 문제가 제기된다.

2008년과 2009년에 입은 끔찍한 손실의 원인이 거대한 경제 시스템의 오류에 있다면, 그 이전에 발생한 눈부신 이익 역시 마찬가지 아니겠는가? 부진한 작황이 날씨 탓이라면, 날이 좋을 때의 풍요로운 수확 역시 유능하고 부지런한 금융인, 증권 거래인, 월스트리트 경영자들 덕분이라고 어떻게 말할 수 있겠는가?

실패에 보너스가 지급된 것을 보고 사람들이 분노하자, CEO들은 금융 산업의 경제적 손익이 전적으로 자신들의 노력에 달린 것이 아니라 통제할 수 없는 거대한 힘에 좌우되기도 한다고 주장했다. 일리 있는 말일 수 있다. 하지만 그 말이 옳다면, 호시절에 지나친 포상을 요구하는 행위도 제지해야 할 이유가 될 수 있다. 냉전 종식, 무역 및 자본 시장의 세계화, PC와 인터넷의 등장 등 수많은 요인이 1990년대와 21세기 초 금융 산업의 발전에 분명 기여했기 때문이다.

2007년에 미국 주요 기업의 CEO들은 노동자들보다 평균 344배 많은 보수를 받았다.[33] 이들 직원보다 그토록 많은 돈을 챙긴 근거가 있다면 과연 무엇일까? 물론 이들 대부분이 재능을 발휘해 열심히 일한다. 하지만 1980년에는 CEO들이 자신의 직원들보다 단 42배 많은 수익을 올렸다는 사실을 생각해 보자.[34] 그렇다면 고위 경영자들이 1980년에는 지금보다 재능도 부족하고 일도 덜 했다는 말일까? 아니라면 원래 이러한 격차가 재능이나 기술과는 무관하게 발생하는 것일까?

미국 경영진의 급여 수준을 다른 나라와 비교해 보자. 미국 상위 기업의 CEO 연봉은 평균 1330만 달러(2004~2006년 자료)인 반면, 유럽은 660만 달러, 일본은 150만 달러다.[35] 미국의 CEO들은 유럽의 CEO들보다 두 배, 일본의 CEO들보다 아홉 배 더 많이 받을 자격이 있을까? 아니면 이러한 차이는 경영자들의 재능이나 노력과 무관한 요소들 때문일까?

2009년 초 구제 금융을 둘러싼 미국인들의 분노는, 무분별한 투자로 기업을 파산으로 몰고 간 사람들은 수백만 달러의 보너스를 받을 자격이 없다는 보편적인 견해를 보여 준다. 하지만 보너스를 둘러싼 논쟁은 좋은 시절에는 누가 어떤 포상을 받을 자격이 있는가 하는 문제를 제기한다. 성공한 사람은 시장으로부터 후하게 상을 받을 자격이 있는가? 아니면 그들의 능력 밖에 있는 다른 요소 덕분인가? 그리고 이것이 어려울 때나 잘나갈 때 시민의 상호 의무에 관해 시사하는 바는 무엇인가? 금융 위기를 둘러싼 논란이 이처럼 보다 광범위한 문제에 관한 대중적인 논쟁으로 이어질지는 더 지켜보아야겠다.

정의에 대한 세 가지 접근법

어떤 사회가 정의로운지 알려면 우리가 소중히 여기는 것들(소득과 부, 의무와 권리, 권력과 기회, 공직과 명예)을 어떻게 배분하고 있는지 살펴보아야 한다. 정의로운 사회는 이러한 것들을 각각 자격 있는 사람에게 배분한다. 어려운 문제는 누가 무슨 이유로 그러한 자격을 갖는지 따져 보는 것이다.

우리는 이미 이 문제를 고민하기 시작했다. 가격 폭리가 옳은지 그른지 생각해 보고, 상이군인 훈장과 구제 금융을 둘러싸고 대립하는 주장들을 살펴보면서, 재화를 배분하는 세 가지 접근 방식을 밝혀냈다. 복지, 자유, 미덕이 그것이다. 이것들은 각기 정의에 대한 서로 다른 사고를 제안한다.

앞서 살펴본 논쟁들 속에서 복지의 극대화, 자유의 존중, 미덕의 배양이라는 가치는 서로 불일치하는 모습을 보였다. 이러한 가치들이 충돌할 때는 서로 다른 이상들이 뒤엉키기도 했다. 정치 철학이 이러한 불일치를 단숨에 완전히 해결할 수는 없다. 하지만 우리가 민주 시민으로서 스스로의 주장을 형성하고, 직면한 대안들의 도덕성을 살피는 데는 도움이 될 것이다.

이 책은 정의에 관한 세 가지 견해의 장단점을 살펴본다. 먼저 정의란 복지의 극대화라고 생각하는 주장부터 살펴본다. 시장 경제 사회에 살고 있는 우리로서는 자연스러운 출발점이다. 오늘날 정치 논쟁의 대부분은 어떻게 하면 더욱 풍요로워질 수 있는지, 혹은 생활수준을 높일 수 있는지, 또는 경제 성장에 박차를 가할 수 있는지에 초점이 맞춰져 있다. 우리는 왜 이러한 문제에 그토록 신경을 쓸까? 가장 분명한 답은 개인적인 차원에서나 사회적인 차원에서 경제적으로 풍요로운 삶이 더 좋은 삶이라고 생각하기 때문이다. 달리 말하면, 풍요는 우리의 복지에 기여하기 때문에 중요하다. 이 견해에 대해 자세히 알려면 공리주의를 살펴보아야 한다. 공리주의는 복지를 극대화해야 하는 이유와 방법, 혹은 (그들의 표현대로라면) 최대 다수의 최대 행복을 구하는 가장 영향력 있는 견해다.

그다음으로는 정의를 자유와 연관시키는 일련의 이론들을 살펴본다. 이들 이론의 대부분은 (비록 어떤 개인적 권리가 가장 중요한가를 두고 견해차가 있기는 하지만) 공통적으로 개인의 권리 존중을 강조한다. 자유와 개인의 권리를 존중하는 것이 곧 정의라는 생각은 복지 극대화를 강조하는 공리주의 사고만큼이나 오늘날 정치에서 익숙하다. 예를 들어 미국의 '권리장전'에는 다수의 힘으로도 침해할 수 없는 자유들(언론의 자유, 종교의 자유 등)이 규정되어 있다. 전 세계적으로도 정의는 보편적 인권을 존중하는 것이라는 견해가 갈수록 힘을 얻고 있다(현실적으로는 그렇지 않더라도, 이론적으로는 그렇다).

자유를 근간으로 정의를 규정하는 접근법은 여러 유파를 형성하고 있다. 실제로 우리 시대에 가장 치열한 정치 논쟁은 이러한 접근법을 취하는 경쟁적인 두 진영 사이에서 일어나는데, 이 두 진영이란 자유방임 진영과 공정성 진영이다. 자유방임주의 진영을 이끄는 자들은 자유 시장주의자들이다. 이들은 정의란 성인들의 합의에 따른 자발적 선택을 존중하고 지지하는 데 달렸다고 믿는다. 공정성 진영은 평등을 옹호하는 이론가들로 구성되어 있다. 이들은 규제 없는 시장은 공정하지도 자유롭지도 않다고 주장한다. 이들은 모든 이에게 성공할 수 있는 기회를 공정하게 나눠 주는 정책을 펴야 한다고 주장한다. 또한 정의를 구현하기 위해서는 사회적·경제적 불이익을 바로잡아야 한다고 본다.

마지막으로 정의가 미덕, 좋은 삶과 연관되어 있다고 보는 이론을 살펴본다. 미덕으로 정의를 규정하는 견해는 오늘날 정치에서 문화적 보수주의, 종교적 우파로 간주된다. 도덕을 법으로 규정한다는 생각은 자유 사회 시민들이 보기에, 자칫 편협하고 강압적인 정책을 초래할 수 있는 경악할 만한 발상이다. 하지만 정의로운 사회는 무엇이 미덕이며 좋은 삶인가에 대한 견해를 분명히 해야 한다는 생각은, 이데올로기 스펙트럼 상의 다양한 정치 운동 및 주장에 영감을 불어넣었다. 탈레반뿐만 아니라 노예제 폐지론자와 마틴 루서 킹Martin Luther King 목사도 도덕적·종교적 이상으로부터 자신의 정의에 대한 시각을 정립했다.

이 같은 정의에 관한 이론들을 평가하기에 앞서, 철학적 주장이 (특히 도덕 및 정치 철학처럼 다양한 주장이 공방을 벌이는 영역에서) 어떤 식으로 전개되는지 알아볼 필요가 있다. 철학적 주장은 흔히 구체적인 상황 속에서 전개된다. 가격 폭리, 상이군인 훈장, 구제 금융에 관한 논쟁에서 보았듯이, 도덕적·정치적 문제에는 이견이 있게 마련이다. 이러한 이견은 보통 공적 영역에서 서로 지지하는 바가 다르거나 당파가 다른 사람들 사이에서 생겨난다. 때로는 개인의 내면에서도 어려운 도덕적 문제에 대해 상충되는 생각이 들 때가 있다.

하지만 구체적인 상황에서 내리는 판단으로부터 모든 상황에 적용할 수 있는 정의의 원칙을 어떻게 추론해 낼 수 있을까? 간단히 말해 도덕적 추론을 할 때 무엇을 기반으로 삼아야 할까?

도덕적 추론이 어떻게 전개될 수 있는지 알아보기 위해, 두 가지 상황을 살펴보기로 하자. 하나는 철학자들이 수없이 토론한 가상의 이야기이고, 다른 하나는 무척이나 가슴 아픈 도덕적 딜레마가 담긴 실제 이야기다.

먼저 철학자들이 자주 논의했던 가상의 이야기부터 살펴보자.[36] 이런 이야기들이 늘 그렇듯이, 현실의 복잡한 부분들은 상당히 배제되어 있어서 제한된 몇 가지 철학적 주제에 집중할 수 있다.

사례 1: 폭주하는 전차

당신이 전차 기관사이고, 전차가 시속 100킬로미터로 철로 위를 폭주하고 있다고 가정해 보자. 그런데 저 앞에 작업자 다섯 명이 철로에서 작업 도구를 손에 들고 서 있다. 당신은 전차를 멈추려고 해보지만 불가능하다. 브레이크가 작동하지 않는다. 이 속도로 계속 달리면 모두 죽을 것이 뻔하기 때문에 절망적이다(당신이 이 사실을 확실히 알고 있다고 가정하자).

이때 당신은 갑자기 오른쪽으로 갈라져 나간 측선 철로가 있음을 발견한다. 그곳에는 작업자가 한 명뿐이다. 전차를 몰고 측선 철로로 들어서면 작업자 한 사람이 죽는 대신 다섯 사람은 살 수 있다.

당신은 어떻게 하겠는가? 사람들은 대부분 이렇게 말할 것이다. "곁길로 틀어야죠! 죄 없는 사람 하나가 죽겠지만, 다섯 명이 죽는 것보다는 낫잖아요." 다섯 사람을 살리기 위해 한 사람을 희생시키는 행동은 정당해 보인다.

이제 비슷하지만 조금 다른 사례를 생각해 보자. 당신은 기관사가 아니라 다리 위에 서서 철로를 바라보던 구경꾼이다(이번에는 측선이 존재하지 않는다). 다리 아래 철로로 전차가 폭주하고 있고, 철로 저만치에 다섯 명의 작업자가 있다. 이번에도 브레이크가 작동하지 않는다. 전차가 다섯 명의 작업자를 치기 일보 직전이다. 피할 수 없는 재앙 앞에서 무력감을 느끼던 당신은 문득 옆자리에 덩치 큰 남자가 서 있는 것을 발견한다. 당신은 그 사람을 밀어서 전차가 들어오는 철로 위로 떨어뜨릴 수 있다. 그럴 경우 그 남자는 죽겠지만 다섯 명의 작업자는 목숨을 건질 것이다(당신이 직접 철로로 뛰어들까 하는 생각도 하지만, 전차를 멈추기에는 몸집이 너무 작다).

그렇다면 몸집이 큰 남성을 철로 위로 미는 행위는 옳은 것일까? 사람들은 대부분 이렇게 말할 것이다. "당연히 옳지 않지요. 그 남자를 철도 위로 미는 것은 아주 몹쓸 짓입니다." 비록 죄 없는 다섯 사람을 살린다고 해도 누군가를 철로 위로 밀어뜨려서 죽이는 행동은, 해서는 안 될 짓이 분명한 것 같다. 하지만 이때 도덕적으로 애매한 문제가 발생한다. 첫 번째 사례에서는 한 사람을 희생해 다섯 사람을 살리는 원칙이 옳은 것 같은데, 왜 두 번째 사례에서는 옳지 않을까?

첫 번째 사례에서 사람들의 반응을 통해 숫자가 중요하다는 것을 알게 되었다면, 즉 한 사람보다는 다섯 사람을 구하는 것이 낫다면, 왜 이 원칙을 두 번째 사례에도 적용해 옆에 있던 남자를 밀면 안 되는가? 사람을 밀어서 죽게 만드는 행위는 이유가 아무리 좋더라도 잔인해 보인다. 그렇다면 사람이 전차에 치여 죽게 내버려 두는 행위는 덜 잔인한가?

사람을 미는 행위가 잘못인 이유는 다리 위에 있던 사람의 의지를 거스른 행동이기 때문일지도 모른다. 그 남자는 자신이 나서려는 선택을 하지 않았다. 그저 그곳에 서 있었을 뿐이다. 하지만 측선 철로에서 일하던 사람도 마찬가지다. 그 사람도 자신이 연관되기를 원치 않았다. 그저 맡은 일을 하고 있었을 뿐, 달려오는 전차에 목숨을 버릴 생각은 없었다. 철로에서 일하던 사람은 옆에서 구경하던 사람과 달리 위험을 각오한 사람이라고 주장할지도 모르겠다. 하지만 비상시에는 목숨을 버려 다른 사람을 구할 각오를 해야 한다는 조항은 애당초 작업자의 업무 범위에 들어 있지 않았으며, 철로 작업자라고 해서 다리 위의 구경꾼보다 자기 생명을 희생할 의사가 더 많은 것도 아니라고 가정하자.

어쩌면 두 경우에서 도덕적 차이는 희생자들이 모두 죽음으로 끝났다는 결과에 있는 것이 아니라, 판단을 내린 사람의 의도에 있을지도 모른다. 당신이 첫 번째 사례의 전차 기관사라면, 측선 철로에 있던 작업자가 죽을 것이라 예상했지만 그를 죽일 '의도'는 없었다며 자신의 선택을 변호할 것이다. 만약 엄청난 행운이 따라서, 다섯 명의 작업자뿐만 아니라 여섯 번째 작업자 역시 가까스로 살아났다 해도 당신의 목적이 달성되었다는 데는 변함이 없다.

하지만 사람을 민 경우도 똑같이 설명할 수 있다. 다리에 있던 사람을 밀어서 죽이려는 것이 당신의 목적은 아니었다. 그 남자를 민 이유는 전차를 막는 것이었다. 만약 전차도 멈추고 그도 살아났다면 당신은 기뻐할 것이다.

아니면 두 경우 모두 같은 원칙을 적용해야 하는 것 아닌가 하는 생각도 든다. 두 경우 모두 죄 없는 한 사람을 희생시켜 더 큰 인명 손실을 막겠다는 선택이 개입한다. 남자를 다리 아래로 밀기를 주저하는 태도는 소심하기 때문이며, 극복해야 할 자세일지도 모른다. 사람을 밀어뜨리는 행동은 전차의 방향을 바꾸어 다른 사람을 죽게 하는 것보다 언뜻 보면 더 잔인한 것 같지만, 옳은 일을 하기란 언제나 쉽지 않은 법이다.

이야기를 살짝 바꾸어 그 생각을 테스트해 보자. 다리 위에서 철로를 구경하던 당신은 옆에 서 있는 덩치 큰 남자를 직접 밀지 않고도 철로로 떨어지게 할 수 있다고 하자. 그가 서 있던 바닥에는 물체를 낙하시킬 수 있는 문이 설치되어 있어서 당신이 핸들만 돌리면 그 낙하 문을 열 수 있다고 가정하자. 밀지 않아도 똑같은 결과를 내게 된다. 이 경우에는 핸들을 돌리는 행위가 옳은 일처럼 생각되는가? 아니면 이 경우에도 전차 기관사가 핸들을 틀어 방향을 바꾸는 행위보다 도덕적으로 더 문제가 있다고 생각되는가?

왜 전차의 방향을 트는 행위는 옳고, 남자를 다리 아래로 미는 행위는 옳지 않은지, 그 도덕적 차이를 설명하기란 쉽지 않다. 각 경우에서 우리가 느끼는 압박감에 주목하지만, 압박감의 차이를 느낄 수 없게 되면 각 경우에서 옳은 일에 대한 우리의 판단을 재고하게 된다. 우리는 때로 도덕적 추론을 타인을 설득하는 수단으로만 생각한다. 하지만 도덕적 추론은 자신의 도덕적 신념을 분별하는 수단이자, 우리가 어떤 신념을 왜 믿는지 이해하는 수단이기도 하다.

때로는 도덕적 신념들이 서로 충돌하며 도덕적 딜레마가 생긴다. 예를 들어 전차 이야기에서 가능하면 많은 생명을 구해야 한다는 원칙이 적용되는가 하면, 아무리 의도가 좋다고 하더라도 죄 없는 사람을 죽이는 것은 잘못이라는 또 다른 원칙이 적용된다. 많은 생명을 구하자니 죄 없는 한 사람을 죽여야 하는 상황에서 우리는 도덕적으로 난처한 입장에 직면한다. 상황에 따라 무엇이 더 중요하고, 무엇이 더 적절한지 가려내야 한다.

앞으로 사건이 어떻게 전개될지 불확실하기 때문에 또 다른 도덕적 딜레마가 생기기도 한다. 전차 이야기 같은 가상의 이야기에서는 실제 선택 상황에서 부딪히는 불확실성이 빠져 있다. 예를 들어 전차의 방향을 바꾸지 않거나 옆 사람을 밀지 않으면 다수의 사람이 죽는다는 사실을 확실히 알고 있다고 가정하는 식이다. 따라서 이 이야기를 실제 상황에 적용하기에는 무리가 있다. 하지만 그러한 이유 때문에 이 이야기는 도덕적 분석에 유용한 도구가 된다. 가상으로 만든 예는 '만약 작업자들이 전차를 먼저 발견하고 옆으로 피했다면 어떻게 됐을까?' 같은 만일의 경우를 배제하여, 중요 도덕 원칙만 따로 분리하여 그 원칙의 힘을 생각해 볼 수 있게 한다.

사례 2: 아프가니스탄의 염소 목동

이제 실제로 벌어진 도덕적 딜레마를 살펴보자. 철로를 변경한 전차 이야기처럼 가상의 이야기 같으면서도, 다른 한편으로는 상황이 어떻게 전개될지 알 수 없다는 점에서 복잡한 이야기다.

2005년 6월, 미 해군 특수 부대 실SEAL 소속의 마커스 루트렐Marcus Luttrell 하사관 및 부대원 세 명이 오사마 빈 라덴의 측근 탈레반 지도자를 찾기 위해서 파키스탄 국경 인근 아프가니스탄에서 은밀히 정찰 활동에 나섰다.[37] 정보기관에 따르면, 이들이 찾는 인물은 140~150명의 중무장 세력을 지휘하면서 험한 산악 지역의 어느 마을에 머물고 있었다.

마을이 내려다보이는 산등성이에 이들 정찰 팀이 자리를 잡은 직후, 아프가니스탄 농부 두 명이 약 100마리의 염소를 몰고 나타났다. 그들은 열네 살가량의 남자아이를 한 명 데리고 있었다. 무장한 사람은 아무도 없었다. 미군은 이들에게 총을 겨누고, 바닥에 앉으라고 한 뒤, 이들을 어떻게 처리할지 의논했다. 이 염소 목동들은 무장하지 않은 민간인으로 보였기에 놓아주어야 했지만, 다른 한편으론 미군의 소재를 탈레반에 알려 줄 위험이 있었다.

네 명의 병사는 몇 가지 선택을 놓고 고민했다. 밧줄이 없어서 이들을 묶어 놓고 다른 은신처로 이동할 수도 없는 상황이라 이들을 죽이든가 풀어 주든가, 둘 중 하나를 선택해야 했다.

한 부대원은 이들을 죽여야 한다고 주장했다. "우리는 상관의 지시를 받고 국경 너머 적진에서 임무를 수행 중입니다. 우리의 목숨을 지키기 위해서는 어떤 일도 할 수 있는 권리가 있습니다. 군의 판단은 분명합니다. 저들을 놓아주어서는 안 됩니다."[38] 루트렐은 망설였다. "마음속으로는 그의 말이 옳다고 생각했다." 그는 나중에 당시를 회상하며 이렇게 썼다. "우리는 그들을 풀어 줄 수 없었다. 하지만 문제는 내 안에 또 다른 마음이 있었다는 사실이다. 기독교인으로서의 또 다른 마음이 깊은 곳으로부터 목소리를 내고 있었다. 무장하지 않은 저들을 냉정하게 죽이는 것은 잘못이라고 줄곧 속삭였다."[39] 기독교인으로서의 마음이 무슨 의미인지 구체적으로 말하지는 않았지만, 루트렐은 양심상 염소 목동들을 죽일 수 없었다. 그래서 의견이 팽팽히 맞선 가운데 그들을 풀어 주자는 쪽의 손을 들어 줬다(세 명의 휘하 병사 중 한 명은 기권했다). 곧 후회할 결정이었다.

염소 목동들을 풀어 준 지 한 시간 반쯤 지나자, 네 명의 병사는 AK-47과 휴대용 로켓 발사기로 무장한 80~100명의 탈레반 병사에게 포위되었다. 곧이어 격렬한 총격전이 벌어지며 세 명이 목숨을 잃었다. 이들을 구출하러 온 미군 헬기 한 대까지 격추당하는 바람에 거기에 타고 있던 군인 열여섯 명 모두 목숨을 잃었다.

루트렐은 중상을 입고 산 아래로 굴러떨어진 뒤 간신히 목숨을 건졌다. 그는 11킬로미터를 기다시피 하여 파슈툰 마을로 갔고, 탈레반의 눈에 띄지 않게 마을 사람들이 보호해 준 덕분에 마침내 구출될 수 있었다.

당시를 회상하던 루트렐은 염소 목동들을 죽이지 않는 쪽에 표를 던진 자신의 행동을 후회했다. "지금껏 내가 내린 가장 바보 같고, 남부 촌뜨기다운 멍청한 결정이었다." 그는 당시의 경험을 담은 책에서 이렇게 썼다. "내가 정신이 나갔던 게 틀림없다. 우리에게 사형을 집행하도록 내가 캐스팅 보트를 행사한 셈이다. (……) 적어도 지금, 당시를 되돌아보면 그렇다. (……) 결정적인 표는 내가 던졌고, 그 일은 내가 동부 텍사스 묘지에 묻힐 때까지 나를 괴롭힐 것이다."[40]

이들이 처한 딜레마가 그토록 해결하기 어려웠던 이유 중 하나는 염소 목동들을 풀어 줄 경우 어떤 일이 벌어질지 확신할 수 없었기 때문이다. 목동들은 그저 가던 길을 갈까? 아니면 탈레반에게 갈까? 하지만 그들을 풀어 주면 참담한 전투가 벌어져, 같이 있던 전우들을 포함해 총 19명의 미군이 목숨을 잃게 되며, 자신도 부상을 입고 임무를 수행하지 못할 것이란 사실을 미리 알았다고 가정한다면, 그는 다른 결정을 했을까?

그때를 회상하던 루트렐의 대답은 분명했다. 그는 염소 목동들을 죽였을 것이다. 이후에 일어난 재앙을 생각해 보면 달리 판단하기 어렵다. 숫자를 따져 보면, 루트렐의 선택은 전차 이야기와 비슷하다. 아프가니스탄인 세 명을 죽였다면 전우 셋과 그들을 구하러 온 미군 열여섯 명을 살릴 수 있었을 것이다. 그런데 염소 목동들을 죽이는 것은 전차 방향을 돌리는 행동과 남자를 다리에서 밀어 떨어뜨리는 일 중 어느 경우와 닮았을까? 루트렐이 위험을 예감하면서도 무장하지 않은 민간인을 냉정하게 죽이지 못한 것을 생각하면 남자를 밀어 떨어뜨리는 경우에 더 가까울 것이다.

하지만 염소 목동들을 죽여야 한다는 주장은 남자를 다리에서 밀어뜨려야 한다는 주장보다 설득력이 있다. 결과를 놓고 볼 때, 그들은 죄 없는 구경꾼이 아니라, 탈레반에 협조하는 사람들일 수 있기 때문이다.

이런 가정을 해보자. 다리에 있던 남자가 철로에 있던 작업자들을 죽일 의도(그들의 적이라고 가정하자)로 전차의 브레이크를 망가뜨렸다고 볼 수 있는 근거가 있다면, 남자를 철로 위로 밀어 떨어뜨린 행동에 찬성하는 주장은 힘을 얻기 시작한다. 그럼에도 그의 적들은 어떤 사람이며, 왜 그가 그들을 죽이려 했는지 여전히 알아낼 필요가 있다. 철로의 작업자들은 프랑스 레지스탕스들이고 다리에 있던 남자는 전차를 망가뜨려 그들을 죽이려던 나치 대원임이 밝혀진다면, 남자를 밀어 작업자들을 구해야 한다는 주장은 도덕적 호소력을 얻을 것이다.

물론 그 염소 목동들은 탈레반 협조자들이 아니라 중립적인 사람들이거나, 탈레반에 반대하지만 강요에 못 이겨 미군의 위치를 알려 주었을 가능성도 있다. 염소 목동들이 자신들에게 해를 끼칠 사람들은 아니지만, 탈레반의 고문으로 미군의 위치를 발설하리라고 루트렐과 전우들이 확신했다고 가정하자. 그들은 아마 임무를 완수하고 목숨을 지키기 위해 염소 목동들을 죽였을 것이다. 하지만 염소 목동들이 탈레반을 돕는 염탐꾼이었을 경우보다 더 비통했을 것이다(그리고 도덕적으로도 문제가 되었을 것이다).

도덕적 딜레마

살아가면서 앞의 이야기에 있던 미군 병사들이나 전차 목격자처럼 치명적인 선택에 직면하는 사람은 별로 없을 것이다. 하지만 그들의 딜레마에 대해 고민하다 보면 개인적 혹은 공적 생활에서 어떤 식으로 도덕적 주장을 전개해야 하는지 알 수 있다.

민주 사회에서 살다 보면 옳고 그름, 정의와 부당함에 관한 이견들을 많이 접하게 된다. 낙태의 권리를 옹호하는 사람들도 있고 낙태를 살인으로 간주하는 사람들도 있다. 부자에게 세금을 거두어 가난한 사람을 도와야 공정하다고 믿는 사람이 있는가 하면, 노력으로 번 돈을 세금으로 빼앗는 행위는 공정치 못하다고 생각하는 사람도 있다. 어떤 사람들은 대학 입시에서 소수 집단 우대 정책이 잘못을 바로잡는 정책이라고 옹호하는가 하면, 다른 사람들은 인재를 역차별하는 공정치 못한 정책이라고 비난한다. 테러 용의자를 고문하는 행위를 자유 사회에 걸맞지 않은 혐오스러운 짓이라고 반대하는 이가 있는가 하면, 테러를 막을 수 있는 최후의 예방 수단이라고 찬성하는 이들도 있다.

선거에서는 어떤 견해를 지지하느냐에 따라 당락이 결정되기도 한다. 이를 둘러싸고 소위 문화 전쟁이 일어나기도 한다. 공적인 영역에서 도덕 문제를 놓고 격하고 열정적으로 논쟁을 벌이는 모습을 지켜보면, 도덕적 신념이 이성의 범위를 넘어 가정교육이나 신앙으로 인해 이미 정해졌다는 생각을 하게 된다.

만약 그렇다면, 도덕에 호소해 상대를 설득할 수는 없으며, 정의와 권리에 대해 공적인 토론을 벌이는 것은 독단적인 주장의 공세일 뿐, 마구잡이 이념 싸움과 다를 바 없다. 최악으로 치달을 때는 우리의 정치가 그런 상황이 된다. 하지만 반드시 그런 것은 아니다. 때로는 어느 한쪽의 주장에 마음이 바뀌기도 한다.

그렇다면 정의와 부당함, 평등과 불평등, 개인의 권리와 공동선을 둘러싼 주장들이 경쟁하는 상황을 어떻게 이성적으로 헤쳐 나갈 수 있을까? 이 책은 그러한 질문에 답하고자 한다.

　그러기 위해서는 우선 어려운 도덕적 문제에 맞닥뜨렸을 때 우리 내면에서 어떻게 도덕적 사유가 자연스레 나타나는지 살펴보는 것도 한 가지 방법이다. 우리는 흔히 옳은 행위에 대한 견해나 확신('전차를 측선 철로 쪽으로 틀어라')에서 시작한다. 그러고는 그렇게 확신하는 이유를 생각하며 근거가 되는 원칙('한 명을 희생시키더라도 여러 명의 목숨을 구하는 게 낫다')을 찾는다. 그다음 그 원칙에 반하는 상황('가능한 한 여러 명의 목숨을 구하는 것이 늘 옳을 줄 알았는데, 남자를 다리 아래로 미는 행위[혹은 무장하지 않은 염소 목동들을 죽이는 행위]는 잘못인 것 같다')을 맞닥뜨리면 혼란스러워지기 시작한다. 이러한 혼동되는 상황을 생각하고 이를 정리해야 한다는 압박을 느끼는 것이 바로 철학으로 가는 기폭제다.

　이러한 긴장에 직면했을 때, 옳은 행위에 대한 판단을 재고하거나 애초에 옹호하던 원칙을 재검토할 수도 있다. 새로운 상황에 직면하면, 자신의 판단과 원칙 사이를 왔다 갔다 하면서, 판단에 비추어 원칙을 재조정하기도 하고, 원칙에 비추어 판단을 재조정하기도 한다. 이처럼 행동의 세계에서 이성의 영역으로, 다시 이성의 영역에서 행동의 세계로 마음을 돌리는 것이 바로 도덕적 사고의 근간을 형성한다.

　도덕적 주장을 만들어 나가는 이러한 방식, 즉 특정한 상황에서의 판단과 심사숙고를 통해 확정한 원칙 사이를 오가는 변증법의 역사는 꽤 오래되었다. 소크라테스Socrates의 대화나 아리스토텔레스의 도덕 철학까지 거슬러 올라간다. 하지만 이처럼 오랜 역사에도 불구하고 다음과 같은 어려움에 봉착한다.

　도덕적 사고가 우리의 판단과 원칙 사이에서 접점을 찾는 것이라면,

그런 사고로 정의나 도덕적 진실에 어떻게 다다를 수 있을까? 가령 도덕적 직관과 원칙에 입각해 평생을 헌신하더라도, 그것이 그저 되풀이되는 편견의 타래에 머물지 않으리라고 어떻게 확신할 수 있을까?

이에 대해서는 도덕적 사고란 홀로 추구하는 것이 아니라 여럿이 함께 노력하는 것이라고 답하고자 한다. 따라서 친구, 이웃, 전우, 시민 등의 대화 상대가 필요하다. 때로는 그 대화 상대가 실존 인물이 아니라 상상 속의 존재일 수도 있다. 자기 자신과 논쟁할 때가 그렇다. 하지만 자기 성찰만으로는 정의의 의미나 최선의 삶의 방식을 찾을 수 없다.

플라톤Platon의 『국가론Republic』에서 소크라테스는 일반 시민을 동굴에 갇힌 포로에 비유한다. 이들이 보는 것은 벽에 드리운 그림자의 움직임, 즉 이들로서는 결코 파악하지 못할 실체의 그림자뿐이다. 상황이 그러하므로 오직 철학자만이 한낮의 빛이 있는 바깥으로 나가 실체를 볼 수 있다. 소크라테스는 태양을 본 철학자만이 (그들을 다시 동굴로 돌려보낼 수 있다면) 동굴에 사는 사람들을 지배할 적임자라고 주장한다.

이는, 정의의 의미와 좋은 삶의 본질을 이해하기 위해서는 편견과 틀에 박힌 일상에서 벗어나야 한다는 뜻이라고 플라톤은 지적한다. 그의 지적이 옳기는 해도, 내 생각엔 전적으로 옳다고 볼 수는 없다. 동굴의 비유로 어느 정도로만 타당한 것이다. 만약 도덕적 사고가 변증법적인 사유라면(즉 구체적 상황에서의 판단과 그 판단을 형성하는 원칙 사이를 왔다 갔다 하는 것이라면), 비록 불완전하거나 교육으로 다듬어지지 않았을지라도 나름의 견해와 확신이 사고의 기반과 재료로 존재해야 한다. 벽에 비친 그림자에 영향을 받지 않는 철학이란 그저 메마른 이상향일 뿐이다.

도덕적 사고를 정치에 적용해 공동체의 삶을 어떤 법으로 다스릴지 물을 때는, 도시의 시끌벅적한 참여, 그리고 대중의 마음을 휘저을 주장과 사건이 필요하다. 구제 금융, 가격 폭리, 소득 불평등, 소수 집단 우대 정책, 병역, 동성 결혼을 둘러싼 논쟁은 정치 철학의 문제다. 이 문제들은 가족과 친구들 사이에서뿐만 아니라, 함께 살아가는 까다로운 시민들을 상대로 우리의 도덕적·정치적 신념을 분명히 하고 정당화하라고 촉구한다.

한층 더 까다로운 상대는 정치 철학자들이다. 고대와 근현대 정치 철학자들은 시민의 삶에 생기를 불어넣는 개념들(정의와 권리, 의무와 합의, 명예와 미덕, 도덕과 법)을 때로는 급진적이고 놀라운 방식으로 이해한다. 이 책에는 아리스토텔레스, 이마누엘 칸트Immanuel Kant, 존 스튜어트 밀John stuart Mill, 존 롤스John Lawls 같은 인물들이 등장한다. 하지만 이들을 연대순으로 다루지는 않는다. 이 책은 사상의 역사를 다루는 것이 아니라 여러 도덕적·철학적 사고를 여행한다. 이 책의 목적은 누가 누구에게 영향을 미쳤는지 알려 주는 정치 사상사를 다루는 데 있는 것이 아니라, 독자들로 하여금 정의에 대한 자신의 견해를 정립하고 비판적으로 검토하도록 만들어, 자신이 무엇을 왜 그렇게 생각하는지 알도록 하는 데 있다.

JUSTICE

최대 행복 원칙: 공리주의

02

THE GREATEST HAPPINESS PRINCIPLE : UTILITARIANISM

1884년 여름, 영국 선원 네 명이 작은 구명보트에 탄 채, 육지에서 1,600킬로미터 떨어진 남대서양에서 표류하고 있었다. 이들이 타고 온 미뇨네트호Mignonette는 폭풍에 가라앉았고, 구명보트에는 순무 통조림 캔 두 개를 제외하곤 마실 물조차 없었다. 이 보트에는 선장 토머스 더들리Thomas Dudley, 일등 항해사 에드윈 스티븐스Edwin Stephens, 일반 선원 에드먼드 브룩스Edmund Brooks가 타고 있었다. "이들은 모두 훌륭한 사람들이었다"고 신문은 전했다.[1]

그리고 네 번째 승무원은 배에서 심부름과 잡일을 하던 열일곱 살 소년 리처드 파커Richard Parker였다. 고아인 파커가 먼 항해 길에 오른 건 이번이 처음이었다. 파커는 친구들의 반대에도 불구하고 '젊은이다운 야망과 희망을 품고' 배에 올랐으며, 이번 항해를 통해 남자다워지기를 희망했다. 하지만 안타깝게도 현실은 그렇지 못했다.

구명보트를 타고 표류하던 네 사람은 지나가는 배를 만나 구조되기를 바라며, 수평선을 지켜보았다. 처음 3일 동안은 순무를 정해 놓은 양만큼 조금씩 먹었다. 4일째 되던 날 바다거북을 한 마리 잡았다. 이들은 바다거북과 남은 순무로 연명하며 며칠을 더 버텼다. 그리고 이후로 8일간 아무것도 먹지 못했다.

이즈음 파커는 구명보트 한쪽에 누워 있었다. 다른 사람들의 충고를 듣지 않고 바닷물을 마시다가 탈이 났기 때문이었다. 곧 죽을 것만 같았다. 고통 속에 하루하루를 보내던 19일째 날, 선장 더들리는 다른 사람을 위해 희생할 사람을 제기뽑기로 정하자고 했다. 하지만 브룩스가 거부해서 실행에 옮기지는 못했다.

다음 날도 지나가는 배는 보이지 않았다. 더들리는 브룩스의 고개를 돌리게 하고는 스티븐스에게 파커가 희생되어야 한다고 몸짓으로 말했다. 더들리는 기도를 올리고, 파커에게 때가 왔다고 말한 뒤 주머니칼로 파커의 목에 있는 정맥을 찔렀다. 양심에 찔려 그 섬뜩한 하사품을 거절하던 브룩스도 나중에는 자기 몫을 받았다. 그렇게 세 남자는 파커의 살과 피로 나흘을 더 연명했다.

이윽고 구조의 손길이 나타났다. 더들리는 당시 상황을 일기에 놀라운 완곡 어구로 표현했다. "24일째 되던 날, 아침 식사를 하고 있는데, 드디어 배가 나타났다." 생존자 세 명 모두 구조되었다. 이들은 영국으로 돌아가자마자 체포되어 재판을 받았다. 브룩스는 검찰 측 증인으로, 더들리와 스티븐스는 피고인으로 재판정에 서게 되었다. 이들은 파커를 죽이고 그를 먹은 사실을 순순히 자백했다. 그리고 어쩔 수 없었노라고 주장했다.

당신이 판사라면 어떤 판결을 내리겠는가? 상황을 단순화하기 위해 일단 법의 문제는 논외로 하고, 오로지 그 소년을 죽인 짓이 도덕적으로 허용될 수 있는 행동인지만 결정하면 된다고 가정하자.

피고 측이 가장 강력히 주장한 바는 당시 끔찍했던 상황에서는 한 사람을 죽여 세 사람을 살릴 필요가 있었다는 사실이었다. 누군가를 죽여서 먹지 않으면, 네 사람 모두 죽을 수밖에 없었다는 것이다. 병에 걸려 쇠약해진 파커는 곧 죽을 상황이었기 때문에 적절한 대상이었다. 또한 파커는 더들리나 스티븐스와 달리 부양할 가족도 없었다. 그가 죽는다고 하더라도 살길이 막막해지거나 슬퍼할 아내나 자식도 없었다.

이 주장은 적어도 두 가지 반대에 부딪힐 수 있다. 첫째, 파커를 죽여서 얻은 이익이 희생보다 정말로 컸는가에 의문을 제기할 수 있다. 살아난 사람의 숫자, 그리고 생존자 및 그 가족의 행복을 고려한다 해도, 그들이 저지른 살인을 허용한다면 사회 전체에 나쁜 결과를 초래할 수 있다. 예를 들어 살인에 반대하는 규범이 약화되거나, 자기에게 유리하게 법을 해석하려는 성향이 늘어나거나, 선장이 배에서 일할 사환을 구하기 어려워질 수도 있다.

둘째, 모든 것을 고려해 볼 때, 그 이익이 희생이라는 비용보다 크다고 하더라도, 무방비 상태의 사환 소년을 죽여서 먹는 행위는 사회적 비용이나 이익을 계산하기에 앞서 결코 용납될 수 없다는 느낌을 여전히 지울 수 없지 않은가? 아무리 누군가에게 이익이 된다고 해도 그런 식으로 남을 이용하는 행위(타인의 나약함을 이용하여 동의 없이 목숨을 빼앗는 짓)는 나쁜 짓 아닌가?

더들리와 스티븐스의 행동에 몸서리 친 사람에겐 첫 번째 반박이 미지근한 불평으로 보일 것이다. 이 반박은, 도덕이란 비용과 이익을 저울질하는 것이라는 공리주의자들의 사고를 받아들여, 단순히 사회적 결과를 더 많이 계산하고자 했다. 만약 그 소년을 죽인 행위가 도덕적 분노를 일으킬 만한 행위라면, 두 번째 반박이 더 적절하다. 이 반박은 어떤 행동이 옳은지 판단하기 위해서는 비용과 이익이 얼마인지 결과만을 계산하면 된다는 생각을 거부한다. 또한 도덕이란 그 이상의 무언가(사람들이 서로를 대하는 적절한 방식 등)를 의미한다고 주장한다.

구명보트 사건을 바라보는 두 가지 사고방식은 정의에 대한 서로 다른 시각을 보여 준다. 첫 번째 시각은 어떤 행위의 도덕성은 그 행위가 초래하는 결과에 전적으로 달려 있다고 말한다. 즉 어떤 행위든 그로 인한 모든 것을 고려해 보았을 때 최상의 상태를 만들어 내면 옳다고 본다. 두 번째 시각은 도덕적으로 볼 때, 결과가 전부는 아니라고 생각한다. 어떤 의무와 권리는 사회적 결과와 상관없이 존중받아야 한다고 본다.

구명보트 사건이나 그보다는 덜 극단적인 우리 일상생활에서의 딜레마를 해결하려면, 도덕 철학 및 정치 철학의 커다란 문제 몇 가지를 살펴보아야 한다. 도덕은 목숨을 숫자로 세고, 비용과 이익을 저울질하는 문제인가, 아니면 어떤 도덕적 의무와 인권은 기본적인 것이어서 그러한 계산으로 따질 수 없는 것인가? 그리고 어떤 권리가 그토록 기본적인 것이라면, 타고난 권리든, 신성한 권리든, 빼앗을 수 없는 권리든, 절대적 권리든 간에, 그것을 어떻게 가려낼 수 있는가? 그리고 그것들이 기본 권리인 이유는 무엇인가?

제러미 벤담의 공리주의

이 질문에 대한 제러미 벤담Jeremy Bentham(1748~1832)의 대답은 분명했다. 그는 자연권이라는 생각을 조롱하며 "애들이나 하는 헛소리"라고 했다. 그가 주창한 철학은 큰 영향을 미쳤다. 실제로 오늘날에도 그의 철학은 정책 입안자, 경제학자, 경영자, 일반 시민들에게 막강한 영향력을 행사하고 있다.

영국의 도덕 철학자이자 법 개혁가인 제러미 벤담은 공리주의 원칙을 만들었다. 공리주의의 핵심은 간결하며 직관적으로 이해 가능하다. 도덕의 최고 원칙은 행복의 극대화, 즉 쾌락의 총량이 고통의 총량보다 많게 하는 데 있다고 주장했다. 벤담에 따르면, '공리utility'를 극대화하는 행위는 무엇이든 옳다. 그가 말하는 '공리'란 쾌락이나 행복을 가져오고 고통이나 불행을 막는 일체를 의미한다.

벤담은 다음과 같은 추론을 통해 자신의 원칙에 도달한다. 우리는 누구나 고통과 쾌락의 감정에 지배된다. 이 감정은 우리의 '통치권자'다. 이는 우리의 모든 행위를 지배할 뿐 아니라 무엇을 해야 하는지도 결정한다. 옳고 그름의 기준은 "왕좌에 앉은 그들에게 달렸다".[2]

누구나 쾌락을 좋아하고 고통을 싫어한다. 공리주의 철학은 이를 깨닫고 이러한 사실을 도덕적·정치적 삶의 근간으로 삼는다. 공리의 극대화 원칙은 개인적 차원에서뿐만 아니라 입법적 차원에서도 적용된다. 어떤 법이나 정책을 집행할 것인지 결정할 때, 정부는 공동체 전체의 행복을 극대화하는 일은 무엇이든 해야 한다. 그렇다면 공동체란 무엇인가? 벤담에 따르면, 공동체란 개인들의 총합으로 이루어진 '허구의 집단'이다. 그러므로 시민과 입법자들은 이렇게 물어야 한다. "우리가 이 정책에서 얻는 이익을 모두 더하고 모든 비용을 빼면, 다른 정책을 펼 때보다 더 많은 행복을 얻게 되는가?"

공리를 극대화해야 한다는 벤담의 주장은 워낙 대담하여 이를 반박할 근거를 찾기가 어려워 보인다. 그는 모든 도덕적 주장은 행복의 극대화라는 전제에서 출발해야 한다고 주장한다. 어떤 사람들은 절대적이고 확실한 의무나 권리가 있다고 말하기도 한다. 하지만 그런 의무나 권리의 존중이 적어도 장기적으로 인간의 행복을 극대화하지 않는다면, 그러한 의무나 권리를 변호할 근거는 없을 것이다.

"공리 원칙과 싸우려 드는 사람은 자신도 모르는 사이에 바로 그 원칙으로부터 나온 근거에 기대게 된다"라고 벤담은 썼다. 모든 도덕적 다툼은 알고 보면 쾌락을 극대화하고 고통을 극소화하는 공리주의 원칙을 어떻게 적용할 것인가를 둘러싼 이견일 뿐, 원칙 그 자체에 대한 이견이 아니다. "인간이 지구를 움직일 수 있을까?" 벤담이 묻는다. "그렇다. 하지만 밟고 설 다른 지구부터 찾아야 한다." 그리고 벤담에 따르면, 그 유일한 지구, 유일한 전제, 도덕적 논증의 유일한 출발점은 바로 공리 원칙이다.[3]

벤담은 공리 원칙이 정치 개혁의 근간이 되는 도덕 과학을 제시한다고 믿었다. 그는 형벌 정책을 더 효과적이고 인도적으로 개선할 수 있는 몇 가지 제안을 했다. 그중 하나가 원형 교도소인데, 교도관은 중앙에 있는 감시탑에서 재소자들을 관찰하되 재소자들은 교도관을 볼 수 없게 만든 수형 시설이다. 그는 그 교도소를 민간 업자(이상적으로는 벤담 자신)에게 운영하게 하고, 그 대가로 민간 업자는 죄수들에게 하루에 열여섯 시간 동안 일하게 해 그 이익을 챙기는 것이다. 벤담의 제안은 거절당했지만, 어느 면에서는 시대를 앞선 제안이었다고 할 수 있다. 최근 몇 년 사이 미국과 영국에서는 교도소 운영을 민간에 위탁하는 법안이 부활하였다.

거지를 한곳에 몰아넣기

벤담의 또 다른 제안 가운데 하나는 가난한 사람들이 스스로 돈을 마련하는 구빈원을 설립해 '극빈자 관리'를 개선하자는 계획이었다. 거리의 거지를 줄일 목적으로 나온 이 계획은 공리주의 논리를 잘 보여 준다. 우선 벤담은 거지와 마주치면 두 가지 방식으로 행복이 줄어든다는 사실을 발견했다. 인정이 많은 사람에게는 동정심이라는 고통이, 인정이 없는 사람에게는 혐오감이라는 고통이 생긴다는 것이다. 어떤 경우든 거지와 마주치면 일반적으로 사람들의 공리가 줄어든다. 그러므로 벤담은 거지를 거리에서 쫓아내 구빈원으로 몰아넣자고 제안했다.[4]

어떤 사람은 거지에게 부당한 처사라고 생각할 것이다. 하지만 벤담은 거지의 공리 측면도 계산에 넣었다. 벤담 역시 구빈원에서 일하는 것보다 구걸하는 것이 더 행복하다고 느끼는 거지도 있다는 것을 인정한다. 하지만 그는 구걸하며 행복해하는 거지보다 그들과 마주쳐 불행한 사람의 수가 훨씬 많음을 지적한다. 결국 구빈원으로 끌려가는 거지들이 어떤 불행을 느끼든, 그렇게 하지 않을 경우 일반 대중이 겪는 고통의 합이 그보다 크다고 벤담은 결론을 내린다.[5]

구빈원을 설립하고 운영하려면 결과적으로 납세자에게 그 비용이 부과되어 납세자의 행복, 즉 납세자의 공리가 줄어들지 않느냐고 걱정하는 사람도 있을 것이다. 벤담은 그 계획을 위한 모든 자금을 자체적으로 마련하는 방안을 제시했다. 거지와 마주친 시민에게는 거지를 붙잡아 가장 가까운 구빈원으로 데려갈 수 있는 권리가 주어진다. 그리고 그곳에 갇힌 거지는 일을 해서 생활비를 충당해야 하며, 이는 '자기 해방 장부'에 기록된다. 기록되는 생활비에는 식비, 피복비, 침구비, 의료비, 그리고 거지가 기록된 생활비를 다 갚기 전에 사망할 경우를 대비해 책정한 보험료가 포함된다. 벤담은 시민이 거지를 붙잡아 구빈원에 넘기는 수고를 마다하지 않도록, 한 명에 20실링의 포상금을 지급하자고 제안했다. 물론 그 돈은 거지의 장부에 비용으로 더해진다.[6]

벤담은 구빈원에서 거지에게 방을 배정할 때도 공리주의 논리를 적용해, 그들이 주변에 있는 다른 이들로부터 느끼는 불쾌감을 최소화하려 했다. "남에게 폐가 되는 특성을 가진 사람 곁에는 그런 특성에 둔감한 사람을 배정한다." 예를 들면 "미쳐 소리치는 정신 이상자나 음탕한 말을 하는 사람 바로 옆에는 농아를 배정한다. (……) 매춘부와 행실이 좋지 않은 여자들 옆방에는 나이 많은 여자들을 배정한다". 그리고 "충격적으로 기형인 사람들" 옆방에는 맹인을 수용하자고 제안했다.[7]

벤담의 제안이 가혹해 보이지만, 그의 목적은 벌을 주는 데 있는 것이 아니다. 그저 사회의 공리가 줄어드는 문제를 해결해 일반적 복지를 증진시키려 했을 뿐이다. 그의 극빈자 관리 제안이 채택된 적은 없지만 그 계획의 밑바탕이 된 공리주의 정신은 아직 건재하다. 오늘날 공리주의적 사고가 어떻게 나타나고 있는지 알아보기 전에, 벤담의 철학을 반박할 수 있는지, 그렇다면 반박의 근거는 무엇인지 생각해 보자.

반박 1: 개인의 권리

가장 두드러진 공리주의의 약점은 개인의 권리를 존중하지 않는다는 것이다. 오로지 만족의 총합에만 관심을 두기 때문에 개인을 짓밟을 수 있다. 공리주의자들에게 개인은 중요하지만, 이는 단지 모든 이의 선호를 계산할 때 더해지는 개별 항목으로서만 중요하다. 하지만 만약 공리주의 원칙을 일관되게 적용한다면, 예의와 존중이라는 기본 규범을 어기며 사람을 다루는 다음과 같은 방식도 허용할 수 있을 것이다.

기독교인을 사자에게 던지기

고대 로마에서는 군중에게 즐거움을 선사하기 위해서 원형 경기장에 사자와 기독교도들을 함께 풀어 놓았다. 이때 공리주의자가 어떤 계산을 할지 상상해 보자. 그렇다, 사자에게 물어뜯기고 잡아먹히면서 기독교인들은 극심한 고통을 겪는다. 하지만 원형 경기장을 가득 메운 관중이 환호성 속에서 느끼는 집단적 황홀경을 생각해 보라. 만약 충분히 많은 로마 시민들이 그런 잔인한 장면을 보며 충분히 많은 쾌감을 느낀다면, 공리주의자는 무엇을 근거로 이를 비난할 수 있을까?

공리주의자들은 그 같은 게임으로 인해 사람들이 거칠어져서 로마 거리에서 폭력이 더욱 빈번해지거나, 앞으로 자신도 언젠가는 사자에게 던져질지 모른다는 공포가 사람들 사이에 확산될 수 있음을 우려할 것이다. 만약 그렇게 폭력과 공포라는 고통이 그 게임이 주는 쾌락보다 커진다면, 이는 공리주의자들에게 게임을 금지시킬 근거를 제공할 것이다. 하지만 오락거리로 기독교인들을 잔인한 죽음으로 내모는 행위를 겨우 그런 계산에 근거해 금지한다면, 도덕적으로 보다 중요한 뭔가를 놓치는 것 아닐까?

고문은 정당화될 수 있을까?

비슷한 물음을, 오늘날 테러 용의자를 심문하는 과정에서 고문이 정당화될 수 있는지를 놓고 벌이는 논쟁에서도 찾아볼 수 있다. 당신이 CIA 국장이고, 시한폭탄 사건을 조사한다고 가정해 보자. 어느 날 테러 용의자를 잡았는데, 이 사람이 맨해튼을 같은 날 곧 폭파시킬 핵무기에 관한 정보를 알고 있다고 생각해 보자. 사실 그가 이미 폭탄을 직접 설치했다고 의심할 만한 근거도 갖고 있다. 시계는 째깍거리는데, 용의자는 테러리스트가 아니라고 주장하거나 폭탄의 위치를 털어놓지 않는다. 그렇다면 그가 폭탄이 설치된 장소와 폭탄을 제거할 방법을 털어놓을 때까지 고문하는 것이 옳을까?

고문을 찬성하는 주장은 공리주의 계산에서 시작된다. 고문으로 인해 용의자는 고통을 느끼고 그의 행복 혹은 공리 수준은 급격히 떨어진다. 하지만 폭탄이 터지면 죄 없는 수천 명의 목숨이 날아가게 된다. 따라서 당신은 공리주의 논리를 내세워, 엄청난 인명 피해와 고통을 막을 수만 있다면 한 사람에게 극도의 고통을 주는 행위가 도덕적으로 정당하다고 주장할 수도 있다. 리처드 체니 Richard Cheney 전 미국 부통령은 알카에다 테러리스트 용의자들에게 가혹한 심문 기술을 사용한다면 이후 미국을 겨냥한 테러 공격을 막는 데 도움이 될 것이라고 주장했는데, 이 역시 공리주의 논리에 근거하고 있다.

공리주의자들이 반드시 고문을 좋아한다는 이야기는 아니다. 어떤 공리주의자들은 실제적인 이유로 고문을 반대한다. 강압을 받고 하는 자백은 흔히 믿을 만한 정보가 못 되기에, 고문이 그다지 효과 없다는 주장이다. 따라서 고통을 가해도 공동체가 더 안전해지지 않으며, 전체 공리도 늘어나지 않는다는 것이다. 또 이런 우려를 할 수도 있다. 우리나라가 고문을 한다면 우리 병사가 포로로 붙잡혔을 때 더 혹독한 대우를 받게 될 수도 있다. 모든 상황을 고려할 때, 결과적으로 고문의 사용은 전체 공리를 줄일 수 있다.

이처럼 실용성을 고려해 고문에 반대하는 주장은 옳을 수도 있고, 옳지 않을 수도 있다. 그런데 이런 반대 주장의 근거 역시 공리주의자들의 찬성 근거와 전적으로 일치한다. 이들은 인간을 고문하는 행위가 근본적인 잘못이라고 주장하지 않는다. 단지 고문이 나쁜 영향을 주며, 전체적으로 이익보다 해가 많다고 주장할 뿐이다.

어떤 사람은 고문을 원칙적으로 반대한다. 고문이 인권을 침해하며 인간의 타고난 존엄성을 짓밟는다고 믿기 때문이다. 이런 반대는 공리주의 사고에 근거하지 않는다. 그들은 인권과 인간의 존엄성은 공리를 넘어서는 도덕에 기반을 두고 있다고 주장한다. 그들이 옳다면, 벤담의 철학은 틀렸다.

언뜻 보아 시한폭탄 이야기는 벤담 측 주장을 지지하는 사례처럼 보인다. 숫자가 아무래도 도덕적 차이를 만드는 것으로 보인다. 구명보트에서 죄 없는 사환 소년을 희생시키지 말고 다른 세 명이 죽음을 맞이해야 한다는 주장과는 다른 이야기이다. 시한폭탄이 곧 터질지 모르는 상황이라, 수천 명의 무고한 목숨이 위험에 빠져 있다면? 그 피해가 수만 명에 이를 수 있다면? 예상되는 피해자의 숫자가 많으면 공리주의자들은 이렇게 주장할 것이다. 아무리 인권을 열렬히 옹호하는 사람이라도, 폭탄 설치 장소를 알고 있다고 의심되는 테러 용의자 한 사람을 고문하기보다 죄 없는 수많은 사람의 목숨을 희생하는 편이 도덕적으로 더 낫다고 주장하기는 힘들 것이라고 말이다.

하지만 공리주의의 도덕적 추론을 시험하기에 시한폭탄 이야기는 적절치 않다. 이는 숫자의 중요성을 강조해, 수많은 사람의 목숨이 달린 경우에는 인간의 존엄성과 권리에 대한 양심의 가책도 얼마든지 버릴 수 있음을 증명하려 한다. 만약 그것이 사실이라면 도덕은 결국 비용과 이익을 계산하는 것에 불과하다.

그런데 이 이야기는 수많은 사람의 목숨을 구할 가능성이 있다면 죄 없는 한 명에게 심각한 고통을 줄 수도 있다는 주장을 정당화하는 사례가 아니다. 많은 사람의 목숨을 구한다는 명분으로 고문당하는 그 사람은 테러 용의자, 즉 폭탄을 설치했을 것이라고 우리가 의심하는 사람이라는 사실을 잊지 말자. 그를 고문해야 된다는 주장은 우리가 피하고자 하는 위험을 유발한 장본인이 바로 그 사람이라는 추측에 크게 의존하고 있다. 혹은 만약 그가 폭탄을 설치하지 않았더라도 가혹 행위를 당해 마땅한 다른 심각한 잘못을 저질렀을 것이라고 추측한다. 시한폭탄 이야기에 담긴 도덕적 직관에는 비용과 이익을 따지는 사고뿐 아니라, 테러리스트는 처벌받아 마땅한 나쁜 사람이라는 비공리주의적 사고도 있다.

시한폭탄 이야기를 약간 수정해서 유죄 추정 부분을 들어내면 핵심을 더 분명히 볼 수 있다. 테러 용의자의 입을 열 수 있는 유일한 방법은 그의 어린 딸을 고문하는 것이라고 가정해 보자(딸은 자기 아버지의 범죄 사실을 모른다). 이는 도덕적으로 허용할 수 있는 행위일까? 아무리 냉정한 공리주의자라도 이 물음에는 주춤할 것이다. 이 고문 이야기는 공리주의 원칙을 보다 진정으로 시험한다. 테러리스트는 어쨌든 벌을 받아 마땅하다는 직관을 배제하고(우리가 얻고자 하는 중요한 정보와는 무관하게), 공리주의적 계산 그 자체에 대한 평가에 초점을 맞추게 하기 때문이다.

행복한 도시

죄 없는 딸을 고문하는 두 번째 고문 이야기는 어슐러 르 귄^{Ursula K. Le Guin}의 단편 소설을 떠올리게 만든다. 「오멜라스를 떠나는 사람들^{The Ones Who Walked Away from Omelas}」이란 이야기에서 오멜라스는 왕이나 노예도, 광고나 주식 거래도, 원자폭탄도 없는 행복하고 축복받은 도시다. 독자들이 이 도시를 너무 비현실적인 곳이라고 생각하지 않도록, 작가는 한 가지 사실을 덧붙인다. "오멜라스의 아름다운 공공 건물들 중 한 곳의 지하실에 방이 있다. 아니면 어느 널따란 개인 저택의 지하실일 수도 있다. 그 방에는 굳게 잠긴 문이 하나 있을 뿐 창문도 없다." 이 방에 한 아이가 앉아 있다. 그 아이는 정신박약에, 영양 상태도 좋지 않으며, 무심하게 방치되어 있다. 비참한 상태에서 하루하루 목숨을 이어 가고 있을 뿐이다.

> 오멜라스 사람들은 아이가 그곳에 있음을 모두 알고 있다. (……) 그 아이가 왜 그곳에 있어야 하는지 잘 알고 있다. (……) 자신들의 행복, 도시의 아름다움, 사람들 사이의 따뜻한 정, 아이들의 건강, 학자들의 지혜, 장인들의 기술, 그리고 심지어는 풍성한 수확과 온화한 날씨조차 전적으로 그 아이의 혐오스러울 만큼 비참한 처지에 달려 있다는 사실을 모두가 잘 알고 있다. (……) 물론 아이를 그 지독한 곳에서 밝

은 햇살이 비치는 바깥으로 데리고 나온다면, 아이를 깨끗하게 씻기고 잘 먹이고 편안하게 해준다면, 그것은 정말로 좋은 일일 것이다. 하지만 만약 그렇게 한다면, 당장 그날 그 시간부터 지금껏 오멜라스가 누렸던 모든 행복과 아름다움과 즐거움은 사라지고 말 것이다. 그것이 바로 계약인 것이다.[8]

과연 도덕적으로 받아들일 수 있는 조건일까? 벤담의 공리주의에 대한 첫 번째 반박, 즉 인간의 기본권 존중을 내세우는 사람은 아무리 도시 전체가 행복해진다고 해도 받아들일 수 없는 조건이라고 말한다. 다수의 행복을 위해서라 하더라도 죄 없는 아이의 인권을 침해하는 행위는 잘못이다.

반박 2: 가치를 재는 단일 통화

공리주의는 행복의 측정, 합산, 계산을 기초로 도덕 과학을 제공한다고 주장한다. 사람들의 기호를 심판하지 않고 다만 그 무게만 잰다. 모든 사람의 기호는 동등하게 계산된다. 사적 판단을 배제하는 태도 덕분에 공리주의는 상당한 호소력을 지닌다. 그리고 도덕적 선택을 과학으로 만들어 준다는 약속은 오늘날 경제 논리에 상당한 영향을 미쳤다. 하지만 사람들의 기호를 더하기 위해서는 통일된 측정 단위가 필요하다. 공리를 주장한 벤담은 그러한 통일된 단위를 제시한다.

하지만 모든 도덕적 행위를 통일된 단위로 바꾸는 과정에서 아무것도 잃어버리지 않을 수 있을까? 공리주의에 대한 두 번째 반박은 바로 이런 의문에서 나온다. 이 반박에 따르면, 모든 가치는 공통된 하나의 단위로 평가될 수 없다.

이 반박을 살펴보기 위해, 공리주의 논리를 적용해 비용·편익 분석을 하는 방식을 살펴보자. 이 방식은 정부와 기업에서 널리 이용되고 있는 의사 결정 방법이다. 비용·편익 분석은 복잡한 사회 문제에서 합리적이고 엄밀한 선택을 하기 위해 모든 비용과 이익을 돈으로 환산해서 비교한다.

폐암의 이익

담배 회사 필립 모리스는 체코에서 사업을 활발히 하고 있다. 체코에는 여전히 흡연자가 많고 흡연이 사회적으로 용납되고 있다. 최근 체코 정부는 흡연으로 인한 의료비 증가를 우려해 담배세를 높이는 방안을 검토했다. 이에 필립 모리스는 세금 인상을 막기 위해, 흡연이 체코의 국가 예산에 미치는 효과에 대한 비용과 편익 분석 작업을 진행했다. 이 조사를 통해 체코 정부가 흡연으로 잃는 돈보다 얻는 돈이 더 많다는 것이 밝혀졌다. 왜냐하면 흡연자들이 살아 있을 때는 정부의 의료비 지출을 늘리지만, 이들은 일찍 죽기 때문에 노년층을 위한 의료, 연금, 주거 부문 예산 지출을 줄여 주는 효과를 내기 때문이었다. 이 연구에 따르면, 담배를 통해 거둬들이는 조세 수입, 흡연자의 조기 사망으로 인한 예산 절감 등 흡연의 '긍정적 효과'를 모두 계산하면, 정부는 연간 약 1억 4700만 달러의 순수익을 거둔다.[9]

이 비용·편익 분석으로 인해 필립 모리스와 대중의 관계는 최악으로 치달았다. 어떤 논평가는 이렇게 썼다. "그동안 담배 회사들은 담배가 사람을 죽인다는 사실을 극구 부인해 왔다. 하지만 이제는 그 사실을 자랑스럽게 떠든다."[10] 어느 금연 운동 단체는 시체 보관소에 놓인 어느 시체 발가락에 1,227달러라고 쓴 꼬리표를 달아 놓고 사진을 찍어 신문 광고에 실었다. 그 돈은 흡연으로 인한 사망자 한 사람당 체코 정부가 이득을 본다는 금액이었다. 대중의 분노와 야유에 직면한 필립 모리스의 최고 경영자는 그 연구가 "인간의 기본 가치를 용납할 수 없을 정도로 완전히 무시했다"고 사과했다.[11]

어떤 사람은 필립 모리스의 흡연 연구가 비용·편익 분석, 그리고 그 밑바탕에 있는 공리주의 사고방식의 부도덕성을 잘 보여 준다고 말할 것이다. 폐암으로 인한 사망을 이익을 챙길 절호의 기회로 여기는 생각은 인명을 경시하는 시각을 잘 보여 준다. 도덕적으로 옹호할 수 있는 흡연 관련 정책이라면, 금전적 측면뿐만 아니라 공중 보건 및 인간의 행복에 미치는 영향도 함께 고려해야 한다.

하지만 공리주의자도 흡연자의 고통, 슬픔에 빠진 가족, 생명의 손실처럼 흡연과 이로 인한 보다 광범위한 결과들의 관련성을 무시하지 않을 것이다. 벤담은 인간의 생명을 비롯해 우리가 중요하게 여기는 다양한 가치를 하나의 잣대로 측량하겠다는 의도로 공리라는 개념을 만들었다. 벤담주의자들에게 이 흡연 연구는 공리주의 원칙을 혼란에 빠뜨리는 사례가 아니라, 단지 공리주의 원칙을 잘못 적용한 사례일 뿐이다. 비용·편익 분석을 제대로 하려면 흡연자의 이른 사망으로 흡연자와 가족이 치러야 하는 비용 역시 계산에 포함해야 하며, 그런 다음 그 비용과 흡연자의 조기 사망으로 인한 정부의 예산 절감 액수를 비교해야 한다.

그러면 '모든 가치를 돈으로 환산할 수 있는가?' 하는 물음으로 되돌아가게 된다. 어떤 비용·편익 분석은 사람의 목숨까지 돈으로 환산하려 한다. 여기서 사람들의 도덕적 분노를 산 비용·편익 분석의 두 가지 사례를 살펴보자. 사람들이 분노한 이유는 인간의 생명 가치를 계산하지 않아서가 아니라, 계산했기 때문이었다.

폭발하는 연료 탱크

포드 자동차의 핀토Pinto는 1970년대 가장 많이 팔린 소형 자동차 가운데 하나다. 그런데 불행히도 뒤에 따라오던 차가 이 차를 들이받으면 연료 탱크가 쉽게 폭발했다. 그로 인한 차량 화재로 500명 이상이 목숨을 잃었고, 그보다 훨씬 많은 사람이 심각한 화상을 입었다. 결국 화상을 입은 한 부상자가 자동차의 설계 결함을 문제 삼아 포드 자동차에 소송을 제기했고, 포드 기술자들 역시 연료 탱크의 폭발 위험성을 알고 있었다는 사실이 드러났다. 그런데 회사 경영진들이 비용·편익 분석을 해본 결과, 연료 탱크를 보다 안전하게 바꾸어 주는 장치를 부착하는 데 차 한 대당 11달러가 드는 반면, 그에 따른 이익(생명을 구하고 부상을 방지하는 등)은 그에 미치지 못한다는 결론이 나왔다.

포드 자동차에서 보다 안전한 연료 탱크로 얻을 수 있는 이익을 조사해 본 결과, 아무런 조치를 취하지 않을 경우 180명의 사망자와 180명의 화상 환자가 발생할 것으로 예측되었다. 이를 돈으로 환산하면, 사망이 20만 달러, 화상이 6만 7천 달러였다. 여기에 화재를 입을 자동차 대수만큼의 핀토 가치를 추가해, 차를 안전하게 고쳤을 때 얻을 수 있는 전체 이익을 계산해 보니 총 4950만 달러였다. 하지만 자동차 1250만 대에 11달러짜리 장치를 부착하는 비용은 총 1억 3750만 달러였다. 이로써 연료 탱크를 고치는 비용이 그로 인한 이익보다 더 크다는 결론을 내렸다.[12]

이러한 연구 내용을 들은 배심원들은 격분했다. 그리고 원고에게 손해 배상금으로 250만 달러, 여기에 추가로 징벌적 손해 배상금 1억 3750만 달러(후에 350만 달러로 낮춰졌다)를 선고했다.[13] 배심원들은 사람의 생명을 돈으로 따지는 기업의 행태를 잘못이라고 생각했거나, 목숨 가치로 책정한 20만 달러가 형편없이 낮은 가격이라고 생각했을 것이다. 하지만 그 액수는 포드가 정한 것이 아니라, 미국 정부 기관의 자료에 따른 것이었다. 1970년대 초에 미국고속도로교통안전국National Highway Traffic Safety Administration은 교통사고 사망으로 인한 비용을 계산했다. 미래의 생산성 손실, 치료 비용, 장례 비용, 희생자의 고통을 고려해, 사망자 1인당 20만 달러의 손실이 발생한다고 계산했다.

배심원의 반감이 원칙 때문이 아니라 가격 문제 때문이었다면 공리주의자도 동의할 것이다. 20만 달러를 받자고 자동차 사고로 죽고 싶어 할 사람은 거의 없을 것이다. 대부분 살고 싶어 한다. 교통사고로 인한 희생이 공리에 미치는 영향을 정확히 측정하려면, 장래에 얻을 소득이나 장례 비용뿐만 아니라 희생자가 잃어버린 미래의 행복도 포함시켜야 한다. 그렇다면 사람의 목숨을 보다 정확히 추정하면 얼마나 될까?

노인의 목숨값 할인 계산 논란
미국환경보호국U. S. Environmental Protection Agency이 이 물음에 답했을 때도

많은 사람들이 분노했지만, 그 성격은 달랐다. 2003년에 환경보호국은 새로운 대기 오염 기준을 바탕으로 비용·편익 분석을 내놓았다. 사람 목숨에 포드 자동차보다는 후한 값을 매겼지만, 나이에 따라 차등을 두었다. 깨끗해진 공기 덕분에 살릴 수 있는 사람의 목숨값을 1인당 370만 달러로 책정했는데, 70세 이상의 노인은 230만 달러로 정했다. 이 차이의 밑바탕에는 노인의 목숨을 살릴 때는 젊은 사람의 목숨을 구할 때보다 공리가 적다는 공리주의 논리가 깔려 있다(젊은 사람의 여생이 더 길기 때문에, 이후에 누릴 수 있는 행복의 양도 더 많다). 한편 노인을 지지하는 사람들은 그렇게 생각하지 않았다. 이들은 노인의 목숨값을 할인하는 데 항의하면서, 정부는 젊은 사람의 목숨에 비해 노인의 목숨 가치를 낮게 매겨서는 안 된다고 주장했다. 이 같은 항의에 놀란 환경보호국은 노인의 목숨값 할인을 부인하며 보고서 내용을 취소했다.[14]

공리주의를 비난하는 사람들은 이 같은 사례를 증거로 내세워, 비용·편익 분석을 적용하여 사람 목숨을 돈으로 환산하는 것은 도덕적으로 옳지 않다고 지적한다. 한편 비용·편익 분석을 옹호하는 사람들은 이에 동의하지 않는다. 이들은 우리가 재화나 편의를 얻기 위해 사회적 선택을 할 때, 흔히 암묵적으로 사람 목숨을 거래하고 있다고 주장한다. 우리가 인정하든 안 하든, 사람 목숨에도 가격이 있다고 주장하는 것이다.

예를 들어 자동차 이용으로 목숨을 잃는 사람들의 수를 예측할 수 있으며, 미국에서는 매년 4만 명이 넘는다. 하지만 그렇다고 우리 사회가 자동차 이용을 포기하지는 않는다. 심지어 제한 속도도 낮추지 않는다. 석유 파동이 일어난 1974년에 미국 의회는 전국적으로 자동차의 제한

속도를 시속 55마일(약 90킬로미터)로 정했다. 에너지 절약이 목적이었지만, 속도를 제한한 덕에 교통사고 사망자 수도 줄었다.

1980년대 들어 의회가 그 제한을 풀자, 대부분의 주가 제한 속도를 시속 65마일(약 100킬로미터)로 상향 조정했다. 운전자들의 시간은 절약되었지만, 교통사고 사망자 수는 다시 늘었다. 당시에는 과연 운전 속도를 높여서 생기는 이익이 목숨이라는 비용을 들일 정도로 가치가 있는지 따져 보는 비용·편익 분석을 하는 이가 없었다. 그런데 몇 년 뒤, 두 명의 경제학자가 이를 계산했다. 이들은 제한 속도를 높여서 얻는 이익을 출퇴근 시간의 절약이라고 보고, 절약되는 시간의 경제적 이익을 계산(평균 임금을 적용해 시간당 20달러로 계산)한 뒤, 이를 교통사고 사망자 수로 나누었다. 그 결과 미국 사람들은 운전 속도를 높이는 편의를 얻기 위해 사람의 목숨 가치를 1인당 154만 달러로 산정한다는 결론이 나왔다. 그것은 속도를 시속 10마일(약 16킬로미터) 높임으로써, 희생자 한 명당 얻을 수 있는 경제적 이익이었다.[15]

비용·편익 분석을 옹호하는 사람들은, 우리가 시속 55마일에서 65마일로 운전 속도를 높임으로써 암묵적으로 사람 목숨을 154만 달러로 계산하는 것이라고 주장한다. 이는 미국 정부 기관들이 환경오염, 건강 및 안전에 관한 기준을 정할 때 흔히 적용하는 1인당 600만 달러보다 훨씬 적은 액수다. 그렇다면 이러한 사실을 왜 명백히 드러내지 않는 것일까? 어떤 이익과 편의를 얻기 위해 불가피하게 안전을 어느 정도 포기해야 한다면, 사람의 목숨에 가격표를 붙이는 한이 있더라도 주의 깊게 최대한 체계적으로 비용과 이익을 비교해 보아야 한다는 것이 이들의 주장이다.

공리주의자들은 사람 목숨을 돈으로 환산할 때 느끼는 거부감을 극복해야 할 충동적 감정이자, 명확한 사고와 이성적인 사회적 선택을 방해하는 터부로 보았다. 하지만 공리주의를 비판하는 사람들은 그런 거부감이야말로 도덕적으로 중요한 무언가가 있음을 가리키는 징표라고 본다. 그들은 모든 가치와 재산을 단일 잣대로 계량하거나 비교할 수 있다는 생각에 반대한다.

고통의 대가를 계량하는 실험

모든 가치와 행위를 단일 잣대로 계량할 수 있는가는 쉽게 풀 수 있는 문제가 아니다. 하지만 경험을 중시하는 일부 사회학자들이 이를 시도해 보았다.

1930년대에 사회심리학자 에드워드 손다이크 Edward Thorndike는 공리주의의 가정을 증명하려고 했다. 즉 완전히 별개로 보이는 욕구와 혐오도 쾌락과 고통이라는 통일된 단위로 환산할 수 있는지 실험해 보았다. 그는 정부 보조를 받는 젊은이들을 상대로 얼마의 대가를 받는다면 여러 가지 고통을 겪을 의향이 있느냐는 설문 조사를 실시했다. 질문은 이런 것들이었다. "얼마를 받는다면 위쪽 앞니 하나를 뽑을 수 있겠는가?", "얼마를 받는다면 새끼발가락 하나를 절단할 수 있겠는가?", "얼마를 받는다면 길이 15센티미터 되는 지렁이를 산 채로 먹을 수 있겠는가?", "얼마를 받는다면 주인 없는 고양이를 맨손으로 질식시킬 수 있겠는가?", "얼마를 받는다면 마을에서 15킬로미터 정도 떨어진 캔자스 농장에서 남은 인생을 보낼 수 있겠는가?"[16]

이 가운데 가장 많은 돈을 요구한 항목은 무엇이며, 가장 적은 돈을 요구한 것은 무엇이었을까? 조사 결과는 다음과 같았다(금액은 1937년 기준).

앞 이빨 뽑기	$4,500
발가락 자르기	$57,000
산 지렁이 먹기	$100,000
고양이 질식시키기	$10,000
외딴 농장에서 여생 보내기	$300,000

손다이크는 이 결과가 모든 행위는 하나의 잣대로 계량되고 비교될 수 있다는 주장을 뒷받침한다고 생각했다. 그는 이렇게 썼다. "바람이나 욕구도 그 양이 존재하므로 측량할 수 있다. 개, 고양이, 닭의 생명은 (……) 대개 식욕, 욕구, 열망, 만족으로 구성되고 결정된다. (……) 인간의 목숨 역시 욕구와 바람이 좀 더 다양하고 미묘하고 복잡하지만 마찬가지다."[17]

하지만 손다이크의 어처구니없는 가격 목록은 그런 비교가 얼마나 엉터리인지 알려 준다. 가격 목록상의 수치대로 설문 응답자가 캔자스 농장에서 여생을 보내는 것을 산 지렁이를 먹는 것보다 세 배 불쾌하게 느꼈다고 결론 내려도 좋을까? 아니면 아주 별개의 행위들이기 때문에 의미 있는 비교가 불가능하다고 결론 내려야 할까? 손다이크는 아무리 많은 돈을 받더라도 그런 체험은 하지 않겠다고 응답한 사람이 3분의 1에 달했다고 밝혔는데, 이는 그들이 이러한 경험을 '측량할 수 없을 정도로 불쾌하게 여긴다'는 방증이다.[18]

도덕적 행위를 계량하려는 시도

모든 도덕적 행위를 단일 척도로 누락 없이 환산할 수 있다는 주장이 맞는지 틀리는지 딱 잘라 말할 수는 없을 것이다. 하지만 가능하다는 주장에 의문을 제기하는 사례는 또 있다.

내가 옥스퍼드 대학원생이던 1970년대에는 남자 대학과 여자 대학이 나뉘어 있었다. 여자 대학에는 남학생 방문객이 여학생 방에서 밤새 머물 수 없다는 규정이 있었다. 이러한 규칙은 적어도 내가 듣기로는 엄격히 지켜지지 않곤 했다. 대부분의 대학 관리자들도 성도덕이라는 전통 규범을 강제하는 것이 자신의 의무라고 생각하지 않았다. 이 규정을 완화해야 한다는 압력이 점점 높아져, 여자 대학이던 세인트 앤스 대학에서도 이 주제가 논쟁거리가 되었다.

일부 나이 많은 여성 교직자들은 전통주의자들이었다. 그들은 전통적인 도덕규범을 근거로 남자 방문객들이 밤새 체류하는 것을 반대했다. 이들은 결혼하지 않은 젊은 여성이 남자와 함께 잠자는 것을 부도덕한 일로 여겼다. 하지만 전통주의자들은 시대가 변한 상황에서 자신들이 반대하는 진짜 이유를 대지 못해 곤혹스러워했다. 그래서 그들은 자신들의 주장을 공리주의 표현으로 바꾸어 말했다. "남자가 밤새 머물다 가면 대학이 더 많은 비용을 부담해야 합니다." 왜 그럴까? "그들이 목욕을 하려 할 테고, 그러면 온수 사용이 늘어납니다." 또 덧붙였다. "매트리스도 더 자주 갈아야 합니다."

개혁가들은 다음과 같은 타협안을 만들어 전통주의자들의 주장을 받아들였다. 여학생 한 명당 일주일에 최대 세 명까지 방문객을 허용하되, 각 방문객은 하룻밤에 50펜스를 대학에 비용으로 지불한다. 다음

날 「가디언」지에는 다음과 같은 헤드라인이 실렸다. '세인트 앤스 여학생들, 하룻밤에 50펜스.' 미덕의 언어가 공리주의 언어로 그다지 훌륭하게 번역되지 못한 것이다. 이후 얼마 지나지 않아 방문객 제한 조치는 전면 철폐되었고, 비용을 지불해야 한다는 규정도 사라졌다.

존 스튜어트 밀

우리는 지금까지 벤담의 '최대 행복' 원칙에 대한 두 가지 반박을 살펴보았다. 하나는 인간의 존엄성과 개인의 권리를 중요시하지 않는다는 비판이었고, 다른 하나는 중요한 도덕적 문제를 모두 쾌락과 고통이라는 하나의 잣대로 측정하는 오류를 범한다는 비판이었다. 이러한 반박은 얼마나 설득력이 있을까?

존 스튜어트 밀(1806~1873)은 그러한 반박에 답할 수 있다고 믿었다. 벤담보다 한 세대 뒤에 태어난 밀은 계산 원칙에 초점을 맞추기보다는 공리주의를 보다 인간적으로 재구성함으로써 공리주의를 구하려고 노력했다. 밀은 벤담의 친구이자 제자인 제임스 밀^{James Mill}의 아들이다. 제임스는 아들을 학교에 보내는 대신 집에서 직접 가르쳤고, 어린 존은 신동으로 자랐다. 그는 세 살 때 그리스어를, 여덟 살 때 라틴어를 익혔다. 열한 살 때는 로마법의 역사에 대해 쓰기도 했다. 스무 살 때는 신경 쇠약에 걸려 이후 여러 해 동안 우울증에 시달렸다. 그 후 그는 해리엇 테일러^{Harriet Taylor}를 만났다. 당시 해리엇은 두 아이를 둔 유부녀였지만, 두 사람은 친한 친구가 되었다. 20년 뒤 해리엇의 남편이 죽자 두 사람은 결혼했다. 밀은 벤담의 신념을 수정하는 작업에 착수하면서 해리엇을 가장 지적인 동반자이자 협력자로 신뢰했다.

자유 옹호

밀의 저서를 보면 그가 아버지와 벤담으로부터 물려받은 공리주의와 개인의 권리 주장 사이의 철학적 화해를 위해 얼마나 노력했는지 알 수 있다. 밀의 저서 『자유론On Liberty』(1859)은 개인의 자유를 옹호하는 영어권의 고전이다. 이 책은 남에게 해를 끼치지 않는 한, 인간은 자신이 원하는 것을 자유롭게 할 수 있어야 한다는 내용을 담고 있다. 정부는 개인을 그 자신으로부터 보호한다면서 개인의 자유를 침해해서는 안 되며, 다수가 믿는 최선의 삶을 개인에게 강요해서는 안 된다고 보았다. 개인이 사회에 책임을 져야 하는 유일한 행동은 타인에게 악영향을 미치는 행동뿐이라고 밀은 주장했다. 내가 다른 누구에게 해를 끼치지 않는 한, 내 "독립은 권리이며 절대적인 것이다. 개인은 자신에 대한, 자신의 몸과 마음에 대한 주권을 갖는다."[19]

이같이 개인의 권리를 고집 세게 주장하려면 공리주의 자체의 정당화 이상의 뭔가가 필요할 듯 보인다. 예를 들어 최대 다수가 소수의 종교를 경멸하면서 이를 금지시키고 싶어 한다고 가정해 보자. 이때 최대 다수의 최대 행복을 위해 그 종교를 금지하는 것이 가능하며 또한 타당해 보이지 않겠는가? 물론 그 종교를 믿던 소수는 불행과 고통을 겪을 것이다. 하지만 그 종교를 금하려는 이들이 충분히 많고 이교도를 향한 증오도 충분히 깊다면, 다수의 행복은 소수의 고통을 훨씬 능가할 수 있다. 이런 상황이 가능하다면, 공리가 종교 자유의 기반이 되기에는 불완전하고 신뢰할 수도 없지 않은가? 따라서 밀이 주장한 자유의 원칙을 지키기 위해서는 벤담의 공리주의 원칙보다는 견고한 도덕적 기초가 필요해 보인다.

하지만 밀의 견해는 다르다. 그는 개인의 자유를 옹호하는 자신의 주장은 전적으로 공리주의 사고에 기반한다고 주장한다. "나의 주장은 공리와 별개인 기본권의 권리성이라는 발상과 관계없다고 보는 것이 타당하다. 나는 공리가 궁극적으로 모든 도덕적 질문에 답할 수 있다고 본다. 하지만 이때의 공리는 넓은 의미의 공리라야 하고, 진보하는 존재로서의 인간에게 궁극적으로 이익이 되는 공리라야 한다."[20]

밀은 우리가 공리를 극대화하되, 사안별로 극대화를 추구하는 게 아니라 궁극적으로 사회 공리가 극대화되도록 만들어야 한다고 주장했다. 그는 장기적으로 보면 개인의 자유를 존중하는 것이 인류의 최대 행복으로 이어진다고 주장했다. 다수가 반대 의견을 막거나 자유사상가를 검열하도록 한다면 오늘 당장은 공리가 극대화될지 몰라도 궁극적으로는 사회가 덜 행복해지고 곤란해질 것이다.

개인의 자유와 반대할 권리를 지지하면 궁극적으로 사회의 복지가 증진된다고 추정할 수 있는 근거는 뭘까? 밀은 몇 가지 이유를 제시한다. 우선 반대 의견이 전적으로 혹은 부분적으로 옳은 것으로 드러날 수 있는데, 이를 통해 다수의 의견을 수정할 수 있다. 반대 의견이 옳지 않은 것이었다고 해도, 다수 의견과 소수 의견이 치열하게 경쟁하다 보면, 다수 의견이 독단이나 편견으로 흐르지 않도록 막을 수 있다. 마지막으로, 관습과 관례에 따르길 강요하는 사회는 체제 순응에 빠지기 쉽고 사회 발전을 촉진하는 에너지와 활기를 잃기 쉽기 때문이다.

개인의 자유가 사회에 미치는 유익한 효과에 대한 밀의 생각은 충분히 설득력 있어 보인다. 하지만 이 생각은 적어도 두 가지 이유에서 개인의 권리를 위한 확실한 도덕적 기반을 제공하지 못한다. 첫째, 사회 발전을 촉진하기 위해 개인의 권리를 존중한다면, 권리는 상황의 볼모로 남는다. 예를 들어 독재적 수단을 통해 장기적인 행복을 얻는 사회가 있다고 가정해 보자. 공리주의자들은, 그런 사회에서는 개인의 권리가 도덕적으로 필요하지 않다고 결론 내리지 않겠는가? 둘째, 기본 권리를 공리주의 시각으로 고려한다면, 누군가의 권리를 침해했을 때, 그것이 사회 전체의 복지 증진에 기여한다고 해도 당사자에게는 부당한 행위가 된다는 사실을 놓칠 수 있다. 믿음이 다르다는 이유로 다수가 소수를 박해한다면, 그 믿음을 인정했을 때 사회 전체에 장기적으로 좋지 않은 영향을 미칠 수 있다고 해도, 박해받는 소수의 개인에게는 부당한 일이 아니겠는가?

밀은 이 질문에 대답하지만, 공리주의적 도덕이라는 한계를 넘어선다. 밀은 관습이나 관례 혹은 다수 의견을 따르라고 강요하는 행위는 잘못이라고 말하는데, 이는 인간의 능력을 자유롭게 최대한 발전시킨다는 삶의 최고 목적을 달성할 수 없게 만들기 때문이다. 밀의 설명에 따르면, 순응은 최선의 삶을 살아가는 데 방해가 되는 걸림돌이다.

인지, 판단, 차별적인 감정, 정신 활동, 도덕적 선호 등 인간의 능력은 선택을 통해서만 발휘될 수 있다. 관습에 따라서만 행동하는 사람에게는 선택이 끼어들 틈이 없다. 그는 최고를 가려내고 구하는 훈련을 도무지 할 수 없다. 정신과 도덕도 근육과 마찬가지로 사용해야 좋아진다. (……) 세상이, 혹은 자기 몫에 해당하는 세상이, 자신의 인생 진로를 대신 선택하게 내버려 두는 사람은 유인원처럼 흉내 내는 능력만이 필요할 뿐이다. 자기 계획을 자기가 선택하는 사람만이 자신의 모든 능력을 발휘할 수 있다.[21]

밀 역시 관습을 따르면 위험한 길로 빠지지 않고 만족스러운 삶의 길을 따라갈 수도 있다는 점을 인정한다. "하지만 인간으로서 그의 상대적 가치는 무엇이겠는가? 무엇을 하느냐도 중요하지만 그것을 어떤 태도로 하느냐도 중요하다"고 밀은 말했다.[22]

결국 행동과 결과만이 중요한 것은 아니다. 인격도 중요하다. 밀이 개성을 중요시한 이유는 쾌락을 주기 때문이 아니라 인격을 반영하기 때문이다. "자신만의 욕구와 충동을 갖지 못한 사람에게는 인격이 있다고 할 수 없으며, 이는 증기 기관차에 인격이 있다고 할 수 없는 것과 마찬가지다."[23]

밀이 개성을 강조해 칭송한 것은 『자유론』의 가장 두드러진 특징이다. 그런데 이는 공리주의에 대한 일종의 이단 행위라 할 만하다. 공리를 넘어서는 도덕적 이상(인격과 인류 번영)을 주장했다는 점에서 벤담의 원칙을 정교하게 다듬었다기보다는 포기했다고 볼 수 있다. 물론 밀은 그 반대라고 주장하지만 말이다.

고급 쾌락

공리주의에 대한 두 번째 반박, 즉 공리주의는 모든 가치를 하나의 잣대로 계량한다는 주장에 대한 밀의 반응 역시 공리와는 무관한 도덕적 이상에 기대고 있음이 드러났다. 『자유론』을 쓴 뒤 곧이어 집필한 긴 분량의 논문 『공리주의Utilitarianism』(1861)에서 밀은 공리주의자들이 저급 쾌락과 고급 쾌락을 구분할 줄 안다는 것을 보여 주고자 했다.

벤담에게 쾌락은 쾌락이고 고통은 고통이다. 이 경험이 저 경험보다 더 나은지 못한지 판단하는 유일한 기준은 그로 인한 쾌락이나 고통의 강도와 지속성이다. 소위 고급 쾌락 혹은 고상한 미덕이란 단순히 더 강하고 오래가는 쾌락을 주는 것일 뿐이다. 벤담은 여러 쾌락의 질적 차이를 인정하지 않는다. "쾌락의 양이 동일하다면 푸시핀push-pin 게임 이나 시를 짓는 행위나 그게 그거다."[24] (푸시핀 게임은 아이들이 즐기던 놀이였다.)

벤담의 공리주의가 호소력을 갖는 이유 중 하나는 사적인 판단을 배제하기 때문이다. 사람들의 취향을 있는 그대로 취할 뿐, 그것의 도덕적 가치를 판단하지 않는다. 모든 취향은 동등하게 계산된다. 벤담은 이 쾌락이 저 쾌락보다 본질적으로 더 낫다고 판단하는 것은 주제넘는 짓이라고 생각한다. 어떤 이는 모차르트를 좋아하고, 어떤 이는 마돈나를 좋아한다. 어떤 이는 발레를 좋아하고, 어떤 이는 볼링을 좋아한다. 어떤 이는 플라톤을 읽고, 어떤 이는 『펜트하우스』지를 본다. 벤담은 물을 것이다. 과연 누가 이 쾌락이 저 쾌락보다 더 고급이라거나, 더 가치있다거나, 더 고상하다고 말할 수 있는가?

고급 쾌락과 저급 쾌락을 구분하지 않으려는 태도는 모든 가치를 하나의 잣대로 계량하고 비교할 수 있다는 벤담의 믿음과 연관되어 있다. 모든 경험은 질에서 차이가 있는 게 아니라 그로 인한 쾌락이나 고통의 양에서만 차이가 날 뿐이라면, 그것들을 하나의 잣대로 재는 것도 이치에 맞는다. 하지만 어떤 사람들은 바로 이 점을 들어 공리주의에 반박한다. 그들은 쾌락에도 분명 다른 쾌락보다 '고급' 쾌락이 있다고 믿는다. 그들은 이렇게 묻는다. 만약 어떤 쾌락은 가치 있고 어떤 쾌락은 천박하다면, 사회가 어찌 모든 취향을 똑같이 계량할 수 있으며, 그러한 취향의 합을 최상의 선이라고 말할 수 있겠는가?

원형 경기장에 사자와 기독교인들을 함께 풀어 놓고 즐긴 로마인들을 다시 생각해 보자. 그 참혹한 짓거리에 반대하는 어떤 이들은 그것이 희생자의 권리를 침해한다고 말한다. 하지만 또 다른 이들은 그 짓거리가 고상한 쾌락이 아니라 삐뚤어진 쾌락을 충족하기 때문이라는 이유로 반대한다. 비뚤어진 쾌락을 충족하기보다는 취향을 바꾸는 편이 낫지 않겠는가?

청교도들이 곰 놀리기 놀이(쇠사슬로 곰을 묶고 개를 덤비게 한 옛 놀이 —옮긴이)를 금지한 이유는 곰이 느끼는 고통 때문이 아니라, 그 놀이가 구경꾼에게 주는 쾌락 때문이었다고들 이야기한다. 그 놀이는 이제 거의 찾아볼 수 없는 오락거리지만, 투견이나 투계는 여전히 인기를 누리고 있다. 어떤 지역에서는 이 또한 금지되고 있지만 말이다. 금지시킨 이유는 동물 학대를 방지하기 위해서다. 그러한 법에는 투견에서 쾌락을 얻는 행위는 혐오스러우며, 문명사회라면 마땅히 금지해야 한다는 도덕적 판단이 반영되어 있다. 이러한 판단에 공감하는 사람은 청교도인뿐만이 아닐 것이다.

벤담은 가치를 따지지 않고 사람들의 선호도를 모두 더해서 어떤 법이 필요한지 결정하려 했다. 하지만 렘브란트의 그림을 감상하기보다는 투견을 보고 싶어 하는 사람이 더 많다면, 사회는 미술관보다는 투견장에 보조금을 지급해야 할까? 만약 어떤 쾌락이 비도덕적이고 천박하다면, 어떤 법을 제정할지 결정하는 과정에서 왜 그런 쾌락의 크기를 반영해야 한단 말인가?

밀은 이런 반박으로부터 공리주의를 구하려 한다. 그는 벤담과 달리 욕구의 양이나 강도만이 아니라 질을 평가해 고급 쾌락과 저급 쾌락을 구별할 수 있다고 믿었다. 그리고 다른 도덕적 이상에 기대지 않고 오직 공리만으로 그 구별이 가능하다고 생각했다.

밀은 공리주의 신조에 충실하겠다는 맹세로부터 시작한다. "행복을 증진할수록 옳은 행동이며, 행복을 줄일수록 나쁜 행동이다. 행복이란 쾌락이 있고 고통은 없는 상태이며, 불행이란 고통이 있고 쾌락은 부족한 상태다." 그는 또 이렇게 확신했다. "이러한 도덕 이론 위에 있는 삶의 이론, 즉 쾌락과 고통에서의 해방이 결과적으로 유일하게 바람직하다. 그리고 이러한 바람직한 모든 것은 쾌락이 스스로 내재한다는 점에서, 또는 쾌락을 추구하고 고통을 막는 수단이라는 점에서 바람직하다."[25]

밀은 쾌락과 고통만이 중요하다고 주장하면서도, "더 바람직하고 더 가치 있는 쾌락이 있다"는 사실을 인정한다. 그렇다면 어떤 쾌락이 질적으로 더 좋은지 어떻게 알 수 있을까? 밀은 간단한 테스트를 제안한다. "두 가지 쾌락을 놓고 볼 때, 그 둘을 모두 경험한 사람들 전부 또는 대부분이 어느 하나를 선호한다면, 도덕적 의무감 따위와는 상관없이, 그것이 더 바람직한 쾌락이다."[26]

이 테스트는 도덕이 전적으로 그리고 순전히 우리의 실제 욕구에 달렸다는 공리주의 사고에서 벗어나지 않는다는 확실한 장점이 있다. 밀

은 이렇게 썼다. "무엇이 바람직하다고 결론지을 수 있는 유일한 근거
는 실제로 사람들이 그것을 바란다는 사실뿐이다."[27] 하지만 쾌락을 질
적으로 구분하는 그의 테스트에는 한 가지 분명한 반박의 여지가 있다.
우리는 때로 고급 쾌락보다 저급 쾌락을 선호하는 경우가 많지 않은
가? 때로는 플라톤을 읽거나 오페라를 보러 가기보다는 소파에 누워
시트콤을 보고 싶어 하지 않는가? 이는 어떤 행위가 특별히 가치 있다
고 생각해서가 아니라, 그저 힘들이지 않고 경험할 수 있기 때문에 더
좋아하는 것 아니던가?

셰익스피어 대 심슨 가족

나는 고급 쾌락에 관한 밀의 견해에 대해 학생들과 토론할 때면, 밀
의 테스트를 나름대로 변형해 실험해 본다. 우선 학생들이 좋아하는 세
가지 오락거리를 보여 준다. 세계 레슬링 대회의 난투극(한 선수가 접이
식 의자로 상대를 공격하는 과격한 장면), 셰익스피어 전문 배우가 「햄릿」
에서 독백하는 장면, 만화 「심슨 가족」의 일부 장면이다. 그런 다음 두
가지 질문을 한다. 그 가운데 가장 즐거운 것, 즉 쾌락을 가장 많이 느
끼는 것은 무엇이며, 가장 고급스럽거나 가치 있다고 느끼는 것은 무엇
인가?

투표할 때마다 어김없이 「심슨 가족」이 가장 즐거운 오락거리 1위를
차지하고, 그다음은 셰익스피어가 차지한다(몇몇 과격한 이들은 세계 레
슬링 대회 난투극을 가장 좋아한다고 고백한다). 하지만 어떤 것이 질적으
로 가장 우수하다고 생각하느냐는 질문에는 최대 다수가 셰익스피어
를 꼽는다.

이 실험 결과는 밀의 테스트에 한 가지 의문을 제시한다. 학생 다수가 「심슨 가족」의 주인공 호머를 더 좋아하면서도 「햄릿」의 독백을 여전히 더 고급 쾌락으로 여기기 때문이다. 물론 어떤 학생들은 수업 시간이기 때문에 그리고 다른 학우들에게 교양 없는 사람으로 보이고 싶지 않아서 셰익스피어를 더 좋아한다고 답했을 수도 있다. 또 어떤 학생들은 아이러니, 유머, 사회적 논평이 적절히 섞인 「심슨 가족」이 셰익스피어의 예술에 필적한다고 주장하기도 한다. 하지만 두 가지를 모두 경험한 사람들 대다수가 「심슨 가족」을 더 좋아한다고 답했기 때문에, 밀은 셰익스피어가 질적으로 더 우수하다고 결론 내리기 어려울 것이다.

그런데 밀은 고상하게 사는 사람들이 쉽게 만족하며 살기 어렵더라도, 여러 생활 방식 중 더 고상한 것이 있다는 생각을 포기하지 않았다. "행복해지기 위해서 더 많은 노력과 수고가 필요한, 고급 능력을 가진 사람이 느끼는 괴로움은 (……) 열등한 사람보다 더욱 클 수 있다. 하지만 그런 괴로움에도 불구하고 그들은 절대 저급하다고 여겨지는 존재로 떨어지고 싶어 하지 않는다." 왜 우리는 고급 능력을 필요로 하는 삶 대신 저급한 만족을 느끼며 살려고 하지 않을까? 밀은 그 이유가 "자유에 대한 사랑 및 개인의 독립성"과 관련 있다고 생각하여, "이에 대한 적절한 호칭은 인간이란 존재가 어떤 형태로든 지니고 있는 존엄성이다"라고 결론 내린다.[28]

밀은 가장 뛰어난 사람도 "때로는 다른 영향과 유혹을 견디지 못하고" 고급 쾌락 대신 저급 쾌락을 택한다는 사실을 인정한다. 누구나 가끔은 TV나 보면서 소파에서 빈둥거리고 싶은 충동에 사로잡히곤 한다. 그렇다고 렘브란트와 TV 재방송 프로그램의 차이를 모른다는 의미는 아니다. 밀은 이를 지적하는 유명한 말을 남겼다. "만족하는 돼지보다 만족하지 못하는 인간이 낫고, 만족하는 바보보다는 만족하지 못하는 소크라테스가 낫다. 만약 바보나 돼지가 이 말에 반대한다면, 그것은 문제를 자기 시각으로 생각하기 때문이다."[29]

인간의 고급 능력을 신뢰하는 이 표현에 주목하지 않을 수 없다. 하지만 밀은 이 말에 기대면서, 공리주의 전제에서 벗어나고 만다. 욕구는 더 이상 무엇이 고상하고 무엇이 저급인지 판단하는 유일한 기준이 아니다. 이제 그 기준은 우리의 바람과 욕구와는 별개인 인간의 존엄성이라는 이상에서 나온다. 어떤 쾌락이 고급인 이유는 우리가 그것을 더 원해서가 아니라 더 고급임을 깨닫고 좋게 보기 때문이다. 우리가 「햄릿」을 위대한 예술이라고 판단하는 이유는 저급한 오락거리보다 「햄릿」을 더 원해서가 아니라, 그것이 우리의 고급 능력을 사로잡아 더욱더 인간답게 만들기 때문이다.

개인의 권리에 관해서도 그랬듯이, 밀은 고급 쾌락을 설명하면서 공리주의가 모든 것을 단순히 쾌락과 고통으로 양분해서 계산한다는 비난에서 벗어나도록 노력했지만, 되레 공리와 무관한 인간의 존엄성과 개성이라는 도덕적 이상을 강조한 결과를 낳았다.

공리주의를 주창한 위대한 두 인물을 비교하자면, 밀은 보다 인간적인 철학자였고, 벤담은 보다 일관된 철학자였다. 벤담은 1832년에 여든넷의 나이로 세상을 떠났지만, 지금도 런던에서 그를 만날 수 있다. 그는 유언을 통해 자신의 시신을 방부 처리해서 보존 전시해 달라고 제안했다. 유언에 따라 그는 현재 유니버시티 칼리지 런던에, 생전 옷차

림 그대로 유리 안에서 생각에 잠긴 모습으로 앉아 있다.

벤담은 죽기 얼마 전까지도 자신의 철학과 관련된 여러 문제에 대해 끊임없이 숙고했다. 어떻게 하면 죽은 사람이 산 사람에게 쓸모가 있을까? 그가 생각한 방법 하나는 시체를 해부학 연구에 사용하도록 하는 것이었다. 하지만 위대한 철학자라면 육체를 그대로 보존해 후대 사상가들에게 자극을 주는 편이 더 나을 것이다.[30] 벤담은 두 번째 방법을 택했다.

사실 개성이 뚜렷한 벤담에게 겸손은 어울리지 않는다. 그는 자신의 시신을 보존하고 전시하는 방법에 대해 엄격하게 지시했을 뿐만 아니라, 해마다 모임을 열어 "도덕과 입법에서 최대 행복 체계를 만든 사람을 기려야" 하며, 그 모임에 자신을 데려갈 것을 친구와 제자들에게 요구했다.[31]

그를 숭배하는 사람들은 그의 뜻에 따랐다. 벤담의 '자기 성상auto icon' (이는 벤담이 스스로 붙인 이름이다)이 1980년대 국제벤담학회 창설 모임에 참석했다. 그리고 대학 운영위원 모임에 박제된 벤담이 휠체어를 타고 참석했다고 전해지는데, 회의 의사록에는 그가 "참석은 했지만 투표는 하지 않음"이라고 기록되었다.[32]

벤담의 세심한 계획에도 불구하고, 머리 부분의 방부 처리 상태가 좋지 않아, 그는 진짜 머리 대신 밀랍으로 만든 머리를 얹고 있다. 진짜 머리는 한동안 그의 두 발 사이에 놓인 접시 위에 있었지만, 학생들이 그 머리를 훔쳐 갔다가 자선기금을 받고 다시 내놓은 사건 뒤로 지금까지 지하에 보관되어 있다.[33]

제러미 벤담은 죽어서도 최대 다수의 최대 행복을 촉진하고 있다.

JUSTICE

우리는
우리 자신을 소유하는가?:
자유지상주의

03

DO WE OWN OURSELVES?:
LIBERTARIANISM

『포브스』는 매년 미국의 400대 부자 명단을 발표한다. 지난 10여 년 동안 마이크로소프트 창업자인 빌 게이츠^Bill Gates^가 1위를 차지했는데, 2008년 기준 그의 순자산은 570억 달러로 추정된다. 명단에는 이 밖에도 투자가 워런 버핏^Warren Buffett^(2위, 500억 달러), 월마트 소유주, 구글 창업자, 아마존닷컴 창업자, 여러 석유 기업 관계자, 헤지펀드 운용자, 미디어 거물, 부동산 재벌, 텔레비전 토크쇼 진행자 오프라 윈프리^Oprah Winfrey^(155위, 27억 달러), 뉴욕 양키스 구단주 조지 스타인브레너^George Steinbrenner^(마지막 순위 13억 달러) 등이 올라 있다.[1]

미국의 부자들은 순위가 낮더라도 재산이 너무 막대해서, 몇십억 달러 정도로는 400대 부자 명단에 간신히 이름을 올릴 정도다. 실제로 미국의 상위 1퍼센트가 미국 전체 부의 3분의 1을 소유하는데, 이는 하위 '90퍼센트'에 해당하는 사람들의 부를 모두 합친 것보다 많은 액수다. 또한 상위 10퍼센트 가정이 미국 전체 소득의 42퍼센트, 전체 부의 71퍼센트를 소유하고 있다.[2]

경제 불평등은 미국이 다른 어느 민주 국가보다 훨씬 심각하다. 어떤 사람은 이러한 불평등은 부당하므로, 부자들에게 세금을 보다 많이 부과해 가난한 사람들을 도와야 한다고 생각한다. 반면 이에 반대하는 사람들도 있다. 이들은 강요나 사기 행위 없이 시장 경제에서 자유로운 선택으로 얻은 부라면 전혀 부당하지 않다고 말한다.

과연 누가 옳을까? 정의를 행복 극대화라고 생각하는 사람이라면 다음과 같은 논리로 부의 재분배 주장을 옹호할 것이다. 즉 빌 게이츠로부터 100만 달러를 거둬 궁핍한 사람 100명에게 1만 달러씩 나눠 줬다고 가정해 보자. 그럴 경우 전체적인 행복은 늘어날 것이다. 빌 게이츠에게는 그 정도 돈이 별로 아쉽지 않겠지만, 돈을 받은 사람들은 뜻밖의 1만 달러 횡재로 커다란 행복을 느낄 것이다. 빌 게이츠의 공리는 다소 줄어들겠지만, 돈을 받은 사람들에게 늘어난 공리를 모두 합치면 그보다 클 것이다.

공리주의 논리는 꽤 급진적인 부의 재분배를 지지하는 쪽으로 확대될 수도 있다. 이를테면 빌 게이츠가 돈이 줄어들어서 입는 타격과 사람들이 돈을 받아서 늘어나는 혜택이 같아질 때까지 빌 게이츠로부터 계속 돈을 걷어 가난한 사람들에게 나눠 줘야 한다는 식이다.

이런 로빈 후드식 각본은 적어도 두 가지 반박에 부딪힐 수 있다. 하나는 공리주의 사고 내의 반박이고, 다른 하나는 공리주의 바깥에서 오는 반박이다. 첫 번째 반박은 높은 세금, 특히 소득에 부과되는 세금이 일과 투자에 대한 의욕을 꺾어 생산성 감소로 이어진다는 주장이다. 그로 인해 전반적인 경제 성과가 줄고 재분배할 이익도 줄어들면, 전체 공리는 줄어들게 된다. 따라서 공리주의자들은 빌 게이츠와 오프라 윈프리에게 무거운 세금을 물리기 전에, 그로 인해 이들이 일을 적게 하고 돈도 적게 벌어 결국에는 가난한 사람들에게 재분배할 돈도 줄어드는 건 아닌지 따져 봐야 한다고 주장할 것이다.

두 번째 반박은 이러한 계산을 문제의 핵심에서 벗어난 것으로 본다. 부자에게 세금을 걷어 가난한 사람을 돕는 행위가 부당한 이유는 기본권을 침해하기 때문이다. 이 반박에 따르면, 빌 게이츠와 오프라 윈프리의 동의 없이 그들의 돈을 가져가는 행위는 이유가 아무리 좋더라도 강제 행위다. 자기 돈을 마음대로 쓸 수 있는 자유를 침해하는 행위이다. 이러한 근거로 재분배에 반대하는 사람들을 흔히 '자유지상주의자libertarian'라고 부른다.

자유지상주의자들은 규제 없는 시장을 옹호하면서 정부 규제에 반대하는데, 이는 경제 효율성 때문이 아니라 인간의 자유 때문이다. 이들의 핵심 주장은 우리 개인에게는 자유라는 기본권이 있으며, 다른 사람의 권리를 존중하는 한, 우리는 자신의 소유물을 마음대로 쓸 수 있다는 것이다.

최소 국가

자유지상주의자들의 권리 이론이 옳다면, 현대 국가들이 하고 있는 많은 정책이 위법하며 자유를 침해하고 있다. 오로지 최소 국가(계약 이행을 강제하고, 도둑으로부터 개인의 재산을 보호하며, 평화 유지 기능을 하는 국가)만이 이들의 권리 이론에 부합한다. 국가가 그 이상의 기능을 수행한다면 부도덕하다고 본다.

현대 국가가 흔히 펼치는 정책과 법 가운데 자유지상주의자들이 반대하는 세 가지를 소개하면 다음과 같다.

1. **온정주의.** 자유지상주의자들은 사람들이 스스로를 해치지 못하도록 보호하는 법에 반대한다. 안전벨트나 오토바이 헬멧 착용을 의무화하는 법이 좋은 예다. 헬멧을 쓰지 않고 오토바이를 타는 행위가 어리석은 행동일지라도, 헬멧 착용 의무화 법이 목숨을 구하고 심각한 부상을 예방할지라도, 그러한 법은 개인이 어떤 위험을 감수할지 스스로 결정할 권리를 침해한다고 주장한다. 제3자에게 해를 끼치지 않는 한, 그리고 오토바이를 타는 사람이 자신의 치료비를 부담하는 한, 국가는 개인의 신체나 목숨과 관련해 간섭할 권한이 없다.

2. **도덕의 법제화.** 자유지상주의자들은 법을 통해 강압적으로 미덕을 권장하거나 다수의 도덕적 신념을 표출하는 것에 반대한다. 매춘은 많은 사람들이 도덕적으로 못마땅하게 여기는 행위겠지만, 그렇다고 성인들의 합의로 이루어지는 매춘을 법으로 금지하는 것은 옳지 않다. 어떤 공동체의 다수가 동성애에 반대한다고 해서 게이나 레즈비언에게서 성 상대자를 고를 권리를 박탈하는 법이 정당화되지는 않는다.

3. **소득이나 부의 재분배.** 자유지상주의자들의 권리 이론은 부의 재분배를 위한 과세를 비롯해 누가 누구를 도울 것을 요구하는 일체의 법 규정을 배제한다. 부유한 사람이 의료, 주택, 교육을 보조하는 방법으로 덜 부유한 사람을 지원하는 행위는 바람직한 일이지만, 그런 일은 개인의 판단에 맡겨야지 정부가 강제할 것이 아니라고 본다. 자유지상주의자들은 재분배를 위한 과세를 강제 행위이자, 심지어 절도로 간주한다. 국가는 부유한 납세자에게 가난한 사람을 돕는 사회 프로그

램을 지원하라고 강요할 권리가 없으며, 그것은 자애로운 도둑이 부자의 돈을 훔쳐 노숙자들에게 나눠 줄 권리가 없는 것과 마찬가지라는 것이다.

자유지상주의 철학을 가진 사람들이 어떤 정치적 성향을 띠고 있는 집단과 정확히 일치한다고 말하긴 어렵다. 자유방임 경제 정책을 지지하는 보수주의자들도 학교 내 예배 활동, 낙태, 외설물 규제 같은 문화적 문제에서는 자유지상주의자들과 의견을 달리하는 경우가 흔하다. 그런가 하면 복지 국가를 지지하는 사람들 가운데 상당수는 게이의 권리, 출산 결정권, 언론의 자유, 정교 분리 같은 문제에서는 자유지상주의자들과 견해를 같이한다.

자유지상주의 사상은 1980년대에 친시장, 작은 정부를 지향하던 로널드 레이건Ronald Reagan과 마거릿 대처Margaret Thatcher의 정책에서 뚜렷하게 드러났다. 그런데 지적 신념으로서의 자유지상주의는 그보다 앞서 복지 국가 이념에 대한 반발로 등장했다. 오스트리아 출신 경제학자이자 철학자인 프리드리히 하이에크Friedrich A. Hayek(1899~1992)는『자유헌정론The Constitution of Liberty』(1960)에서, 전반적인 경제 평등을 성취하려는 시도는 무엇이든 강압적이며, 자유 사회를 파괴하게 된다고 주장했다.[3] 미국 경제학자 밀턴 프리드먼Milton Friedman(1912~2006)은『자본주의와 자유Capitalism and Freedom』(1962)에서 국가의 역할이라고 널리 알려진 많은 행위가 개인의 자유를 침해하는 위법 행위라고 주장했다. 강제적인 사회 보장 제도나 정부가 운영하는 퇴직 프로그램이 대표적인 예다. "어떤 사람이 노년을 어렵게 살더라도 현재를 즐기고자 자기 재산을 당장

쓰기로 결정한다면, 대체 무슨 권리로 그 결정을 막겠는가?"라고 프리드먼은 묻는다. 그 사람에게 퇴직한 뒤를 생각해 저축하라고 권고할 수는 있지만, "그의 결정을 막을 수 있는 권리가 우리에게 있다는 건가?"[4]

프리드먼은 비슷한 근거로 최저 임금제에도 반대한다. 고용주가 얼마나 적은 임금을 지급하든 노동자가 받아들인다면, 정부가 나서서 반대할 권리는 없다는 것이다. 고용차별금지법 역시 정부가 개인의 자유를 침해하는 행위다. 고용주가 인종이나 종교 등의 이유로 차별하고자 해도 국가는 그것을 막을 권리가 없다고 여긴다. 프리드먼의 시각으로는 "그러한 입법은 개인들 사이의 자발적인 계약의 자유를 간섭하는 유형의 행위다".[5]

특정 직업을 갖기 위해서는 의무적으로 면허를 취득하도록 하는 법 또한 선택의 자유를 부당하게 간섭한다. 미숙련 이발사가 변변치 못한 서비스를 제공하고자 하고, 싼값에 머리를 자르고 싶어 하는 고객이 있다면, 국가가 그 거래를 금지해야 할 이유가 없다. 프리드먼은 이 논리를 심지어 의사에게까지 확대한다. 내가 싼값에 맹장 수술을 받고 싶다면, 면허가 있든 없든 그 수술을 해줄 사람을 마음대로 선택해 고용할 자유가 있다. 사람들은 흔히 숙련된 의사를 원하는데, 시장이 그 정보를 제공할 수 있다. 환자는 국가가 발급하는 의사 면허증에 의존하지 않고 『컨슈머 리포트Consumer Reports』나 『굿 하우스키핑Good Housekeeping』 같은 잡지에서 평가한 서비스 등급에서 관련 정보를 얻을 수 있다고 프리드먼은 주장한다.[6]

자유 시장 철학

『아나키, 국가 그리고 유토피아Anarchy, State and Utopia』(1974)란 책에서, 로버트 노직Robert Nozick은 자유지상주의 원칙을 철학적으로 옹호하며, 분배 정의라는 익숙한 개념에 이의를 제기한다. 그는 개인에게는 "워낙 강력하고 광범위한 권리가 있어서, 국가가 할 일이 조금이라도 있다면 그게 무엇인지 의문이다"라는 주장으로 시작한다. 그는 이렇게 결론 내린다. "오직 계약의 이행을 강제하고, 사람들을 폭력과 절도와 사기에서 보호하는 제한적인 기능만 수행하는 최소 국가만이 정당화될 수 있다. 이보다 조금이라도 더 많은 일을 한다면, 어떤 일도 강요받지 않을 개인의 권리를 침해할 수밖에 없으며, 그런 국가는 정당화될 수 없다."[7]

다른 사람을 돕는 행동은 남에게 강요해서도 안 되고 남으로부터 강요받아서도 안 된다. 부자에게 세금을 걷어 가난한 사람을 돕는다면, 부자에게 강요하는 것이다. 이는 그들이 자기 소유물을 마음대로 쓸 권리를 침해한다.

노직에 따르면, 경제 불평등은 그 자체에 문제가 있는 것이 아니다. 포브스 400대 부자에게는 수십, 수백억 달러의 재산이 있고, 어떤 사람에게는 한 푼도 없다는 사실만으로 그러한 현실이 정의롭다거나 정의롭지 못하다고 결론 내릴 수 없다. 노직은 정의로운 분배에 특정한 유형(동일한 소득, 동일한 공리, 생필품의 동일한 공급 등)이 있다는 생각에 반대한다. 중요한 것은 어떻게 그 분배가 이루어져 왔는가이다.

노직은 자유 시장에서 사람들의 선택을 존중하는 이론을 선호하며 유형화된 정의론을 거부한다. 그는 정의로운 분배를 위해서는 두 가지

조건이 충족되어야 한다고 주장한다. 하나는 초기 소유물에 정의가 구현되어 있어야 하고, 또 하나는 소유물 이전에 정의가 구현되어야 한다.[8]

첫 번째 조건은 돈을 벌 때 사용한 자원이 우선 합법적으로 당신의 것이었는지를 묻는다(훔친 물건을 팔아 재산을 벌었다면, 그 수익에 대한 자격이 없다). 두 번째 조건은 당신이 돈을 번 것이 시장에서 자유로운 교환에 의한 것이거나 다른 사람이 자발적으로 건네준 선물에 의한 것인지를 묻는다. 두 질문에 모두 그렇다고 답할 수 있다면 당신은 현재의 소유물을 가질 자격이 있으며, 국가는 당신의 동의 없이 그것을 뺏을 수 없다. 부당하게 얻은 자원으로 시작하지 않는 한, 자유 시장을 통한 분배의 결과는 평등과 상관없이 정당하다.

노직은 현재의 경제적 지위를 얻는 것에 기여한 초기 소유물의 정당성을 판단하기가 쉽지 않다는 사실을 인정한다. 오늘날 분배된 소득과 부의 어느 정도까지가 몇 세대 전에 폭력, 절도, 사기 등의 행위로 토지나 다른 자산을 불법으로 강탈한 결과인지 어떻게 알 수 있겠는가? 만약 지금의 부자가, 흑인을 노예로 삼거나 아메리카 원주민의 소유권을 빼앗는 등 과거 부당 행위의 수혜자로 밝혀질 경우, 세금이나 손해 배상 같은 수단으로 부당함을 바로잡을 수 있다고 노직은 생각했다. 하지만 그는 이러한 조치가 과거의 잘못을 바로잡기 위한 것이지, 더 큰 평등을 실현하기 위한 것은 아니라는 사실이 중요하다고 보았다.

노직은 재분배가 어리석은 생각(그는 그렇게 보았다)임을 설명하면서, 위대한 농구 선수 월트 체임벌린Wilt Chamberlain을 이용한 가상의 예를 들었다. 그는 1970년대 한 시즌에 무려 20만 달러를 받던 선수다. 이를 오늘날의 농구 스타 마이클 조던Michael Jordan으로 바꾸어 생각해도 좋겠다.

조던이 시카고 불스에서 뛰던 마지막 해에 받은 돈은 총 3100만 달러였는데, 조던이 한 경기당 받은 돈은 체임벌린이 한 시즌에 받은 액수보다 많았다.

마이클 조던의 돈

노직은 초기 소유물의 정당성에 관한 물음은 접어 두고, 당신이 공정하다고 생각하는 분배 방식(완전 평등 분배 등)에 따라 소득과 부의 재분배를 시작한다는 가정을 해보자고 제안했다. 이제 농구 시즌이 시작된다. 마이클 조던의 플레이를 보고 싶은 사람은 표를 살 때마다 상자에 5달러를 넣는다. 상자에 담긴 돈은 조던에게 전달된다(물론 실제 세계에서는 구단이 팀 수익에서 조던의 급여를 지불한다. 노직은 자발적 교환에 관한 철학적 핵심에 초점을 맞추기 위해 팬이 조던에게 직접 지불하는 것으로 가정을 단순화했다).

조던의 경기를 보고 싶어 하는 사람이 많아서, 좌석 점유율도 높고 상자에 돈도 가득 찬다. 시즌이 끝나고 나면, 조던은 다른 선수들보다 훨씬 많은 3100만 달러를 받는다. 조던은 많이 받고 다른 선수들은 적게 받는 이러한 초기 배분을 당신은 공정하다고 생각하지 않는다. 하지만 이 새로운 분배 방식은 자발적인 선택에 따른 결과이다. 이에 타당한 근거를 대며 불만을 제기할 사람이 있을까? 일단 조던의 경기를 보려고 돈을 지불한 사람은 아니다. 이들은 자유로운 선택에 따라 표를 샀다. 농구를 싫어해서 집에 있던 사람도 아니다. 이들은 조던에게 한

푼도 주지 않았기에 전보다 자산이 줄어들지 않았다. 물론 조던도 줄어들지 않았다. 그는 상당한 소득과 교환하여 농구 경기를 하기로 선택했다.[9]

노직은 이 가상의 사례가 유형화된 분배 정의 이론의 두 가지 문제를 보여 준다고 생각한다. 첫째, 자유는 분배 방식을 뒤틀어 놓는다. 경제 불평등을 부당하다고 생각하는 사람은 사람들의 선택으로 인한 효과를 되돌리기 위해 자유 시장에 반복적이고 지속적으로 간섭해야 할 것이다. 둘째, 이러한 간섭(어려운 사람을 돕기 위해 조던에게 세금 부과)은 자발적 거래 결과를 뒤집을 뿐 아니라, 그의 수입을 가져감으로써 조던의 권리를 침해한다. 사실상 그의 의지에 반하여 기부금을 강요하는 셈이다.

조던의 수입에 세금을 부과하는 행위는 정확히 무엇이 잘못되었을까? 노직에 따르면, 도덕적 논란은 돈으로 끝나지 않는다. 문제는 인간의 자유라고 그는 생각했다. 노직의 논리는 이렇다. "노동으로 얻은 소득에 부과되는 세금은 강제 노동과 마찬가지다."[10] 국가가 내 소득의 일부를 가져갈 권리가 있다면, 내 시간의 일부를 가져갈 권리 또한 있을 것이다. 가령 내 수입의 30퍼센트를 가져가는 대신, 내 시간의 30퍼센트를 국가를 위해 일하라고 명령할 수도 있을 것이다. 하지만 이런 식으로 국가가 내게 노동을 강요할 수 있다면, 결국 국가가 나에 대한 소유권을 주장하는 것이 된다는 말이다.

누군가의 노동의 결과를 빼앗는 것은, 그에게서 시간을 빼앗고 여러 가지 일을 시키는 것과 마찬가지다. 누군가 당신에게 일정 시간 동안 어떤 노동 혹은 보수가 없는 노동을 강요한다면, 당신이 어떤 일을 어떤 목적으로 해야 하는가를 당신이 아닌 그가 결정하는 것이다. 이는 (……) 부분적으로나마 그를 당신의 소유주로 만드는 것이다. 이것은 당신에 대한 소유권을 그에게 넘겨주는 것이다.[11]

이런 식의 추론은 자유지상주의 주장의 도덕적 정수인 자기 소유 개념으로 이어진다. 내가 나를 소유한다면, 나는 분명 내 노동도 소유하고 있을 것이다(남이 내게 노동을 명령할 수 있다면, 그 사람은 내 주인이고 나는 노예일 것이다). 내가 내 노동을 소유한다면, 내게는 분명 그 열매를 가질 자격이 있을 것이다(다른 이가 내 소득을 가질 자격이 있다면, 그 사람은 내 노동을 소유하고, 따라서 나를 소유할 것이다). 노직에 따르면, 바로 이런 이유 때문에 마이클 조던의 수입 3100만 달러에 세금을 부과해 가난한 사람을 돕는 것은 조던의 권리를 침해하는 행동이라고 말한다. 사실상 국가나 공동체가 조던의 부분적 소유주라는 주장이다.

자유지상주의자들은 과세(내 수입을 가져가는 행위)를 도덕적으로 강제 노동(내 노동을 가져가는 행위)과 노예제(나에 대한 내 소유권을 부정하는 행위)의 연속선상에 있다고 본다.

자기 소유	압수
개인	노예
노동	강제 노동
노동의 열매	과세

물론 소득세를 아무리 가혹하게 부과한다고 해도 소득의 전부를 요구하지는 않는다. 따라서 정부가 납세자들을 완전히 소유하려 든다고 볼 수는 없다. 하지만 부분적으로나마 엄연히 소유하게 된다는 것이 노직의 주장이다. 소득의 얼마를 세금으로 거둬 가든 간에, 소득의 일부를 세금으로 가져가는 행위는 최소 국가의 역할을 넘어서는 행동이다.

우리는 우리 자신을 소유하는가?

1993년에 마이클 조던이 농구 선수로서 은퇴를 발표하자, 시카고 불스 팬들은 크게 실망했다. 그 뒤 조던은 은퇴를 번복하고, 시카고 불스를 세 번이나 더 우승으로 이끌었다. 그런데 이런 가정을 한번 해보자. 1993년에 시카고 시의회, 아니 어쩌면 연방 의회가 시카고 불스 팬들의 상실감을 덜어 주기 위해, 조던에게 다음 시즌의 3분의 1을 더 뛰라고 요구하는 법을 통과시켰다고 하자. 대부분의 사람들은 조던의 자유를 침해하는 부당한 법이라고 생각할 것이다. 하지만 의회가 조던에게 (시즌의 3분의 1만이라도) 농구장으로 돌아오라고 강요할 수 없다면, 무슨 권리로 농구에서 번 돈의 3분의 1을 내놓으라고 강요할 수 있단 말인가?

과세를 통한 소득 재분배에 찬성하는 사람들은 자유지상주의 논리에 다양한 반박을 내놓는다. 하지만 이러한 반박에 자유지상주의는 대부분 답할 수 있다.

반박1: 과세는 강제 노동만큼 나쁘지 않다

당신에게 세금이 부과되면, 당신은 언제든 일을 덜 하고 세금을 덜 내는 선택을 할 수 있다. 하지만 노동을 강요받을 경우엔 선택권이 없다.

자유지상주의자의 대답: 맞는 말이긴 하나, 왜 국가가 그런 선택을 강요하는가? 어떤 사람은 그저 일출을 바라보며 집에 머물고 싶어 하는 반면, 어떤 사람은 영화를 보거나 외식을 하거나 요트를 타는 등 돈이 드는 활동을 더 선호한다. 왜 돈이 드는 활동을 좋아하는 사람은 한가로이 여가를 즐기기를 좋아하는 사람보다 세금을 더 내야 하는가?

도둑이 당신 집에 침입했다고 가정해 보자. 도둑은 1천 달러짜리 평면 텔레비전이나 당신이 매트리스 밑에 숨겨 둔 현금 1천 달러 중 하나를 가져간다고 하자. 당신은 차라리 도둑이 텔레비전을 훔쳐 갔으면 한다. 다시 1천 달러를 들여 텔레비전을 살지 말지 선택할 수 있기 때문이다. 반면 도둑이 현금을 훔친다면 그러한 선택의 여지가 사라진다(텔레비전을 전액 환불받을 수 있는 시기는 이미 지났다고 가정하자). 하지만 텔레비전을 도둑맞는 편(또는 일을 적게 하는 편)이 낫다는 것은 문제의 핵심이 아니다. 어느 경우에 도둑맞은 사람의 손실이 줄어들든, 두 경우 모두 잘못은 도둑(그리고 국가)에게 있다.

반박2: 가난한 사람에게는 그 돈이 더 절실하다

자유지상주의자의 대답: 그럴지도 모른다. 하지만 그것은 어려운 사람을 자발적으로 돕도록 여유로운 사람을 설득하는 논리일 뿐이다. 그런 이유로 마이클 조던이나 빌 게이츠에게 기부를 강요하는 행위가 정당화될 수는 없다. 로빈 후드든 국가든 간에 부자의 재산을 빼앗아 가난한 사람에게 나누어 주는 행동은 결국 도둑질이다.

이런 비유를 들어 보자. 내 신장이 나보다 투석 치료를 받는 환자에게 더 '절실하다'고 해서, 그에게 건강한 내 신장 중 하나를 가질 권리가 있다고 할 수는 없다. 환자가 아무리 다급하고 절실하다 해도, 국가 역시 나에게 신장 하나를 떼어 투석 환자를 도와주라고 강요할 수는 없다. 왜 그럴까? 신장은 내 것이기 때문이다. 절실하다고 해서 내 소유물을 내가 마음대로 쓸 기본권보다 우선할 수는 없다.

반박 3: 마이클 조던 혼자서는 경기를 할 수 없다. 따라서 그는 자신의 성공에 기여한 사람들에게 빚을 지고 있다

자유지상주의자의 대답: 조던의 성공에 다른 사람도 기여했다는 이야기는 맞다. 농구는 팀 스포츠다. 텅 빈 경기장에서 조던 혼자 자유투 넣는 모습을 보자고 사람들이 3100만 달러를 지불하지는 않는다. 동료 선수, 코치, 트레이너, 심판, 경기 중계자, 경기장 관리 직원 등이 없었다면 조던은 돈을 제대로 벌지 못했을 것이다.

하지만 이들은 자신이 제공한 서비스에 대해 이미 시장 가치로 대가를 받았다. 조던이 받는 돈보다는 적지만, 자신이 수행한 업무에 대한 보상으로 스스로 받아들인 금액이다. 따라서 조던의 수입 중 일부는 그들의 것이라고 생각할 이유가 없다. 또한 조던이 동료 선수들과 코치에

110

게 일부 신세를 졌다고 한들, 그의 소득에 세금을 부과해 배고픈 사람에게 식사를 제공하거나 노숙자에게 숙박 시설을 제공해 주는 행위를 정당화하기는 어렵다.

반박4: 조던의 의사에 반하여 그에게 세금을 부과했다고 보기 어렵다. 그는 민주 사회 시민으로서 자신이 따라야 할 세법 제정에 의견을 낼 수 있다

자유지상주의자의 대답: 민주적 합의로 충분치 않다. 조던이 자신에게 과세하는 세법에 반대표를 던졌지만 법이 통과됐다고 가정해 보자. 그렇다고 국세청이 조던에게 과세를 하지 않을까? 그렇지 않을 것이다. 어떤 이는 조던이 이 사회에 산다는 것은 다수의 뜻에 따르고 법을 준수하겠다고 (최소한 암묵적으로라도) 동의한 것으로 볼 수 있다고 주장할 것이다. 하지만 이곳에서 시민으로 산다고 해서, 다수에게 백지 위임장을 주고 아무리 부당한 법이라도 모두 지키겠다고 미리 동의한 것으로 볼 수 있는가?

만약 그렇다면, 다수가 소수의 의사에 반하여 그들에게 세금을 부과하거나, 심지어는 그들의 재산을 빼앗을 수도 있다. 그렇다면 개인의 권리는 어떻게 되는가? 다수의 찬성 아래 재산을 빼앗을 수 있다면, 자유를 빼앗는 것도 정당화되지 않겠는가? 다수가 내게서 언론과 종교의 자유를 빼앗으면서, 내가 민주 사회 시민이니 다수의 결정에 무조건 따르겠다고 이미 동의한 것이라고 주장할 수도 있지 않겠는가?

이상의 네 가지 반박에 자유지상주의자들은 쉽게 대답한다. 하지만 다음의 반박은 쉽게 일축하지 못한다.

반박 5 : 조던은 행운의 덕을 봤다

조던은 뛰어난 농구 재능이라는 행운을 타고났으며, 공중으로 날아 올라 공을 링 안에 꽂아 넣는 능력을 포상해 주는 사회에 사는 행운도 가졌다. 그가 아무리 열심히 기술을 연마했다 하더라도, 타고난 재능의 덕을 입었다는 사실과 농구가 인기 스포츠여서 농구만 잘하면 푸짐한 포상을 받을 수 있는 시대에 태어났다는 행운조차 자신의 공이라고 주장할 수는 없다. 이는 조던이 스스로 이룬 것이 아니다. 따라서 그가 재능을 이용해 벌어들인 돈을 전부 가질 도덕적 자격이 있다고 말할 수는 없다. 공동체가 그의 소득에 세금을 부과해 그 돈을 공익을 위해서 쓴다고 해도 부당하다고 볼 수 없다.

자유지상주의자의 대답 : 이 반박은 조던의 재능이 그의 것이라는 사실에 의문을 제기하고 있다. 하지만 이런 종류의 주장은 잠재적 위험을 내포하고 있다. 조던이 자기 재능을 연마해 얻은 이득을 가질 자격이 없다면, 그의 재능은 그의 소유가 아니라는 뜻이다. 그리고 조던의 재능과 기술이 그의 소유가 아니라면, 조던은 자신을 소유하지 못한다는 뜻이다. 하지만 조던이 자신의 소유가 아니라면, 누구의 소유란 말인가? 당신은 시민에 대한 소유권을 정말로 정치 공동체에 넘기고자 하는가?

자기 소유라는 개념은 매력적이다. 특히 개인의 권리를 위한 튼튼한 기반을 찾는 사람들에게는 더욱 그러하다. 나는 국가나 정치 공동체의 소유가 아니라 바로 내 것이라는 생각은, 다른 사람의 복지를 위해 내 권리를 희생하는 것이 왜 잘못인가를 설명하는 하나의 방법이다. 브레이크가 고장나 폭주하는 전차를 막기 위해 덩치 큰 사람을 다리 아래로 떨어뜨리는 행동이 왜 꺼려졌는지 다시 생각해 보자. 그의 생명은 그의 것이란 생각 때문에 그 사람을 밀기가 꺼려졌던 것 아닐까? 그 덩치 큰 남자가 철로의 작업자들을 구하기 위해 스스로 목숨을 던졌다면, 그 행동에 반대할 사람은 거의 없다. 어차피 그의 목숨은 그의 것이기 때문이다. 하지만 아무리 좋은 의도라고 해도, 그의 목숨을 우리가 마음대로 뺏을 수는 없다. 배에서 심부름 일을 하던 가여운 소년 파커도 마찬가지다. 그 소년이 배고픈 선원들을 구하기 위해 자기 목숨을 희생하기로 결정했다면, 사람들 대부분은 그에게 그럴 권리가 있다고 말할 것이다. 하지만 동료 선원에게는 자신을 위해 자기 소유가 아닌 생명을 희생시킬 권리가 없다.

자유방임 경제를 반대하는 사람들도 다른 문제에서는 자기 소유 개념을 적용하는 경우가 많다. 이는 복지 정책에 호의적인 사람들조차 자유지상주의 이론에 매력을 느끼는 이유를 알려 준다. 출산 결정권, 성도덕, 사생활 보호권 등을 둘러싼 논쟁에서 자기 소유 개념이 어떤 식으로 나타나는지 살펴보자. 흔히 정부가 피임이나 낙태를 금지해서는 안 되는 이유는 여성에게 자기 몸에 대한 자유로운 결정권이 있기 때문이라고 말한다. 간통, 매춘, 동성애를 법으로 처벌하면 안 되는 이유 역시 성인들은 서로 합의하여 상대를 고를 자유가 있기 때문이라고 말한다. 또 어떤 이는 자기 몸은 자기 것이므로, 이식 수술용 신장 거래에 찬성하고, 따라서 자기 몸의 다른 부분도 자유롭게 팔 수 있어야 한다고 주장한다. 또 어떤 이는 이 논리를 더욱 확대해, 안락사 권리를 옹호하기도 한다. 자기 생명은 자신의 것이므로, 자신이 원하면 삶을 끝낼 자유가 있으며, 이를 도와줄 의사(또는 다른 사람)의 도움을 받을 수도 있어야 한다는 생각이다. 자기 마음대로 자신의 몸을 이용하거나 자기 삶에 대한 결정권을 행사할 때 국가는 이를 막을 권리가 없다고 주장한다.

자신은 자신이 소유한다는 생각은 선택의 자유를 둘러싼 논쟁에 자주 등장한다. 내가 내 몸, 내 생명, 나라는 인간을 소유한다면, (다른 사람에게 해를 끼치지 않는 한) 그것으로 무엇을 하든 내 자유다. 이는 꽤 설득력 있는 주장이지만, 함축적인 의미까지 모두 수용하기는 어렵다.

자유지상주의 논리에 매료되어 그 원칙을 어디까지 적용할 수 있는지 궁금하다면, 다음의 경우를 생각해 보자.

장기 거래

많은 나라가 장기 이식을 목적으로 한 장기 거래를 금지하고 있다. 미국에서는 자신의 신장 하나를 기증할 수는 있어도 공개 시장에서 팔수는 없다. 그런데 어떤 이들은 이러한 법이 바뀌어야 한다고 주장한다. 이들은 해마다 수천 명이 신장 이식을 기다리다 죽어 간다는 사실을 지적하며, 자유 시장에서 신장이 거래될 경우 신장 공급이 늘어날 것이라고 말한다. 또한 돈이 필요한 사람이 스스로 원할 경우에는 신장을 팔 수 있어야 한다고 주장한다.

신장 거래를 찬성하는 주장 가운데 하나는 자기 소유라는 자유지상주의 개념에서 비롯된 것이다. 내 몸이 나의 소유라면, 내 몸의 일부를 내 마음대로 자유롭게 팔 수 있어야 한다는 생각에서다. 노직은 이렇게 썼다. "X에 대한 소유권이라는 개념의 핵심은 (……) X를 어떻게 처리할지 결정할 권리다".[12] 하지만 장기 거래를 옹호하는 사람들도 대부분 자유지상주의 논리를 그대로 받아들이지는 않는다.

왜 그런지 살펴보자. 신장 거래에 찬성하는 사람들은 대개 목숨을 구하는 행위의 도덕적 중요성을 강조하며, 하나를 기증해도 나머지 하나로 살아갈 수 있음을 지적한다. 하지만 내 몸과 내 생명이 내 소유라고 생각한다면, 그 두 가지 이유 모두 중요한 고려 대상이 아니다. 당신이 자신을 소유하고 있다면, 자기 몸을 마음대로 사용할 권리는 몸의 일부를 팔 수 있는 충분한 이유가 된다. 다른 사람의 목숨을 구한다거나 선행을 한다는 따위는 문제의 핵심이 아니다.

과연 그런지 알아보기 위해, 두 가지 특별한 예를 상상해 보자.

첫째, 당신의 신장 하나를 살 사람이 건강에 아무런 이상이 없는 사람이라고 가정하자. 그가 신장을 사는 대가로 8천 달러를 당신에게(혹은 개발 도상 국가의 농부에게) 제안한다. 그는 장기 이식을 절실히 필요로 하는 환자가 아니라, 부유한 고객에게 인간의 장기를 심심풀이 잡담의 소재로 팔려는 기괴한 미술품 거래상이다. 이런 목적의 신장 거래를 허용해도 될까? 자기 몸은 자기 것이라고 믿는 사람이라면, 안 된다고 말하기 힘들 것이다. 중요한 것은 목적이 아니라 자기 재산을 마음대로 처분할 권리이기 때문이다. 물론 당신은 신체의 일부를 하찮게 사용하는 행위를 혐오하면서, 장기는 오로지 생명을 구할 목적으로만 판매되어야 한다고 말할지도 모른다. 하지만 그런 주장은 비록 신장 거래에 찬성하더라도 그 이유가 자유지상주의의 논리와는 거리가 멀다. 그런 주장은 우리가 우리 몸에 대한 제한 없는 소유권을 갖고 있다는 논리에 동의하는 것이 아니다.

두 번째 경우를 생각해 보자. 인도 어느 마을에서 겨우 먹고사는 농부가 아이를 대학에 보내고 싶어 한다고 가정하자. 그는 돈을 구하려고 장기가 필요한 돈 많은 미국인에게 자신의 신장 하나를 판다. 몇 년 뒤, 둘째 아이가 대학에 들어갈 나이가 되자, 또 다른 구매자가 찾아와 그에게 상당한 금액을 제시하며 두 번째 신장을 팔라고 한다. 나머지 신장마저 떼어 내면 죽게 되는데도 농부는 그 신장을 팔 자유가 있는가? 자기 소유 개념에 근거해 장기 판매를 옹호하는 입장이라면 "그렇다"고 대답해야 한다. 두 개의 신장 중 하나는 농부 소유이고 다른 하나는 아니라고 할 수는 없지 않은가. 어떤 이는 돈 대신 목숨을 포기하라는 권유를 받아서는 안 된다며, 그 거래에 반대할 것이다. 하지만 자신의 생명과 몸을 자신이 소유하고 있다면, 농부는 비록 그것이 목숨을 파는 것과 같다고 하더라도 두 번째 신장을 팔 수 있는 모든 권리를 갖고 있는 것이다(이 이야기는 전적으로 가상적인 것은 아니다. 1990년대에 캘리포니아 한 감옥의 죄수는 자기 딸에게 두 번째 신장을 주려고 했다. 그러나 병원의 윤리위원회는 이를 거부했다).

물론 다른 이의 생명을 구하고 판매자의 생명에는 지장이 없는 경우에만 제한적으로 신장 판매를 허용할 수도 있다. 하지만 그런 정책은 자기 소유 원칙에 기반을 두지 않는다. 우리가 자기 신체와 생명의 진정한 소유자라면, 어떤 목적과 위험에도 상관없이, 스스로 장기 판매 여부를 결정할 수 있어야 한다.

안락사

2007년, 일흔아홉 살의 잭 키보키언 Jack Kevorkian 박사는 죽기를 원하는 말기 환자들에게 독극물을 투여한 죄로 미시간 교도소에서 8년간 복역하다 출소했다. 그는 앞으로 환자의 자살을 돕지 않겠다고 약속한 뒤 가석방되었다. '죽음의 의사'로 불리게 된 키보키언 박사는 1990년대에 안락사 허용 운동을 벌였고, 환자 130명의 자살을 도우며 자신의 주장을 실천에 옮겼다. 그는 CBS 텔레비전 프로그램 「60분^{60 Minutes}」에 비디오 하나를 보낸 뒤 2급 살인 혐의로 재판에 회부되어 유죄 판결을 받았는데, 그 테이프에는 그가 루게릭병을 앓는 남자에게 독극물을 주사하는 장면이 담겨 있었다.[13]

키보키언 박사가 살던 미시간 주에서는 안락사가 불법이다. 오리건 주와 워싱턴 주를 제외한 미국의 모든 주에서도 금지되어 있다. 다른 많은 나라도 마찬가지며, 몇 나라(대표적으로 네덜란드)만이 이를 허용하고 있다.

언뜻 안락사 찬성 주장은 자유지상주의 철학을 그대로 적용한 것처럼 보인다. 자유지상주의자들 생각에는 안락사를 금지한 법이 부당하게 여겨질 것이다. 내 생명이 내 것이라면, 내게는 그것을 포기할 자유도 있어야 하기 때문이다. 또한 누군가 내 죽음을 돕도록 내가 허락한다면, 국가는 이에 간섭할 권리가 없다.

하지만 안락사 허용에 찬성하는 사람이라고 해서, 반드시 우리의 몸과 생명이 우리 자신의 것이라는 논리에 기대는 건 아니다. 안락사에 찬성하는 사람 다수가 소유권을 따지기보다는 존엄과 연민 때문에 그런 결정을 한다. 심각한 고통에 시달리는 말기 환자들을 극심한 고통 속에 연명하도록 두기보다는 스스로 죽음을 앞당길 수 있도록 해야 한다고 판단하기 때문이다. 심지어 인간은 자기 목숨을 보전할 의무가 있다고 생각하는 사람조차 경우에 따라서는 의무보다 연민에 기운다.

사실 말기 환자의 사례를 통해 안락사를 지지하는 자유지상주의 논리를 연민의 논리와 분리해서 생각하기는 쉽지 않다. 자기 소유라는 개념의 도덕적 힘을 알아보기 위해, 말기 환자와 관련 없는 안락사를 생각해 보자. 솔직히 기이한 사례다. 하지만 기이하기 때문에, 존엄이나 연민의 감정에 영향을 받지 않고 자유지상주의 논리 자체를 평가할 수 있다.

합의하에 이루어진 식인 행위

2001년, 독일의 로텐부르크라는 마을에서 이상한 만남이 있었다. 소프트웨어 기술자인 마흔세 살 베른트 위르겐 브란데스Bernd-Jurgen Brandes는 죽어서 다른 사람에게 먹혀 줄 사람을 찾는다는 인터넷 광고를 보고 그곳을 찾았다. 광고를 올린 사람은 컴퓨터 기술자인 42세의 아르민 마이베스Armin Meiwes였다. 마이베스는 금전적 포상은 없고 단지 체험만 제공하겠다고 했다. 약 200명이 광고를 보고 연락했으며, 그중 네 사람이 마이베스가 있는 농장을 찾아왔다. 결국 그들 모두 실행에 옮기지 않고 돌아갔지만 브란데스는 달랐다. 그는 마이베스를 만나 커피를 마시며 그의 제안을 들어 본 뒤 잡아먹히는 것을 허락했다. 마이베스는 이 방문객을 죽여, 시체를 토막 낸 뒤 비닐봉지에 담아 냉장고에 넣어 두었다. 체포될 당시 이 로텐부르크 식인종은 올리브기름과 마늘을 넣고 희생자를 요리해 이미 20킬로그램 가까이 먹어 치운 뒤였다.[14]

마이베스가 재판에 회부되자, 이 엽기적인 사건에 사람들의 이목이 집중되면서 법정은 혼란에 빠졌다. 독일에는 식인 행위를 처벌하는 법

조항이 없었다. 변호인은 희생자가 자기 죽음에 기꺼이 동참했기 때문에 가해자에게 살인죄를 적용할 수 없다고 주장했다. 마이베스의 변호사는 '요청에 의한 살인' 죄만 적용된다고 주장했는데, 이 죄는 최대 5년형을 받는 일종의 안락사. 법정은 마이베스에게 우발적 살인죄를 적용해 8년 6개월의 징역형을 선고하여 이 난제를 마무리 지으려 했다.[15] 하지만 2년 뒤, 항소 법원은 형이 너무 가볍다는 이유로 결국 종신형을 선고했다.[16] 전하는 바에 따르면, 이 섬뜩한 이야기는 그 식인 살인범이 공장식 농장이 비인간적이라는 이유로 교도소에서 채식주의자가 되었다는 기이한 결말로 끝을 맺는다.[17]

성인 간의 합의하에 행해진 식인 행위는 자기 소유를 주장하는 자유지상주의 원칙과 여기서 비롯한 정의에 관한 생각을 시험해 볼 수 있는 궁극적인 사례. 이는 안락사의 극단적 예이다. 하지만 말기 환자의 고통을 없애 주는 일과는 아무런 관계가 없기 때문에, 우리의 몸과 생명은 우리 소유이며 따라서 우리 마음대로 할 수 있다는 근거만으로 과연 정당화될 수 있는지 살펴볼 수 있다. 자유지상주의자의 주장이 옳다면, 합의하에 이루어진 식인 행위를 금지하는 것은 부당하며, 자유권의 침해이다. 국가는 빌 게이츠와 마이클 조던에게 세금을 부과해 가난한 사람을 도울 수 없는 것과 마찬가지로 마이베스 역시 처벌할 수 없을 것이다.

JUSTICE

대리인 고용:
시장 논리의 도덕성 문제

04

HIRED HELP:
MARKETS AND MORALS

정의에 관해 뜨겁게 논쟁할 때면 시장의 역할이 자주 거론되곤 한다. 자유 시장은 공정할까? 돈으로 살 수 없는, 혹은 사면 안 되는 재화도 있을까? 있다면 어떤 재화이며 그것을 사고파는 것은 왜 문제가 될까?

자유 시장에 우호적인 시각은 보통 두 가지 주장에 근거한다. 하나는 자유를 중시하는 주장이고, 다른 하나는 복지를 중시하는 주장이다. 첫 번째 주장은 친시장 자유지상주의자의 견해다. 이들은 자발적 교환이 이루어지도록 해야 개인의 자유가 존중되며, 자유 시장을 법으로 간섭하면 개인의 자유가 침해된다고 말한다. 두 번째 주장은 친시장 공리주의자들의 견해다. 이들은 자유 시장이 사회 전체의 복지를 증진시키며, 거래가 이루어지면 거래하는 양측이 다 이익을 얻는다고 말한다. 거래가 어느 누구에게도 해를 입히지 않으면서 당사자 모두에게 이익이 되는 한, 전체 공리는 당연히 높아질 것이다.

반면 시장 회의론자들은 그러한 주장에 의문을 품는다. 이들은 시장에서 이루어지는 선택이 겉보기처럼 항상 자유로운 것은 아니라고 주장한다. 그리고 돈으로 거래할 경우 타락하거나 질이 떨어지는 재화와 사회적 행위가 존재한다고 주장한다.

이번 장에서는 성격이 매우 다른 두 가지 행위(전쟁 수행과 대리 임신)의 대가로 돈을 주고받는 것의 도덕적 문제를 따져 보려 한다. 논란의 대상인 이 두 사례를 통해 시장의 옳고 그름을 생각해 보면, 정의에 관한 대표적인 주장들의 차이점을 밝히는 데 도움이 될 것이다.

징집과 고용, 어느 쪽이 옳을까?

미국에서 남북 전쟁이 발발하고 처음 몇 달 동안은 축제 분위기와 애국심에 고조되어 북부 남성들 수만 명이 군에 지원했다. 하지만 북군이 불런Bull Run에서 패배하고, 뒤이어 조지 매클레런George B. McClellan 장군이 리치먼드를 공략하는 데 실패하면서, 북부 사람들은 전쟁이 곧 끝날 것이라는 애초의 기대를 접기 시작했다. 필요한 군인의 수가 늘어나자, 1862년 7월 에이브러햄 링컨Abraham Lincoln은 북부에서는 처음으로 징병법에 서명했다. 남부에서는 이미 징병을 실시하고 있었다.

징병은 미국의 개인주의 전통을 거스르는 일이었기에, 징병 제도에 놀라운 양보 조항이 삽입되었다. 징집을 원치 않는 사람은 다른 사람을 고용해 대리 복무를 시킬 수 있도록 한 것이다.[1]

징집을 통보받은 사람들은 대리인을 구하기 위해 신문에 광고를 내기 시작했는데, 제시된 금액이 최고 1,500달러에 달했다. 당시로서는 엄청난 돈이었다. 남부 연합 역시 유급 대리 복무를 허용하다 보니, '부자들의 전쟁, 가난한 자들의 싸움'이라는 말이 유행할 정도였고, 북부에서도 똑같은 불만이 터져 나왔다. 1863년 3월, 의회는 이러한 불만을 잠재우기 위해 새로운 징병법을 통과시켰다. 대리인을 고용할 권리는 그대로 두되, 누구든 정부에 300달러만 내면 복무하지 않아도 되도록 했다. 이는 미숙련 노동자의 1년 치 임금에 달하는 금액이었지만, 어쨌든 일반 노동자도 돈을 내고 병역을 면제받을 수 있는 길이 열리게 되었다. 일부 도시와 카운티에서는 징집자에게 이 비용을 보조해 주기도 했고, 보험업계는 매달 보험료를 내면 징집되었을 때 징집 면제 비용을 보장해 주는 상품을 내놓기도 했다.[2]

병역 면제 비용을 낮춰 부담을 덜어 주려던 이 제도는 대리 복무 제도 그 자체보다도 정치적 반응이 좋지 못했다. 아마도 인간의 목숨(혹은 사망의 위험)에 값을 매기고, 정부는 그 돈을 받고 이를 승인하는 꼴이기 때문이었을 것이다. 신문들은 '300달러냐, 당신의 목숨이냐'라는 헤드라인을 달았다. 징병과 300달러 면제 비용에 대한 분노는 징병 관리 공무원들을 향한 폭력으로 번졌다. 가장 최악의 사례는 1863년 7월에 일어난 뉴욕 시 징병 폭동 사건인데, 수일간 계속된 폭동으로 100여 명이 목숨을 잃었다. 이듬해 의회는 병역 면제 비용 조항이 삭제된 새로운 징병법을 제정했다. 하지만 남부와 달리 북부에서는 대리인을 고용할 권리가 전쟁 기간 내내 유지되었다.[3]

결국 징집된 사람들 가운데 실제로 북군에 입대해 전투를 치른 인원은 비교적 적었다(징병제가 실시된 뒤에도 많은 병력이 지원자들로 채워졌는데, 넉넉한 보수와 징병 위협의 결과였다). 제비뽑기로 징집이 결정된 사람 중 상당수는 도망가거나 장애를 판정받아 징병을 면제받았다. 그 결과 징집된 약 20만 7천 명 가운데 8만 7천 명이 비용을 지불했고, 7만 4천 명이 대리인을 고용했으며, 실제로 복무한 인원은 4만 6천 명에 그쳤다.[4] 자기 대신 전투에 참가할 대리인을 고용한 사람 가운데에는 앤드루 카네기Andrew Carnegie, J. P. 모건J. P. Morgan, 시어도어와 프랭클린 루스벨트Theodore & Franklin Roosevelt의 아버지, 그리고 나중에 미국 대통령이 된 체스터 아서Chester A. Arthur와 그로버 클리블랜드Grover Cleveland 등이 있었다.[5]

남북 전쟁 당시의 병역 제도는 병역을 분담하는 정당한 방법일까? 내가 학생들에게 이 질문을 던지면 거의 대부분이 정당하지 않다고 대답한다. 돈 있는 사람들이 대리인을 고용해 자기 대신 전투를 치르게 하는 행위는 부당하다고 말한다. 1860년대 이 제도에 저항했던 많은 미국인들처럼 학생들도 이런 시스템을 계급 차별로 여긴다.

그러면 나는 징병제가 좋은지, 아니면 지금처럼 완전 모병제가 좋은지 다시 학생들에게 물어본다. 거의 모두가 모병제를 좋아한다(미국인 대다수가 그렇다). 하지만 그렇다면 어려운 질문이 생겨난다. 부자들이 자기 대신 싸워 줄 사람을 고용한다는 이유로 남북 전쟁 당시의 병역 제도가 부당하다고 말한다면, 현재의 모병 제도에 대해서도 똑같은 반대 논리가 적용되어야 하지 않겠는가?

물론 고용하는 방법은 다르다. 앤드루 카네기는 자기를 대신할 사람을 찾아 직접 돈을 줘야 했지만, 오늘날에는 이라크나 아프가니스탄에서 싸울 사람을 군이 모집하고, 납세자들은 단체로 그들에게 돈을 지불한다. 그렇다면 우리도 다른 사람을 고용해 군에 입대시키고 우리 대신 목숨을 걸고 전쟁을 하게 만드는 점에서 다를 바 없다. 이 두 가지 방식에 도덕적으로 어떤 차이가 있단 말인가? 남북 전쟁 때 대리인을 고용한 제도가 부당하다면, 지금의 모병제 역시 부당하지 않은가?

이 질문에 답하기 위해 남북 전쟁 때의 병역 제도는 일단 제쳐 두고,

군인을 모집하는 두 가지 대표적인 방식(징병과 시장)을 생각해 보자.

징병제는 군 복무에 적합한 시민을 모두 소집하거나, 그렇게 많이 필요하지 않을 경우엔 제비뽑기로 병사를 모으는 간단한 방법이다. 이 제도는 제1, 2차 세계 대전 당시 미국에서 시행되었다. 베트남 전쟁 때도 징병제가 실시되었는데, 학생들과 특정 직업군을 위한 징병 유예 조항들이 너무 많고 수수께끼처럼 복잡해서 결국 많은 사람이 참전을 피해 갔다.

징병제 실시는 특히 대학을 중심으로 한 베트남 전쟁 반대 시위에 기름을 부었다. 이를 감안해 리처드 닉슨 대통령은 징병제 폐지를 제안했고, 1973년에 미군이 베트남에서 단계적으로 철수하면서 징병제가 모병제로 대체되었다. 군 복무가 더 이상 강제 사항이 아니다 보니, 군은 필요한 병력을 모으기 위해 보수를 높이고 복리 후생을 늘렸다.

오늘날 지원병으로 구성된 미국의 군대는 식당, 은행, 소매점, 기타 사업체처럼 노동 시장을 통해 병사를 모집한다. 사실 '지원'이라는 표현은 부적절하다. 사람들이 무상으로 참여하는 소방 지원대나 자신의 시간을 기부해 지역 무료 급식소에서 일하는 자원 봉사자들과는 다르기 때문이다. 이들은 돈을 받고 일하는 전문 군인들이다. 어떤 전문 분야의 유급 직원들이 자발적으로 '지원'했다는 의미에서 이 군인들에게도 '지원'이란 표현을 썼을 뿐이다. 누구도 징집당하지 않고, 군 복무는 돈을 비롯한 여러 혜택과 교환하는 데 동의한 사람들에 의해 수행된다.

남북 전쟁 때의 징병 폭동이나 베트남 전쟁 반대 시위에서 알 수 있듯이, 민주 사회가 군인을 모으는 방법을 둘러싼 논쟁은 전쟁 중일 때 더욱 뜨거워진다. 미국이 완전 모병제를 채택한 뒤로는 군 복무 분담을 둘러싼 정의 문제가 대중의 관심에서 멀어졌다. 하지만 미국이 주도하는 이라크와 아프가니스탄 전쟁을 계기로 민주 사회가 시장을 통해 군인을 모으는 것이 과연 옳은가에 대한 논쟁이 다시 불거졌다.

미국인 대부분은 모병제를 좋아하며 징병제로 돌아가기를 바라는 사람은 거의 없다(이라크 전쟁이 한창이던 2007년 9월, 미국인을 대상으로 실시한 갤럽 설문 조사에서 징병제 부활에 찬성하는 비율은 18퍼센트, 반대하는 비율은 80퍼센트였다).[6] 하지만 모병제와 징병제를 둘러싸고, 정치 철학과 관련된 중요한 문제가 새롭게 떠올랐다. 개인의 자유를 중시할 것인가, 시민의 의무를 중시할 것인가의 문제다.

이 문제를 자세히 들여다보기 위해, 이제까지 살펴본 병역을 분담하는 세 가지 방법, 즉 징병제, 대리인을 고용할 수 있는 징병제(남북 전쟁 당시 제도), 시장을 통한 모병제를 비교해 보자. 어떤 방법이 가장 공정할까?

1. 징병제
2. 유급 대리인을 허용하는 징병제(남북 전쟁 당시 제도)
3. 시장을 통한 모병제(지원자로 채우는 군대)

모병제를 옹호하는 주장

자유지상주의자는 분명 이렇게 대답할 것이다. 우선 징병제(1안)는 강제성을 띤 일종의 노예제라서 부당하다. 이 제도는 시민이 국가의 소유이며, 시민에게 전쟁에 나가 목숨을 걸고 싸우라고 강요하는 등 국가의 이익에 맞춰 시민을 다룰 수 있다는 전제를 하고 있다. 공화당 의원이자 대표적 자유지상주의자인 론 폴Ron Paul은 이라크 전쟁을 위해 징병제를 부활하자는 의견에 반대하며 이렇게 주장했다. "징병은 노예제다. 이는 의심의 여지가 없다. 따라서 비자발적 노예 상태를 금지하는 헌법 수정 조항 제13조에 위반된다. 군에 징집되어 생명을 잃을 수도 있는 징병제는 대단히 위험한 노예제다."[7]

하지만 징병제를 노예제라고 생각하지 않더라도, 선택권이 제한되어 결국 사회 전체의 행복이 감소된다는 이유로 징병에 반대할 수도 있다. 공리주의자들이 징병에 반대하는 논리다. 대리인 고용을 허용하는 제도와 비교할 때, 징병제는 상호 이익이 발생하는 거래를 금지함으로써 사람들의 복지를 감소시킨다는 주장이다. 만약 앤드루 카네기와 그의 대리인이 서로 거래를 원한다면, 왜 이들의 거래를 막는단 말인가? 교환의 자유는 다른 이의 공리를 줄이지 않으면서 거래 당사자들의 공리를 높인다. 따라서 공리주의 논리로 보면, 남북 전쟁 당시 병역 제도(2안)가 순수 징병제(1안)보다 낫다.

공리주의적 추정이 어떻게 시장 논리를 지지하는지 쉽게 알 수 있다. 자발적 교환이 양 당사자에게 모두 이익이 되면서 다른 누구에게도 해를 주지 않는다고 생각되면, 공리주의 입장에서는 모든 것을 시장에 맡기자고 할 수 있다.

그럼 남북 전쟁 당시 병역 제도(2안)와 모병제(3안)를 비교해 생각해 보자. 징집 대상자가 대리인을 고용하는 제도에 적용했던 논리를 시장에 전적으로 맡기자는 주장에도 똑같이 적용할 수 있다. 어차피 대리인 고용을 허용할 거라면, 애초에 징병을 할 이유가 있겠는가? 차라리 노동 시장에서 병사를 모집하면 되지 않는가? 필요 인력과 자질에 맞는 적정 급여와 복리 후생 수준을 정해 놓고 사람들이 스스로 이를 받아들일지 선택하게 한다. 누구도 자신의 의지를 거슬러 강요받아서는 안 되며, 군에 복무할 의사가 있는 사람이라면 모든 조건을 고려한 뒤 다른 일보다 병역을 선택할지 스스로 결정하면 된다.

그러므로 공리주의 관점에서 보면, 모병제가 세 가지 안 가운데 최고의 선택이다. 주어진 보상을 고려해 입대 여부를 스스로 선택하게 한다면, 사람들은 자신의 이익을 극대화할 수 있을 때만 군 복무에 응한다. 복무를 원치 않는 사람은 자신의 의지에 반해 입대를 강요받아 자신의 이익을 희생당하지 않아도 된다.

공리주의자 중에는 모병제로 군대를 꾸릴 경우 징병제로 군대를 꾸릴 때보다 비용이 많이 들기 때문에 반대하는 사람이 있을 수 있다. 필요한 자질을 갖춘 군인들을 끌어들이기 위해서는 군 복무를 강제로 시행할 때보다 급여와 복리 후생 수준을 높여 주어야 한다. 그러면 군인들의 행복은 늘어나지만, 그 돈을 지불해야 하는 납세자들의 행복이 그만큼 줄기 때문에 서로 상쇄된다고 생각하기도 한다.

하지만 이런 반대 논리는 설득력이 떨어진다. 특히 그 대안이 징병제(대리 복무를 허용하든 안 하든)라면 더욱 그러하다. 같은 이치로 공리주의 논리에 따라 다음과 같이 주장한다면 상식을 벗어난 일일 것이다. 예를 들어 경찰이나 소방 등 정부가 제공하는 서비스에 소요되는 납세자의 부담을 줄이기 위해, 무작위로 사람을 뽑아 그들에게 시장 가격보다 낮은 급여를 주며 강제로 시키는 경우를 생각해 보자. 또 고속도로

유지 비용을 줄이기 위해 무작위로 뽑은 납세자들더러 직접 일을 하든지 사람을 고용해 일을 시키라고 한다면 어떻겠는가. 이렇게 강요하면 전체 납세자의 부담은 줄겠지만, 이로 인한 불쾌감은 줄어든 부담을 초과할 것이다.

따라서 자유지상주의나 공리주의 논리로 생각할 경우, 병역을 배분하는 최선의 방법은 지원자들로 꾸리는 모병제이고, 그다음이 남북 전쟁 당시의 혼합형 제도이며, 징병제는 가장 바람직하지 못한 선택이다. 하지만 이러한 주장에는 최소한 두 가지 반박이 가능하다. 하나는 공정성과 자유가 침해된다는 반박이고, 또 하나는 시민의 미덕과 공동선을 해친다는 반박이다.

반박1: 모병제는 공정하거나 자유롭지 않다

첫째, 대안이 제한적인 상황에서는 자유 시장이 그리 자유롭지 못하다는 반박이 가능하다. 극단적인 예를 생각해 보자. 다리 밑에서 잠을 자는 노숙자는 잠자리를 스스로 선택하긴 했지만, 이를 자유로운 선택이라고 보기는 어렵다. 그가 아파트보다 다리 밑에서 자는 것을 더 좋아한다고 추론하기 어렵기 때문이다. 그의 선택이 노숙을 좋아하는 취향 때문인지, 아파트에서 잘 형편이 못 되는 경제적 이유 때문인지 알려면 그가 처한 환경을 알아야 한다. 그의 선택은 자유의사에 의한 것일까, 아니면 어쩔 수 없었던 것일까?

직업을 선택하는 것과 같은, 일상적으로 하는 다양한 시장 선택에 대해서도 똑같은 질문을 던질 수 있다. 병역 문제에 적용하면 어떻게 될까? 사회의 제반 여건을 알지 못하면 지원자들로 군대를 채우는 모병제가 정당한지 부당한지 판단할 수 없다. 적절한 수준으로 기회 균등이 실현되고 있는가, 아니면 삶에서 선택의 여지가 거의 없는 사람들이 있는가? 모든 사람에게 대학 교육을 받을 기회가 주어지는가, 아니면 어떤 사람은 대학 등록금을 마련하기 위해 입대하는 수밖에 없는가?

시장 논리의 관점에서 모병제는 강제 징집을 피할 수 있기에 매력적이다. 모병제는 군 복무를 합의의 문제로 만든다. 하지만 군대에 지원해 들어간 사람 중에 입대를 하지 않은 사람만큼이나 군 복무를 싫어하는 사람도 있을 것이다. 가난과 경제적 어려움이 만연한 사회에서는 군 입대 말고 다른 대안이 없을 수 있다.

이 반박에 따르면, 모병제는 겉보기만큼 자발적이지 않다. 사실상 강제적 요소가 존재하기 때문이다. 사회에서 더 나은 대안을 택할 수 없어서 입대를 결정한 사람은 경제적 어려움 때문에 징집되는 셈이다. 이럴 경우, 징병과 모병의 차이를 전자는 의무이고, 후자는 자유라고 단정하기 어렵다. 단지 강제하는 형태가 다를 뿐이다. 즉 징병은 법이, 모병은 경제적 어려움이 강제하는 것이다. 괜찮은 직업을 폭넓게 고를 수 있는 환경이 주어질 때만, 군 복무의 선택이 그 사람의 취향을 반영한 결과라고 할 수 있을 것이다.

오늘날 모병제 군대의 구성 계층을 살펴보면 이 반박이 어느 정도 옳다는 것을 알 수 있다. 현역 사병 가운데 저소득 계층 및 중간 소득 계층(가계 소득 중간값 3만 850~5만 7,836달러) 출신 젊은이가 차지하는 비율이 현저히 높다.[8] 그리고 전체 인구 가운데 소득 수준이 하위 10퍼센트에 해당하는 계층(이들 중 상당수는 필요한 교육과 기술이 부족하다)과 상위 20퍼센트에 해당하는 계층(가계 소득 중간값 6만 6,329달러 이상) 출신 젊은이가 가장 적었다.[9] 최근 모집된 군인의 25퍼센트 이상은 정규 고등학교를 졸업하지 못했다.[10] 그리고 일반인 가운데 대학 교육을 받은 비율이 46퍼센트인 데 비해, 18~24세 군인 가운데 대학 문턱을 넘어 본 사람은 고작 6.5퍼센트에 그쳤다.[11]

최근 미국 사회 특권층 젊은이들은 군 복무를 기피하고 있다. 군대 구성 계층을 살펴본 『무단 이탈: 미국 상류층의 군 복무 기피AWOL: The Unexcused Absence of America's Upper Classes from Military Service』란 책은 이 현상을 잘 보여 준다.[12] 프린스턴 대학교의 경우 1956년 졸업생 750명 가운데 과반수인 450명이 졸업 후 군에 입대했지만, 2006년에는 졸업생 1,108명 가운데 고작 9명만이 군에 입대했다.[13] 다른 일류 대학이나 미국 정치권에서도 상황은 비슷하다. 국회의원 자녀들 가운데 군에 입대한 사람은 2퍼센트에 불과하다.[14]

한국 전쟁 참전 훈장을 받은 바 있는 할렘 출신 민주당 의원 찰스 랭글Charles Rangel은 이를 부당하다고 비판하며 징병제 부활을 요구했다. "미국인들이 전쟁터를 외면하게 되면, 모든 국민이 취약해진다. 경제적 어려움 때문에 매혹적인 보너스와 교육 기회에 끌려 입대한 사람들만 위험해지는 게 아니다." 그는 뉴욕 시의 "병역 부담 불균형이 매우 심각"하다고 지적했다. "2004년에 뉴욕 출신 병역 지원자 가운데 70퍼센트는 저소득층 계층의 흑인과 히스패닉이었다."[15]

이라크 전쟁에 반대한 랭글은 국회의원 자녀들도 참전 부담을 나누었더라면 전쟁은 애초에 시작되지도 않았을 것이라고 생각한다. 그는 미국 사회에서 기회 불균등이 지속되는 한, 시장을 통해 병역을 배분하는 것은 대안 없는 사람들에 대한 부당한 처사라고 주장한다.

이 나라를 위해 이라크에서 무기를 든 사람들 대부분이 도심 빈민 지역이나 시골 출신이다. 이들에게는 4만 달러에 달하는 입대 보너스와 수천 달러 상당의 교육 혜택이 상당히 매력적이다. 하지만 대학에 진학한 사람들에게는 목숨을 저당 잡히고 얻는 이런 인센티브가 아무런 의미가 없다.[16]

이처럼 모병제를 지지하는 시장 논리에 대한 첫 번째 반박은 불공정성과 강제성을 지적한다. 즉 계층 간 차별로 인한 불공정, 그리고 대학 교육 등의 혜택 때문에 어쩔 수 없이 목숨을 걸어야 하는 가난한 젊은 이들에게는 사실상 병역이 강요된다는 점에 주목한다.

강제성을 지적하는 반박은 모병제 자체에 대한 반대는 아니라는 점에 주목하자. 불공평이 만연한 사회에서 운영되는 모병제에만 적용된다. 불공평을 줄인다면 반박도 수그러든다. 예를 들어 평등이 완벽하게 구현되어 모든 사람에게 교육 기회가 동등하게 주어지는 사회를 상상해 보자. 그런 사회에서는 경제적 필요에 의한 불공정한 압박 때문에 군 입대 여부를 자유롭게 결정하지 못했다고 불평할 수 없다.

물론 평등이 완벽하게 구현된 사회는 없다. 따라서 노동 시장에서의 선택에는 늘 강제의 위험성이 도사리게 마련이다. 그렇다면 시장에서의 선택이 강제가 아닌 자유 의지에 의한 것이라고 확신할 수 있으려면 평등이 어느 정도나 구현되어야 할까? 사회 불평등이 어느 수준에 이르면 개인의 선택에 기반을 둔 (모병제 등) 사회 제도의 공정성이 침해된다고 말할 수 있을까? 어떤 조건하에서 자유 시장이 정말로 자유로울까? 이 질문에 답하려면, 자유(공리가 아니라)를 정의의 핵심으로 보는 도덕 철학 및 정치 철학을 살펴보아야 한다. 따라서 이 질문들은 뒤에서 이마누엘 칸트와 존 롤스를 다룰 때까지 미뤄 두기로 하자.

반박 2: 모병제는 시민의 미덕과 공동선을 해친다

그사이 시장을 통해 병역을 배분하는 안에 대한 두 번째 반박(시민의 미덕과 공동선을 해친다는 반박)을 살펴보자.

이 반박은 병역이 단순히 여러 직업 중 하나가 아니라 시민의 의무라고 말한다. 이 주장에 따르면, 모든 시민은 나라에 봉사할 의무가 있다. 이 견해에 찬성하는 사람 중에는 그 의무를 다하려면 반드시 군 복무를 해야 한다고 말하는 사람이 있는가 하면, 평화봉사단Peace Corps, 아메리코AmeriCorps, 티치포아메리카Teach for America 같은 국가적 봉사로도 그 의무를 다할 수 있다고 말하는 사람도 있다. 하지만 병역(또는 국가적 봉사)이 시민의 의무라면, 그것을 시장에 내놓고 거래하는 것은 잘못이다.

또 다른 시민의 의무인 배심원 의무를 생각해 보자. 배심원 의무를 이행하다 죽은 사람은 없지만, 배심원으로 불려 가면 성가시다. 특히 직장 업무나 급한 약속과 겹치면 더욱 그렇다. 하지만 사람을 사서 배심원을 대신시키는 것은 허용되지 않는다. 노동 시장을 통해 지원자들로만 구성하는 전문 유급 배심원 제도를 만들지도 않는다. 왜 그럴까? 시장 논리로는 충분히 그렇게 할 수 있다. 징집에 반대하는 공리주의 논리를 배심원 징발 반대에 그대로 적용할 수도 있다. 즉 바쁜 사람은 대리인을 고용해 배심원 의무를 맡길 수 있게 하면 두 사람 모두에게 이익이 된다. 강제적인 배심원 의무를 아예 없애면 더 좋을 것이다. 그리고 노동 시장을 통해 필요한 인원만큼 자질 있는 배심원을 모집한다면, 하고 싶어 하는 사람이 그 일을 맡고 하기 싫어하는 사람은 하지 않을 수 있다.

이처럼 시장을 통해 배심원을 뽑으면 사회의 공리가 높아지는데, 왜 그렇게 하지 않을까? 유급 배심원을 뽑으면 빈곤 계층 출신이 많아질 수 있고, 따라서 공정한 재판이 어려워질 수 있다는 우려 때문일지도 모른다. 하지만 부자라고 해서 그렇지 못한 사람보다 더 훌륭한 배심원이 되리라는 보장은 없다. 아무튼 (군대가 하듯이) 적절한 보수와 복리 후생을 정해 필요한 교육 수준과 능력을 갖춘 사람을 모집하면 되지 않겠는가.

우리가 배심원을 고용하지 않고 징발하는 이유는 법정에서 정의를 집행하는 행위를 모든 시민이 함께 나눠야 할 책임으로 보기 때문이다. 배심원은 단지 표결만 하는 것이 아니라, 증거와 법에 대해 함께 논의한다. 이때 각계각층 사람들로 구성된 배심원들의 서로 다른 경험이 큰 도움이 된다. 배심원 활동은 단지 사건을 해결하는 방식에 그치지 않는다. 시민 교육의 형식이자 민주적 시민권의 행사이기도 하다. 배심원 의무가 늘 의식을 고양시키지는 않겠지만, 모든 시민이 그 책임을 수행해야 한다는 생각은 법정과 사람들을 이어 주는 역할을 한다.

병역에 대해서도 비슷하게 이야기할 수 있을 것이다. 징병에 찬성하는 쪽은 병역 역시 배심원 의무처럼 민주 사회의 시민권을 표현하고 심화하는 시민의 책임이라고 주장한다. 이런 견해에서 보면, 병역을 상품화(사람을 사서 대신하게)하는 행위는 병역에 담긴 신성한 시민의 이상을 타락시킨다. 이 반박에 따르면, 군인을 고용해 전쟁터에 나가 대신 싸우게 하는 것이 잘못인 이유는 가난한 사람에게 공평치 못한 처사라서가 아니라 시민의 의무를 저버리는 행위이기 때문이다.

역사학자 데이비드 케네디David M. Kennedy도 같은 견해를 밝혔다. 그는 "오늘날 미국 군대는 용병의 색채가 짙다"며, 돈을 받는 프로페셔널 군대는 그들이 대신해 싸워 주는 사회와 크게 유리되어 있다고 주장했다.[17] 그렇다고 입대하는 사람들의 동기를 얕잡아보는 것은 아니다. 그가 우려하는 것은 같은 시민 가운데 일부를 고용해 대신 싸우게 해놓고 우리는 발을 뺀다는 사실이다. 그럴 경우 다수의 시민과 그들 이름으로 싸우는 군인 사이의 연결 고리가 끊어진다.

케네디는 다음과 같은 사실에 주목했다. "인구 비율로 볼 때, 오늘날의 현역 군인 수는 제2차 세계 대전 때의 4퍼센트 수준이다." 때문에 정책 입안자들은 광범위하고 진지한 사회적 동의를 구하지 않고 비교적 쉽사리 국가를 전쟁으로 내몬다. "역사상 가장 막강한 병력이 식은 땀 한 방울 흘리지 않고 전쟁을 결정하는 사회의 이름으로 오늘날 전투에 투입되고 있다."[18] 모병제는 거의 모든 미국인에게 나라를 위해 목숨을 걸고 싸울 책임을 면제해 준다. 이를 장점이라고 보는 사람도 있지만, 같이 나눠야 할 희생을 면제함으로써 정치적 책임의식의 약화라는 대가가 불가피해졌다.

오늘날 대다수의 미국인은 같은 국민인 소외 계층 사람들을 고용해 가장 위험한 일을 시켜 놓고, 자신들은 병역으로 인한 어떠한 위험에도 노출되지 않은 채, 피 한 방울 흘리거나 별다른 신경도 쓰지 않고 자기 삶을 살아간다.[19]

병역을 시민의 의무로 본 가장 유명한 발언 가운데 하나는 제네바 태생의 계몽주의 정치 이론가 장 자크 루소Jean-Jacques Rousseau(1712~1778)의 말이다. 그는 『사회 계약론The Social Contract』(1762)에서 시민의 의무를 거래되는 물건으로 바꾸는 행위는 자유를 증진시키는 게 아니라 침해한다고 주장했다.

> 공공의 업무를 시민이 우선적으로 해야 할 일로 여기지 않게 되면, 그리고 그것을 사람이 아닌 돈으로 해결하려 들면, 국가의 몰락이 가까워 온다. 전쟁터로 진군해야 할 필요가 있을 때, 그들은 군대에 돈을 지불하고 집에 머무른다. (……) 진정으로 자유로운 국가라면 시민은 모든 일을 직접 하지, 돈으로 해결하지 않는다. 돈으로 의무를 면제받으려 하지 않고, 의무를 직접 이행할 특권을 얻기 위해 오히려 돈을 지불할 것이다. 나는 사회 통념과 달리, 강제 노동이 세금보다 자유에 덜 위배된다고 생각한다.[20]

루소의 단호한 시민 의식과 시장을 경계하는 시각은 요즘의 생각과는 거리가 멀어 보일 수도 있다. 우리는 국가를 법과 규정을 통한 규제와 강제의 영역으로, 그리고 시장을 자발적 교환이 이루어지는 자유의 영역으로 보는 경향이 있다. 루소는 적어도 시민의 선civic goods과 관련해서는 이것이 뒤바뀐 생각이라고 말할 것이다.

시장 옹호자들은 시민 의식에 대한 루소의 단호한 견해에 반대하거나 병역과의 연관성을 부정하며 모병제를 변호할지도 모른다. 하지만 루소가 호소한 시민의 이상은 미국 같은 시장 중심 사회에서도 여전히 반향을 일으킨다. 모병제를 지지하는 사람은 지원병들이 용병과 다름 없다는 말을 강력히 부인한다. 이들은 지원병들의 상당수가 단지 보수와 복리 후생 때문만이 아니라 애국심으로 복무한다고 지적하는데, 틀린 이야기는 아니다. 하지만 왜 그것을 중요하게 생각할까? 군인이 임무만 잘 수행한다면, 그들의 동기에 신경 쓸 이유는 없지 않을까? 우리는 모병을 시장에 떠맡겨 놓고도 병역을 애국심과 시민의 미덕이라는 예전의 개념과 분리하지 못한다.

그렇다면 생각해 보자. 오늘날의 지원병과 용병의 진짜 차이점은 무엇일까? 둘 다 돈을 받고 싸우는 군인이고, 급여와 복리 후생 혜택을 준다는 약속에 입대한 사람들이다. 시장이 군대를 모을 적절한 수단이라면, 용병은 정확히 무엇이 문제란 말인가?

용병은 단지 돈만 바라고 싸우는 외국인인 데 반해, 미국 모병제는 미국인만 고용하는 차이가 있다고 대답하는 사람도 있을 것이다. 하지만 노동 시장이 병사를 모으는 적절한 수단이라면, 국적에 따라 차별을 둔다는 것도 석연치 않다. 왜 스스로 군 입대를 원하고, 필요한 자질을 갖춘 외국 시민을 적극적으로 뽑지 않는가? 왜 임금이 낮고 좋은 직업이 드문 개발 도상 국가에서 사람을 모집해 외인부대를 만들지 않는가?

외국인은 미국인보다 충성도가 떨어진다고 주장하는 사람도 있다. 하지만 미국인이라고 전쟁터에서 충성을 다하리라는 보장은 없으며, 신병 모집 담당자가 충성도 높은 외국 지원자들을 선별할 수도 있을 것이다. 군대가 노동 시장을 통해 병사를 모집해야 한다는 생각을 받아들이는 사람이라면(병역이 시민의 책임이며 시민 의식의 표출이라고 생각하지 않는 한), 군인이 될 자격을 미국 시민으로 제한하는 원칙을 고수할 근거는 없다. 반면 그렇게(병역이 시민의 책임이며 시민 의식의 표출이라고) 믿는다면, 이제 시장을 통한 모병을 의심해 봐야 한다.

징병제를 폐지한 지 두 세대가 흐른 지금, 미국인들은 병역에 시장 논리를 적용하길 주저한다. 프랑스 외인부대는 프랑스를 위해 싸울 외국인을 모집하는 오랜 전통을 유지하고 있다. 프랑스 법은 이 부대가 프랑스 밖에서 적극적으로 군인을 모집하는 행위를 금하고 있지만, 인터넷의 발달로 이러한 제약은 무실해졌다. 13개 언어로 온라인을 통해 전 세계에서 군인을 모집하고 있는데, 현재 부대 병력의 약 4분의 1이 라틴아메리카 출신이며, 중국 등 아시아 국가 출신도 점점 늘어나는 추세다.[21]

미국은 외인부대를 창설하지는 않았지만, 그런 방향으로 바뀌어 가는 중이다. 이라크와 아프가니스탄에서 전쟁이 계속되면서 병력 충원이 어려워지자, 임시 비자로 미국에 들어와 살고 있는 외국 이민자들을 상대로 병사를 모집하기 시작했다. 이들에게는 상당한 급여와 미국 시민권 조기 발급 등의 혜택이 제공된다. 현재 미군으로 복무하는 외국인은 약 3만 명에 달한다. 향후 지원 자격이 영주권 소지자에서 일시 체류자, 외국인 학생, 망명자로 확대될 예정이다.[22]

시장 논리는 외국인 병사를 뽑는 데 그치지 않는다. 병역을 여러 직업 가운데 하나로 본다면, 신병 모집을 반드시 정부가 해야 할 이유는 없다. 실제로 미국은 군 기능의 상당 부분을 민간 기업에 맡기고 있다. 민간 군사업체들이 세계 각지의 분쟁에 점점 더 많이 참여하고 있으며, 이라크에 주둔한 미군 가운데 상당수가 민간 기업 소속이다.

2007년 7월, 「로스앤젤레스 타임스」 보도에 따르면, 이라크에서 활동하는 병력 가운데 미국이 대금을 지급하는 민간 기업 소속 군인(18만

140

명)이 그곳에 주둔한 미군(16만 명)보다 많았다.[23] 이 용역 인력 가운데 상당수는 기지 건설, 차량 정비, 물자 보급, 식사 제공 같은 비전투 보급 지원 업무를 수행한다. 하지만 약 5만 명은 기지 경비, 호송 보안, 외교관 호위 등의 업무를 수행하는 무장 경비 요원으로서 전투에 참여하는 경우도 많다.[24] 이라크에서 사망한 민간 용역 인력은 1,200명이 넘는데, 이들은 사망해도 성조기가 덮인 관에 들어가지 못하며, 미군 희생자 집계에도 포함되지 않는다.[25]

블랙워터 월드와이드Blackwater Worldwide는 대표적인 사설 군사 용역 기업 중 하나다. 이 기업의 CEO인 에릭 프린스Erik Prince는 특수 부대 네이비 실Navy SEAL 출신으로, 열렬한 자유 시장 지지자다. 그는 자신의 회사에 고용된 군인이 '용병'이 아니며, 용병이라는 표현을 '중상모략'으로 여긴다.[26] 프린스는 이렇게 비유한다. "페더럴 익스프레스가 우편 업무를 담당하듯이, 우리는 국가 안보 기능의 일익을 담당하고 있다."[27] 이라크에서 군사 서비스를 제공하는 대가로 정부로부터 10억 달러 이상을 받은 블랙워터는 곧잘 논란에 휩싸이곤 했다.[28] 블랙워터의 역할이 처음으로 사람들의 주목을 받은 것은 2004년에 이라크 팔루자에서 이 회사 직원 네 명이 매복한 적의 공격으로 살해당한 뒤, 그 가운데 두 명의 시체가 다리에 매달리는 사건이 일어나면서부터다. 사건이 일어나자 조지 W. 부시 대통령은 팔루자에 해병대 투입을 명령하여 반란군을 상대로 큰 희생을 무릅쓴 대대적인 전투를 벌였다.

2007년에는 블랙워터 경비대원 6명이 바그다드의 광장에서 군중을 향해 발포하여 민간인 17명이 사망하는 사건이 일어났다. 자신들이 먼저 총격을 받았다고 주장한 이 경비대원들은 이라크 법으로 기소되지 않았다. 이라크 침공 이후 미국이 지배하던 이라크 정부의 규정 때문이다. 결국 미국 법무부가 이 도급 직원을 살인 혐의로 기소했으며, 이 사건을 계기로 이라크 정부는 블랙워터의 철수를 요구했다.[29]

많은 의원과 대중은 블랙워터처럼 이익을 추구하는 기업들에게 전투를 외주 주는 데 반대했다. 그들은 이런 기업들을 신뢰할 수 없다고 비판했으며, 역할 남용을 우려했다. 블랙워터 총격 사건이 일어나기 몇 년 전에는 다른 용역업체 직원들이 아부 그라이브 수용소에 억류된 사람들을 학대한 사건이 있었다. 이 사건에 연관된 군인들은 군사 법원에 회부되었지만 사설 용역업체는 처벌받지 않았다.[30]

하지만 의회가 사설 군사 용역업체에 더 엄격한 규정을 적용해 그들의 책임을 강화하고 그 업체 직원들에게도 미군과 똑같은 행동 규범을 적용한다고 가정해 보자. 그러면 민간 기업이 우리 대신 전쟁을 치르게 하는 것에 대한 반대가 사라질까? 아니면 페더럴 익스프레스에 돈을 지불하고 우편물을 배달하게 하는 것과 블랙워터와 계약해 전장에 무장 병력을 파견하는 것은 도덕적으로 차이가 있을까?

이 질문에 대답하기 전에 먼저 생각해 볼 문제가 있다. 병역(그리고 일반적으로 국가의 공무)은 모든 시민이 해야 하는 의무일까, 아니면 노동 시장에 의해 적절하게 운용되고 있는 다른 힘든 직업(광부나 어부 등)처럼 위험한 일의 하나일 뿐일까? 그리고 이 질문에 답하기 위해서는 좀 더 포괄적인 질문이 필요하다. 민주 사회의 시민은 서로에게 어떤 의무를 지며, 그 의무는 어떻게 생겨나는 것일까? 정의에 관한 서로 다른 이론은 이 질문에 서로 다른 답을 내놓는다. 군인의 징집 혹은 고용에 대한 선택의 문제는 시민 의무의 기본과 범위를 살펴본 뒤에 알아

보는 편이 나을 것이다. 그사이 노동 시장의 이용과 관련된 논쟁을 하나 더 살펴보자.

돈을 주고받는 대리 출산의 사례

전문직 종사자인 윌리엄 스턴^{William Stern}과 엘리자베스 스턴^{Elizaberh Stern}은 뉴저지 테너플라이에 사는 부부다. 남편은 생화학자이고 아내는 소아과 의사다. 두 사람은 아이를 갖고 싶었지만, 아내 엘리자베스가 다발성 경화증을 앓고 있어서 아이를 가지는 것이 위험했다. 이들은 '대리' 출산을 알선해 주는 불임 센터를 찾아갔다. 센터는 돈을 받고 다른 사람의 아이를 임신해 주는 '대리모'를 찾는다는 광고를 냈다.[31]

이 광고에 응한 여성 가운데 메리 베스 화이트헤드^{Mary Beth Whitehead}가 있었다. 당시 스물아홉 살이었던 그녀는 환경미화원의 아내이자 두 아이의 어머니였다. 1985년 2월, 윌리엄 스턴과 메리 베스 화이트헤드는 계약을 체결했다. 메리 베스는 윌리엄의 정자로 인공수정을 거쳐 임신한 뒤 출산과 동시에 아이를 윌리엄에게 넘겨주기로 약속했다. 아울러 어머니로서의 친권을 엘리자베스 스턴에게 넘기고 그들 부부가 아이를 입양하도록 협조하겠다는 약속도 했다. 그 대가로 윌리엄은 아이를 넘겨받는 동시에 메리 베스에게 1만 달러의 수수료와 함께 의료비를 지급하기로 약속했다(불임 센터에도 거래 알선 수수료로 7,500달러를 지불했다).

몇 차례 인공수정 끝에 임신하는 데 성공한 메리 베스는 1986년 3월에 여자아이를 출산했다. 스턴 부부는 곧 입양할 아이에게 '멜리사'라는 이름을 지어 주었다. 하지만 막상 출산한 메리 베스 화이트헤드는 아기와 떨어질 수 없어 결국 아기를 주지 않기로 결심했다. 그녀는 아기를 데리고 플로리다로 도망쳤지만, 스턴 부부는 메리 베스가 아이를 넘겨주어야 한다는 법원의 명령을 받아냈다. 메리 베스를 찾아낸 플로리다 경찰이 스턴 부부에게 아기를 넘겨주자, 양육권 다툼이 뉴저지 법원으로 넘어갔다.

1심 법원은 계약의 이행을 강제할 것인지 판단해야 했다. 어떤 결정이 옳을까? 문제를 단순화하기 위해, 일단 법보다 도덕적인 문제에 초점을 맞춰 보자(당시 뉴저지에는 대리 출산 계약을 허가하거나 금지하는 법이 없었다). 도덕적 관점으로 봤을 때, 윌리엄 스턴과 메리 베스 화이트헤드가 맺은 계약의 이행을 강제해야 할까?

계약 이행에 찬성하는 사람들이 내세우는 가장 강력한 주장은 거래는 거래라는 사실이다. 성인 두 사람이 합의하여 서로에게 이익이 되는 계약을 자발적으로 맺었기 때문이다. 윌리엄 스턴은 친자식을 가지기로 했고, 메리 베스 화이트헤드는 9개월 동안의 노고에 대한 대가로 1만 달러를 받기로 했다.

물론 흔히 볼 수 있는 상업적 거래는 아니다. 따라서 다음 두 가지 이유로 그 계약을 강제하기가 망설여지는 사람이 있을 것이다. 첫째, 여자가 돈을 받고 임신해 아이를 넘겨주겠다고 약속했을 때 모든 정보를 충분히 제공받았을지 의문이 든다. 막상 아이를 넘겨줄 때 어떤 느낌일지 충분히 예상할 수 있었을까? 그렇지 못했다면, 돈이 궁한 처지에서 판단이 흐려졌다고 주장할 수 있을 것이다. 둘째, 양쪽이 자유의사에 따라 합의했더라도, 아이를 사고팔거나 여성의 출산 능력을 빌려 주는 행위 자체에 반대하는 사람도 있을 것이다. 그런 행위는 아이를 상품으로 전락시키고, 임신과 출산을 돈벌이 수단으로 만들어 여성을 착취한다고 주장할 수도 있다.

소위 '아기 M' 사건의 재판을 맡은 하비 소코 Harvey R. Sorkow 판사는 이 두 가지 반론에 설득되지 않았다.[32] 그는 애초의 합의에 손을 들어 주면서, 계약의 존엄성을 강조했다. 계약은 계약이므로, 단지 마음이 바뀌었다는 이유로 생모가 계약을 파기할 권리가 없다고 본 것이다.[33]

판사는 두 가지 반론에 대한 답변을 내놓았다. 첫째, 메리 베스의 동의가 덜 자발적이어서 합의에 문제가 있다는 의견을 거부했다.

> 거래 당사자 가운데 어느 쪽도 우월한 위치에 있지 않았다. 서로 상대가 원하는 것을 갖고 있었고, 각자 수행할 역할에 대한 대가를 협의해서 정했다. 당사자 가운데 어느 쪽도 상대방을 불리하게 만들 정도로 전문성을 갖고 있지 않았다. 또한 어느 쪽도 균형을 깨뜨릴 정도로 우월한 협상력을 갖고 있지 않았다.[34]

둘째, 대리 출산이 아기를 파는 행위나 마찬가지라는 견해에도 그렇지 않다는 의견을 나타냈다. 생부인 윌리엄 스턴은 메리 베스 화이트헤드에게서 아기를 산 것이 아니라, 자신의 아기를 낳아주는 대가로 돈을 지불했다는 것이다. "아기가 태어났을 때 그가 아기를 산 것이 아니다. 그 아기는 생물학적으로나 유전적으로 그와 연결된 친자식이다. 이미 그에게 속한 것이었으므로 이를 샀다고 볼 수 없다."[35] 아기는 윌리엄의 정자로 생겼으니 처음부터 그의 아기였다. 그러니 아기를 판매할 여지가 없다. 1만 달러는 서비스(임신)에 지급한 수수료지, 생산물(아기)에 지급한 구매 대금이 아니다.

소코 판사는 그러한 서비스 제공이 여성을 착취한다는 주장에 동의하지 않았다. 그는 돈을 받고 임신하는 행위를 돈을 받고 정자를 제공하는 행위에 비교했다. 남자는 자신의 정자를 팔 수 있으므로, 여자도 자신의 출산 능력을 팔 수 있어야 한다고 그는 주장했다. "남성이 생산 수단을 제공할 수 있다면, 여성도 동등하게 그렇게 할 수 있어야 한다."[36] 그럴 수 없다고 주장한다면, 여성도 동등하게 법의 보호를 받아야 한다는 사실을 부정하는 것이라고 그는 말했다.

메리 베스 화이트헤드는 뉴저지 대법원에 상고했다. 대법원은 만장일치로 소코 판사의 판결을 뒤집어 대리 출산 계약이 무효라고 판결했다.[37] 한편 아기에게 이롭다는 이유로 양육권은 윌리엄 스턴에게 주었다. 계약의 유효성과 상관없이 스턴 부부가 멜리사를 더 잘 키우리라고 생각했기 때문이다. 메리 베스 화이트헤드에게는 아이 어머니라는 지위를 돌려주며 그녀에게 방문권을 부여하라고 하급 법원에 지시했다.

대법원장 로버트 윌렌츠Robert Wilentz는 판결문에서, 대리 출산 계약에 반대 의견을 내놓았다. 그 계약이 실제로는 자발적이지 않았으며, 그 계약에는 아기를 파는 행위가 포함되었다고 주장했다.

우선 그 계약에는 결함이 있다고 보았다. 모든 정보가 충분히 제공되지 않았기 때문에, 임신해서 아이를 낳으면 바로 넘겨주겠다는 메리 베스의 약속은 실제로는 자발적이지 않다고 주장했다.

그 계약하에서, 친어머니는 자신과 아이의 강한 유대감을 알기도 전에 되돌릴 수 없는 약속을 했다. 그녀는 충분한 정보를 가진 상태에서 완전히 자발적인 결정을 내리지 못했다. 아이를 출산하기 전에 내린 결정은 그것이 무엇이든, 충분한 정보에 근거할 수 없다는 것이 분명하며 이것이 가장 중요하다.[38]

일단 아이가 태어나면, 어머니는 정보를 갖고 판단할 수 있는 보다 나은 환경에 있게 된다. 하지만 그 전에 내리는 자유롭지 못한 결정은 "소송 위협에, 그리고 1만 달러의 유혹에" 어쩔 수 없이 내리는 "완전히 자발적일 수 없는" 결정이다.[39] 게다가 돈이 필요하면 가난한 여성이 부자를 위해 대리모가 되기로 어쩔 수 없는 '선택'을 할 확률이 높다. 윌렌츠 판사는 이 같은 사실 역시 이 계약의 자발성에 의문을 품게 만든다고 지적했다. "저소득층 불임 부부가 부유층 대리모를 찾는 경우는 생각하기 어렵다."[40]

그렇다면 그 계약이 무효라고 주장하는 한 가지 근거는 합의에 결함이 있다는 사실이다. 하지만 윌렌츠는 보다 근본적인 두 번째 근거를 제시했다.

그 여성에게 돈이 얼마나 절박했든 간에, 그리고 그녀가 계약의 결과를 얼마나 잘 이해하고 있었든지 간에, 우리는 그 합의가 적절치 않다고 생각한다. 문명화된 사회에는 돈으로 살 수 없는 것이 있다.[41]

윌렌츠는 상업적 대리 출산이 아기를 판매하는 행위와 마찬가지며,

아기를 파는 행위는 아무리 자발적이라고 하더라도 옳지 않다고 주장했다. 그는 아기를 파는 것이 아니라 출산을 대리하는 서비스에 돈을 지불한 것이라는 주장에도 반박했다. 그 계약에 따르면, 1만 달러는 메리 베스가 양육권을 넘기고 친권을 포기했을 때 지불하는 것으로 되어 있기 때문이다.

> 이는 아기를 판매하는 행위이거나 적어도 아기에 대한 어머니의 친권을 파는 행위다. 그나마 고려할 수 있는 점은 구매자 중 한 사람이 아버지라는 사실이다. (······) 중개인은 이익을 추구하느라 판매를 부추겼다. 당사자들이 이상적인 생각으로 동기 부여되어 일을 추진했더라도, 이 거래에 끼어들어 영향을 미치고 궁극적으로 거래를 지배한 것은 이익 추구 동기다.[42]

대리 출산 계약과 정의

그렇다면 '아기 M' 사건에서 옳은 쪽은 어느 쪽일까? 계약을 인정한 1심 법원일까, 계약 무효 판결을 내린 상급 법원일까? 이 질문에 답하려면, 먼저 계약의 도덕성 여부와 대리 출산 계약에 대한 두 가지 반박에 대해 알아보아야 한다.

대리 출산 계약을 지지하는 주장은 앞서 살펴본 정의의 두 가지 이론, 즉 자유지상주의와 공리주의에서 출발한다. 자유지상주의는 계약은 선택의 자유를 반영한다고 주장한다. 성인들이 합의하여 맺은 계약을 지키는 것은 곧 자유의 존중이다. 한편 공리주의는 전체 복지가 커진다고 주장한다. 거래 당사자들이 계약에 합의했다면, 둘 다 이익이나 행복을 얻을 것이다. 그렇지 않다면 합의할 이유가 없기 때문이다. 따라서 그 거래로 다른 사람의 공리가 줄지 않는 한(또는 줄더라도 당사자들에게 돌아가는 이익이 더 크다면), 대리 출산 계약을 비롯해 서로에게 이로운 어떠한 교환도 장려되어야 한다.

그렇다면 이에 대한 반대 논리는 무엇일까? 그리고 얼마나 설득력이 있을까?

반박1: 합의에 결함이 있다

메리 베스 화이트헤드의 동의가 전적으로 자발적이었는지에 주목하는 첫 번째 반박은 사람들이 선택을 할 때 어떤 상황에 놓였는지에 주목한다. 이 반박은 부당한 압력(예를 들어 돈이 급박한 상황)을 받지 않고, 또 대안에 관한 정보를 충분히 제공받은 상태여야 자유로운 선택을 할 수 있다고 주장한다. 정확히 어떤 압력이 있었는지, 혹은 합의하는 데 정보가 얼마나 부족했는지는 논란의 여지가 있다. 하지만 이 주장의 핵심은 외견상 자발적으로 보이는 합의가 진정으로 자발적일 수도 있지만 때에 따라서는 그렇지 않은 경우도 있다는 사실이다. 이는 모병제 논쟁에서처럼 아기 M 사건에서도 중요한 쟁점이다.

의미 있는 합의로 인정받기 위해 필요한 주변 상황에 대한 이런 논쟁은 이 책에서 살펴보는 정의에 대한 세 가지 접근 방식 중 하나(정의란 자유의 존중이다)와 사실상 같은 부류임을 알아 둘 필요가 있다.

앞서 살펴보았듯이, 자유지상주의는 이 부류에 속한다. 자유지상주의는 다른 사람의 권리를 침해하지 않는 한, 사람들이 어떤 선택을 하든 그 선택을 존중해야 정의롭다고 말한다. 정의를 자유의 존중으로 보는 다른 이론들은 선택의 조건에 약간의 제한을 둔다. 이들은 (아기 M 사건에서 월렌츠 판사가 그랬듯이) 압력을 받거나 정보가 부족한 상태에서의 합의는 진정한 자발적 선택이 아니라고 본다. 이 논쟁을 좀 더 정확히 평가하기 위해 존 롤스의 정치 철학을 살펴보면 좋을 것이다. 그는 자유를 중시하는 쪽에 있으면서도, 정의에 관한 자유지상주의의 주장에 반대한다.

반박 2: 여성의 출산 능력은 사고팔 수 없는 고귀한 것이다

세상에는 돈으로 살 수 없는 것(아기나 여성의 출산 능력 등)도 있다는 두 번째 반박은 어떨까? 그런 것들을 사고파는 행위는 정확히 무엇이 문제일까? 가장 설득력 있는 답은 아기, 혹은 임신과 출산을 상품으로 취급하는 행위는 그 가치를 비하하는 행동, 혹은 그 가치를 적절히 평가하지 않는 행동이라는 것이다.

이 대답에는 지대한 영향을 미치는 인식이 깔려 있다. 즉 재화나 사회적 행위의 가치는 오로지 우리가 부여하기 나름이라고 볼 수 없다는 것이다. 가치 부여 방식은 재화나 행위에 따라 다르다. 자동차나 토스터 같은 상품의 가치는 이를 사용함으로써 얻는 이익, 혹은 이를 팔아서 얻는 이익으로 정해진다. 하지만 모든 것을 상품으로 취급해서는 안 된다. 예를 들어 인간을 단순히 사고팔 수 있는 상품으로 취급하는 것은 옳지 않다. 인간은 존중받아야 하는 존재지, 사용하는 물건이 아니기 때문이다. 존중 가치와 사용 가치는 가치를 부여하는 서로 다른 방식이다.

이 시대의 도덕 철학자인 엘리자베스 앤더슨Elizabeth Anderson은 대리 출산 논란에 이 논리를 적용했다. 그는 대리 출산 계약이 여성의 노동과 아기를 상품화함으로써 그 가치를 비하한다고 주장했다.[43] 앤더슨이 말하는 비하는 어떤 대상을 "그에 합당한 가치보다 낮은 가치를 부여"하여 다룬다는 뜻이다. "우리는 어떤 대상에 가치를 실제보다 '많이' 또는 '적게' 부여하기도 하고, 질적으로 더 높거나 낮게 부여하기도 한다. 누군가를 사랑하거나 존중한다는 것은 그 사람의 가치를, 단순히 그를 이용했을 때의 가치보다 더 높이 평가하는 것이다. (……) 상업적 대리 출산은 아기를 상품으로 비하한다."[44] 그리고 아기를 사랑하고 보살펴야 할 인간으로 소중히 여기기보다 이익을 얻는 수단으로 이용한다.

또한 앤더슨은 상업적 대리 출산이야말로 여성에게 돈을 주며 임신한 아기와 관계를 끊도록 함으로써 여성의 몸을 물건을 찍어 내는 공장으로 비하한다고 주장했다. 그 거래는 "아기를 갖는 행위를 지배하는 부모의 본분이라는 규준을 일반적 상품 생산을 지배하는 경제적 규준으로" 대체한다. 대리모에게 "아기에 대한 부모로서의 애정을 무조건 억제하라고" 강요하는 대리 출산 계약은 "여성의 노동을 소외시킨다"고 앤더슨은 주장했다.[45]

대리 출산 계약에서, [어머니는] 아기와 모자 관계를 형성하지도, 형성하려 시도하지도 않겠다는 데 동의한다. 임신이라는 사회적 행위가 마땅히 지향해야 하는 목적인 아기와의 감정적 유대를 억지로 끊기 때문에 어머니의 노동은 소외된다.[46]

앤더슨의 주장에서 핵심은 재화를 모두 같은 잣대로 평가해서는 안 된다는 것이다. 따라서 모든 재화의 가치를 이익의 수단이나 사용상의 효용만으로 평가해서는 안 된다. 만약 이 주장이 옳다면, 세상에는 왜 돈으로 사서는 안 되는 것이 존재하는지도 설명할 수 있다.

이 주장은 공리주의에도 반대한다. 정의가 단지 고통의 양 이상으로 쾌락을 극대화하는 문제일 뿐이라면, 모든 재화가 우리에게 주는 쾌락이나 고통을 통일된 단일 잣대로 무게를 달면 그만이다. 벤담은 정확히 이 목적을 위해 공리라는 개념을 만들어 냈다. 하지만 앤더슨은 모든 재화와 사회적 행위를 공리(혹은 돈)로 평가한다면, 아기, 임신, 부모 역할처럼 더 높은 기준으로 평가해야 마땅한 재화 및 사회적 행위의 가치를 비하하게 된다고 주장한다.

하지만 더 높은 기준은 무엇이며, 각각의 재화와 사회적 행위에 걸맞은 가치 평가 방법을 어떻게 알 수 있을까? 이 물음에 대한 한 가지 접근법은 자유에 대한 생각에서 출발한다. 인간은 자유를 누릴 자격이 있으므로 물건처럼 사용되어서는 안 되며, 존엄성을 가진 존재로 존중받아야 한다는 생각이다. 이런 시각은 (존중받아야 하는) 인간과 (언제나 사용될 수 있는) 물건의 차이를 강조하면서, 이를 근본적인 도덕적 차이로 인식한다. 이러한 견해를 가장 강하게 펼친 사람이 다음 장에서 살펴볼 이마누엘 칸트다.

보다 높은 기준을 이해하는 또 하나의 접근법은 재화와 사회적 행위에 대한 올바른 평가는 그것이 추구하는 목적에 달렸다는 생각에서 출발한다. 앤더슨이 대리 출산에 반대하면서, "임신이라는 사회적 행위가 마땅히 지향해야 하는" 특정한 목적, 즉 어머니와 아기의 감정적 유대를 강조했다는 사실을 상기해 보자. 어머니에게 그러한 유대를 맺지 말라고 요구하는 계약은 임신의 본래 목적에서 벗어나기에 가치 비하다. 이는 '부모의 본분이라는 규준'을 '상업적 생산이라는 규준'으로 대체한다. 어떤 사회적 행위의 규준을 찾으려 할 때, 그 행위의 특수한 목적 혹은 목표부터 파악해야 한다는 생각은 정의에 관한 아리스토텔레스 이론의 핵심이다. 이에 관해서는 뒤에 나올 장에서 살펴볼 것이다.

이러한 도덕 및 정의에 관한 이론들을 살펴보기 전에는 어떤 재화나 사회적 행위가 시장 원리에 따라도 좋은지 올바로 판단할 수 없다. 하지만 모병제 논쟁이 그랬듯이, 대리 출산 논쟁 역시 문제의 핵심을 엿볼 수 있게 해준다.

외주 임신

한때 '아기 M'으로 알려졌던 멜리사 스턴은 조지 워싱턴 대학교에서 종교를 전공하고 최근에 졸업했다.[47] 뉴저지에서 그녀의 양육을 둘러싼 유명한 소송이 벌어진 지 20년도 더 지났지만, 대리모 논란은 여전히 계속되고 있다. 유럽에서는 많은 국가가 상업적 대리 출산을 금지한다. 미국에서는 10여 개 주가 이를 합법화했고, 10여 개 주가 금지했으며, 다른 주들은 법적으로 애매한 입장을 보이고 있다.[48]

새로운 불임 치료술이 개발되면서 대리 출산을 둘러싼 경제적 여건에 여러 변화가 생기고, 윤리적으로 더욱 골치 아픈 문제들이 생겨났다. 메리 베스 화이트헤드가 돈을 받고 임신했을 때, 그녀는 난자와 자궁을 동시에 제공했다. 따라서 그녀는 태어난 아기의 생물학적 어머니였다. 하지만 체외 수정이 가능해지면서 한 여성이 난세포를 제공하고 또 다른 여성이 이를 자신의 자궁에서 키울 수 있게 되었다. 하버드 경영대학원 교수인 데버러 스파Deborah Spar는 새로운 대리 출산의 상업적 이익을 분석했다.[49] 이제까지 대리 출산 의뢰 계약을 하는 사람은 대부분 "난자와 자궁을 한 묶음으로 구매해야"했다. 하지만 이제는 "한 사람(보통 친어머니로 계획된 사람)으로부터 난자를, 다른 사람으로부터 자궁을" 얻을 수 있게 되었다.[50]

스파는 이런 식의 '개별' 공급이 대리 출산 시장을 확대했다고 설명한다.[51] "난자, 자궁, 어머니가 하나로 연결되는 기존 방식에서 벗어난 새로운 대리 출산으로, 기존의 법적, 감정상의 위험이 줄어들면서 시장이 활성화되었다." "난자와 자궁을 한 묶음으로 구매해야 하는 제약에서 벗어나게" 되자, 대리 출산 중개인들은 이제 "난자는 원하는 유전적 특성을 가진 사람으로부터, 자궁은 원하는 성격을 가진 사람으로부터"라는 식으로 "더욱 차별화된" 서비스를 제공하게 되었다.[52] 부모가 될 사람은 자기 아이를 임신시킬 여성의 유전적 특성을 걱정할 필요가 없어졌다. "그건 다른 곳에서 얻을 수 있기 때문"이다.[53]

> 이들은 임신해 줄 여성이 어떻게 생겼는지 걱정하지 않는다. 그녀가 출산 뒤에 아이의 소유권을 주장하거나 법원이 그녀에게 유리한 판결을 내리지 않을까 하는 걱정도 줄었다. 이들은 단지 임신을 대신해 주고, 임신 기간에 술, 담배, 마약을 하지 않는다는 행동 규칙을 지켜 줄 건강한 여성을 원할 뿐이다.[54]

이처럼 체외 수정 대리 출산 덕분에 공급뿐만 아니라 수요도 늘어났다. 현재 대리모는 임신 한 건당 2만~2만 5천 달러를 받는다. 그리고 의료비와 법적 비용이 포함된 총비용은 보통 7만 5천~8만 달러에 달한다.

이처럼 가격이 치솟다 보니, 자연히 값싼 대안을 찾기 시작했다. 오늘날 온갖 상품과 서비스가 세계화된 것처럼 돈을 지불하는 대리 임신 역시 해외의 좀 더 값싼 공급자에게 외주를 주게 되었다. 2002년, 인도는 외국인 고객을 유치할 목적으로 상업적 대리모 행위를 합법화했다.[55]

인도의 방갈로르가 미국 기업들의 콜센터 역할을 하듯이, 인도 서부 도시 아난드는 이제 곧 돈 받는 대리 임신의 중심지 역할을 할 것으로 보인다. 2008년에 미국, 타이완, 영국 등지의 부부를 위해 대신 임신을 해준 이 도시 여성은 50명이 넘었다.[56] 아난드의 어느 병원은 가정부, 요리사, 의사를 갖춘 단체 주거 시설을 마련해 대리모 15명을 수용해놓고, 전 세계에서 고객을 맞고 있다.[57] 이 여성들이 임신의 대가로 버는 4,500~7,500달러 상당의 돈은 이들이 보통 15년 이상 일해야 벌 수 있는 큰돈이다. 이들은 그 돈으로 집도 사고 자녀 학비까지 댈 수 있다.[58] 한편 아난드를 찾는 미래의 부모에게는 큰 부담이 되지 않는 돈이다. 2만 5천 달러에 이르는 총비용(의료비, 대리모 수수료, 두 번의 왕복 항공료, 호텔비 등)은 미국의 3분의 1 수준이다.[59]

사람들은 오늘날의 상업적 대리 출산이 '아기 M'의 사례보다 도덕적으로 문제가 적다고 여긴다. 대리모가 난자가 아닌 자궁과 임신이라는 노동만 제공하기 때문에, 아이는 유전적으로 대리모의 자식이 아니라고 생각하기 때문이다. 이러한 시각에 따르면, 아기를 거래하는 것이 아니며 대리모가 아기의 소유권을 주장할 개연성도 적다.

하지만 이런 대리 출산으로 도덕적인 문제가 해결되는 것은 아니다. 자궁 대리모는 난자까지 제공하는 대리모보다 아이에 대한 집착이 분명 적을 수 있다. 하지만 어머니의 역할이 둘이 아닌 셋(양부모, 난자 제공자, 자궁 제공자)으로 나눠진다고 해도, 아이에 대한 소유권에서 누가 우위를 차지하는가 하는 문제는 해결되지 않는다.

문제가 해결되기는커녕 체외 수정을 통한 외주 임신은 도덕적인 문제를 더욱 부각시키게 되었다. 부모가 될 사람들은 돈을 상당히 절약할 수 있고, 인도의 대리모는 평균 임금에 비해 엄청난 경제적 이득을 얻을 수 있기 때문에, 상업적 대리 출산이 전체 복지를 늘린다는 사실은 분명하다. 따라서 공리주의 견해로 보자면, 돈을 받는 대리 임신이 세계적인 산업으로 떠오른다고 해서 문제가 될 것은 없다.

하지만 해외에서 임신을 아웃소싱한다고 해도 도덕적인 문제가 불거지기는 마찬가지다. 영국 부부를 위해 자궁 대리모가 된 스물여섯 살의 인도 여성 수만 도디아Suman Dodia는 예전에 가정부로 일할 때는 한 달에 25달러를 벌었다. 그런 그녀에게 9개월의 노동으로 4,500달러를 벌 수 있는 대리 임신은 거부하기 힘든 유혹이었다.[60] 자신의 아이 셋을 모두 집에서 낳고 한 번도 의사를 찾아간 적이 없던 도디아는 대리모 역할을 하며 씁쓸해했다. 임신한 도디아는 이렇게 말했다. "제 아이를 가졌을 때보다 더 조심하고 있어요."[61] 대리 임신을 결정한 이 여성은 분명 경제적 이익을 얻겠지만, 그것이 자유로운 선택이었다고 단정할 수는 없다. 게다가 대리 임신 산업이 전 세계로 확대되면서, 또한 가난한 나라에서 의도적으로 그런 정책을 장려하면서, 대리 출산은 여성의 몸과 출산 능력을 도구로 전락시켜 여성의 가치를 훼손한다고 생각하는 사람들이 늘고 있다.

아이를 출산하거나 전쟁을 하는 것처럼 서로 이질적으로 보이는 행위도 없을 것이다. 하지만 인도의 대리 출산과 앤드루 카네기가 남북 전쟁에서 자기 대신 싸울 군인을 고용한 사례에는 공통점이 있다. 이들 사례에서 옳고 그름을 생각하다 보면 정의에 대해 둘로 갈라져 경쟁하는 두 가지 질문과 마주하게 된다. 자유 시장에서 우리가 하는 선택은 얼마나 자유로울까? 세상에는 시장에서 취급하는 것이 영예롭지 못하며 돈으로 살 수 없는 미덕과 고귀한 재화가 존재할까?

JUSTICE

동기를 중시하는 시각:
이마누엘 칸트

05

WHAT MATTERS IS THE MOTIVE:
IMMANUEL KANT

당신이 보편적 인권을 믿는다면 공리주의자는 아닐 것이다. 모든 인간이 그가 누구든, 어디에 살든 존중받을 가치가 있다면, 단순히 집단적 행복의 도구로 취급되는 것은 옳지 않다('행복한 도시'를 위해 지하실에서 영양실조로 고통받는 아이의 이야기를 기억하라).

인간에 대한 존중이 장기적으로는 공리의 극대화를 가져온다는 이유로 인권을 옹호할 수도 있다. 하지만 그것은 인간이 존중받을 권리를 가지고 있기 때문이 아니라 모든 사람에게 이익이 되기 때문이다. 아이에게 고통을 주는 행위를 비난하더라도, 전체 공리가 줄었다는 이유로 비난하는 것과, 그런 행위는 도덕적으로 문제가 있고 아이에게 부당한 처사라는 이유로 비난하는 것은 다르다.

인간의 권리가 공리에 좌우되지 않는다면, 그러한 권리의 도덕적 근거는 무엇일까? 자유지상주의자들의 대답은 이렇다. 그들은 자기 소유권이라는 기본권이 침해될지 모르기 때문에, 개인은 타인의 복지에 이용되어서는 안 된다고 말한다. 내 생명, 내 노동, 나라는 인간은 오직 내게만 오롯이 속하며, 사회가 그것을 마음대로 할 수 없다.

하지만 이제껏 살펴보았듯이, 자기 소유라는 개념을 일괄되게 적용해 보면, 열렬한 자유지상주의자들만이 찬성할 수 있는 내용들이 포함되어 있다. 즉 낙오자들을 보호할 안전장치가 없는 간섭받지 않는 시장, 불평등을 해소하고 공동선을 장려할 수 있는 거의 모든 수단이 배제된 최소 국가, 합의를 완벽한 행위로 칭송하여 스스로 인간의 존엄성을 훼손하는 행위(합의한 식인 행위나 노예 매매 등)마저 인정하는 사고방식이다.

소유권과 제한된 정부를 지지했던 영국의 위대한 이론가 존 로크John Locke(1632~1704)조차 제한 없는 자기 소유 권리를 주장하지는 않는다. 그는 자기 생명과 자유를 자기 마음대로 처리해도 좋다는 생각을 거부한다. 하지만 양도할 수 없는 권리를 주장하는 로크의 이론은 하느님을 끌어들이는 탓에, 종교의 논리에서 벗어나 권리의 도덕적 근거를 찾으려는 사람들이 보기에는 문제가 있다.

칸트의 권리 옹호

이마누엘 칸트(1724~1804)는 의무와 권리에 대해 다른 어떤 철학자보다 강력하고 영향력 있는 설명을 내놓았다. 그의 설명은, 우리는 자신을 소유한다거나 우리 목숨과 자유는 하느님의 선물이라는 주장에 기반하지 않는다. 대신 우리는 이성적 존재이기에 존중받아야 하는 존엄성을 지녔다는 생각에 근거를 둔다.

칸트는 1724년에 동프로이센의 쾨니히스베르크에서 태어나 80여 년 뒤 그곳에서 세상을 떠났다. 그의 집안은 그리 부유하지 않았다. 그의 아버지는 마구를 만드는 사람이었고, 아버지와 어머니 모두 종교적인 내면의 수행과 선행을 강조하는 개신교 경건주의자였다.[1]

칸트는 열여섯 살 때 입학한 쾨니히스베르크 대학에서 두각을 나타냈다. 한때 가정 교사를 하다가 서른한 살에 사私 강사로 처음 강단에 섰다. 급여는 없고 수강 신청한 학생 수에 따른 보수만 받았다. 그는 인기도 좋고 부지런해서 형이상학, 논리학, 윤리학, 법학, 지리학, 인류학 등에 걸쳐 일주일에 강의를 스무 개나 했다.

1781년에는 쉰일곱 살의 나이에 첫 번째 주요 저서이자 데이비드 흄David Hume과 존 로크의 경험론에 도전한 『순수 이성 비판The Critique of Pure Reason』을 출간했다. 그리고 4년 뒤에는 도덕 철학에 관한 여러 저서 중 첫 번째인 『도덕 형이상학의 기초Groundwork for the Metaphysics of Morals』를 출간했다. 제러미 벤담의 『도덕과 입법의 원리Principles of Morals and Legislation』(1780)가 출간된 지 5년 뒤에 나온 『도덕 형이상학의 기초』에서 칸트는 공리주의를 신랄하게 비판했다. 그는 도덕이란 행복 극대화나 그 밖의 어떤 목적과도 무관하다고 말했다. 대신 도덕은 인간 그 자체를 목적으로 여기고 존중하는 것과 관련 있다고 주장했다.

칸트의 『도덕 형이상학의 기초』는 미국 독립 혁명(1776)과 프랑스 혁명(1789) 사이에 나왔다. 이 책은 두 혁명의 정신적·도덕적 파장과 더불어 18세기 혁명가들이 인권이라 칭하고 오늘날 우리가 보편적 인권이라 부르는 개념에 든든한 토대를 제공했다.

칸트의 철학은 어렵다. 하지만 두려워할 필요는 없다. 공들인 만큼 결실이 크기 때문에 노력할 가치가 있다. 『도덕 형이상학의 기초』는 커다란 질문을 제시한다. 도덕의 최고 원칙은 무엇인가? 그리고 이 질문에 대답하면서 또 하나의 커다란 질문을 던진다. 자유란 무엇인가?

이 질문들에 대한 칸트의 답은 이후 도덕 정치 철학에 줄곧 모습을 드리우고 있다. 하지만 칸트에게 주목하는 이유는 오로지 그의 역사적 영향력 때문만이 아니다. 처음엔 칸트의 철학을 이해하는 것이 엄두가 나지 않지만, 그의 철학은 우리가 모르는 사이 현대의 도덕 및 정치적 사고방식에 상당한 영향을 끼치고 있다. 그러므로 칸트를 이해하는 것은 철학적 훈련일 뿐 아니라, 공적 삶의 핵심 사고방식을 살펴보는 방법이기도 하다.

칸트가 강조한 인간의 존엄성은 현대의 보편적 인권 개념에 영향을 미쳤다. 더욱 중요하게도 자유에 대한 그의 설명은 오늘날 정의를 주제로 한 논쟁에도 자주 등장한다. 나는 이 책의 첫머리에서, 정의를 이해하는 세 가지 접근법을 소개했다. 그중 하나인 공리주의 접근법은 정의의 개념을 규정하고 무엇이 옳은 일인가 판단하려면 사회 전체의 복지를 극대화하는 방법이 무엇인지 찾아야 한다고 주장한다. 두 번째로 소개한 정의를 자유와 연관시키는 접근법은 자유지상주의자들의 관련 사례를 통해 설명했다. 이들은 소득과 부의 공정한 분배는 규제 없는 시장에서 재화와 용역의 자유로운 교환을 통해 이루어진다고 말한다. 이들의 주장에 따르면, 시장을 규제하는 행위는 개인의 선택의 자유를 침해하기 때문에 부당하다. 세 번째는 정의란 사람들에게 도덕적으로 마땅히 받아야 할 몫을 주는 것, 즉 미덕을 포상하고 장려하는 방향으로 재화를 배분해야 한다는 접근법이다. 8장에서 아리스토텔레스를 살펴보면 알겠지만, 미덕에 기초한 접근법은 정의를 좋은 삶에 대한 고찰에 연결시킨다.

칸트는 첫 번째 접근법(복지 극대화)과 세 번째 접근법(미덕 장려)을 거부한다. 둘 중 어느 것도 인간의 자유를 존중하지 않는다고 생각한다. 따라서 정의와 도덕을 자유와 연관시키는 두 번째 접근법을 강력히 지지한다. 하지만 그가 내세우는 자유의 개념은 엄격하다. 시장에서 물건을 사고팔 때 하는 선택의 자유보다 훨씬 엄격하다. 우리가 흔히 시장의 자유나 소비자의 선택이라고 생각하는 것들은 진정한 자유가 아니라고 칸트는 주장한다. 그런 자유에는 우리가 애초에 선택하지 않은 욕구를 충족하는 행위가 포함되기 때문이다.

지금부터 자유에 관한 칸트의 숭고한 성찰을 살펴보자. 하지만 그전에 그가 정의와 도덕을 행복 극대화의 문제로 여기는 공리주의 사고가 잘못되었다고 여긴 이유부터 알아보자.

칸트가 지적한 행복 극대화의 문제점

칸트는 공리주의를 거부했다. 공리주의는 권리 역시 무엇이 최대 행복을 만들어 내는가를 따져 보는 계산에서 벗어날 수 없게 만듦으로써 권리를 취약하게 만든다고 주장했다. 그리고 더 큰 문제가 있다. 우리에게 생겨나는 욕구들로부터 도덕 원칙을 끌어내려 함으로써 도덕을 생각하는 방식부터 그르친다. 많은 사람에게 쾌락을 준다는 이유만으로 그것이 옳다고 할 수는 없다. 아무리 많은 사람이 열렬히 지지한다 해도, 다수가 특정 법을 지지한다는 이유만으로 그 법이 정당하다고 할 수는 없다.

칸트의 주장에 따르면, 도덕은 특정한 시기에 사람들에게 나타나는 흥미, 바람, 욕구, 기호 같은 경험적 요인에만 기반을 두어서는 안 된다. 이러한 요인들은 가변적이고 우연적이어서 보편적 도덕 원칙(예를 들어 보편적 인권)이 되기 어렵다고 지적한다. 하지만 칸트가 더 근본적인 문제로 지적한 것은 도덕 원칙을 기호나 욕구(행복의 욕구도 마찬가지)를 바탕으로 생각한다면 도덕의 진실을 오해하게 된다는 사실이다. 공리주의의 행복 원칙은 "도덕성 확립에 어떤 식으로든 전혀 기여하지 않는다. 누군가를 행복하게 하는 것은 그를 선하게 만드는 것과는 다르며, 이익 추구에 신중하거나 영악하게 만드는 것은 덕이 있는 사람을 만드는 것과 전혀 다른 일이기 때문이다".[2] 도덕을 사람들의 흥미와 기호에만 기준을 둔다면, 도덕의 존엄을 훼손하게 된다. 또한 옳고 그름을 분별하는 법을 가르치지 못하고 "계산에만 밝은 사람이 되게 한다".[3]

우리의 바람과 욕구가 도덕의 기준이 될 수 없다면, 무엇이 그 기준이 되어야 할까? 한 가지 가능성은 하느님이다. 하지만 그것은 칸트의 대답이 아니다. 그는 비록 기독교인이기는 했지만, 도덕의 기초를 신의 권위에서 찾지 않았다. 대신 그는 우리가 '순수 실천 이성'을 훈련하여 도덕의 최고 원칙에 도달할 수 있다고 주장했다. 칸트에 따르면, 이성으로 도덕법에 이르는 길을 찾기 위해서는 이성적으로 사고하는 능력과 자유롭게 행동하는 능력이 얼마나 밀접한 관련이 있는지부터 살펴봐야 한다.

칸트는, 모든 인간이 존중받을 가치가 있는 이유는 우리가 자신을 소유하기 때문이 아니라, 이성적으로 생각할 수 있는 이성적 존재이기 때문이라고 말한다. 또한 우리는 자율적 존재로서 자유롭게 행동하고 선택할 능력이 있다고도 말한다. 그렇다고 우리가 늘 이성적으로 행동하고 자율적으로 선택한다는 뜻은 아니다. 때로는 그렇지 않을 때도 있다. 그는 단지 우리가 이성적으로 자유롭게 행동할 능력이 있으며, 이는 모든 인간의 공통점이라고 말했을 뿐이다.

칸트는 이성적 능력이 우리 능력의 전부가 아니라는 사실을 선뜻 인정한다. 우리는 쾌락과 고통을 느낄 능력도 있다. 그는 우리가 이성적 존재일 뿐 아니라 유정적sentient 존재라고 말한다. 칸트가 말하는 '유정적 능력'이란 감각과 느낌에 반응하는 능력이다. 따라서 벤담이 옳았지만, 절반만 옳았다. 우리가 쾌락을 좋아하고 고통을 싫어한다는 점에서 벤담은 옳았다. 하지만 쾌락과 고통이 '우리의 통치권자'라는 그의 주장은 옳지 않다. 칸트는 이성이야말로, 적어도 때로는 통치권을 행사할 수 있다고 주장한다. 이성이 우리의 의지를 통치할 때, 우리는 쾌락을 추구하고 고통을 피하려는 욕망에 조종되지 않는다.

이성적으로 사고하는 능력은 자유롭게 행동하는 능력과 밀접한 관련이 있다. 이 두 가지 능력이 합쳐져 우리는 특별한 존재, 다른 동물과 구분되는 존재가 된다. 이 능력으로 우리는 단지 욕구만 느끼는 동물이 아닌, 그 이상이 된다.

진정한 자유란 무엇인가?

칸트의 도덕 철학을 이해하려면 그가 말하는 자유의 의미를 이해해야 한다. 우리는 흔히 자유를 아무런 방해도 받지 않고 하고 싶은 일을 할 수 있는 상태라고 생각한다. 칸트는 이에 동의하지 않는다. 그가 생각하는 자유의 개념은 보다 엄격하고 까다롭다.

칸트의 논리는 다음과 같다. 우리가 다른 동물들처럼 쾌락을 추구하고 고통을 피하려 든다면, 이는 진정으로 자유로운 것이 아니다. 오직 식욕과 기타 욕구의 노예로 행동할 뿐이다. 그 이유는 무엇일까? 욕구를 충족하기 위한 행동은 우리 밖에 있는 어떤 목적을 위한 것일 뿐이기 때문이다. 나는 배고픔을 채우려고 이 길로 가고, 갈증을 해소하려고 저 길로 간다.

예를 들어 내가 어떤 아이스크림을 고를지 결정한다고 치자. 초콜릿? 바닐라? 아니면 에스프레소에 바삭한 과자를 얹은 아이스크림? 언뜻 생각하면 선택의 자유를 누리고 있는 듯하지만, 사실은 어떤 맛이 내 기호에 가장 잘 맞는지 파악하는 행위일 뿐이며, 내 기호는 애초에 내가 선택한 것이 아니다. 칸트는 기호를 충족하는 행위가 잘못이라고 말하지는 않는다. 다만 이때는 자유롭게 행동하는 것이 아니라 외부에서 이미 내려진 결정에 따라 행동할 뿐이라는 사실을 지적한다. 바닐라보다 에스프레소에 과자가 들어간 아이스크림을 먹고 싶다는 욕구는 나의 선택이 아니다. 단지 그런 욕구를 갖고 있을 뿐이다.

몇 년 전, 스프라이트 음료 광고에 이런 문구가 있었다. '당신의 갈증에 복종하라.' 이 스프라이트의 광고에는 (물론 우연이지만) 칸트의 통찰력이 담겼다. 내가 스프라이트(혹은 펩시콜라나 코카콜라) 캔 하나를 집어 드는 행위는 자유가 아니라 복종의 실천이다. 내가 선택하지 않은 욕구에 대한 반응으로, 내 갈증에 대한 복종이다.

사람들은 흔히 인간의 행동 형성에서 천성과 교육의 역할을 두고 논쟁을 벌인다. 스프라이트(또는 다른 음료)를 먹고 싶다는 욕구는 유전자에 새겨져 있는 욕구일까, 아니면 광고에 자극받은 욕구일까? 칸트가 보기에 이 질문은 문제의 핵심이 아니다. 내 행동이 생물학적으로 결정된 것이든, 사회적으로 훈련된 것이든, 진정으로 자유로운 행동은 아니기 때문이다. 칸트에 따르면, 자유롭게 행동한다는 것은 자율적으로 행동한다는 의미이다. 그리고 자율적으로 행동하는 것은 천성이나 사회적 관습에 따라서가 아니라 내가 스스로 부여한 법칙에 따라 행동하는 것이다.

칸트가 말하는 자율적 행동의 의미를 이해하는 한 가지 방법은 자율을 반대 개념과 대조하는 것이다. 칸트는 대조를 위해서 '타율heteronomy'이란 단어를 만들었다. 타율적인 행동이란 외부로부터 주어진 결정에 따라 행동한다는 뜻이다. 예를 들어 보자. 당구공을 손에서 놓으면, 공이 땅으로 떨어진다. 이것은 공의 자유로운 행위가 아니다. 공의 움직임은 자연법칙, 즉 중력의 법칙에 지배를 받는다.

내가 엠파이어스테이트 빌딩에서 떨어진다고(또는 떠밀렸다고) 가정해 보자. 땅으로 돌진하는 내가 자유 의지로 행동하고 있다고 말할 사람은 없을 것이다. 내 움직임은 당구공처럼 중력의 법칙에 지배를 받는다.

이번에는 내가 다른 사람 머리 위로 떨어져 그 사람이 죽었다고 가정해 보자. 당구공이 높은 곳에서 누군가의 머리 위로 떨어졌다고 해서 당구공에 도덕적 책임을 물을 수 없는 것과 마찬가지로, 나도 그 불행한 죽음에 도덕적 책임이 없을 것이다. 두 경우에서 떨어지는 물체, 즉 당구공이나 나는 자유롭게 행동하는 것이 아니다. 둘 다 중력의 법칙에 지배를 받는다. 여기에는 자율이 작용하지 않았으니 도덕적 책임을 물을 수 없다.

여기에 자율·autonomy로서의 자유와 칸트가 말하는 도덕 간에 관계가 있다. 자유로운 행동은 주어진 목적을 위한 최선의 수단을 선택하는 것이 아니라 목적 그 자체를 선택하는 것이다. 즉 인간만이 할 수 있고 당구공(그리고 대부분의 동물)은 할 수 없는 선택이다.

사람이 사물과 다른 이유

새벽 3시, 대학 룸메이트가 당신에게 묻는다. 왜 늦게까지 자지 않고 폭주하는 전차의 도덕적 딜레마를 고민하고 있느냐고.

"윤리학 입문 과목의 보고서를 잘 쓰려고." 당신이 대답한다.

"왜 잘 써야 하는데?" 룸메이트가 묻는다.

"학점을 잘 받으려고."

"그럼 왜 학점에 신경을 쓰는데?"

"투자 금융 분야에서 일자리를 얻으려고."

"왜 투자 금융 분야에서 일하려 하지?"

"헤지펀드 매니저가 되려고."

"왜 헤지펀드 매니저가 되려는데?"

"돈을 많이 벌려고."

"돈을 많이 벌어서 뭐 하게?"

"내가 좋아하는 바닷가재를 자주 먹으려고. 어쨌거나 나는 유정적 존재라서 밤늦게까지 폭주하는 전차 문제를 고민하고 있는 거야!"

170

칸트가 타율적 결정이라고 부를 만한 사례다. 뭔가를 위해 이런 행동을 하고, 또 다른 뭔가를 위해 저런 행동을 한다. 타율적으로 행동한다는 것은 외부에서 주어진 목적에 반응해 행동한다는 뜻이다. 이때 우리는 추구하는 목적의 주체가 아니라 도구다.

칸트가 말하는 자율은 이와 정반대다. 우리가 자율적으로, 즉 스스로 부여한 법칙대로 행동한다는 것은 그 행동 자체를 목적으로 삼는 것이다. 우리는 더 이상 외부에서 주어진 목적의 도구가 아니다. 자율적으로 행동하는 능력 덕에 인간의 삶은 특별한 존엄성을 지닌다. 바로 이것이 사람과 사물의 차이점이다.

칸트에 따르면, 인간의 존엄성을 존중한다는 것은 인간을 목적으로 취급한다는 의미다. 인간을 전체의 복지를 위한 도구로 보는 공리주의가 옳지 않은 이유도 바로 여기에 있다. 덩치 큰 사람을 밀어 떨어뜨려 철로를 막으려는 행위는 그 사람을 수단으로 이용하는 행동이지, 목적 그 자체로 존중하는 행동이 아니다. 계몽된 공리주의자들(존 스튜어트 밀 등)도 그 남자를 밀어서는 안 된다고 말하지만, 그 이유는 장기적으로 공리가 줄어드는 부차적 효과(사람들이 더 이상 다리 위에 서 있으려 하지 않는 등)를 염려하기 때문이다. 하지만 칸트는 그것이 남자를 밀면 안 되는 적절한 이유는 아니라고 주장할 것이다. 여전히 희생자가 될 사람을 도구이자 물건, 그리고 타인의 행복을 위한 수단으로 취급하기 때문이다. 따라서 그 사람을 살려 두는 이유는 그 자신을 위해서가 아니라, 다른 사람들이 주저 없이 다리를 건너게 하기 위해서일 뿐이다.

그렇다면 어떤 행동에 도덕적 가치를 부여하는 것은 과연 무엇인지 의문이 든다. 이러한 의문을 품다 보면, 칸트의 엄격한 자유의 개념만큼 엄격한 그의 도덕의 개념을 살펴보지 않을 수 없다.

도덕이란 무엇인가? 동기를 살펴라

칸트에 따르면, 어떤 행동의 도덕적 가치는 그 행동으로 인한 결과가 아니라 그 행동을 유발한 동기에서 찾을 수 있다. 중요한 것은 동기이며, 도덕적 가치가 있는 동기는 특별한 종류의 동기다. 옳은 일을 하더라도 그것이 옳기 때문에 하는 것이 중요하지, 이면에 숨은 다른 동기 때문에 하는 것은 도덕적 가치가 없다.

칸트는 이렇게 말한다. "선한 의지가 선한 까닭은 그것이 어떤 효과나 결과를 낳기 때문이 아니다." 선한 의지는 사람들에게 인정받든 그렇지 않든 그 자체로 선하다. "비록 (……) 이 의지가 원래 의도를 실천할 힘이 매우 부족하다 해도, 아무리 노력해도 성과를 얻을 수 없다 해도 (……) 그것은 그 자체로 충분한 가치를 지닌 보석처럼 빛날 것이다."[4]

어떤 행동이 도덕적으로 선하기 위해서는 "도덕법에 '일치'하는 것만으로는 부족하다. 그 행동은 도덕법 그 자체를 위해서 행해져야 한다"[5] 그리고 어떤 행동에 도덕적 가치를 부여하는 동기는 '의무 동기'인데, 칸트에 따르면 이는 옳은 이유로 옳은 행동을 하는 것을 의미한다.

칸트는 어떤 행동에 도덕적 가치를 부여하는 것은 의무 동기뿐이라고 말하면서도, 우리에게 특별히 어떤 의무가 있는지는 언급하지 않는다. 도덕의 최고 원칙이 무엇을 명령하는지도 언급하지 않는다. 다만

우리가 어떤 행동의 도덕적 가치를 평가할 때 결과보다는 동기를 따져야 한다고 말할 뿐이다.[6]

만약 의무가 아닌 다른 동기로, 예를 들어 자기 이익을 추구하기 위해 행동한다면, 그 행동은 도덕적 가치를 결여하고 있다. 칸트는 자기 이익뿐만 아니라 자신의 바람, 욕구, 기호, 식욕을 채우려는 모든 시도도 마찬가지라고 주장한다. 칸트는 이러한 동기를 '경향성inclination 동기'라고 명명해 의무 동기와 대조한다. 그러면서 의무 동기에서 나온 행동만이 도덕적 가치를 가진다고 주장한다.

타산적인 가게 주인과 '거래개선협회'

칸트는 의무와 경향성의 차이를 보여 주는 몇 가지 사례를 든다. 첫 번째는 타산적인 가게 주인의 사례다. 세상 물정을 모르는 손님, 이를테면 어린아이가 빵을 사러 가게에 들어왔다고 하자. 주인이 원래보다 높은 가격을 불러 바가지를 씌워도 아이는 모를 것이다. 하지만 주인은 아이에게 그런 짓을 했다는 소문이 퍼지면 장사에 타격을 입을 수 있다고 생각한다. 그런 이유로 아이에게 바가지를 씌우지 않기로 하고, 원래 가격을 받는다. 이때 가게 주인은 옳은 일을 했지만, 그 이유는 옳다고 할 수 없다. 그가 아이와 정직하게 거래한 이유는 오로지 자신의 평판을 유지하고 싶었기 때문이다. 가게 주인은 자기 이익만을 위해 정직하게 행동했을 뿐이므로, 그의 행동은 도덕적 가치를 결여하고 있다.[7]

칸트가 예로 든 타산적인 가게 주인의 사례는 오늘날 뉴욕 '거래개선협회Better Business Bureau'의 회원 모집에서도 찾아볼 수 있다. 거래개선협회는 회원을 모집할 때 종종 '정직이 최선의 수단이다. 또한 최대 수익을 올리는 방법이다'라는 제목의 전면 광고를 「뉴욕 타임스」에 싣는다. 광고 내용에서도 그 동기가 분명히 나타난다.

> 정직, 그것은 다른 어떤 자산만큼 중요합니다. 진실, 솔직함, 공정한 가치를 바탕으로 거래하는 기업은 성공할 수밖에 없기 때문이죠. 우리가 거래개선협회를 지지하는 목적도 바로 이것입니다. 우리와 함께 하세요. 그리고 거기서 이익을 누리세요.

칸트는 거래개선협회를 비난하지 않을 것이다. 정직한 거래를 장려하는 것은 칭찬할 일이기 때문이다. 하지만 정직 그 자체를 위한 정직과 이익을 노리는 정직에는 중요한 도덕적 차이가 있다. 전자는 원칙을 고수하는 입장의 정직이고, 후자는 이해타산을 노린 타산적인 입장의 정직이다. 칸트는 원칙을 고수하는 자세만이, 행동에 도덕적 가치를 부여하는 유일한 동기인 의무 동기에 속한다고 주장한다.

또 다른 예를 생각해 보자. 몇 년 전, 메릴랜드 대학교는 교내에 만연한 시험 부정행위에 대처하기 위해, 학생들에게 부정행위를 하지 않겠다는 서약을 하라고 요청했다. 참여를 독려하기 위해, 서명에 참여한 학생에게는 인근 상점에서 10~25퍼센트 할인을 받을 수 있는 카드를 나눠 주었다.[8] 근처 피자 가게에서 할인받고 싶어서 부정행위를 하지 않겠다고 서약한 학생이 얼마나 되는지는 알 수 없다. 하지만 매수된 정직은 도덕적 가치를 결여하고 있다는 데 대부분 동의할 것이다(할인 혜택이 부정행위를 줄이는 데 성공했을 수도, 그렇지 않을 수도 있다. 하지만 여기서 드는 도덕적 의문은 할인 혜택이나 금전적 보상의 욕구에 끌린 정직이 도덕적으로 가치가 있는가 하는 점이다. 칸트는 아니라고 할 것이다).

이 두 가지 사례는 의무 동기(어떤 행동을 하는 이유가 유용하다거나 편리해서가 아니라 그것이 옳기 때문)만이 그 행동에 도덕적 가치를 부여할 수 있다는 칸트의 주장이 타당함을 보여 준다. 하지만 이제 살펴볼 두 가지 사례는 그러한 칸트의 주장이 결코 단순한 문제가 아님을 보여 준다.

자신의 생명을 보존할 의무

칸트가 살펴본 바와 같이, 우선 자신의 생명을 보존하기 위한 행동을 의무와 관련해 생각해 보자. 사람들은 대개 살려고 하는 강한 경향성이 있게 마련이며, 의무가 개입되는 경우는 거의 없다. 따라서 자기 생명을 보존하기 위해 조심하는 행동에는 도덕적인 요소가 거의 없다. 안전띠를 매고 콜레스테롤 수치를 확인하는 것은 타산적인 행동이지 도덕적 행동은 아니다.

칸트도 행동의 동기를 파악하기 어려운 경우가 많음을 인정했다. 의무 동기와 경향성 동기가 동시에 나타나는 경우도 있음을 인정한다. 그의 주장의 핵심은 의무 동기(어떤 행동을 하는 이유가 유용하다거나 편리해서가 아니라 그것이 옳기 때문)만이 행동에 도덕적 가치를 부여할 수 있다는 것이다. 그는 자살을 예로 들었다.

사람들이 살아가는 이유는 대부분 삶을 사랑하기 때문이지, 삶이 의무이기 때문은 아니다. 칸트는 여기에 의무 동기가 나타나는 예를 제시한다. 그는 희망을 잃은 비참한 사람을 가정했다. 절망에 가득 찬 이 사람에게는 살고 싶은 욕구가 없다. 그가 마음이 경향성에 의해서가 아니라 의무감에서 생명을 보존하려는 의지를 다진다면, 그의 행동에는 도

덕적 가치가 있다.[9]

칸트는 비참한 처지에 있는 사람만이 의무 때문에 삶을 이어 갈 수 있다고 주장하지 않는다. 누구나 삶을 이어 가야 할 의무가 있다는 올바른 이유로 자기 생명을 사랑하고 보존할 수 있다. 자신의 생명을 보존해야 하는 의무를 인식하고 그런 이유로 살아간다면, 삶을 이어 가고자 하는 욕구와 생명을 보존하는 행위의 도덕적 가치가 떨어지지는 않는다.

도덕적인 인간 혐오자

칸트의 견해에서 가장 엄격한 부분은 아마도 타인을 돕는 의무와 관련된 것이라고 생각된다. 우리 가운데 이타적인 사람들은 타인에게 동정심을 느껴 그들을 도우면서 쾌락을 느낀다. 하지만 칸트의 견해로는 동정심에서 나온 선행은 "아무리 옳고 친절해도" 도덕적 가치가 떨어진다. 우리의 직관과는 반대되는 생각이다. 타인을 도우며 쾌락을 느끼는 사람이 되어서는 안 된단 말인가? 칸트는 그렇지는 않다고 대답할 것이다. 칸트도 분명히 동정심에서 우러난 행동이 잘못되었다고 생각하지는 않는다. 하지만 그는 남을 돕는 이러한 동기(쾌락을 느끼기 때문에 선한 행동을 하는)와 의무 동기를 구별한다. 그리고 의무 동기만이 행동에 도덕적 가치를 부여한다고 주장한다. 이타주의자의 동정은 "찬사와 격려를 받을 만하지만, 존경을 받을 수는 없다".[10]

그렇다면 도덕적 가치가 있는 선행에는 무엇이 필요할까? 칸트는 다음과 같이 가정해 보았다. 불행히도 어느 날 인간에 대한 이타주의자의 사랑이 식어 버렸다. 그는 연민과 동정이 메마른 인간 혐오자가 되고 말았다. 하지만 이 냉정한 영혼은 남을 돕는 데 관심이 없으면서도 다른 사람을 돕는다. 도움을 주려는 어떤 경향성에서도 벗어나 '오로지 의무감만으로' 타인을 돕는 것이다. 그런데 이제야 처음으로 그의 행동은 도덕적 가치를 지니게 된다.[11]

다소 기이한 판단으로 보인다. 칸트는 인간 혐오자를 도덕적 본보기로 삼았다는 의미일까?

꼭 그렇지는 않다. 옳은 일을 하며 쾌락을 느낀다고 해서 반드시 그 행동의 도덕적 가치가 떨어지는 것은 아니다. 다만 쾌락을 느끼든 그렇지 않든 상관없이, 옳은 행동이라는 이유로 선행을 하는 것이 중요하다고 칸트는 말한다.

철자 맞히기 대회 영웅

몇 년 전, 워싱턴 D.C.에서 열린 전국 철자 맞히기 대회에서 벌어진 일을 생각해 보자. 한 번 들은 말을 자꾸 되풀이하는 성향을 뜻하는 단어 '에콜레리어echolalia'란 단어의 철자가 무엇이냐는 질문이 나왔을 때였다. 이 질문을 받은 열세 살 남자아이는 틀리게 대답했지만 심사위원이 잘못 알아듣고 맞았다고 하는 바람에 다음 단계로 넘어가게 되었다. 그런데 자신이 틀렸다는 사실을 안 그 아이는 심사위원에게 솔직히 털어놓았고, 결국 탈락했다. 다음 날 신문에는 그 정직한 아이를 '철자 대회 영웅'이라고 칭하는 기사가 실렸고, 「뉴욕 타임스」에는 아이 사진이 실렸다. "심사위원이 저더러 아주 정직하다고 하셨어요." 아이가 기자에게 말했다. 그러면서 자기 행동의 동기 일부를 덧붙여 말했다. "저는 추접한 사람이 되고 싶지 않았어요."[12]

철자 대회 영웅의 인터뷰 기사를 읽으면서, 나는 칸트라면 어떻게 생각했을지 궁금했다. 추접한 사람이 되고 싶지 않다는 마음은 물론 경향성이다. 따라서 그것이 이 아이가 진실을 말한 동기였다면, 그런 행동의 도덕적 가치는 떨어질 것이다. 하지만 그건 너무 가혹해 보인다. 그렇다면 감정이 없는 사람만이 도덕적 가치가 있는 행동을 할 수 있다는 뜻일 것이다. 나는 그것이 칸트가 의미했던 바라고 생각하지 않는다.

아이가 오로지 죄의식을 피하거나 실수가 드러났을 때의 부정적 여론을 피하기 위해서 진실을 고백한 것이라면, 그 행동에는 도덕적 가치를 결여하고 있다. 하지만 그것이 옳은 행동이기 때문에 진실을 말했다면, 아이의 행동은 그에 따르는 쾌락이나 만족과는 상관없이 도덕적 가치가 있는 행동이 된다. 옳은 이유로 옳은 행동을 했다면, 그때 기분이 좋았다고 해도 도덕적 가치가 떨어지지는 않는다.

칸트가 예로 든 이타주의자도 마찬가지다. 타인을 돕는 이유가 단지 그 행위에서 느끼는 쾌락 때문이었다면, 그 행동은 도덕적 가치가 부족하다. 하지만 타인을 도울 의무를 인식하고 그에 따라 행동했다면, 거기서 쾌락을 느낀다고 하더라도 도덕적 가치가 떨어지지 않는다.

물론 현실에서는 흔히 의무와 경향성이 함께 존재한다. 타인의 동기는 물론이고 내 동기조차 정확히 무엇인지 가려내기 힘든 경우도 많다. 칸트도 이를 부인하지 않는다. 그리고 무정한 인간 혐오자만이 도덕적 가치가 있는 행동을 할 수 있다고 여기지도 않는다. 인간 혐오자를 예로 든 이유는 동정이나 연민에 구애받지 않는 의무 동기만을 따로 떼어내 살펴보기 위해서다. 의무 동기를 살펴보았으니 이제 도덕적 가치를 부여하는 선행의 특성(결과가 아닌 원칙)을 가려내 보자.

도덕의 최고 원칙은 무엇인가?

도덕이 의무로 행동하는 것이라면, 어떤 의무가 필요한지 밝히는 일이 남는다. 칸트는 이를 파악하는 것이 곧 도덕의 최고 원칙을 파악하는 것이라고 여겼다. 도덕의 최고 원칙은 과연 무엇일까? 칸트가 『도덕 형이상학의 기초』에서 추구한 목표도 바로 이 질문에 대답하는 것이었다.

칸트의 대답을 살펴보기 위해, 그가 세 가지 중요한 개념인 도덕, 자유, 이성을 어떻게 연관 지었는지 살펴보자. 그는 이 개념들을 대조 혹은 이원론적으로 설명한다. 이 과정에서 전문 용어도 사용되지만, 그가 대조하여 설명한 용어들의 나란한 특성을 발견한다면, 칸트의 도덕 철학을 제대로 이해하는 길로 접어들었다고 봐도 좋다. 기억해야 할 몇 가지 대조되는 용어를 소개하면 다음과 같다.

대조 1(도덕): 의무 vs. 경향성
대조 2(자유): 자율 vs. 타율
대조 3(이성): 정언 명령 vs. 가언 명령

우리는 이미 의무와 경향성이라는 첫 번째 대조를 살펴보았다. 오직 의무 동기만이 어떤 행동에 도덕적 가치를 부여할 수 있다. 이제 나머지 두 가지 대조를 살펴보자.

두 번째 대조는 내 의지가 결정되는 두 가지 서로 다른 방식(자율과 타율)을 설명한다. 칸트에 따르면, 내 의지가 자율적으로, 즉 내가 스스로 부여한 법칙에 의해 지배될 때만이 나는 자유롭다. 앞서 말했듯이, 우리는 흔히 내가 원하는 것을 하고, 내 욕구를 방해받지 않고 추구할 수 있는 것이 자유라고 생각한다. 하지만 칸트는 이러한 생각에 크게 이의를 제기한다. 애초의 그 욕구가 자기가 직접 선택한 것이 아니라면, 그 욕구를 추구한다고 해서 어떻게 자유롭다고 할 수 있겠는가? 칸트는 자율과 타율의 대조를 통해 이 문제를 제기한다.

내 의지가 타율적으로 결정된다는 것은 결정이 내 외부에서 이루어진다는 의미다. 하지만 이때 어려운 질문 하나가 제기된다. 자유가 내 욕구와 경향성을 따르는 것 이상을 의미한다면, 그것이 어떻게 자유가 가능할까? 내게 동기 부여되는 모든 것은 외부 영향으로 결정되는 욕구나 경향성에 의한 것 아닌가?

그 답은 불분명하다. 칸트는 이렇게 말했다. 자연적 필연성의 법칙, 물리 법칙, 인과 법칙 등 "자연 만물은 법칙에 따라 움직인다".[13] 우리도 마찬가지다. 결국 우리도 자연의 존재이기 때문에, 인간이라고 자연법칙에서 예외일 수 없다.

하지만 우리에게 자유롭게 행동할 수 있는 능력이 있다면, 물리 법칙이 아닌 다른 법칙에 따라 행동할 수도 있을 것이다. 모든 행동은 이런저런 종류의 법칙에 지배된다고 칸트는 주장한다. 우리 행동이 오로지 물리 법칙의 지배만 받는다면, 우리는 당구공과 차이가 없다. 그러므로 자유롭게 행동할 수 있는 능력이 있다면, 선천적으로 주어지거나 외부에서 부여된 법칙뿐만 아니라 스스로 부여한 법칙에 따라 행동할 수도 있을 것이다. 그렇다면 과연 그런 법칙은 어디서 나오는 것일까?

칸트는 이성이라고 답한다. 우리는 감각이 전달하는 쾌락과 고통에 의해 지배되는 유정적 존재이기도 하지만, 이성에 따라 행동할 수 있는 존재이기도 하다. 만약 이성이 우리의 의지를 결정한다면, 그 의지는 자연이나 경향성의 명령에 지배되지 않는 독립적인 선택의 힘이 될 수 있다(칸트는 언제나 이성이 의지를 지배한다고 주장하지는 않는다. 자신이 스스로 부여한 법칙에 따라 자유롭게 행동하는 한에서만, 이성이 내 의지를 지배할 수 있을 것이라고 말할 뿐이다).

물론 그전에도 인간에게 이성적 능력이 있다고 말한 철학자는 있었다. 하지만 이성에 대한 칸트의 생각은 자유와 도덕에 대한 생각만큼이나 아주 엄격하다. 공리주의자를 포함해 경험론자들은 이성을 전적으로 도구로 본다. 이성을 특정 목적, 즉 이성이 제공하지 않는 목적을 추구하는 방법을 찾게 해주는 도구로 보았다. 토머스 홉스^{Thomas Hobbes}는 이성을 '욕구를 찾는 정찰병'이라 불렀고, 데이비드 흄은 '열정의 노예'라 칭했다.

공리주의자들은 인간을 이성적 존재로 보긴 했으나, 이때의 이성은 도구로서의 이성이다. 이들에게 이성의 역할은 어떤 목적이 추구할 가치가 있는가를 결정하는 데 있는 게 아니라, 어느 시점에 우리가 느끼는 욕구를 충족하여 공리를 극대화할 수 있는 방법을 찾는 데 있다.

칸트는 이성의 이런 부차적인 역할을 거부한다. 그에게 이성은 고작 열정의 노예가 아니다. 만약 이성이 열정의 노예에 불과하다면 우리는 본능에 따를 때 더 나은 삶을 살 것이라고 칸트는 말한다.[14]

칸트의 견해에 따르면, 도덕과 관련된 실천 이성은 도구가 아니라 "어떤 경험적 목적에 상관없이 선험적으로 정해지는 순수 실천 이성"이다.[15]

정언 명령 vs. 가언 명령

그런데 이성은 어떻게 작동할까? 칸트는 이성이 의지에 명령하는 서로 다른 두 종류의 명령법을 설명한다. 하나는 보다 익숙한 가언 명령이다. 가언 명령은 'X를 원한다면 Y를 하라'는 식으로 도구로서의 이성을 사용한다. 예를 들어 '명망 있는 사업가가 되고 싶으면, 고객을 정직하게 대하라'고 명령하는 식이다.

칸트는 항상 조건이 붙는 가언 명령과 조건 없는 명령인 정언 명령을 대조한다. 칸트는 이렇게 썼다. "어떤 행동이 다른 것의 수단으로서만 바람직하다면, 이를 지시하는 명령은 가언 명령이다. 한편 어떤 행동이 그 자체로 바람직하다면, 따라서 이성과 조화되는 의지에 필요하다면, 이때의 명령은 정언 명령이다."[16] '정언categorical'이라는 말이 전문 용어처럼 들릴지 모르지만, 일상적인 표현들과 크게 동떨어진 용어는 아니다. 여기서 '정언'은 조건이 없다는 의미다. 예를 들면 어떤 정치인이 자신에 대한 추문을 '정언적'으로 부인한다고 발표한다면, 단지 강하게 부인한다는 의미가 아니라, 어떤 조건이나 예외 없이 무조건적으로 부인한다는 뜻이다. 마찬가지로 정언 의무나 정언 권리라 하면 어떤 상황에도 적용되는 의무나 권리를 가리킨다.

칸트의 정언 명령은 다른 어떤 목적을 고려하거나 다른 목적에 의존하지 않는, 그야말로 정언적인 명령이다. "정언 명령은 어떠한 행동과 그로 인해 예상되는 결과와는 무관한 반면, 명령이 따르는 원칙과 명령의 형식에 관련 있다. 그리고 그 행동의 근본적 선은 그 행동으로 인한 결과보다는 정신적 성향에서 찾을 수 있다." 오직 정언 명령만이 도덕

적인 명령의 자격을 갖춘다고 칸트는 주장한다.[17]

이처럼 유사한 특성을 가진 세 가지 대조 사이의 연관 관계가 이제 보일 것이다. 자율이란 의미에서의 자유는 가언 명령이 아닌 정언 명령에 따른 행동을 요구한다.

이제 한 가지 중요한 질문이 남는다. 정언 명령은 무엇이며, 정언 명령은 우리에게 무엇을 명령하는가? 칸트는 "다른 어떤 동기도 없이, 그 자체로 절대적인 명령을 내리는 실천 법칙"이란 개념을 통해 이 질문에 대한 답을 이끌어 낼 수 있다고 말한다.[18] 어떠한 목적과도 상관없이 우리를 오직 이성적 존재로만 여기는 법칙을 통해 이 질문에 답할 수 있다. 그렇다면 그것은 무엇일까?

칸트는 정언 명령의 몇 가지 형태 또는 공식을 제시하면서, 이것들이 결국은 하나라고 말한다.

정언 명령1: 당신의 의지의 준칙을 보편화하라

칸트가 말하는 보편적 법칙의 첫 번째 공식은 다음과 같다. "너의 의지의 준칙이 항상 동시에 보편적 법칙 수립의 원리로서 타당할 수 있도록 행동하라."[19] 칸트가 말하는 '의지의 준칙'은 행위의 근거가 되는 규칙이나 원칙을 뜻한다. 그의 말은 궁극적으로 모순 없이 보편화할 수 있는 원칙에 따라서만 행동해야 한다는 의미다. 칸트가 말하는 이 추상적인 시금석의 의미를 파악하기 위해 구체적인 도덕적 질문을 하나 예로 들어 보자. 지키지 못할 것이 분명한 약속을 한다면 과연 옳은 일일까? 내가 돈이 절실히 필요해서 당신에게 돈을 빌려 달라고 했다 가정하자. 나는 솔직히 돈을 금방 갚을 수 없음을 잘 알고 있다. 그런데도 곧 갚겠다고 지키지 못할 거짓 약속을 하며 돈을 빌린다면, 도덕적으로 허용될 수 있는 행동일까? 거짓 약속은 정언 명령에 부합되는 행동일까? 칸트는 절대 아니라고 말한다. 내 거짓 약속이 정언 명령에 맞지 않음을 알 수 있는 방법은 내 행동의 근거가 되는 그 의지의 준칙을 보편화해 보는 것이다.[20]

이 사례에서 의지의 준칙은 뭘까? 이렇게 생각해 볼 수 있다. 돈이 절실히 필요할 때마다 금방 갚겠다고 약속하고 일단 돈을 빌려야 한다. 갚기 힘들다는 걸 안다 해도 그러하다. 하지만 이런 의지의 준칙을 보편화해서 그에 따라 행동한다면 모순에 부딪힌다고 칸트는 말한다. 모든 사람이 돈이 필요할 때마다 거짓 약속을 한다면, 어느 누구도 그 약속을 믿지 않을 것이다. 사실 여기에 약속 따위는 존재할 수 없게 될 것이다. 거짓 약속을 보편화한다면 약속을 지키는 관행이 침해받는다. 그러면 약속을 하고 돈을 빌리는 행위는 무의미해지고 심지어 비이성적이 된다. 결국 거짓 약속은 도덕적으로 잘못된 행위이며, 정언 명령에 맞지 않음을 알 수 있다.

그런데 어떤 사람은 이런 식의 정언 명령을 설득력이 떨어진다고 본다. 아이들이 새치기를 하거나 경솔한 말을 할 때 어른이 아이를 꾸짖으며 하는 말은 이러한 보편적 법칙의 형식과 유사한 형태를 띤다. "모든 사람이 그렇게 행동한다면 어떻게 되겠니?" 사람들이 모두 거짓말을 한다면, 사람들은 누구의 말도 믿지 않을 것이며, 그렇게 되면 우리는 다 같이 불행해질 것이다. 그런데 이것이 칸트가 말한 의미였다면, 그의 주장은 결국 결과주의적 주장(거짓 약속이 원칙에 위배되기에 반대하는 것이 아니라 그것이 가져올 해악이나 결과를 생각해서 반대)인 셈이다.

이런 비판으로 칸트에 반대한 사람이 바로 존 스튜어트 밀이다. 하지만 밀은 칸트의 핵심 주장을 오해했다. 내 의지의 준칙이 보편화 될 수 있는 준칙인지 판단하고 앞으로도 그에 따라 행동한다는 의미는 그 행동으로 인한 결과를 예측한다는 뜻이 아니다. 내 의지의 준칙이 정언 명령에 맞는지 판단해 본다는 의미다. 거짓 약속이 도덕적으로 옳지 않은 이유는 그것이 사회의 신뢰를 크게 훼손해서가 아니다(물론 그럴 수도 있다). 진짜 이유는 거짓 약속으로 다른 사람의 필요와 욕구에 대하여 내 필요와 욕구(이 경우 돈)를 특권화시키기 때문이다. 보편화 테스트는 강력한 도덕적 요구에 초점을 맞춘다. 이는 내가 하려는 행동이 다른 사람의 이익과 처지보다 내 이익과 처지를 특권화시키지는 않는지 살펴보는 방법이다.

정언 명령 2: 인간을 목적으로 대하라

정언 명령의 도덕적 힘은 인간을 목적으로 대하라는 칸트의 두 번째 공식에서 더욱 분명해진다. 칸트는 정언 명령의 두 번째 형식을 다음과 같이 설명한다. 그 어떤 이익이나 목적도 도덕법의 기초로 삼을 수 없다. 도덕법은 사람, 즉 그 자체가 목적인 사람에게만 관련되기 때문이다. "존재만으로도 절대적 가치를 지니는 것이 있다고 가정해 보자. 그렇다면 그 안에, 오직 그것에만 가능한 정언 명령의 토대가 존재할 것이다."[21]

존재만으로 절대적 가치를 지니고 그 자체가 목적인 것이 뭘까? 칸트의 답은 인간이다. "인간은, 그리고 일반적으로 모든 이성적 존재는, 이런저런 의지에 따라 임의의 목적을 위해 사용되는 수단이 아니라 그 자체가 목적으로 존재한다."²² 칸트는 바로 이것이 인간과 사물의 근본적인 차이임을 상기시킨다. 인간은 이성적인 존재다. 인간에게는 상대적 가치만 있는 것이 아니라, 절대적이고 본질적인 가치가 존재한다. 즉 이성적 존재로서 존엄성을 가진다.

칸트의 이러한 추론은 정언 명령의 두 번째 공식으로 이어진다. "자기 자신이든 다른 어떤 사람이든, 인간을 결코 단순한 수단으로 다루지 말고, 언제나 한결같이 목적으로 다루도록 행동하라."²³ 인간을 목적으로 대하라는 공식이다.

거짓 약속을 다시 살펴보자. 정언 명령의 두 번째 공식을 통해 거짓 약속이 왜 잘못인지 약간 다른 각도에서 볼 수 있다. 내가 갚을 수 없는 걸 알면서도 당신에게 꼭 갚겠다고 약속하고 돈을 빌린다면, 나는 당신을 이용하는 셈이다. 즉 당신을 존중할 목적으로 대하지 않고, 내 경제적 어려움을 해결할 수단으로 이용하는 것이다.

이제 자살 문제를 생각해 보자. 주목해야 할 부분은 흥미롭게도 타살과 자살이 같은 이유로 정언 명령에 어긋난다는 사실이다. 우리는 흔히 도덕적인 면에서 타살과 자살은 근본적으로 다르다고 생각한다. 누군가를 죽이는 행위는 그 사람의 의지를 거슬러 목숨을 빼앗는 행위인 반면에, 자살은 자신의 선택이라 생각하기 때문이다. 하지만 인간을 목적으로 대해야 한다는 칸트의 시각으로 보면, 타살이나 자살이나 근본은 같다. 살인은 자신의 이익(은행을 턴다든가, 자신의 정치세력을 굳건히 한다든가, 자기 분노를 해소한다든가)을 위하여 다른 사람의 생명을 빼앗는 행위다. 희생자를 수단으로 취급할 뿐, 목적으로서 존중하지 않는 행동이다. 이 때문에 살인은 정언 명령을 위반한다.

칸트는 자살도 같은 방식으로 정언 명령을 위반한다고 보았다. 고통스러운 상황에서 벗어나기 위해 목숨을 끊는다면, 자신을 고통으로부터 벗어나는 수단으로 이용하는 것이다. 하지만 칸트가 우리에게 일깨우듯이, 인간은 "단지 수단으로 이용해도 좋은 물건이 아니다". 내 안에 존재하는 인간성을 처리할 권리는 다른 사람은 물론 내게도 없다. 칸트에 따르면, 자살 역시 타살과 똑같은 이유로 잘못이다. 인간을 그 자체가 목적인 대상으로 존중하지 않고 물건 취급하기 때문이다.[24]

자살의 예에서 칸트가 생각하는 인간 존중 의무의 두드러진 특징이 잘 드러난다. 칸트는 자기 존중과 타인 존중이 같은 원칙에서 나온다고 보았다. 존중 의무는 이성을 지닌 존재, 인간성을 지닌 존재로서의 인간에 대한 의무다. 그가 특별히 어떤 사람인가는 상관없다.

존중은 인간에 대한 여러 가지 애착과는 차이가 있다. 사랑, 공감, 연대감, 동료애는 다른 사람보다 특정한 누군가에게 더 끌리는 도덕 감정이다. 하지만 우리가 인간의 존엄성을 존중해야 하는 이유는 그러한 감정과는 특별한 관련이 없다. 칸트가 말하는 존중은 사랑과 다르다. 공감과도 다르다. 연대감이나 동료애와도 다르다. 어떤 사람에게 애정을 느끼는 이유는 상대가 특히 어떤 사람인가와 관련이 있다. 배우자와 가족을 사랑하고, 자신과 동질감을 느끼는 사람에게 공감하며, 친구나 동료에게서는 연대감을 느낀다.

하지만 칸트가 말하는 존중은 인간 그 자체에 대한 존중이며, 비차별적으로 우리 모두에게 존재하는 이성적 능력에 대한 존중이다. 따라서 자신을 존중하지 않는 태도는 다른 사람을 존중하지 않는 것과 마찬가지로 받아들일 수 없는 태도다. 이러한 점 때문에 칸트의 존중의 원칙은 보편적 인권 법칙으로 적합하기도 하다. 칸트에 따르면, 상대가 어디에 살든, 자신과 얼마나 잘 아는 사이든 상관없이, 모든 사람의 인권을 지켜 줄 때 정의롭다고 할 수 있다. 그 이유는 오로지 그가 인간이고, 이성적 존재이며, 따라서 존중받을 가치가 있기 때문이다.

칸트가 생각한 도덕과 자유의 관계

칸트가 생각한 도덕과 자유의 관계에 대해 살펴보자. 도덕적으로 행동한다는 것은 도덕법을 지켜 의무에 따라 행동한다는 뜻이다. 도덕법은 정언 명령인 인간 자체를 목적으로 여겨 존중해야 한다는 원칙에 따라 구성되어 있다. 정언 명령에 따를 때만이 진정 자유롭게 행동할 수 있다. 가언 명령에 따른 행동은 외부로부터 자신에게 주어진 이익이나 목적에 따른 행동이기 때문에, 진정 자유로운 행동이 아니다. 내 의지가 나 아닌 외부의 힘(주변 환경의 필요나 그때그때 생겨나는 내 바람과 욕구 등)에 의해 결정되기 때문이다.

자율적으로 행동할 때, 즉 자신이 스스로 부여한 법칙에 따라 행동할 때만이 본성과 환경의 명령으로부터 벗어날 수 있다. 그러한 법칙은 특정 욕구나 바람에 제약을 받아서는 안 된다. 따라서 칸트의 자유와 도덕의 엄격한 개념은 일맥상통한다. 자유로운 행동, 즉 자율적인 행동이란 도덕적인 행동, 즉 정언 명령에 따른 행동과 동일한 하나의 개념이다.

도덕과 자유에 관한 이런 사고방식에 입각해 칸트는 공리주의를 강하게 비난했다. 특정 이익이나 욕구(행복이나 공리 등)를 도덕의 기반으로 삼으려는 노력은 실패한다고 주장했다. "그들이 발견한 것은 결코 의무가 아니며, 그저 특정 이익을 좇아 행동할 필요에 불과하다." 하지만 이익에 기반을 둔 원칙은 "언제나 조건적이며, 도덕법이 될 수 없다".[25]

칸트 철학에 대한 질의응답

칸트의 도덕 철학은 강력하고 매력적이다. 하지만 특히 처음에는 이해하기 어려울 수 있다. 당신이 여기까지 잘 읽어 왔다면, 몇 가지 의문이 들 것이다. 흔히 품는 주요 질문 네 가지를 정리하면 다음과 같다.

질문1: 칸트의 정언 명령은 모든 사람을 목적으로서 존중하라고 말한다. 이는 성경의 '황금률'("너희는 남에게서 바라는 대로 남에게 해주어라")과 같은 말인가?

대답: 아니다. 황금률은 '자신이 어떻게 대우받고 싶은가'라는 상황적 요소에 의존한다. 정언 명령은 그러한 상황에서 탈피해, 특정 상황에서 느끼는 욕구나 바람과 상관없이 인간을 이성적 존재로 존중하라는 것이다.

예를 들어 당신의 동생이 자동차 사고로 죽었다고 가정해 보자. 연로하고 건강이 안 좋으셔서 요양원에 머무는 어머니가 동생의 소식을 듣고 싶어 한다고 하자. 당신은 어머니에게 사실을 말해야 할지, 어머니가 충격과 슬픔에 빠지지 않도록 사실을 숨겨야 할지 고민한다. 무엇이 옳은 일일까? 황금률은 이렇게 질문할 것이다. "만약 당신이 그런 처지에 놓인다면 어떻게 해주길 바라는가?" 물론 그 답은 상황에 따라 매우 유동적이다. 취약한 상태에 있을 때는 고통스러운 현실을 차라리 모르고 싶어 하는 사람이 있는가 하면, 아무리 고통스러운 현실이라도 알고 싶어 하는 사람이 있을 것이다. 사람에 따라서는 자신이 어머니라면 차라리 모르는 편이 낫기 때문에 어머니도 그래야 한다고 결론을 내릴지 모른다.

하지만 칸트에게 이 질문은 잘못되었다. 중요한 것은 이 상황에서 당신은(또는 당신의 어머니는) 어떤 기분이 들겠느냐가 아니라, 사람을 이성적 존재, 존중받아야 할 존재로 대한다는 것의 의미다. 칸트가 생각하는 존중은 연민과 다르다는 것을 보여 주는 예라고 할 수 있다. 정언 명령 관점에서 볼 때, 어머니의 기분을 걱정해 거짓말을 하는 행위는 어머니를 이성적 존재로 존중하기보다, 어머니 자신의 만족을 위한 수단으로 이용하는 행위라고 주장할 수 있다.

질문2: 칸트는 의무에 응답하는 것과 자율적으로 행동하는 것을 동일하게 생각하는 것 같다. 하지만 어떻게 그럴 수 있나? 의무에 따라 행동한다는 것은 법칙을 지킨다는 의미인데, 법칙에 대한 복종이 어떻게 자유와 모순되지 않을 수 있는가?

대답: 의무와 자율은 반드시 지켜야 하는 법칙을 본인 스스로 정하는 특별한 경우에만 함께할 수 있다. 자유로운 인간으로서 나의 존엄성은 도덕법에 종속되는 데 있는 것이 아니라, 내가 "바로 그 법을 정한 주체이며, (……) 바로 그 이유로 그 법에 종속되는 데" 있다. 우리는 정언 명령에 따름으로써 우리가 선택한 법을 지키게 된다. "자신이 만든

법에 스스로 종속된다는 조건하에서이긴 하지만, 인간의 존엄성은 바로 그 보편적 법칙을 만드는 능력에 있다."[26]

질문3: 자율이 자기 스스로 부여한 법칙에 따라 행동한다는 의미라면, 어떻게 모든 사람이 똑같은 도덕법을 선택한다고 장담할 수 있는가? 정언 명령이 자기 의지의 산물이라면, 사람마다 정언 명령이 서로 다르지 않을까? 칸트는 사람들 모두 똑같은 도덕법에 동의하리라 생각한 것 같다. 하지만 사람마다 이성적 사고가 다르니, 저마다 다른 도덕법에 도달하지 않으리라고 어떻게 확신하는가?

대답: 도덕법을 정할 때, 우리는 당신 혹은 나라는 특정인으로서 선택하는 것이 아니라 칸트의 소위 '순수 실천 이성'의 참여자인 이성적 존재로서 선택한다. 그러므로 도덕법이 개인마다 다르다는 생각은 오해다. 물론 우리가 특정 이익, 욕구, 목적에 따라 사고한다면, 저마다 여러 원칙을 만들어 낼 것이다. 하지만 그것들은 도덕 원칙이 아니라 단순히 이해타산을 고려한 원칙일 뿐이다. 우리는 순수 실천 이성을 발휘할 때 특정 이해관계에서 벗어나게 된다. 이는 누구나 순수 실천 이성을 발휘한다면, 동일한 결론(유일하고 보편적인 정언 명령)에 이른다는 의미다. "따라서 자유 의지와 도덕법에 따르려는 의지는 같으며 하나다."[27]

질문4: 칸트는 도덕이 이해타산을 고려한 계산을 넘어서는 것이며 정언 명령의 형태를 취한다고 주장한다. 하지만 도덕이 권력과 이익의 추구와 별개로 존재함을 어떻게 알 수 있을까? 우리가 자유 의지를 통해 자율적으로 행동할 능력이 있다고 어떻게 장담할 수 있을까? 과학자들이 (예를 들어 뇌 영상이나 인지 신경 과학을 통해) 우리에게 자유 의지가 없음을 밝혀낸다면? 그럴 경우 칸트의 도덕 철학은 틀렸음이 입증되지 않을까?

대답: 의지의 자유는 과학이 증명하거나 반증할 수 있는 종류의 것이 아니다. 도덕도 그러하다. 물론 인간은 자연 영역에 살고 있다. 우리가 하는 모든 행동은 물리적 또는 생물학적 관점에서 설명할 수 있다. 손을 들어 투표할 때, 내 행동은 근육, 신경, 시냅스, 세포의 관점에서 설명할 수 있다. 하지만 사상과 믿음이라는 관점에서 설명할 수도 있다. 칸트는 우리 자신을 두 가지 관점(물리와 생물이라는 경험 영역과 자유로운 인간의 행위라는 '예지적' 영역)에서 동시에 바라보지 않을 수 없다고 말한다.

위의 질문에 더 자세히 답하기 위해, 이 두 가지 관점을 좀 더 설명할 필요가 있다. 이 두 관점은 우리가 인간의 행위와 우리의 행동을 지배하는 법칙을 바라볼 때 취할 수 있는 시각이다. 이에 대해 칸트는 다음과 같이 설명하고 있다.

> 이성적 존재는 (……) 자신을 주시할 수 있는 관점과 자신의 모든 행동을 (……) 지배하는 법칙을 알 수 있는 두 가지 관점을 갖고 있다. 우선 자신이 감각적 세계에 속해 있는 한, 자신이 자연법칙(타율) 아래에 있음을 알 수 있다. 또한 자신이 예지적 세계에 속해 있는 한, 자연법칙과는 독립적인, 경험이 아닌 오직 이성을 토대로 한 법 아래에 있음을 알고 있다.[28]

이 두 관점의 대조는 앞서 살펴본 세 가지 대조와 같은 맥락에 있다.

대조 1(도덕): 의무 vs. 경향성

대조 2(자유): 자율 vs. 타율

대조 3(이성): 정언 명령 vs. 가언 명령

대조 4(관점): 예지적 영역 vs. 감각적 영역

자연 존재로서 나는 감각 세계에 속해 있다. 내 행동은 자연법칙 및 원인과 결과라는 규칙적인 패턴으로 결정된다. 이는 물리, 생물, 신경과학이 설명할 수 있는 인간 행동의 한 측면이다. 한편 이성적 존재로서의 나는 예지적 세계에 살고 있다. 여기서는 자연법칙으로부터 독립적인 존재로서 자율권을 행사할 수 있으며, 내가 스스로 부여한 법칙에 따른 행동이 가능하다.

칸트는 이 두 번째 관점, 즉 예지적 관점에서 바라보아야 자신을 자유로운 인간으로 인식할 수 있다고 말한다. "감각 세계의 원인들로 인한 결정으로부터 독립적일 때(그리고 이성이 이 기능을 담당할 때) 자유롭기 때문이다."[29]

내가 오로지 경험적 존재일 뿐이라면, 자유로울 수 없을 것이다. 내 의지의 행사는 늘 어떤 이익이나 욕구에 좌우된다. 모든 선택은 어떤 목적을 추구하기 위한 타율적 선택이 될 것이다. 내 의지는 결코 1차 원인이 되지 못하고, 다른 1차 원인의 결과이자 이런저런 충동이나 경향성의 도구가 된다.

우리가 스스로를 자유롭다고 생각하는 한, 자신을 단순히 경험적 존재로 생각할 수 없다. "우리는 스스로를 자유롭다고 생각할 때, 자신을 예지적 세계의 일원으로 편입시키며, 의지의 자율을 그 결과인 도덕과 관련지어 인식한다."[30]

그렇다면 (앞의 질문으로 돌아가) 정언 명령은 어떻게 가능할까? 그것은 오로지 "자유로운 생각이 나를 예지적 세계의 일원으로 만들기" 때문이다.[31] 우리가 자유롭게 행동할 수 있고, 자신의 행동에 도덕적 책임을 지며, 다른 사람의 행동에 도덕적 책임을 물을 수 있다는 생각은 자신을 단지 대상이 아닌 행위자로 여기는 사고방식을 필요로 한다. 당신이 이런 생각에 진정 반대하며 인간의 자유와 도덕적 책임은 완전한 착각이라고 주장한다면, 칸트의 설명으로는 당신이 틀렸음을 증명할 수 없다. 하지만 자유와 도덕에 관한 이해 없이는 우리와 우리의 삶을 파악하기가, 불가능하지는 않더라도 어려울 것이다. 그리고 그러한 이해를 통해 우리는 두 가지 관점, 즉 행위자의 관점과 대상의 관점을 깊이 생각해 볼 수 있다고 칸트는 생각했다. 그리고 일단 그러한 관점의 힘을 알게 되면, 자유의 존재 가능성을 왜 과학이 증명하거나 반증할 수 없는지 알게 될 것으로 보았다.

칸트 역시 우리가 늘 이성적 존재는 아니라는 사실을 인정했음을 기억하자. 우리가 오로지 예지적 세계에서만 사는 것은 아니다. 우리가 오로지 이성적 존재일 뿐이고, 자연의 법칙과 필연성에 종속되지 않는다면, 우리의 모든 행동은 "의지의 자율과 예외 없이 일치할 것이다."[32]

우리는 필연성의 영역과 자유 영역이라는 두 관점의 세계에 동시에 살고 있기 때문에, 우리가 하는 것과 해야 하는 것 사이에, 사물이 존재하는 방식과 존재해야 하는 방식 사이에 잠재적 격차가 있다. 달리 말해 도덕은 경험적이지 않다. 도덕은 세상과 일정한 거리를 둔다. 도덕은 세상에 대해 판결을 내린다. 하지만 과학은 아무리 강한 힘과 통찰력을 지녔어도, 감각 영역에서 작동하기 때문에 도덕적 물음에 답하지 못한다.

칸트는 이렇게 썼다. "어리석은 사람의 이성으로 자유를 온전히 설명하기란 불가능하듯이, 가장 난해하고 복잡한 철학으로도 불가능하다."[33] 그가 오늘날 세상에 있다면, 아무리 인지신경과학이 정교하다고 해도 이 역시 불가능하다고 덧붙였을 것이다. 과학은 자연을 연구하고 경험 세계를 탐구할 수 있지만, 도덕 질문에 답을 하거나 자유 의지의 존재를 증명할 수는 없다. 도덕과 자유는 경험적 개념이 아니기 때문이다. 과학으로 도덕과 자유의 존재를 증명할 수는 없지만, 그것을 전제하지 않고서는 우리의 도덕적 삶을 이해할 수 없다.

섹스, 거짓말, 정치

칸트의 도덕 철학을 탐구하는 한 가지 방법은 그가 몇 가지 구체적인 사례에 도덕 철학을 어떻게 적용했는지 살펴보는 것이다. 나는 그 가운데 섹스, 거짓말, 정치 세 가지를 살펴보고자 한다. 철학자가 자신의 이론을 다른 누구보다 항상 정확하게 현실 사례에 적용하는 것은 아니다. 하지만 칸트가 자신의 철학을 적용한 사례를 살펴보면 그 자체로도 흥미로울 뿐 아니라 그의 철학 전반을 이해하는 데도 도움이 된다.

자유로운 성관계에 반대한 칸트의 견해

성도덕에 관한 칸트의 견해는 전통적이고 보수적이다. 그는 부부 사이의 성관계를 제외한 그 어떤 성관계에도 반대했다. 성에 관한 칸트의 시각이 모두 그의 도덕 철학에 모두 부합되는가 하는 문제보다 더 중요한 것은 그 견해에 반영된 근본 사고방식이다. 우리는 자신을 소유할수도, 마음대로 처리할 수도 없다는 견해가 바로 그것이다. 서로 동의한 경우라도 자유로운 성관계(이 경우에 그는 혼외정사를 의미)에 반대하는 이유는 그것이 두 사람의 품위를 떨어뜨리고, 둘 다 욕망의 대상으로 만들기 때문이다. 자유로운 성관계는 오로지 성욕을 충족시킬 뿐 상대의 인간성을 존중하는 행위가 아니기 때문에 칸트는 반대한다.

> 남자가 여자에게 욕정을 느끼는 이유는 상대가 인간이기 때문이 아니라 여자이기 때문이다. 그녀가 인간이라는 사실은 남자의 관심사가 아니다. 오로지 여성이란 성별만이 욕구의 대상이다.[34]

자유로운 성관계가 서로에게 만족을 준다 해도 "각자 상대의 인간성을 욕보인다. 이들은 인간성을 욕구와 경향성을 충족하는 도구로 이용한다".[35] (잠시 후 살펴볼 여러 이유로, 칸트는 결혼이 성관계를 육체적 만족이상으로 격상시키고 인간의 존엄성과 연결시킨다고 보았다.)

매춘이 도덕적인가 비도덕적인가 하는 문제를 다루기 위해 칸트는 어떤 조건에서 우리의 성기능을 발휘하는 행동이 도덕적으로 문제가없는지 묻는다. 이때도 그는 다른 경우와 마찬가지로 타인이나 우리 자신을 단순히 물건 취급해서는 안 된다고 답한다. 우리는 자신을 마음대로 처리할 수 없다. 자유지상주의의 자기 소유 개념과는 극히 대조적으로, 칸트는 우리가 자신을 소유하지 않는다고 주장한다. 사람을 단지 수단이 아닌 목적으로 대해야 한다는 도덕적 의무는 우리 몸과 우리 자신을 다루는 방식을 제한한다. "인간은 물건이 아니므로, 인간은 자신을 마음대로 처리할 수 없다. 자신은 스스로의 재산이 아니다."[36]

오늘날 성도덕에 관한 논쟁에서 자율권을 중시하는 사람들은 자기 몸을 자기 마음대로 이용할 자유가 개인에게 있다고 주장한다. 하지만 칸트가 말하는 자율의 의미에 따르면 그렇지 않다. 모순적이게도 칸트가 생각하는 자율은 우리가 자신을 다루는 방식에 일정한 제약을 가한다. 앞서 했던 설명을 떠올려 보자. 자율적이라는 것은 자신이 스스로 부여한 법칙, 즉 정언 명령에 지배된다는 의미다. 그리고 정언 명령은 (자신을 포함해) 모든 사람을 단지 수단이 아닌 목적으로 존중할 것을 요구한다. 따라서 칸트에 따르면, 자율적으로 행동하기 위해서는 자신을 존중하고, 대상으로 여기지 않아야 한다. 우리는 어떤 식으로든 자기 몸을 마음대로 이용할 수 없다는 것이다.

칸트가 살던 시절에 신장을 거래하는 시장은 없었지만, 부자들은 가난한 사람들로부터 치아를 사서 자기 잇몸에 심었다(18세기 영국의 토머스 롤런드슨Thomas Rowlandson이 치과 진료실 풍경을 그린 「치아 이식Transplanting of Teeth」이란 캐리커처에는 치과 의사가 굴뚝 청소부에게서 이를 빼고, 돈 많은 여자들이 그 옆에서 치아 이식을 기다리는 풍경이 그려져 있다). 칸트는 이를 인간 존엄성을 침해하는 행위로 여겼다. 누구에게도 "자기 팔다리나 심지어는 치아 하나조차 팔 자격이 없다."[37] 자신의 신체 일부를 파는 행위는 자신을 물건으로, 한낱 수단으로, 이익을 위한 도구로 삼는 행위다.

칸트는 매춘 역시 같은 이유로 반대했다. "이익을 얻기 위해 자기 몸을 다른 사람의 성욕 충족에 이용되게 함으로써 자신을 거래 대상으로 만드는 행위는 (……) 스테이크로 허기를 채우듯이 자기를 대상으로 삼아 욕구를 채우도록 허락하는 행위다." 인간은 "이익을 얻기 위해 자신을 마치 물건처럼 내놓아 상대가 성욕을 채우도록 허용할 자격이 없다". 그런 행동은 한 개인을 한낱 물건으로, 이용의 대상으로 취급하는 행위다. "그 밑바탕에는 인간은 자신의 재산이 아니며 자기 몸을 멋대로 이용할 수 없다는 도덕 원칙이 있다."[38]

매춘과 자유로운 성관계에 반대하는 칸트의 견해는 그가 생각하는 자율(이성적인 존재의 자유 의지)과 개인 간의 합의에 따른 행위를 대비한다. 우리가 의지를 발휘해 도달한 도덕법은 (자신이든 타인이든) 인간을 수단이 아닌 목적 그 자체로 대하라고 요구한다. 이 요구는 비록 자율에 근거하지만, 합의한 성인들끼리의 행동이라도 인간의 존엄성과 자기 존중을 거스르는 행동은 배제한다.

칸트는 오직 부부끼리의 성관계만이 '인간성의 훼손'을 막을 수 있다고 결론 내린다. 두 사람이 상대에게 자신의 전부를 줄 때만, 그리고 단순히 성적 능력만 이용하지 않을 때만 성관계가 물건 취급받지 않을 수 있다. "좋든 나쁘든, 모든 면에서" 서로가 상대의 "인간성과 육체와 영혼"을 함께 나눌 때만 이들의 성은 "인간의 결합"으로 이어질 수 있다.[39] 칸트는 모든 결혼이 이런 식의 결합을 실제로 가져와야 한다고 말하지는 않는다. 그리고 이런 결합이 부부가 아닌 사람들 사이에서는 일어날 수 없다거나, 부부가 아닌 사람들끼리의 성관계는 오로지 성적 만족밖에 없다고 말한다면 잘못일 것이다. 하지만 성에 관한 그의 견해는 오늘날의 논쟁에서 곧잘 혼동되는 두 개념(규제받지 않는 합의의 윤리, 그리고 자율과 인간의 존엄성을 존중하는 윤리)의 차이점을 확실히 보여 준다.

살인자에게 거짓말을 하면 잘못일까?

칸트는 거짓말에 강경한 입장을 취한다. 『도덕 형이상학의 기초』에서 거짓말을 부도덕한 행위의 최고 사례로 꼽는다. 하지만 예를 들어 친구가 당신 집에 숨어 있고, 살인자가 문 앞에 와서 그 친구를 찾는다고 가정할 때, 살인자에게 거짓말을 하는 것은 옳은 행위 아닐까? 칸트는 아니라고 말한다. 진실을 말해야 할 의무는 결과에 상관없이 항상 존재한다.

칸트와 동시대 인물인 프랑스 철학자 뱅자맹 콩스탕Benjamin Constant은 그러한 비타협적 입장을 문제시했다. 진실을 말해야 할 의무는 진실을 알 자격이 있는 사람에게만 해당되며, 살인자 같은 사람은 당연히 여기에 해당하지 않는다고 그는 주장했다. 하지만 칸트는 살인자에게 거짓말하는 행위가 잘못인 이유는 살인자에게 해를 입히기 때문이 아니라 옳은 원칙에 위반되기 때문이라고 대답했다. "회피할 수 없는 발언에도 진실을 담아야 하는 것은 모든 사람이 지켜야 할 엄연한 의무다. 그로 인해 자신이나 타인이 아무리 큰 불이익을 입는다 해도 그렇다."[40]

물론 살인자가 악한 짓을 저지르는 걸 돕게 된다면 그것은 중대한 '불이익'이다. 하지만 칸트에게 도덕은 결과가 아닌 원칙의 문제이다. 결과는 주변 상황에 달려 있으므로, 당신은 당신 행동(이 경우는 진실 말하기)의 결과를 통제할 수 없다. 당신 친구는 살인자가 쫓아온다는 두려움에 이미 뒷문으로 빠져나갔을 수도 있다. 당신이 진실만을 말해야 하는 이유는 살인자가 진실을 들을 자격이 있다거나 거짓이 살인자에게 손해가 되기 때문이 아니라고 칸트는 말한다. 어떤 거짓말이든 "진실의 원천을 해친다. (……) 그러므로 어떤 상황에서도 진실(정직)은 그 어떤 편의상 예외도 인정할 수 없는 신성하고 무조건적인 이성의 법칙이다."[41]

이는 유별나고 극단적인 입장으로 보인다. 우리에게는 분명 나치 돌격대원에게 안네 프랑크의 가족이 다락방에 숨어 있다고 말해 줄 도덕적 의무는 없다. 문 앞에 온 살인자에게 진실을 말하라는 칸트의 주장은 정언 명령을 잘못 적용했거나, 정언 명령이 잘못되었음을 증명하는 것으로 보인다.

칸트의 주장은 언뜻 타당해 보이지 않지만, 나는 그의 주장을 옹호해 보려 한다. 나의 주장이 비록 칸트의 설명과는 다를지라도, 어쨌든 그의 철학 정신에 바탕을 둔 것이기에 그의 철학을 조명하는 데 도움이 되었으면 한다.

친구가 옷장에 숨어 있는데, 살인자가 문 앞에 나타난 난처한 상황을 가정해 보자. 물론 살인자가 악한 짓을 저지르게 돕고 싶은 마음은 없다. 당연히 살인자를 친구가 있는 곳으로 가게 만들 말은 한마디도 하고 싶지 않다. 그렇다면 무슨 말을 해야 할까? 당신 앞에는 두 가지 선택이 있다. "그는 여기 없어요"라고 명백한 거짓말을 하거나, "한 시간 전에 저 아래 가게 쪽으로 가는 걸 봤어요"라고 진실이지만 그를 오도할 수 있는 말을 하는 것이다.

칸트의 관점에서 두 번째 계획은 도덕적으로 허용되지만 첫 번째는 그렇지 못하다. 당신은 괜한 억지라고 여길지도 모른다. 엄밀히 따지면 진실이지만 상대를 오도할 말과 명백한 거짓말 사이에는 어떤 도덕적 차이가 있을까? 두 경우 모두 살인자로 하여금 친구가 집에 숨어 있지 않다고 믿게 할 의도에서 한 말이다.

칸트는 그 두 가지 대답 사이에는 엄청난 차이가 있다고 생각한다. '선의의 거짓말'을 생각해 보자. 우리는 가끔 상대의 기분을 상하지 않게 하려고 예의상 진실이 아닌 말을 약간 할 때가 있다. 친구에게 선물을 받았다고 가정해 보자. 포장을 풀어 보니, 당신이 절대 매지 않을 우스꽝스러운 넥타이가 들어 있다면, 뭐라고 말하겠는가? 흔히 "좋은데!"라고 말할 것이다. 이것은 선의의 거짓말이다. 반면 "뭘 이런 걸 다 선물해!"라고 말하거나, "이런 넥타이는 처음 보네, 고마워"라고 말할 수도 있다. 이런 응답도 선의의 거짓말처럼 당신이 넥타이를 좋아한다는 그릇된 인상을 심어 줄 수 있지만, 아무튼 진실은 진실이다.

칸트는 선의의 거짓말에 반대할 것이다. 결과론적 근거를 바탕으로 도덕법의 예외를 인정하기 때문이다. 다른 사람의 기분을 배려한다는 의도는 갸륵하지만, 정언 명령에 부합하도록 행동해야 한다. 다시 말해 얼마든지 보편화될 수 있는 원칙을 바탕으로 행동해야 한다. 목적에 따라 의도가 좋다고 예외를 인정한다면 도덕법의 정언적 성격인 절대성이 무너지고 만다. 이와 반대로, 진실이지만 상대를 오도할 수 있는 발언은 정언 명령을 위협하지 않는다. 실제로 칸트 자신도 딜레마에 빠졌을 때 이 차이에 의존한 적이 있다.

칸트라면 빌 클린턴을 변호했을까?

콩스탕과 교류하기 몇 년 전, 칸트는 프리드리히 빌헬름 2세Friedrich Wilhelm II와 껄끄러운 관계에 놓인 적이 있었다. 왕과 검열관은 종교에 관한 칸트의 글이 기독교를 폄하했다고 판단해, 그 주제에 관한 언급을 더 이상 하지 않겠다는 서약을 그에게 요구했다. 칸트는 표현을 고르고 골라 이렇게 약속했다. "소인은 폐하의 충성스러운 백성으로서, 앞으로 종교에 관한 공개 강의나 논문을 삼가겠습니다."[42]

이 말을 지어낼 당시, 칸트는 왕이 그리 오래 살지 못할 것이란 사실을 알고 있었다. 몇 년 뒤 왕이 죽자, 칸트는 이 약속에서 풀려났다고 여겼다. "폐하의 충성스러운 백성"일 때만 해당되는 약속이었기 때문이다. 후에 칸트는 "자유를 영원히 빼앗기지 않고 폐하가 살아 있는 동안만 (……) 빼앗기기 위해 매우 조심스럽게" 말을 골랐다고 설명했다.[43] 정직한 프로이센의 귀감인 칸트는 상황을 영악하게 피해 간 덕에 거짓말을 하지 않고도 검열관을 속이는 데 성공했던 것이다.

꼼수 아닌가? 그럴지도 모른다. 하지만 도덕적으로 중요한 뭔가는 명백한 거짓말이냐, 교묘한 회피냐의 차이에 달렸을 때가 많다. 빌 클린턴Bill Clinton 전 미국 대통령의 사례를 보자. 내 생각에 근래의 미국 공인 가운데 클린턴만큼 신중하게 말을 골라 혐의를 교묘히 부인한 인물도 없을 것이다. 첫 번째 임기를 위한 대통령 선거 운동 때, 비치료용 약물을 사용한 적이 있느냐는 질문을 받은 클린턴은 미국 연방이나 주의 마약금지법을 어긴 적은 없다고 대답했다. 그리고 나중에, 영국 옥스퍼드 대학교 유학 시절에 마리화나를 사용한 적은 있다고 시인했다.

이렇게 교묘하게 부인의 말을 했던 그가 가장 기억에 남을 만한 부인을 한 사례가 있다. 백악관에서 일하던 스물두 살의 인턴 모니카 르윈스키Monica Lewinsky와 성관계를 맺었다는 보도에 대한 그의 대답이다. "미국 국민께 드리고 싶은 말이 있습니다. 제 말에 귀 기울여 주시기 바랍니다. (……) 저는 르윈스키라는 여성과 섹스를 한 적이 없습니다."

뒤에 대통령과 모니카 르윈스키의 성적인 접촉이 정말 있었다는 사실이 드러났고, 이 추문은 탄핵 문제로까지 불거졌다. 탄핵 청문회에서 대통령이 '성관계'를 부인한 것이 대국민 거짓말인지를 놓고 한 공화당 의원과 클린턴의 변호사 그레고리 크레그Gregory Craig는 논쟁을 벌였다.

공화당 의원 보브 잉글리스: 자, 크레그 씨, 대통령이 '그 여성과 섹스를 하지 않았다'고 말한 건 미국 국민에게 거짓말을 한 거죠? 거짓말 맞죠?

크레그: 그는 분명히 오도하고 기만하는…….

잉글리스: 잠깐만요, 그러니까 거짓말 맞죠?

크레그: 미국 국민에게 (……) 당시 그는 국민을 오도하고, 진실을 말하지 않았습니다.

잉글리스: 좋아요, 대답하지 않을 생각인가 본데 (……) 또한 대통령은 개인적으로 주장하길 (……) 단순한 도덕적 진실을 법적·기술적 방법으로 흐려서는 안 된다고 했습니다. '그 여성과 결코 섹스하지 않았다'고 말한 건 미국 국민에게 거짓말을 한 거죠?

크레그: 그는 자신이 거짓말을 했다고 생각하지 않습니다. 왜냐하면, 그러니까, 제가 설명드리죠, 의원님.

잉글리스: 자신이 거짓말을 했다고 생각하지 않는다고요?

크레그: 그렇습니다. 그는 거짓말을 했다고 생각하지 않습니다. 섹스란 개념을 사전적으로 정의하고 있기 때문입니다. 사실 의원님은 동의하지 않으실 수도 있지만, 그의 생각에 섹스의 정의는……

잉글리스: 좋아요, 나도 그 주장은 잘 압니다.

크레그: 좋습니다.

잉글리스: 놀랍군요. 변호사께서 우리 앞에서 대통령의 그 모든 사과를 철회하고 있다니.

크레그: 그렇지 않습니다.

잉글리스: 당신은 대통령의 사과를 철회하고 있어요, 그렇죠?

크레그: 그렇지 않습니다.

잉글리스: 변호사께서는 지금 그 주장으로 돌아가고 있기 때문이에요. 당신은 여기서 이런저런 주장을 펼치겠죠. 그중 하나가 대통령이 그 여성과 섹스를 하지 않았다는 것 아닙니까? 그건 구강 성교였지, 진짜 섹스가 아니다, 변호사께서 오늘 여기서 우리한테 하실 말씀이, 대통령은 모니카 르윈스키와 섹스를 하지 않았다, 그거 아닙니까?

크레그: 대통령께서 미국 국민께 하신 말씀은 성관계를 맺지 않았다는 사실입니다. 그리고 의원님께서 좋아하지 않을 말씀이라는 거, 이해합니다. 지나치게 기술적인 변호이거나 꼼수를 써서 회피하는 대답처럼 보일 테니까요. 하지만 성관계는 사전마다 일정한 방식으로 정의하고 있고, 대통령께서는 모니카 르윈스키와 그런 식의 성적 접촉을 하지 않았습니다. (……) 따라서 그분이 미국 국민을 기만했다? 그렇습니다. 그게 잘못이었는가? 그렇습니다. 비난받아 마땅한가? 그렇습니다.[44]

대통령의 변호인은 클린턴이 이미 인정한 바와 같이, 그 인턴과의 관계는 잘못되고 부적절하고 비난받아 마땅하며, 이와 관련한 대통령의 발언은 사람들을 "오도하고 기만했다"는 사실을 인정했다. 다만 대통령이 거짓말을 했다는 사실만은 결코 인정하지 않았다.

왜 거짓말을 인정하지 않는 것을 그리 중요하게 생각했을까? 조서를 쓸 때나 법정에서 증언할 때 거짓말을 하면 위증죄가 적용될 수 있다는 오로지 법적 문제 때문만은 아니다. 사실 대통령의 문제 발언은 선서하고 말한 것이 아니라 텔레비전에서 미국 국민에게 했던 것이다. 하지만 질문을 했던 공화당 의원이나 클린턴의 변호인 모두, 클린턴이 거짓말을 했는지, 아니면 단순히 국민을 오도하고 기만했는지 판단하는 것이 중요하다고 생각했다. "그가 거짓말을 했는가?"에 대한 이들의 격렬한 논쟁은 거짓말과 남을 오도할 수 있는 진실 사이에는 도덕적 차이가 있다는 칸트의 사고방식을 지지한다.

그렇다면 그 차이는 무엇일까? 사실 두 경우 모두 의도는 똑같다고 봐도 좋다. 문 앞에 있는 살인자에게 거짓말을 하든 교묘히 진실을 회피하는 말을 하든, 발언의 의도는 살인자에게 친구가 집에 숨어 있지 않다고 믿게 만드는 것이다. 그리고 칸트의 도덕 이론에서 중요한 것은 의도나 동기다.

둘 사이의 차이에 대해 나는 이렇게 생각한다. 신중하게 회피하는 말은 명백한 거짓말이 하지 않는 방법으로, 진실을 말해야 하는 의무에 경의를 표한다. 상대를 오도하지만 엄밀히 따지면 진실인 말을 지어내 거짓말을 피하는 사람은 희미하게나마 도덕법에 존중을 표하는 것이다.

오도하는 진실에는 하나가 아닌 두 개의 동기가 담겨 있다. 살인자에게 명백한 거짓말을 하는 행위는 위험에 처한 친구를 보호하겠다는 하나의 동기에서 나온다. 반면 얼마 전에 친구가 가게 쪽으로 가는 걸 봤다는 말에는 친구를 보호하는 동시에 진실 말하기라는 의무를 지키려는 두 개의 동기가 담겨 있다. 두 경우 모두 친구를 보호하겠다는 칭찬할 만한 목적을 추구하지만, 두 번째 경우만이 의무를 다하겠다는 또 다른 동기에 따라 목적을 추구한다.

　기술적으로는 진실이지만 상대를 오도하는 발언 역시 거짓말과 마찬가지로 모순 없이 보편화할 수 없다고 주장하는 사람이 있을 것이다. 하지만 그 차이를 살펴보자. 문 앞에 살인자가 왔거나 난감한 성추문에 휩싸였을 때 사람들이 모두 거짓말을 한다면, 누구도 그런 말을 믿지 않아 거짓말의 효과가 없을 것이다. 하지만 오도하는 진실은 다르다. 위험하거나 난처한 상황에 빠졌을 때, 모든 사람이 조심스러운 표현으로 상황을 피해 가려 한다면, 사람들은 그 말을 믿기를 반드시 그만두려 하지는 않을 것이다. 대신 변호사처럼 상대의 말을 주의 깊게 들으면서 문자 그대로의 의미에 주목해 그 말을 분석하려 할 것이다. 클린턴이 조심스레 고른 표현으로 혐의를 부인했을 때, 언론과 대중도 그런 반응을 보였다.

　혐의를 부인하는 정치인의 말을 사람들이 문자 그대로 의미를 분석하는 것이, 정치인의 말을 아예 안 믿는 것보다는 낫다는 게 칸트의 요지가 아니다. 그것은 결과론적 논리일 뿐이다. 오도할 수 있지만 진실인 발언은 명백한 거짓말처럼 듣는 사람을 대놓고 속이거나 이용하지는 않는다는 것이 칸트의 요지다. 이야기를 주의 깊게 들어 보면 말의 진위를 판별할 가능성은 얼마든지 있기 때문이다.

따라서 칸트의 도덕 이론에 따르면, 엄밀히 말해 진실이지만 오도할 수 있는 발언(문 앞의 살인자에게든, 프로이센의 검열관에게든, 검사에게든)을 하는 것은 명백한 거짓말과 달리 도덕적으로 용납될 수 있다고 결론지을 근거가 있다. 당신은 내가 칸트의 받아들이기 힘든 주장을 옹호하느라 애쓴다고 생각할지도 모르겠다. 문 앞에 서 있는 살인자에게 거짓말을 하는 행위는 잘못이라는 칸트의 주장은 결국 당신을 납득시킬 수 없을지도 모른다. 하지만 명백한 거짓말과 남을 오도하는 진실의 구별은 칸트의 도덕 이론을 이해하는 데 도움이 된다. 그리고 이를 살펴보면 빌 클린턴과 쾨니히스베르크 출신의 엄격한 도덕주의자 사이의 놀라운 유사성을 발견하게 된다.

칸트가 생각하는 정의

아리스토텔레스, 벤담, 밀과 달리 칸트는 정치 이론에 관해 주요 저술을 남기지 않고, 몇 편의 논문만 썼을 뿐이다. 하지만 윤리를 다룬 글의 도덕과 자유에 관한 설명에는 정의를 함축하는 힘 있는 주장이 담겨 있다. 자세한 설명은 없지만, 그는 공리주의를 거부하고 사회 계약을 기초로 한 정의론을 지지한다.

칸트는 우선 공리주의를 개인 도덕성의 기초로서만이 아니라 법의 기초로서도 거부한다. 칸트는, 공정한 헌법은 각 개인의 자유와 다른 모든 이의 자유가 조화를 이루도록 해야 한다고 생각했다. 이는 공리의 극대화와는 관계가 없으며, 공리는 기본권 결정에 "결코 끼어들어서는 안 된다"고 보았다. 사람들은 "행복의 경험적 목적과 행복의 구성 요소에 대해 서로 다른 시각을 갖고 있기" 때문에 공리는 정의와 권리의 기초가 될 수 없다. 당연하지 않은가? 공리를 권리의 기초로 삼는다면, 행복에 대한 여러 개념 가운데 어느 하나를 사회가 공개적으로 지지해야 한다. 헌법의 기초를 행복의 특정 개념(예를 들어 다수의 행복)에 둘 경우, 어떤 사람은 다른 사람의 가치를 받아들여야 한다. 그럴 경우 자신만의 목적을 추구할 개인의 권리가 무시된다. 칸트는 이렇게 썼다. "어느 누구도 타인의 기준에 맞춰서 행복하도록 나에게 강요할 수 없다. 타인의 자유를 침해하지 않는 한, 각자 어울리는 방식으로 행복을 추구할 수 있기 때문이다."[45]

칸트의 정치 이론에서 볼 수 있는 두 번째 뚜렷한 특징은 정의와 권리를 사회 계약에서, 다소 변형된 사회 계약에서 도출한다는 것이다. 로크를 비롯해 초기 사회 계약설 사상가들은 사람들이 자기 집단의 삶을 지배할 원칙에 따라 언젠가 스스로 결정한 사회 계약으로부터 합법적인 정부가 태어난다고 주장했다. 칸트는 이 계약을 달리 본다. 합법 정부는 맨 처음 만들어진 원초적 계약을 기초로 해야 하지만, "이 계약이 (……) 하나의 사실로 '존재'할 필요는 전혀 없다. 실제로 그럴 수밖에 없기 때문이다". 칸트는 이 원초적 계약이 진짜가 아니라 가상의 계약이라고 주장한다.[46]

정당한 헌법이 왜 진짜가 아닌 가상의 계약으로부터 생겨나는 걸까? 하나는 현실적인 이유다. 국가가 형성된 이래로 사회 계약이 있었다는 증거는 찾기 힘들다. 다른 하나는 철학적인 이유다. 도덕 원칙은 경험적 사실로부터만 나올 수 없다. 도덕법이 개인의 이익이나 욕구에 기초할 수 없듯이, 정의의 원칙도 공동체의 이익이나 욕구에 기초할 수 없다. 과거에 어떤 사람들이 동의했던 헌법이므로 지금도 정당하다고 말할 수는 없다.

어떤 가상의 계약이 이런 문제를 피해 갈 수 있을까? 칸트는 간단히 다음과 같이 정리한다. "이성이라는 '관념'에는 그럼에도 불구하고 의심의 여지가 없는 실제 현실성이 담겨 있다. 왜냐하면 입법자들에게는 국가 전체의 뜻을 통일한다면 어떤 법이 만들어질까를 고려해 법의 틀을 짜도록 하기 때문"이며, 각 시민에게는 "동의한 듯한" 의무감을 느끼게 하기 때문이다. 칸트는 집단적 동의라는 이 가상의 행위가 "모든 공법의 정당성을 판가름한다"고 결론 내린다.[47]

칸트는 이 가상의 계약이 어떤 모양을 하고 있는지, 혹은 이것이 어떤 정의의 원칙을 만드는지는 말하지 않았다. 거의 두 세기가 흐른 뒤, 미국의 정치 철학자 존 롤스가 이에 답하고자 했다.

JUSTICE

평등을 강조하는 시각:
존 롤스

THE CASE FOR EQUALITY:
JOHN RAWLS

대부분의 미국인은 사회 계약에 서명한 적이 없다. 사실 공무원을 제외하고 미국 사람 중 헌법 준수에 동의한 사람은 귀화한 시민, 즉 시민권을 받으며 충성을 서약한 이주자들뿐이다. 그 외의 사람들은 동의하라는 요구나 심지어 동의하느냐는 질문도 받아 보지 않았다. 그렇다면 왜 우리는 법을 지켜야 할까? 그리고 무슨 근거로 우리 정부가 그러한 합의에 기반을 두고 있다고 말할 수 있을까?

존 로크는 우리가 암묵적으로 합의했다고 말한다. 정부의 혜택을 누리는 사람, 심지어 고속도로를 달리는 사람도 법에 암묵적으로 합의했기에 이에 구속된다고 말한다.[1] 하지만 암묵적 합의는 실제 합의에 비해 흐릿한 형태다. 단지 마을을 통과하는 행위가 헌법을 비준하는 행위와 도덕적으로 유사하다고 보기는 어렵다.

이마누엘 칸트는 가상적 합의를 주장한다. 하지만 대중 전체가 동의할 정도로 법이 아무리 정당하더라도, 이 역시 실제 사회 계약의 변형된 대안일 뿐이다. 가상적 합의가 어떻게 진짜 합의의 도덕성을 대체할 수 있겠는가?

미국 정치 철학자 존 롤스(1921~2002)는 이 질문에 분명한 답을 내놓는다. 그는 『정의론^{A Theory of Justice}』(1971)이라는 책에서, 우리가 원초적으로 평등한 상황에서 어떤 원칙에 동의할 것인지를 묻는 방법으로 정의를 생각해 보자고 주장한다.[2]

롤스의 추론은 다음과 같다. 우리가 집단생활을 지배할 원칙을 정하기 위해, 즉 사회 계약을 작성하기 위해, 현재의 모습대로 한 자리에 모였다고 가정하자. 어떤 원칙을 선택할까? 아마도 쉽지 않은 일이 될 것이다. 저마다 각자의 이해관계, 도덕적·종교적 신념, 사회적 지위에 유리한 서로 다른 원칙을 선호할 것이다. 어떤 사람은 부자고, 어떤 사람은 가난하다. 어떤 사람은 권력이 있고 화려한 인맥도 있지만, 어떤 사람은 그렇지 못하다. 어떤 사람은 인종, 민족, 종교 면에서 소수 집단에 속하고, 어떤 사람은 그 반대다. 어쩌면 타협점을 찾을 수도 있다. 하지만 타협을 하더라도 다른 사람들보다 더 우월한 지위에 있는 이들이 더 큰 협상력을 발휘한 결과일지 모른다. 그런 식으로 합의된 사회 계약을 정당하다고 말하기는 어렵다.

이제 한 가지 가상의 사고 실험을 해보자. 원칙을 정하려고 모인 사람들이 각자 자기가 사회에서 어떤 위치에 있는지 잠시 잊게 된다고 상상해 보자. 즉 자신이 어떤 사람인지 일시적으로나마 전혀 알 수 없는 '무지의 장막' 뒤에서 선택해야 한다고 상상하자. 내가 어떤 계층, 성별, 인종, 민족, 정치적 견해, 종교적 신념을 갖고 있는지 모른다. 내가 건강한지 허약한지, 고등 교육을 받았는지 고등학교를 중퇴했는지, 좋은 집안에서 태어났는지 문제 있는 집안에서 태어났는지 전혀 모르기 때문에 내게 무엇이 유리하고 무엇이 불리한지도 모른다. 그야말로 자신에 대해 아무것도 모르는, 원초적으로 평등한 위치에서 선택하게 된다. 이처럼 협상에서 어느 누구도 우월한 위치에 있지 않다면, 우리가 합의한 원칙은 정당하다고 할 수 있다.

롤스가 생각한 사회 계약의 개념은 이처럼 원초적으로 평등한 위치에서 이루어지는 가상적 합의다. 롤스는 (이성적이며 자기 이익을 추구하는 인간으로서) 우리가 만약 그런 상황에 놓인다면 어떤 원칙을 고를지 자문해 보라고 말한다. 그는 인간이 현실에서 자기 이익에만 동기 부여되어 움직인다고 생각하지는 않는다. 다만 사고 실험을 위해 도덕적·종교적 신념을 배제할 뿐이다. 과연 우리는 어떤 원칙을 택할까?

우선 공리주의를 택하지 않을 것이라고 그는 추론했다. 우리는 무지의 장막 뒤에서, '어쩌면 내가 억압받는 소수에 속할지도 몰라'라고 생각할 수 있다. 또한 군중의 쾌락을 위해 자신이 사자에게 던져지는 기독교인이 되는 위험을 무릅쓸 사람도 없을 것이다. 완전한 자유지상주의 원칙을 선택해, 시장 경제 체제에서 벌어들인 돈을 몽땅 소유할 권리를 인정할 사람 역시 없을 것이다. 사람들은 이렇게 추론한다. "나는 빌 게이츠일 수도 있지만 어쩌면 노숙자일지도 몰라. 그러니 가난한 데다 도움도 못 받을 상황에 놓일지 모를 제도는 피하는 것이 좋겠어."

롤스는 이 가상적 계약으로부터 두 가지 정의의 원칙이 드러난다고 믿는다. 첫 번째는 언론 및 종교의 자유 같은 기본 자유가 모든 시민에게 평등하게 주어져야 한다는 원칙이다. 이는 사회적 공리나 일반적 복지에 대한 고려보다 앞선다. 두 번째 원칙은 사회적·경제적 평등과 관련되어 있다. 이는 소득과 부를 똑같이 나누라고 요구하지는 않지만, 불평등한 사회적·경제적 배분은 사회 구성원 가운데 가장 어려운 사람들에게 혜택이 돌아가는 경우에만 허용된다.

철학자들은 이 가상적 사회 계약에 참여하는 사람들이 과연 롤스 말대로 그 두 가지 원칙을 택할지, 아니면 택하지 않을지 논쟁을 벌인다. 잠시 뒤 우리는 롤스가 왜 그 원칙들이 선택되리라고 생각하는지 알게 될 것이다. 그 원칙으로 돌아가기 전에 우선 이런 질문부터 해보자. 과연 롤스의 사고 실험은 정의를 고민하는 제대로 된 방법일까? 실패하지 않는 합의로부터 어떻게 정의의 원칙을 끌어낼 수 있을까?

계약의 도덕적 한계

롤스의 가상적 계약에 담긴 도덕적 효력을 이해하기 위해서, 실제 계약의 도덕적 한계를 살펴보면 도움이 된다. 우리는 두 사람이 타협할 경우, 합의 조건이 공정할 것이라고 흔히 생각한다. 달리 말해, 계약으로 인해 당사자들이 정한 조건이 정당하다고 간주한다. 하지만 계약이 체결되었다는 사실만으로는 그 계약의 정당성을 보장하지 못한다. 계약을 실제로 체결했다고 해서 도덕성이 그 자체로 충분히 보장되는 것은 아니다. 당신과 내가 타협했다고 해서 그것이 공정하리라는 보장은 없다. 계약이 체결되더라도 "공정한 계약인가, 두 사람이 무엇에 동의했는가?"를 항상 물어야 한다. 이 물음에 답하려면 계약 자체에만 초점을 맞추어서는 안 되며, 독립적인 공정성 기준이 필요하다.

그러한 기준은 어디서 나올 수 있을까? 당신은 어쩌면 더 크고 우선되는 계약, 예를 들어 헌법을 생각할지도 모른다. 하지만 헌법도 다른 합의와 마찬가지 취약점을 갖고 있다. 헌법이 비준되었다고 해서 헌법

조항들이 정의롭다고 장담할 수는 없다. 1787년의 미국 헌법을 생각해 보자. 당시 헌법은 장점도 많았지만 노예제를 인정했다는 오점이 있었으며, 이 오점은 남북 전쟁 이후까지 남아 있었다. 당시의 헌법을 필라델피아 대의원들에 이어서 각 주가 동의했지만, 그것만으로는 정의롭다고 하기에 충분하지 않다.

이 결점은 시간을 거슬러 올라가 애초 합의에 문제가 있었다고 주장할 수도 있을 것이다. 당시 제헌 회의에는 흑인이 없었으며, 한 세기 지나서야 투표권을 갖게 된 여성 역시 없었다. 물론 제헌 회의에서 대표성이 강화되었더라면 보다 정의로운 헌법이 만들어졌을 가능성은 분명 더 높다. 사회 계약이 실재한다거나 제헌 회의의 대표성이 높다고 하더라도, 사회적 협력의 공정한 조건이 만들어진다는 보장은 없다.

도덕성은 처음부터 끝까지 합의에서 나온다고 생각하는 사람들에게는 못마땅한 주장일 수 있다. 하지만 이에 대해서는 논란이 크지 않다. 우리는 거래의 공정성에 회의를 느끼는 경우가 많다. 그리고 옳지 않은 거래로 이어지는 경우도 많다. 예를 들어 어느 한쪽이 협상에 더 능숙하다든지, 더 유리한 위치에 있다든지, 거래 대상의 가치를 더 잘 아는 경우다. 영화 〈대부The Godfather〉에는 돈 콜레오네Don Corleone의 유명한 대사가 나온다. "나는 그에게 거부할 수 없는 제안을 할 걸세." 이 말은 대부분의 협상에서 어느 정도 행사되는 압력을 (극단적 형태로) 보여 준다.

하지만 애초에 정한 계약 조건이 공정치 않다는 사실을 발견했다고 해서, 원하면 아무 때나 합의를 파기해도 좋다는 의미는 아니다. 완전히 공정한 거래가 아니라도 어느 정도는 이행할 의무가 있다. 부당한 요소가 있더라도 합의는 중요하기 때문이다. 하지만 합의가 생각만큼 그렇게 결정적으로 중요하지 않은 경우도 있다. 우리는 흔히 합의의 도덕적 역할과 다른 의무의 원천을 자주 혼동한다.

우리가 거래를 한다고 가정해 보자. 당신이 내게 바닷가재 100마리를 가져다주면, 나는 당신에게 1천 달러를 지불하기로 했다. 당신은 바닷가재를 잡아 배달했고, 나는 맛있게 먹었지만 돈을 주지 않는다. 당신은 내가 당신에게 채무가 있다고 말한다. 내가 그 이유를 묻자, 당신은 우리가 한 약속을 거론하고, 더불어 내가 누린 혜택도 지적할 것이다. 그러면서 당신 덕에 내가 혜택을 보았으니 나는 그것을 갚을 의무가 있다고 말할 것이다.

이번에는 같은 거래를 하되, 당신이 바닷가재를 잡아 내게 배달하려고 나간 사이 내 마음이 바뀌었다고 가정해 보자. 나는 아무튼 바닷가재를 먹고 싶지 않아졌다. 당신은 여전히 바닷가재를 잡으려 한다. 내가 말한다. "난 당신에게 아무런 채무도 없습니다. 이번에는 내가 혜택을 본 게 없거든요." 그러면 당신은 우리가 했던 약속을 거론하는 동시에, 내가 바닷가재를 살 것이라고 기대해 열심히 바닷가재를 잡은 당신의 수고를 지적할 것이다. 당신이 나를 위해 고생했으니, 내게 그 대가를 지불할 의무가 있다고 말할 것이다.

그럼 이제는 혜택에 대가를 지불하거나 나를 위한 수고에 보상해야 할 도덕적 부담이 더해지지 않은, 오직 합의에 기초한 의무만 있는 경우를 가정해 보자. 이번에도 같은 거래를 했지만 계약한 뒤 얼마 안 되어, 즉 당신이 시간을 들여 바닷가재를 잡기 전에 내가 다시 전화를 걸어 이렇게 말했다고 하자. "마음이 바뀌었습니다. 바닷가재를 갖다 주지 마세요." 그래도 나는 여전히 당신에게 1천 달러의 채무를 지게 될까? 당신은 "거래는 거래"라고 주장하면서, 내가 어떤 혜택이나 도움을 받지 않았어도 애초에 합의했으니 그에 따른 의무가 있다고 주장할까?

법사상가들은 오래전부터 이런 주제를 놓고 논쟁을 벌였다. 합의만으로도 의무가 생길까, 아니면 혜택이나 도움을 주고받은 뒤에야 의무가 생길까?[3] 이 논쟁은 우리가 흔히 간과하는 계약의 도덕적 문제를 보여 준다. 즉 실제 계약은 자율과 호혜라는 두 가지 이상의 실현을 통해 도덕적 효력을 갖는다는 사실이다.

자발적으로 맺은 계약은 자율을 표현한다. 계약으로 생긴 의무는 스스로 부여한 것이기에 중요하다. 상호 이익을 위한 도구로서 계약은 호혜라는 이상에서 나온다. 계약을 이행할 의무는 상대가 우리에게 준 혜택에 대가를 지불해야 하는 의무에서 발생한다.

현실에서 이러한 이상(자율과 호혜)은 불완전하게 실현된다. 어떤 합의는 자발적으로 맺어졌음에도 서로 간에 혜택이 돌아가지 않는다. 또 어떤 때는 계약을 하지 않았더라도 호혜 원칙에 따라 내가 얻은 혜택에 대가를 지불해야 하는 의무가 생길 수도 있다. 여기에 합의의 도덕적 한계가 있다. 즉 어떤 경우엔 합의만으로는 도덕적으로 구속되는 의무가 생기지 않고, 또 어떤 경우에는 합의가 필요하지 않을 수도 있다.

합의만으로는 충분치 않은 경우: 야구 카드와 물이 새는 변기

합의만으로는 충분치 않은 두 가지 사례를 살펴보자. 내 두 아들은 어렸을 때 야구 카드를 모으고, 또 서로 교환하곤 했다. 첫째 아들은 야구 선수들과 카드의 가치에 대해 동생보다 많이 알고 있었다. 그러다 보니 때때로 동생에게 불공정한 거래를 제안하곤 했다. 예를 들어 유능한 두 명의 내야수를 주고 켄 그리피 주니어^{Ken Griffey, Jr.}(1990년대를 풍미한 강타자 – 옮긴이)를 받는 식이다. 보다 못한 나는 내 승인이 나기 전에는 거래가 성사될 수 없다는 규칙을 만들었다. 물론 온정주의적인 행동 아니냐고 생각하는 사람도 있을 것이다. 맞는 말이다(온정주의^{paternalism}란 이럴 때 필요한 것 아니던가). 이런 상황에서는 자발적 교환도 확실히 불공정해질 수 있다.

몇 년 전에 신문에서 더 극단적인 기사를 보았다. 남편과 사별하고 시카고에 홀로 사는 할머니가 있었는데, 어느 날 화장실 변기에서 물이 샜다. 할머니가 배관공을 불러 수리를 했는데, 수리비가 무려 5만 달러가 청구되었다. 결국 2만 5천 달러를 먼저 지불하고 나머지는 할부로 지급하겠다는 계약서를 썼다. 할머니가 은행에 가서 2만 5천 달러를 출금하려 하는 바람에 결국 사건이 들통 났다. 은행원은 그렇게 큰돈을 어디에 쓰려느냐고 물었고, 할머니는 변기 수리비를 줘야 한다고 대답했다. 이를 수상히 여긴 은행원이 경찰에 연락했고, 경찰은 그 부도덕한 배관공을 사기죄로 체포했다.[4]

계약을 맹신하는 사람만 아니라면, 변기 수리에 5만 달러를 주기로 한 계약은 두 사람이 아무리 자유롭게 합의했다 하더라도 터무니없이 불공정하다고 말할 것이다. 이 사례를 통해 계약의 도덕적 한계 두 가지를 살펴볼 수 있다. 첫째, 합의했다는 사실만으로는 공정성을 보장할 수 없다. 둘째, 합의만으로 구속력 있는 도덕적 의무가 생기는 것은 아니다. 이런 계약은 상호 이익을 추구하는 수단과는 거리가 멀고 호혜라는 이상을 비웃을 뿐이다. 이는 할머니가 그렇게 많은 돈을 지불할 도덕적 의무가 있다고 주장할 사람이 거의 없는 이유를 설명해 준다.

변기 수리 사기 사건은 진짜로 자발적인 계약이 아니라 부도덕한 배관공이 세상 물정에 어두운 노인을 속인 일종의 갈취라고 부르는 것이 더 맞을 수도 있다. 세세한 내용까지는 모르겠지만, 그 배관공이 할머니에게 계약을 강요한 적이 없으며 할머니는 서명할 때 (비록 배관 수리비에 대해 잘 몰랐지만) 정신적인 이상이 없었다고 가정해 보자. 그렇다면 서로가 아무리 자발적으로 합의했다 해도 동등하거나 동등한 수준의 이익 교환이 보장되는 것은 아니라고 할 수 있다.

지금까지 나는 합의가 도덕적 의무의 충분조건은 아니라고 주장했다. 한쪽에 지나치게 유리한 거래는 상호 이익과 거리가 멀어서, 아무리 자발적으로 합의했더라도 정당성을 확보할 수 없다. 이제 나는 그보다 더 도발적인 주장, 즉 합의는 도덕적 의무의 필요조건이 아니라는 주장을 제시하고자 한다. 상호 이익이 충분히 존재한다면, 합의의 행위가 없더라도 도덕적으로 호혜 원칙을 주장할 수 있다.

합의가 반드시 필요하지는 않은 경우: 흄의 집과 고무롤러맨

그러한 사례를 들면 18세기 스코틀랜드의 도덕 철학자 데이비드 흄의 이야기가 떠오른다. 흄은 젊었을 때 로크의 사회 계약 사상을 강하게 비판했다. 그는 로크의 사상을 "현실성이 전혀 없고 있을 수도 없는 철학적 허구"[5]이며 "상상할 수 있는 사고 중에 가장 불가사의하고 이해할 수 없는 사고"[6]라는 글을 썼다. 그런데 몇 년 뒤, 합의는 의무가 생겨나기 위한 기본 전제가 아니라는 그의 반박이 시험대에 오르는 사건이 벌어졌다.[7]

흄은 에든버러에 집을 한 채 갖고 있었다. 그는 친구 제임스 보즈웰James Boswell에게 집을 임대해 주었고, 보즈웰은 또 다른 사람에게 재임대했다. 보즈웰로부터 집을 임대한 사람은 수리가 필요하다고 판단했다. 그는 흄과 상의하지 않고 사람을 불러 수리를 맡겼다. 수리업자는 일을 끝낸 뒤 흄에게 청구서를 보냈다. 흄은 합의한 적이 없다는 이유로 지불을 거절했다. 그는 집수리업자를 고용한 적이 없었다. 이 사건은 결국 법정으로 가게 되었다. 집수리업자도 흄이 합의한 적이 없다는 사실은 인정했다. 하지만 집은 수리가 필요한 상태였고, 그는 작업을 했다고 말했다.

흄은 이것이 비논리적인 주장이라고 일축했다. 흄이 법정에서 주장한 것에 따르면, 집수리업자는 "그저 수리가 꼭 필요했다"라고 주장할 뿐이다. 그 주장은 "제대로 된 주장이 아니다. 그런 논리라면, 에든버러에 있는 집을 전부 돌아다니면서 수리할 곳이 있으면 집주인과 합의도 없이 수리해 놓고는 (……) 자신은 꼭 필요한 일을 했으며, 집이 더 좋아졌다고 지금처럼 주장하지 않겠는가". 그런 주장은 "어디에도 없었던 (……) 결코 찬성할 수 없는 논리다".[8]

흄은 자기 집수리 문제에서만큼은 합의가 없어도 순전히 이익만을 기반으로 도덕적 의무가 생겨난다는 평소 논리를 좋아하지 않았다. 결국 그는 자기변호에 실패했고, 법정은 그에게 비용을 지불하라고 명령했다.

이익이 발생했다면 애초에 합의가 없더라도 대가를 지불할 의무가 있다는 논리는 흄의 집수리 예에서 볼 때 도덕적으로 설득력이 있어 보인다. 하지만 이 논리는 무리하게 강요하는 판매 전략이나 기타 부정적인 사례에서도 쉽게 악용되곤 한다.

1980년대에서 1990년대 초반, 뉴욕의 길거리에서는 소위 '고무롤러맨'들이 사람들을 당황하게 만들었다. 이들은 유리 닦는 고무밀대와 물이 든 양동이를 들고 다니면서, 신호 대기 중인 자동차를 덮쳐 (보통 운전자의 허락도 받지 않고) 차 앞 유리를 닦은 다음 돈을 요구했다. 그들은 흄의 집수리업자가 그랬듯이, 이익에 따른 의무론을 바탕으로 돈을 요구했던 것이다. 하지만 합의 없이 서비스를 제공하는 행위와 구걸 행위는 차이가 불분명하다. 당시 뉴욕 시장이었던 루돌프 줄리아니^{Rudolph} ^{Giuliani}는 이런 행위를 엄중 단속하고 고무롤러맨들을 체포하라고 경찰에 명령했다.[9]

이익인가, 합의인가? 샘의 자동차 수리

합의에서 의무가 생겨나는지, 이익의 발생에서 의무가 생겨나는지에 대한 이견으로 벌어지는 충돌의 예는 또 있다. 오래전 내가 대학원생이었을 때, 친구들과 차를 몰고 미국 대륙 횡단 여행을 한 적이 있다. 우리는 인디애나 해먼드에 있는 휴게소에 차를 세워 놓고 편의점에 들어갔다. 그리고 다시 돌아와서 보니 차의 시동이 걸리지 않았다. 일행 중에 차를 고칠 줄 아는 사람이 아무도 없었다. 모두 우왕좌왕하고 있는데 승합차 한 대가 우리 앞에 멈춰 섰다. 차 옆에는 '샘의 이동식 자동차 수리점'이라고 적혀 있었다. 그리고 샘으로 보이는 남자가 차에서 나왔다.

그는 우리에게 다가오더니 도움이 필요하냐고 물었다. "제 방식은 이렇습니다." 그는 설명을 시작했다. "한 시간에 50달러입니다. 5분 안에 차를 고쳐 드려도 50달러를 받습니다. 한 시간 동안 작업했는데 고치지 못해도 50달러를 주셔야 하고요."

"차를 고칠 수 있는 확률은 얼마나 될까요?" 내가 물었다. 그는 내 질문에 직접적인 대답은 하지 않고, 핸들 축 아랫부분을 건드리기 시작했다. 나는 어찌해야 할지 확신이 들지 않아, 친구들의 생각을 물어보았다. 그때 핸들 축 부분을 들여다보던 남자가 몸을 일으키며 말했다. "점화 장치에는 이상이 없어요. 그런데 아직 45분이 남았군요. 보닛도 열어서 봐드릴까요?"

"잠깐만요." 내가 말했다. "저는 아직 당신을 고용하지 않았어요. 우리는 아직 아무런 합의도 안 했잖아요." 내가 말했다. 그러자 남자는 몹시 화를 내며 말했다. "내가 지금 막 핸들 축 아래를 점검하다가 차를 고쳤다면, 그래도 내게 돈을 주지 않겠다는 말이오?"

"그건 얘기가 다르죠." 내가 말했다.

나는 합의에 기반한 의무와 이익에 기반한 의무의 차이를 거론하지는 않았다. 그래 봐야 소용없을 거라고 생각했다. 하지만 자동차 수리공 샘과의 충돌은 합의를 둘러싸고 흔히 겪게 되는 분쟁을 잘 보여 준다. 샘은 자신이 여기저기 건드려 보다가 차를 고쳤다면 내가 자기에게 50달러를 지불해야 한다고 생각했다. 나도 이에 동의한다. 하지만 내가 돈을 지불할 의무가 있다고 생각한 이유는 샘이 차를 고쳐 주는 이익을 제공했기 때문이라 생각했다.

한편 그는 내가 돈을 지불할 의무가 있는 이유는 내가 그를 고용하기로 (암묵적으로) 동의했기 때문이라고 추론했다. 하지만 그 추론은 잘못되었다. 의무가 있다고 해서 사전에 서로의 동의, 즉 일종의 합의 행위가 있었다고 추측하는 건 오해다. 합의 없이도 의무가 생길 수 있는 가능성을 간과한 생각이다. 샘이 내 차를 고쳤다면, 나는 호혜 원칙에 따라 그에게 돈을 지불했을 것이다. 단지 고맙다는 말만 하고 차를 몰고 떠난다면 부당하다. 하지만 그렇다고 해서 내가 그를 고용했다는 의미는 아니다.

학생들은 이 이야기를 들으면, 대부분 그 상황에서 샘에게 50달러를 줄 필요가 없다고 말한다. 하지만 그 이유는 나와 다른 경우가 많다. 학생들은 내가 샘을 고용하겠다는 의사 표시를 분명히 하지 않았기 때문에, 내가 그에게 돈을 지불할 의무가 없다고 주장한다. 어떤 학생은 심지어 그가 내 차를 고치는 데 성공했더라도 마찬가지라고 말한다. 그럼에도 내가 돈을 준다면, 그건 의무 때문이 아니라 관대함에서 나오는 일종의 팁이라고 주장한다. 결국 학생들은 의무에 대한 나의 폭넓은 견해를 받아들여서가 아니라, 합의에 대한 자신의 엄격한 견해에 따라 나를 변호하는 것이다.

우리는 도덕적 권리를 주장할 수 있는 경우에는 늘 일종의 합의가 있었다고 간주하는 경향이 있지만, 호혜 원칙을 중요하게 인정하지 않고는 도덕적 삶을 이해하기 어렵다. 혼인 계약을 생각해 보자. 20년간 남편으로서 충실하게 살았는데, 어느 날 아내에게 다른 남자가 생겼다는 사실을 알았다고 가정하자. 나의 도덕적 분노에는 두 가지 근거가 있을 것이다. 하나는 합의다. "우리는 서로 동의했어. 당신은 서약했다고. 그런데 당신이 약속을 깼어." 또 하나는 호혜 원칙이다. "이제까지 나는 남편으로서의 본분에 충실했어. 분명 이런 대접을 받지 않을 자격이 있다고. 충실했던 나에게 어떻게 이럴 수 있지?" 두 번째 불평은 합의를 말하지도, 내세우지도 않는다. 비록 혼인 서약을 주고받지 않았다 하더라도, 오랜 세월 배우자로 함께 살았다면 도덕적으로 타당한 주장이다.

완벽한 계약 상상하기

이러한 분쟁 사례들은 계약의 도덕성에 관해 무엇을 말해 줄까? 계약은 자율과 호혜라는 서로 다른 두 가지 이상으로부터 도덕적 효력을 이끌어 낸다. 하지만 실제 계약에서는 대개 이러한 이상이 전부 충족되는 경우는 드물다. 내가 우월한 지위에 있는 상대와 거래를 한다면, 내 동의는 전적으로 자발적이라기보다는 압력이나 (극단적일 경우) 강요에 의한 것일 수도 있다. 또 내가 교환 대상에 대해 더 많은 정보를 갖고 있는 상대와 거래를 한다면, 그 거래가 서로에게 이익이 되기 어려운 경우도 있다. 극단적으로는 사기를 당하거나 속는 경우도 있다.

실생활에서는 사람마다 처한 상황이 다르다. 따라서 협상력과 지식에서 늘 차이가 있게 마련이다. 그럴 경우 합의했다는 사실만으로는 공정하다고 확신할 수 없다. 계약을 했다는 이유만으로 도덕성이 보장될 수 없는 이유가 바로 여기에 있다. 따라서 "공정한 계약인가, 두 사람이 무엇에 동의했는가?"를 묻는 것은 항상 의미가 있는 일이다.

반면 힘과 지식이 동등하고 똑같은 상황에 있는 사람들 사이의 계약을 상상해 보자. 그리고 계약 대상이 배관 수리나 일반적인 거래가 아니라, 사회생활을 지배하고 우리에게 시민의 권리와 의무를 배분하는 원칙이라고 상상해 보자. 그렇게 동등한 사람들 사이의 계약에는 강제나 속임수, 그 밖의 불공정한 요소가 끼어들 여지가 없다. 합의라는 미덕만으로도 계약 조항들은 모두 공정할 것이다.

그런 계약을 상상할 수 있다면, 평등이 보장된 최초의 상황에 대한 가설적 합의라는 롤스의 생각에 도달할 수 있다. 무지의 장막은 힘과 지식이 원초적으로 평등한 위치를 보장한다. 누구도 다른 사람의 사회적 지위, 장단점, 그들의 가치와 목적을 모른다는 것을 보장함으로써, 심지어 자신도 모르는 상태에서 거래 우위를 차지하는 사람이 없어지게 된다.

> 각자의 재산, 사업, 직업 등에 관한 정보가 주어진다면, 그 결과는 독단적인 사태로 왜곡된다. (……) 원초적 위치에서 정당한 합의를 이끌어 내려면, 참여자들은 공정한 위치에서 도덕적 인간으로 평등하게 대우받아야 한다. 이러한 최초의 계약 상황을 설정함으로써 이 세상에 존재하는 임의성을 바로잡아야 한다.[10]

아이러니하게도 무지의 장막 뒤에서의 가상적 합의는 실제 계약의 흐릿한 형태가 아니며, 따라서 도덕적 기반이 약하지도 않다는 사실이다. 그것은 실제 계약의 순수한 형태이므로 도덕적으로도 더 강력하다.

정의의 두 가지 원칙

롤스가 옳다고 가정해 보자. 무지의 장막 뒤에서, 즉 원초적 평등 상황에서 사람들에게 어떤 원칙을 선택할지 묻는 방법으로 정의에 대해 생각해 볼 수 있다고 하자. 과연 어떤 원칙이 나올까?

롤스는 우리가 공리주의를 선택하지 않을 것으로 보았다. 무지의 장막 뒤에서는 자신이 사회에서 어떤 위치에 있게 될지 알 수 없지만, 어떤 목표를 추구하고 또 존중받고 싶어 할 것이란 사실은 분명히 알고 있다. 만약 자신이 인종적으로나 종교적으로 소수 집단에 속한 것으로 판명될 경우, 설령 다수가 쾌락을 느낄지라도 자신이 결코 억압받고 싶지는 않을 것이다. 또한 무지의 장막이 올라가고 실제 삶이 시작되었을 때, 자신이 종교 박해나 인종 차별의 희생자가 되는 것도 원치 않을 것이다.

그러한 위험을 방지하기 위해 우리는 공리주의를 거부하고, 모든 시민이 양심의 자유와 사상의 자유 같은 기본권을 평등하게 누려야 한다는 원칙에 동의할 것이다. 또한 이 원칙이 전반적 복지를 극대화하려는 노력보다 우선되어야 한다고 요구할 것이다. 그리고 사회적·경제적 이익을 위해 우리의 기본권과 자유를 희생하려 들지도 않을 것이다.

그렇다면 사회적·경제적 불평등을 통제하기 위해서는 어떤 원칙을 택하게 될까? 자신이 지독히 가난한 처지에 있을 경우를 대비하여, 처음에는 소득과 부의 완전 균등한 배분을 선호할 수도 있다. 하지만 이윽고 그보다는 나은 방법, 심지어 가장 하층 사람들에게도 더 나은 선택이 있을 것이란 생각을 하게 된다. 약간의 불평등을 인정(예를 들어

의사에게는 버스 기사보다 더 높은 보수를 주는 식)하는 대신 빈곤층의 의료 접근성을 높이는 등 환경 개선을 제공할 수 있다. 이런 가능성을 허용한다면, 사회에서 가장 약자에 속하는 사람에게 이익이 돌아가는 경우에만 사회적·경제적 불평등을 인정한다는 롤스의 소위 '차등 원칙'을 우리는 받아들일 것이다.

이 차등 원칙은 평등에 어떤 효과를 발휘할까? 정확히 대답하기는 어렵다. 차등 임금 효과는 사회적·경제적 환경에 따라 다르기 때문이다. 의사에게 높은 보수를 주었더니, 가난한 농촌 지역 의료 서비스가 개선되었다고 해보자. 그런 경우에 차등 임금은 롤스의 원칙에 부합한다. 하지만 의사에게 높은 보수를 주었더니, 애팔래치아 산골의 의료 서비스는 개선되지 않고 비벌리힐스의 성형 수술만 늘어났다고 가정해 보자. 이 경우에는 롤스의 견해에 따라 차등 임금을 정당화하기 힘들다.

마이클 조던의 막대한 소득이나 빌 게이츠의 엄청난 재산은 어떤가? 그러한 불평등은 차등 원칙에 부합할까? 물론 롤스의 이론은 개개인의 소득이 공정한지 평가할 의도를 갖고 있지 않다. 롤스의 이론은 사회의 기본 구조에 관한 것이며 권리와 의무, 소득과 부, 권력과 기회의 배분 방식에 관한 것이다. 롤스가 묻고자 하는 것은 전반적으로 볼 때 빌 게이츠의 재산이 가장 못사는 사람들에게 이익을 돌리는 사회 체제에서 나왔는가 하는 것이다. 예를 들어 그 사회는 부자들에게 누진세를 적용해 가난한 사람들의 보건, 교육, 복지를 증진시키고 있는가? 만약 그 체제가 엄격한 평등만을 추구하는 사회보다 가난한 사람들을 더 잘살게 한다면, 그러한 불평등은 차등 원칙에 부합한다고 볼 수 있다.

원초적 상황에 놓인 사람들이 차등 원칙을 선택한다는 데 의문을 제기하는 사람도 있을 것이다. 무지의 장막 뒤에서 사람들은 도박을 하지 않으리라고, 자신이 높은 지위에 놓일지도 모른다는 희망으로 대단히 불평등한 사회를 선택하지는 않으리라고 어떻게 장담할 수 있을까? 아마 어떤 사람은 자신이 왕이 될 수도 있다는 희망에, 남의 땅을 경작하는 농노가 될지도 모를 위험까지 무릅쓰면서 봉건 사회를 선택하기도 할 것이다.

롤스는 사람들이 자신의 기본적인 삶을 지배할 원칙을 선택할 때 그러한 모험을 할 것으로 생각하지 않았다. 자신이 모험을 좋아하는 성향을 갖고 있는지 알지 못하는 상황(무지의 장막 뒤에서는 그러한 성향도 알수 없다)에서 커다란 위험을 무릅쓰면서까지 무리한 도박은 하지 않을 것이다. 그런데 차등 원칙을 지지하는 롤스의 주장이 단지 원초적 상황에 놓인 사람들은 위험을 회피할 것이란 추측에만 전적으로 의존하는 건 아니다.

무지의 장막이라는 장치의 밑바탕에는 사고 실험과는 별개의 도덕적 주장이 제시되고 있다. 그 주장의 핵심은 소득과 기회의 분배는 도덕적 관점에서 볼 때 임의적 요소에 기초해서는 안 된다는 것이다.

임의적 요소 배제하기

롤스는 정의에 대해 대립적인 몇몇 이론의 비교를 통해 그러한 주장을 제시했다. 우선 봉건 귀족 사회부터 시작한다. 오늘날 봉건 귀족 계급이나 카스트 제도가 정의롭다고 주장하는 사람은 없다. 롤스는 이런 제도가 출생이라는 우연을 기준으로 소득, 재산, 기회, 권력을 배분한다는 점에서 불공평하다고 보았다. 귀족으로 태어난 사람은 농노로 태어난 사람이 누릴 수 없는 권리와 권력을 갖지만 타고난 환경은 그가 노력한 결과가 아니다. 따라서 삶의 전망이 이런 임의적 요소에 달려 있다면 정의롭지 않다.

시장 경제 사회는 최소한 어느 정도는 그런 임의성을 교정한다. 재능 있는 사람에게 일할 기회를 주고 법 앞의 평등을 보장한다. 시민들은 기본적 자유를 평등하게 보장받고, 소득과 부는 자유 시장을 통해 분배된다. 이처럼 제도적으로 기회 균등 및 자유 시장을 보장하는 체제는 자유지상주의 정의론에 부합한다. 이 체제는 출생에 따라 계급이 고정되지 않는다는 점에서 봉건 사회와 카스트 사회보다 개선된 모습을 보인다. 법적으로 모든 사람에게 노력과 경쟁을 법으로 허용한다. 하지만 현실적으로는 기회가 매우 균등하지 않게 배분될 수도 있다.

가족의 지원과 교육을 많이 받은 사람은 그렇지 못한 사람보다 확실히 유리하다. 경주에 참가할 기회를 모든 사람에게 주는 것은 좋은 일이지만, 서로 다른 출발선에서 경주를 시작해야 한다면 공정하다고 보기 어렵다. 그렇기 때문에 롤스는 기회 균등이 제도적으로 보장되는 자유 시장에서 소득과 부가 공정하게 배분된다고 볼 수 없다고 주장한다. 자유지상주의 체제에서 가장 정의롭지 못한 부분은 "분배되는 몫이 도덕적으로 봤을 때 대단히 임의적인 요소에 부적절하게 영향을 받는 상황이 허용된다는 점"이다.[11]

이 부정의를 바로잡는 한 가지 방법은 사회적·경제적 불리함을 개선시켜 나가는 것이다. 공정한 능력주의 사회는 제도적 기회 균등에 그치지 않고 그 이상의 조치들로 이를 실현하려 노력한다. 예를 들어 공정성을 해치는 장애물을 제거하기 위해, 가정 형편이 어려운 학생도 풍요로운 가정 출신 학생과 똑같은 기반에서 경쟁할 수 있도록 교육 기회를 고르게 제공한다. '헤드 스타트 Head Start' 프로그램(저소득층 대상 교육 지원 프로그램 — 옮긴이), 아동 영양 보건 프로그램, 교육 및 직업 훈련 프로그램 등을 통해, 모든 사람이 계층이나 가정환경에 관계없이 같은 출발선에 설 수 있도록 돕는다.

능력주의라는 명분에 부합하게 자유 시장을 통해 소득과 부가 정당하게 배분되려면, 재능을 계발할 기회가 누구에게나 똑같이 주어져야 한다. 모두 같은 출발선에서 경주를 시작할 수 있을 때에만 승자는 포상받을 자격이 있다고 말할 수 있다.

그런데 롤스는 능력주의라는 개념이 임의적 요소로 인한 부당한 이점을 어느 정도 상쇄하기는 하지만, 정의롭다고 하기에는 여전히 미흡하다고 생각한다. 모든 사람을 애써 같은 출발선에 세우더라도, 누가 그 경주의 승자(가장 빠른 주자)를 어느 정도 예측할 수 있기 때문이다. 빠른 주자가 되는 것은 전적으로 내 노력에만 달려 있지 않다. 부유한 가정에서 태어나는 것이 우연이듯, 빠른 주자가 되는 것 역시 도덕적 관점에서 볼 때 우연이다. 롤스는 이렇게 썼다. 능력주의 시스템이 "사회적 우연의 영향을 완전히 제거한다 해도, 타고난 능력과 재능에 따라 부와 소득의 배분이 결정되는 상황은 여전하다."[12]

롤스가 옳다면, 교육 기회가 균등한 사회에서 운용되는 자유 시장도 소득과 부를 공정하게 배분하지 못한다. 이유는 이렇다. "타고난 운에 따라 배분되는 몫이 결정된다. 그리고 이러한 결과는 도덕적 관점에서 볼 때 임의적이다. 소득과 부의 배분이 역사적·사회적 행운으로 결정되어서는 안 되듯이, 타고난 자질에 따라 결정되어도 좋을 이유는 없다."[13]

롤스는 능력주의 정의 개념 역시 자유지상주의 개념과(비록 정도는 약하지만) 같은 이유로 결함이 있다고 결론 내린다. 둘 다 배분되는 몫이 도덕적으로 볼 때 임의적인 요소에 의해 좌우되기 때문이다. "사회적 상황이 배분되는 몫을 결정하는 데 미친 영향을 고민하다 보면, 결국 타고난 우연이 배분되는 몫에 미치는 영향을 고민하게 된다. 또 타고난 우연의 영향을 고민하다 보면 사회적 상황의 영향을 고민하게 된다. 도덕적 관점에서 보면 둘 다 임의적이다."[14]

정의에 관한 자유지상주의 개념과 능력주의 개념에서 모두 발견되는 도덕적 임의성이라는 결함을 감안하면, 평등을 보다 강조하지 않는 개념에는 결코 만족할 수 없다고 롤스는 주장한다. 그렇다면 평등을 보다 강조하는 개념은 무엇일까?

교육 기회의 불평등을 수정하는 것과 선천적인 재능의 불평등을 수정하는 것은 별개의 문제다. 어떤 주자가 다른 주자에 비해 빠르다는 사실이 마음에 걸린다고, 그 빠른 주자에게 납덩이 신발이라도 신겨야 할까? 평등주의에 비판적인 일부 사람들은, 능력주의 시장 경제 사회의 유일한 대안은 재능 있는 사람에게 불이익을 주어 평등을 이루는 방법뿐이라고 말한다.

평등주의 악몽

커트 보네거트[Kurt Vonnegut]의 단편 「해리슨 버거론[Harrison Bergeron]」에서는 바로 이런 걱정을 반유토피아 공상 과학으로 묘사한다. 이야기는 이렇게 시작된다. "때는 2081년, 마침내 모든 사람이 평등해졌다. (……) 어느 누구도 다른 사람보다 더 똑똑하지 않았다. 어느 누구도 다른 사람보다 더 잘생기지 않았다. 어느 누구도 다른 사람보다 더 강하거나 빠르지 않았다." 이 철저한 평등은 미국 평등관리국 요원들이 이뤄 낸 성과다. 평균 이상의 지능을 가진 사람들은 좋은 지능에 불이익을 주는 수신기를 귀에 꽂고 다녀야 했다. 이들이 "두뇌를 써서 불공정한 우위를 점하지 못하도록" 정부는 약 20초마다 날카로운 잡음을 쏘아 보냈다.[15]

열네 살의 해리슨 버거론은 매우 똑똑하고 잘생기고 재능이 많은 아이여서, 누구보다 무거운 장비를 쓰고 다녀야 했다. 그저 작은 수신기를 귀에 꽂고 다니는 정도가 아니라 "커다란 이어폰과 두꺼운 안경을 쓰고 다녀야 했다". 또한 잘생긴 얼굴을 가리기 위해 "코에 빨간 고무공을 끼고, 눈썹은 밀고, 하얀 이에는 검은 캡을 씌우고 군데군데 덧니도 심었다". 그리고 육체적 힘을 상쇄하기 위해 몸에 무거운 고철을 두르고 걸어 다녀야 했다. 해리슨은 평생 140킬로그램에 달하는 무게를 짊어지고 다녔다."[16]

그러던 어느 날, 해리슨은 평등주의 압제에 맞서 과감히 저항하고자 온갖 장비를 벗어 던졌다. 결말을 밝혀 이야기에 대한 기대를 망치고 싶은 마음은 없다. 여기까지의 이야기만으로도 평등주의 정의론에 대해 흔히 제기되는 불평을 생생히 전달하는 데 문제가 없을 것이다.

하지만 롤스의 정의론은 이런 반박에 쉽게 공격받지 않는다. 롤스는 획일화된 평등을 능력주의 시장 경제 사회의 유일한 대안으로 보지 않는다. 롤스가 내놓은 대안은 소위 차등 원칙으로, 재능 있는 사람에게 불이익을 주지 않으면서 선천적인 재능과 소질의 불공정한 분배를 바로잡는다. 어떻게? 재능 있는 사람이 그 재능을 개발하고 연마하도록 독려하되, 그 재능으로 시장에서 거둔 대가는 공동체의 몫임을 이해시킨다. 가장 앞선 주자에게 불이익을 주지 말고 최선을 다해 달리게 하라. 승자는 혼자만의 것이 아니라 재능이 부족한 사람들과 함께 나누어야 한다는 점을 미리 알려 주면 된다.

차등 원칙은 소득과 부를 똑같이 배분해야 한다고 주장하지는 않지만, 그 밑바탕에는 평등에 대한 단호하고 고무적인 시각이 존재한다.

> 차등 원칙은 사람들의 타고난 재능을 공동 자산으로 여기고, 그 재능을 이용해 얻은 이익은 사실상 공유하자고 주장한다. 천부적 혜택을 입은 사람들은 그들이 누구든, 그런 혜택을 받지 못한 사람들의 상황을 개선할 때만 자신들의 행운을 이용해 이익을 얻을 수 있어야 한다. 천부적 혜택을 받은 사람들은 단지 재능이 많다는 이유만으로 이득을 얻어서는 안 되며, 그들을 훈련시키고 교육하는 데 들어간 비용을 갚고, 자신의 재능을 이용해 그러한 행운을 얻지 못한 사람들을 도와야 한다. 누구도 뛰어난 능력을 타고날 자격이 있거나 사회에서 보다 유리한 출발선에 설 자격이 있는 것은 아니다. 그렇다고 그러한 차이를 없애야 한다는 의미는 아니다. 이를 다룰 다른 방법이 있다. 임의

적 요소들의 혜택이 행운을 타고나지 못한 사람들을 위해 쓰이도록 사회의 기본 구조를 조정할 수 있다.[17]

이제 분배 정의와 관련된 네 가지 이론을 살펴보자.

1. 봉건 제도 혹은 카스트 제도: 출생에 따라 계층이 정해짐.
2. 자유지상주의: 제도적 기회 균등을 인정하는 자유 시장.
3. 능력주의: 공정한 기회 균등을 인정하는 자유 시장.
4. 평등주의: 롤스의 차등 원칙.

롤스는 앞의 세 이론에서는 도덕적 관점에서 볼 때 임의적 요소(출생, 사회적 혹은 경제적 이점, 타고난 재능이나 능력 등)에 따라 배분되는 몫이 정해진다고 주장한다. 오직 차등 원칙만이 운에 따른 소득과 부의 배분을 피할 수 있다.

임의적 요소를 배제해야 한다는 주장이 원초적으로 평등한 위치를 가정하는 논리에 기초하는 것은 아니지만, 그 둘은 비슷한 점이 있다. 정의를 실현하기 위해서는 개인적으로나 사회적으로 우연히 얻게 되는 임의적 요소들을 배제해야 한다고 주장한다는 점에서 그러하다.

반박1: 포상은 재능 개발에 대한 장려금이다

롤스의 차등 원칙에 대한 반박은 크게 두 가지다. 첫째, 이들이 올리는 소득은 일종의 장려금이라는 주장이다. 어려운 사람을 돕는다는 조건에서만 재능 있는 사람이 자기 재능으로 이익을 얻을 수 있다면, 이들이 일을 게을리하거나 아예 능력을 개발하지 않을 수도 있지 않을까? 세금이 너무 높거나 임금 격차가 적다면, 외과 의사가 될 재능 있는 사람이 한결 쉬운 일을 택하지 않을까? 마이클 조던이 점프 슛을 열심히 연습하지 않거나 일찍 은퇴해 버릴 수도 있지 않을까?

롤스는 그런 장려금이 어려운 사람들의 사정을 개선하는 데 도움이 된다면, 차등 원칙도 소득 불평등을 허용한다고 답한다. 단순히 국내 총생산을 늘리기 위해 최고 경영자에게 보수를 더 많이 지급하거나 부자의 세금을 깎아 주는 것으로는 충분치 않을 것이다. 하지만 그 장려금이 경제 성장을 촉진해, 저소득층 사람들이 보다 평등하게 분배를 받을 때보다 더 잘살 수 있다면, 차등 원칙은 장려금을 허용한다.

장려금 성격의 임금 격차를 허용한다는 것과 성공한 사람에게는 자신의 노동으로 생긴 열매를 거둘 도덕적 특권이 있다는 말은 다르다는 사실에 주목해야 한다. 롤스의 말이 옳다면, 소득 불평등은 어려운 사람을 돕는 결과를 이끌어 낼 때만 정당하다. 최고 경영자나 유명한 운동선수가 공장 노동자보다 돈을 더 버는 것은 그들이 그럴 자격이 있어서가 아니다.

반박2: 포상은 노력에 대한 대가다

이상의 반박은 자연스레 롤스의 정의론에 대한 더욱 도전적인 두 번째 반박으로 이어진다. 이들이 받는 포상은 노력의 대가라는 주장이 바로 그것이다. 선천적 재능은 노력의 산물이 아니기 때문에 롤스는 정의를 능력주의로 해석하는 논리를 거부했다. 그렇다면 재능을 열심히 연마한 사람은 어떨까? 빌 게이츠는 오랜 시간 열심히 노력해 마이크로

소프트를 발전시켰다. 마이클 조던은 수많은 시간 동안 노력해 농구 실력을 연마했다. 이들이 재능을 타고난 것은 사실이지만, 재능을 갈고닦은 노력의 대가는 받을 자격이 있지 않을까?

롤스는 노력도 혜택받은 양육 환경의 결과일 수 있다고 대답한다. "노력하고, 도전하고, 소위 높은 자격을 누릴 만한 사람이 되려는 의지조차 행복한 가정과 사회적 환경에 좌우된다."[18] 성공의 다른 요소들처럼 노력 역시 자신의 공이라 할 수 없는 우연한 요소의 영향을 받는다. "노력하는 태도 역시 선천적 능력 및 기술, 그리고 그가 취할 수 있는 대안들의 영향을 받는 것이 분명하다. 다른 조건이 동일하다면, 보다 잘 타고난 사람이 성실하게 노력할 가능성도 높다……"[19]

내가 가르치는 학생들은 노력에 관한 롤스의 주장을 들으면, 상당수가 거세게 반발한다. 학생들은 자신이 하버드 대학교에 입학한 것이나 그 밖의 성취는 모두 열심히 노력한 결과지, 자신의 통제를 벗어난, 임의적 요소들 덕분이 아니라고 주장한다. 이처럼 노력해서 얻은 대가마저 도덕적 자격을 주장할 수 없다는 롤스의 정의론에 많은 사람이 회의적이다.

노력에 관한 롤스의 주장에 대해 토론하고 나서, 나는 대략적인 조사를 실시했다. 우선 형제의 출생 순서가 (하버드 입학을 위한 학생들의 노력 같은) 성실성과 노력에 영향을 미친다는 심리학자들의 견해를 알려준다. 알려진 바에 따르면, 첫째가 동생들보다 노동 윤리가 더 강하고, 돈도 더 많이 벌며, 전통적 의미의 성공도 더 많이 거둔다고 한다. 이러한 연구 결과는 논란의 여지가 있을 수 있고, 나는 그 결론을 얼마나 신뢰할 수 있는지도 알지 못한다. 하지만 나는 재미 삼아 학생들 가운데 첫째가 얼마나 되는지 물어본다. 약 75~80퍼센트가 손을 든다. 이 조사를 할 때마다 결과는 거의 비슷했다.

첫째로 태어난 것이 자기 노력의 결과라고 말하는 사람은 없다. 출생 순서 같은 임의적 요소가 열심히 일하고 성실히 노력하는 성향에 영향을 줄 수 있다면, 롤스의 주장은 일리가 있다. 심지어 노력조차 도덕적 자격의 토대가 될 수 없다.

노력하고 열심히 일하면 그 대가를 받을 자격이 생긴다는 주장에 의문을 제기할 이유는 더 있다. 능력주의 사회를 지지하는 사람들은 보통 노력의 미덕을 강조하지만, 사실 그들조차 노력만이 소득과 부의 기반이 되어야 한다고 생각하지는 않는다. 두 명의 건설 노동자가 있다고 하자. 한 명은 힘세고 건장한 체격에, 별로 힘들이지 않고 하루에 벽을 네 개나 쌓는다. 다른 한 명은 약하고 앙상한 체격에, 한 번에 두 개 이상 벽돌을 옮기지 못한다. 약한 사람은 일을 열심히 하지만, 건장한 동료가 별 어려움 없이 하루 만에 해치울 일을 하는 데 일주일이나 걸린다. 아무리 노력의 미덕을 강조하는 사람이라도, 약하지만 열심히 일하는 노동자가 더 노력을 많이 했다는 이유로 건장한 노동자보다 돈을 더 받을 자격이 있다고 말하지는 못할 것이다.

또 다른 예로 마이클 조던을 보자. 맞다, 그는 열심히 연습했다. 하지만 그보다 경기를 못하면서도 더 열심히 연습한 선수들도 있을 것이다. 그렇다고 연습 시간만 따져서 그들이 조던보다 더 많은 연봉을 받을 자격이 있다고 말할 사람은 없을 것이다. 따라서 실력자들이 아무리 노력을 강조하더라도, 그들이 진정으로 포상받을 가치가 있다고 믿는 것은 기여나 업적이다. 노동 윤리가 아무리 노력을 칭송하더라도, 우리의 성취와 업적은 최소한 어느 정도는 자신의 공을 내세울 수 없는 타고난 재능에서 나온다.

도덕적 자격 거부하기

재능 역시 도덕적 관점에서 볼 때 임의적 요소라는 롤스의 주장이 맞다면, 분배 정의는 도덕적 자격을 포상하는 문제가 아니라는 놀라운 결론에 이르게 된다.

롤스는 이 결론이 정의에 대한 일반의 상식과는 맞지 않음을 인정한다. "상식적으로 소득과 부, 그리고 삶에서 좋은 것들은 도덕적 자격에 따라 배분되어야 한다고 생각하는 경향이 있다. 이 경우 정의는 행운의 미덕이다. (……) 이제 공정성으로서의 정의는 이 개념을 거부한다."[20]

롤스는 성공으로 향하는 길에 놓인 사회적·경제적 장벽만 제거하면 누구나 재능이 선사하는 포상을 받을 자격이 있다는 능력주의 사회의 기본 전제에 의문을 제기하며 능력주의 시각을 비판한다.

> 우리는 초기 사회적 출발선을 당연하게 받아들일 자격이 없듯이, 선천적으로 배분된 재능 역시 당연하게 받아들일 수 없다. 타고난 능력을 발전시키는 훌륭한 성격조차 당연히 자신의 공이라는 생각은 문제가 있다. 그러한 성격 형성에는 우리 노력의 결과라고 할 수 없는, 어린 시절의 좋은 가정과 사회 환경이 크게 영향을 미치기 때문이다. 자격이라는 개념은 여기에 적용되지 않는다.[21]

분배 정의가 도덕적 자격에 대한 포상이 아니라면, 규칙을 지켜 열심히 일한 사람도 노력의 대가를 요구할 수 없다는 의미일까? 정확히 그렇지는 않다. 롤스는 도덕적 자격과 자신이 '합법적 기대를 요구할 권리'라고 부른 것과의 중요하면서도 미묘한 차이를 설명한다. 자격 주장과 달리, 합법적 기대를 요구할 권리는 특정 게임 규칙이 정해지고 나서야 생긴다는 차이가 있다. 그런데 이 권리는 애초에 어떤 게임 규칙을 정해야 하는지는 말해 주지 못한다.

정의에 관한 여러 뜨거운 논쟁의 밑바탕에는 도덕적 자격과 합법적 권리의 충돌이 깔려 있다. 자격을 중시하는 사람은 부자의 세율을 높이는 것은 그들이 도덕적으로 소유할 자격이 있는 것을 빼앗는 행위라고 말한다. 또 대학 입시에서 인종적·민족적 다양성을 고려하는 것은 대학 입학 자격시험(SAT)에서 높은 점수를 받은 지원자들이 도덕적으로 마땅히 받아야 할 몫을 받지 못하게 하는 행위라고 말한다. 한편 다른 이들은 반대 입장을 취한다. 그들은 그러한 이점을 누릴 도덕적 자격을 갖춘 사람은 없으며, 사전에 어떤 게임 규칙(세율이나 입학 기준 등)을 적용할지부터 정해야 한다고 주장한다. 그런 다음에야 비로소 누가 무엇을 얻을 권리가 있는지 말할 수 있다는 것이다.

운에 좌우되는 게임과 실력에 좌우되는 게임의 차이를 생각해 보자. 내가 복권을 샀다고 가정하자. 내 복권의 숫자가 당첨되면 당첨금을 받을 권리가 생긴다. 하지만 내게 당첨될 '자격'이 있었다고 말할 수는 없다. 복권은 운의 게임이기 때문이다. 당첨되고 안 되고는 내 미덕이나 실력과 관계없다.

이번에는 보스턴 레드삭스가 월드 시리즈에서 우승했다고 가정해 보자. 이들에겐 트로피를 받을 권리가 생긴다. 하지만 이들에게 승리할 자격이 있었는지에는 의문의 여지가 있다. 그 답은 이들이 어떻게 경기를 치렀는가에 달렸다. 이들의 우승 원인이 행운(결정적 순간의 오심 등) 때문인가, 아니면 상대보다 월등한 경기력(좋은 투구, 몰아치는 타격, 뛰어난 수비 등) 때문인가?

운에 좌우되는 게임과 달리 실력에 좌우되는 게임에서는 승자로서의 권리가 있는 사람과 승자의 자격을 가진 사람이 서로 다를 수 있다. 이는 특정한 미덕을 실천하고 행사한 행위를 포상하기 때문이다.

롤스는 분배 정의가 미덕이나 도덕적 자격의 포상에 대한 것이 아니라고 주장한다. 그보다는 게임의 규칙이 정해지고 난 뒤, 합법적 기대를 충족하는 것과 관련이 있다고 보았다. 일단 정의의 원칙이 사회 협력의 조건을 정하면, 사람들에게는 그 규칙에 따라 벌어들인 이익을 가질 권리가 생긴다. 하지만 조세 제도가 어려운 사람을 돕는 데 써야 한다며 소득의 일부를 내놓으라고 요구하면, 자신이 도덕적으로 마땅히 받을 자격이 있는 것을 빼앗긴다고 불평할 수 없다.

> 정의로운 제도는, 그다음으로, 어떤 사람에게 권리가 있는지 답한다. 즉 사회 제도에 기초한 사람들의 합법적 기대를 충족시킨다. 하지만 합법적 권리는 사람들의 진정한 가치에 비례하지 않고 그에 기초하지도 않는다. 사회의 기본 구조를 규제하는 정의의 원칙은 (……) 도덕적 자격을 언급하지 않으며, 분배되는 몫도 그러한 자격에 부합하는 경향을 보이지 않는다.[22]

롤스는 다음 두 가지를 근거로 도덕적 자격을 분배 정의의 기초로 삼지 않는다. 첫 번째는 앞서 살펴보았듯이, 내가 남과의 경쟁에서 유리한 재능을 가진 것이 전적으로 나의 공은 아니기 때문이다. 두 번째 우연적 요소 역시 매우 중요하다. 특정 시기에 사회가 가치를 높게 평가하는 자질 또한 도덕적 관점에서 볼 때 임의적이기 때문이다. 내게 의문의 여지없이 독보적인 재능이 있다고 해도, 그 재능으로 얻는 포상은 예외 없이 수요와 공급이라는 주변 상황에 좌우된다. 중세 토스카나에서는 프레스코 벽화를 그리는 화가들이 우대받았고, 21세기 캘리포니아에서는 컴퓨터 프로그래머가 그렇다. 내 기술이 우대받느냐, 그렇지 않느냐는 지금의 사회가 무엇을 원하느냐에 달렸다. 어떤 자질이 사회에 기여하느냐의 평가는 그때그때 사회가 어떤 자질에 많은 포상을 하느냐에 달렸다.

다음의 임금 격차를 생각해 보자.

- 평균적인 미국 교사들은 1년에 약 4만 3천 달러를 번다. 심야 토크 쇼를 진행하는 데이비드 레터먼은 1년에 3100만 달러를 번다.
- 미국 연방 대법원장 존 로버츠는 1년에 21만 7,400달러를 받는다. 실제 재판을 보여 주는 텔레비전 프로그램에 출연하는 주디 판사는 1년에 2500만 달러를 번다.

이 임금 격차는 공정할까? 롤스의 견해대로라면, 그 사회의 가장 가난한 사람에게 이익이 돌아가게끔 조세 및 재분배 시스템이 작동하는가에 달렸다고 할 수 있다. 만약 그렇다면, 레터먼과 주디 판사는 그들이 올린 소득을 가질 권리가 있다. 하지만 주디 판사가 로버츠 대법원 장보다 100배 이상, 그리고 레터먼이 교사들보다 700배나 많은 돈을 벌 자격이 있다고 말하기는 어렵다. 그들이 TV 스타에게 막대한 돈을 주는 사회에 살게 된 것은 행운이지, 그들에게 그럴 자격이 있는 것은 아니다.

성공한 사람은 자신의 성공에서 이런 우연이 차지하는 부분을 흔히 간과한다. 많은 이들이 동시대 사회가 높이 평가하게 된 자질을 어느 정도는 타고난다. 자본주의 사회에서는 기업가 정신을 발휘하는 것이 도움이 된다. 관료 사회에서는 상사와 무난히 잘 어울리는 자질이 유리하다. 대중 민주주의 사회에서는 TV 화면을 잘 받는 것이 유리하고, 짧고 별 내용 없는 우스개를 잘 지어내는 자질이 도움이 된다. 걸핏하면 소송하는 사회에서는 법학전문대학원에 다니거나 법학전문대학원 입학시험에서 높은 점수를 받을 수 있는 논리적이고 이성적인 능력이 도움이 된다.

사회가 그런 자질의 가치를 높이 평가하는 것은 우리의 노력과 관계가 없다. 그런 재능으로 우리가 지금처럼 기술이 발달했거나 소송을 무척 좋아하는 사회가 아니라 수렵 사회나 무사가 우대받는 사회, 혹은 육체적 힘이나 독실한 종교적 자세를 드러내는 사람에게 가장 큰 포상이나 명성을 안겨 주는 사회에 산다고 가정해 보자. 우리의 재능은 분명 지금 수준에 이르지 않았을 것이다. 그리고 아마도 다른 재능을 개발했을 것이다. 그렇다면 그런 사회에서 우리의 가치나 미덕은 지금보다 적은 것일까?

롤스는 아니라고 대답한다. 지금보다는 포상을 적게 받겠지만, 포상의 권리가 적다고 다른 사람보다 가치가 적다거나 자격이 모자란 것은 아니다. 현 사회가 귀히 여기고 많이 포상하는 재능을 덜 가진 사람도 마찬가지다. 따라서 게임의 규칙이 포상을 약속한 재능을 연마할 경우 그로부터 얻은 이익에 권리가 있기는 하지만, 우리에게 풍부한 자질을 높이 평가해 주는 사회에 살아가게 된 특별한 자격이 우리에게 있다고 생각한다면 오해이자 자만이다.

우디 앨런Woody Allen도 영화 〈스타더스트 메모리스Stardust Memories〉에서 비슷한 지적을 한다. 영화에서 샌디라는 유명한 코미디언 역할을 하는 앨런이 제리를 만난다. 오랜 이웃이자 친구인 제리는 자신이 택시 운전사인 게 못마땅하다.

샌디: 그래, 요즘 어때? 뭐 하며 지내?

제리: 내가 뭐 하며 지내는지 알잖아? 택시 운전하지.

샌디: 음, 좋아 보이네. 그런데 자네…… 택시 운전이 뭐가 어때서 그래?

제리: 좋지. 하지만 자네에 비하면 난…….

샌디: 글쎄 뭐라고 말해야 할까? 난 그저 어렸을 때 동네에 웃긴 소리 잘하는 사람과 함께 살았던 덕분이라고. 안 그래?

제리: 그렇지.

샌디: 그러니까, 그러니까 말이야, 우리는, 우리는 지금 웃긴 이야기에 가치를 두는 세상에 사는 거야. 알잖아. 이렇게 생각해 봐. (목을 가다듬고) 내가 아파치족 인디언으로 태어났더라면, 그 사람들한테 코미디언 따위는 필요 없었을 거야, 그렇지? 그럼 난 직업도 없겠지.

제리: 그래서? 이봐, 그딴 말로 내 기분이 좋아질 리는 없어.[23]

택시 운전사는 코미디언 친구가 명성과 부의 임의성을 지적해도 마음이 편해지지 않는다. 자신의 미미한 수입을 운이 나쁜 탓으로 본다고 해도 불편한 기분은 나아지지 않는다. 같은 이유로 능력주의 사회에서 살아가는 사람 대부분이 세속적 성공은 그런 자격이 있는 사람에게 돌아간다고 생각하는지도 모른다. 그런 생각에서 벗어나기란 어렵다. 지금부터는 분배의 정의가 도덕적 자격으로부터 완전히 분리될 수 있는지 알아보자.

인생은 불공정한가?

1980년, 로널드 레이건이 대통령에 출마할 무렵, 경제학자 밀턴 프리드먼은 아내 로즈와 함께 베스트셀러 『선택할 자유Free to Choose』를 출간했다. 자유 시장 경제를 노골적으로 당당하게 외친 이 책은 레이건 정부의 교과서이자 찬가가 되었다. 프리드먼은 평등주의자들의 반대에 맞서 자유방임 원칙을 옹호하면서 놀라운 양보를 했다. 그는 부유한 가정에서 자라 좋은 학교를 다니는 학생은 그보다 못한 환경에서 자란 학생보다 불공정한 혜택을 누린다는 사실을 인정했다. 그리고 아무런 노력 없이 재능과 소질을 물려받은 사람들이 다른 사람보다 불공정한 혜택을 누린다는 사실도 인정했다. 하지만 롤스와 달리 프리드먼은 우리가 그런 불공정을 수정하려 해서는 안 된다고 주장했다. 대신 그 불공정과 더불어 사는 법을 터득하고, 그로 인해 생겨나는 이익을 즐겨야 한다고 말했다.

인생은 공정하지 않다. 자연이 낳은 것을 정부가 바로잡을 수 있다는 생각은 매혹적이다. 하지만 우리가 개탄하는 커다란 불공정에서 얼마나 많은 이익이 생겨나는지 깨닫는 것도 중요하다. 무하마드 알리가 위대한 권투 선수로서의 기술을 타고났다는 사실은 (……) 공정치 못하며, (……) 무하마드 알리가 하룻밤에 수백만 달러를 벌 수 있다는 사실도 분명 공정하지 못하다. 하지만 평등이라는 추상적 이상을 추구하느라, 알리가 하룻밤 경기에서 벌 수 있는 돈이 (……) 최하층 사람이 부두에서 비숙련 노동으로 벌 수 있는 일당보다 많지 않도록 제한한다면 (……) 알리를 보며 즐기는 사람들에게는 더욱 불공정한 일이 되지 않겠는가?[24]

『정의론』에서 롤스는 자기 논리에 빠진 프리드먼의 조언에 반대한다. 그는 우리가 잊기 쉬운 익숙한 진실을 신랄하게 지적한다. 즉 실제로 존재하는 방식이 마땅히 존재해야 하는 방식을 결정하지 않는다는 것이다.

선천적 재능의 분배나 사회적 여건의 우연성은 부당하기 때문에 제도상의 질서는 항상 결함이 있다는 주장을 우리는 거부해야 하며, 부정의는 반드시 인간의 손으로 조정해야 한다. 물론 때때로 그런 생각이 부정의를 무시하는 변명으로 사용되기도 하는데, 마치 부정의를 받아들이지 못하겠다고 해서 다 죽을 수는 없지 않느냐는 식의 말처럼 말이다. 자연의 배분 방식은 정당하지도, 부당하지도 않다. 인간이 특정한 사회적 위치를 갖고 태어나는 것 역시 부당하지 않다. 그것은 단

지 자연적인 사실일 뿐이다. 정의냐 부정의냐는 제도가 그러한 사실들을 다루는 방식으로부터 생겨난다.[25]

롤스는 우리가 그런 사실들을 다룰 때, "서로의 운명을 공유"하며, "공동의 이익에 도움이 되도록 각자에게 우연히 주어진 선천적·사회적 여건을 [우리를 위해] 이용하자"고 제안한다.[26] 롤스의 정의론이 궁극적으로 성공하든 실패하든, 그 이론은 미국 정치 철학이 지금까지 내놓은, 좀 더 평등한 사회를 이루기 위한 가장 설득력 있는 주장임이 분명하다.

JUSTICE

소수 집단 우대 정책 논쟁:
권리 vs. 자격

07

ARGUING AFFIRMATIVE ACTION

셰릴 홉우드Cheryl Hopwood는 부유한 집안 출신이 아니다. 홀어머니 밑에서 자란 그녀는 돈을 벌어 가며 고등학교, 커뮤니티 칼리지, 그리고 새크라멘토에 있는 캘리포니아 주 대학교에 다녔다. 이후 텍사스로 이주한 그녀는 텍사스 최고이자 전국적으로도 유명한 텍사스 법학대학원에 입학 원서를 냈다. 그녀는 학업 평균 성적이 3.8점에다 입학시험도 꽤 잘 보았지만(백분위 83점) 결국 떨어지고 말았다.[1]

백인인 홉우드는 입학을 거절당한 것이 부당하다고 생각했다. 합격생 중에는 그녀보다 대학 성적과 입학시험 점수가 낮은 흑인과 멕시코계 미국인들이 있었다. 그 대학은 사회적 소수자에게 가산점을 주는 소수 집단 우대 정책affirmative action을 시행하고 있었다. 실제로 대학 성적과 입학시험 점수가 홉우드와 비슷한 소수 집단 학생들은 모두 합격했다.

홉우드는 자신이 차별에 희생되었다고 연방 법원에 소송을 제기했다. 대학은 로펌을 비롯해 주 입법 기관, 법원 등 텍사스 법조계에 인종적·민족적 다양성을 높이는 것이 텍사스 법학대학원의 사명 중 하나라고 답했다. 대학원장 마이클 샬롯Michael Sharlot은 이렇게 말했다. "문명 사회에서 법은 그 법을 통한 판결을 받아들이려는 사회의 의지에 크게 의존합니다. 법 집행에 모든 집단 구성원들이 참여하는 모습을 볼 수 없으면, 법의 목적을 달성하기 힘들어집니다."[2] 텍사스 주에서 흑인과 멕시코계 미국인은 전체 인구의 40퍼센트에 이르지만, 법조계에서 이들의 비율은 훨씬 적다. 홉우드가 입학 원서를 낼 당시, 이 대학원은 입학생의 약 15퍼센트를 소수 집단에서 뽑는 소수 집단 우대 정책을 실시하고 있었다.[3]

학교는 이러한 비율을 달성하기 위해 소수 집단 지원자에게는 그렇지 않은 지원자보다 낮은 합격 기준을 정해 두었다. 그러한 기준에도 불구하고 입학한 소수 집단 학생들은 모두 학업 수행 능력이 있으며, 거의 모두 무사히 졸업해 변호사 시험에 합격한다고 대학 관계자는 밝혔다. 하지만 그런 사실이 홉우드에게는 별 위안이 되지 못했고, 그는 여전히 자신이 공정치 못한 대우를 받았기에 합격해야 한다고 생각했다.

소수 집단 우대 정책에 반발해 소송을 제기한 사람은 홉우드가 처음이 아니었으며 마지막도 아닐 것이다. 지난 30년간 법원은 소수 집단 우대 정책을 둘러싸고 제기된 도덕적·법적 문제와 씨름했다. 1978년에 있었던 배키 소송에서 미국 연방 대법원은 데이비스에 있는 캘리포니아 주립 대학 의과대학의 소수 집단 우대 정책을 간발의 표 차로 인정해 주었다.[4] 2003년에 대법원은 미시간 법학전문대학원 관련 소송을 놓고 찬반으로 의견이 팽팽히 맞서다가, 결국 인종은 입학 심사에서 고려 사항이 될 수 있다고 판결했다.[5] 반면 캘리포니아, 워싱턴, 미시간의 유권자들은 공교육과 취업에서 인종별 우대 정책을 금지하는 법을 최근 제정했다.

법정에서는 고용과 입학에 적용되는 소수 집단 우대 정책이 미국 헌법의 평등 보호 조항을 위반하는지를 다룬다. 하지만 법률 문제는 제쳐 두고, 도덕적인 문제에 집중해 보자. 취업과 대학 입학에서 인종과 민족을 고려하는 행위는 정의롭지 못할까?

이에 답하려면, 소수 집단 우대 정책 지지자들이 인종과 민족을 고려하는 이유로 제시하고 있는 세 가지 근거를 살펴봐야 한다. 표준화된 시험의 격차 조정하기, 과거의 잘못 보상하기, 다양성 증대가 바로 그것이다.

찬성 의견: 소수 집단 우대 정책은 시험 격차를 조정한다

인종과 민족을 고려하는 이유 중 하나는 표준화된 시험에서 존재할 수 있는 편향을 바로잡기 위해서다. SAT 같은 시험들이 학습 및 업무 수행 능력을 제대로 예측하고 있는가 하는 문제는 오랫동안 논란이 되어 왔다. 1951년에 보스턴 신학대학원 박사과정에 GRE(대학원 입학 자격시험) 점수가 신통치 않은 사람이 지원했다. 후에 위대한 연설가가 된 젊은 마틴 루서 킹은 구두 적성 시험에서도 평균을 밑도는 점수를 받았다.[6] 아무튼 다행히도 그는 입학을 허락받았다.

어떤 연구에 따르면, 흑인과 히스패닉 학생들은 경제적 차이를 조정하고 난 뒤에도, 표준화된 시험에서 백인 학생들보다 전반적으로 낮은 점수를 받는 것으로 나타났다. 하지만 시험 점수에 격차가 생기는 이유가 무엇이든 간에, 학생의 학업 성취 가능성을 예측하기 위해 표준화된 시험을 이용하려면 학생의 가정, 사회, 문화, 교육 배경을 고려해 점수를 해석해야 한다. SAT에서 똑같이 700점을 받았더라도, 사우스브롱크스에 있는 열악한 공립 학교를 다닌 학생이 맨해튼의 부유한 지역인 어퍼이스트사이드의 일류 사립 학교를 졸업한 학생보다 더 낫다고 볼 수 있다. 또한 학생의 인종, 민족, 경제적 배경을 고려해 시험 점수를 평가한다고 해서, 대학이 학업 성취 가능성을 보고 학생을 선발해야 한다는 취지에 위배되지도 않는다. 이러한 고려는 단지 학생들의 학업 성취 가능성을 정확히 알아내려는 시도일 뿐이다.

소수 집단 우대 정책과 관련한 진짜 논쟁은 나머지 두 가지 근거와 연관이 있다. 하나는 보상 논리이고, 다른 하나는 다양성을 증대하는 수단으로 보는 논리다.

찬성 의견: 소수 집단 우대 정책은 과거의 잘못을 보상한다

보상 논리는 소수 집단 우대 정책을 과거의 잘못을 바로잡는 수단으로 여긴다. 소수 집단 학생들을 불리한 처지에 몰아넣은 과거의 차별을 보상하는 차원에서 우선권을 줘야 한다는 논리다. 이는 입학 허가를 가장 우선하는 혜택으로 보고, 과거의 부당함과 그로 인해 지금까지 이어지는 불이익을 보상하는 차원에서 그 혜택을 나눠 줘야 한다고 본다.

하지만 보상 논리는 거센 반박에 부딪히곤 한다. 비판자들은 보상받는 사람이 애초의 피해자가 아닌 경우가 많고, 보상하는 사람 역시 과거 잘못의 책임자인 경우는 거의 없다고 말한다. 소수 집단 우대 정책의 수혜자 가운데 상당수는 도심 빈민가의 흑인 및 히스패닉 젊은이들이 겪는 불이익을 경험해 본 적이 없는 중산층 소수 집단 학생들이다. 왜 풍요로운 휴스턴 교외에 사는 흑인 학생이 그들보다 더 어려운 환경에서 살아야 했던 셰릴 홉우드보다 많은 혜택을 누려야 하는가?

불리한 처지에 놓인 사람을 돕는 것이 정책의 목적이라면, 인종이 아니라 계층을 고려해야 한다고 비판자들은 주장한다. 그리고 노예제와 인종 분리 정책이라는 역사적 부당함을 보상하려는 것이 소수 인종 우대 정책의 목적이라면, 그 부당 행위에 가담하지 않은 홉우드 같은 사람에게서 보상을 끌어내는 것이 어떻게 정당화될 수 있단 말인가?

소수 집단 우대 정책이 보상의 수단이라는 주장이 이러한 반대에 대답할 수 있는지는 집단적 책임이라는 어려운 개념에 달려 있다. 우리는 과거 세대가 저지른 잘못에 도덕적 책임을 지고 보상해야 하는가? 이 질문에 대답하려면, 도덕적 의무가 어떻게 생기는지부터 자세히 알아봐야 할 필요가 있다. 우리는 개인으로서의 책임만 지면 되는가, 아니면 역사적 정체성을 지닌 공동체의 일원으로서의 책임도 져야 하는가? 이 문제를 짚어 보기 전에, 나머지 근거인 다양성 논리를 먼저 살펴보자.

찬성 의견: 소수 집단 우대 정책은 다양성을 증대시킨다

다양성 논리는 이견이 분분한 집단적 책임이라는 개념에 의존하지 않는다. 입시에서 혜택을 받은 소수 집단 학생이 개인적으로 차별이나 불이익을 당한 적이 있는가의 문제와도 관계없다. 이 논리는 입학 허가를 수혜자에 대한 보상이 아니라, 가치 있는 사회적 목적을 실현하는 수단으로 본다.

다양성에 근거한 논리는 공동선(학교의 공동선이자 사회의 공동선)을 앞세운다. 첫째, 학생들 사이에 여러 인종이 고루 섞여 있으면, 출신 배경이 비슷한 학생들끼리만 있을 때보다 서로 많은 것을 배울 수 있어서 더욱 바람직하다. 학생들이 모두 특정 지역 출신일 경우 지적·문화적 시야가 제한될 수 있듯이, 인종·민족·계층면에서 배경이 모두 같은 경우도 마찬가지일 것이다. 둘째, 다양성 논리는 불리한 여건의 소수 집단 학생들을 교육시켜 핵심 공직이나 전문직에 진출해 지도력을 발휘하게 한다면, 대학은 지역 발전과 공동선에 보다 큰 기여를 할 수 있다.

다양성에 근거한 주장은 대학들이 흔히 내세우는 주장 중 하나다. 홉우드가 이의를 제기했을 때, 텍사스 법학대학원장도 자기 대학 소수 집단 우대 정책이 시민 사회의 목적에 기여한다고 주장했다. 이 법학대학원의 사명 가운데 하나는 텍사스 법조계에 다양성을 높이고, 보다 많은 흑인과 히스패닉이 정부와 법조계에서 지도자로서 역할을 하도록 만드는 것이다. 그는 이런 면에서 자기 대학교 법학대학원의 소수 집단 우대 정책이 성공적이었다고 말했다. "소수 집단 출신의 우리 학교 졸업생들이 선출직 공무원으로 일하거나, 유명 로펌에서 일하거나, 텍사스 의원 혹은 연방 판사로 일하고 있습니다. 텍사스의 주요 관직에서 일하는 소수 집단 인재들은 거의 우리 학교 출신일 정도입니다."[7]

미국 연방 대법원에서 배키 소송을 심리할 때, 법정 조언자 자격으로 참여한 하버드 대학은 교육적 차원에서 소수 집단 우대 정책을 변호하는 의견서를 제출했다.[8] 의견서에서 하버드 대학은 학업 성적과 시험 점수가 입학 심사의 유일한 기준이었던 적은 없었다고 밝혔다. "학문적 우수성이 유일한 혹은 지배적 기준이라면, 하버드 대학교는 활기와 지적 우수성의 많은 부분을 잃을 것이며, (……) 모든 학생들이 경험하는 교육 경험의 질도 악화될 것이다." 과거에는 다양성이라고 하면 "캘리포니아, 뉴욕, 매사추세츠 출신이 공존하는 대학, 도시 거주자와 시골 소년들이 공존하는 대학, 바이올린 연주자와 화가와 축구선수들이 공존하는 대학, 생물학자와 역사학자와 고전학자들이 공존하는 대학, 장래 증권 거래인과 교수와 정치인이 공존하는 대학"을 의미했다. 이제 하버드 대학은 인종적·민족적 다양성도 고려한다.

> 아이다호 출신 농장 일꾼은 보스턴 출신 학생이 가져올 수 없는 것을 하버드 대학교에 제공할 수 있다. 이와 비슷하게 흑인 학생은 백인 학생이 가져올 수 없는 것을 제공할 수 있다. 하버드 학생이 경험하는 교육의 질은 부분적으로 학생들의 성장 배경의 차이와 거기서 오는 관점의 차이에 좌우된다.[9]

다양성 논리에 부정적인 사람들이 제기하는 반박은 다음 두 가지다. 하나는 현실적 반박이고, 다른 하나는 원칙적 반박이다. 현실적 반박은 소수 집단 우대 정책의 효과에 의문을 제기한다. 인종별 우대 정책이 보다 다원화된 사회를 만드는 데 기여하고 편견과 불평등을 줄이기보다는, 소수 집단 학생들의 자부심을 손상시키고, 모든 이들이 인종을 더욱 의식하게 만들며, 인종 간의 긴장을 높이고, 자신도 특혜를 받아야 한다고 생각하는 백인들의 분노를 촉발한다는 것이다. 현실적 반박은 소수 집단 우대 정책이 부당하다기보다는, 현실적으로 목적을 달성하기 어렵고 얻는 것보다 잃는 것이 많다고 주장한다.

인종별 우대 정책은 권리를 침해하는가?

원칙적 반박은 강의실에 다양성을 불어넣고 더욱 평등한 사회를 추구한다는 목적이 아무리 가치 있고, 소수 집단 우대 정책이 이러한 목적을 실현하는 데 성공적이라 해도, 입시에서 인종이나 민족을 고려하는 것은 불공정하다고 주장한다. 왜냐하면 자기 잘못도 없이 경쟁에서 불이익을 받게 되는 셰릴 홉우드 같은 지원자의 권리를 침해하기 때문이다.

공리주의자들은 이 반박에 그다지 동의하지 않을 것이다. 소수 집단 우대 정책으로 인한 교육적·사회적 이익의 무게가 홉우드를 비롯해 그 정책으로 아깝게 탈락한 지원자들이 느끼는 실망감의 무게보다 무겁다면 정책에 반대하지 않을 것이기 때문이다. 하지만 소수 집단 우대 정책을 지지하는 사람들은 주로 공리주의자가 아니다. 이들은 아무리 바람직한 목적도 개인의 권리보다 우위에 있어서는 안 된다고 생각하는 칸트식 또는 롤스식 자유주의자들이다. 이들은 입학 심사에 인종을 고려해 홉우드의 권리가 침해된다면 부당하다고 생각한다.

그런데 권리를 중시하는 법 철학자 로널드 드워킨^{Ronald Dworkin}은 인종을 고려하는 소수 집단 우대 정책이 그 누구의 권리도 침해하지 않는다고 주장한다.[10] 그는 묻는다. 홉우드의 어떤 권리가 받아들여지지 않았는가? 홉우드는 누구든 자신이 선택할 수 없는 인종 등의 요소로 판단받지 않을 권리가 있다고 생각할 수 있다. 하지만 전통적인 대학 입학 심사 기준에는 자신이 선택할 수 없는 요소도 엄연히 포함된다. 내가 아이다호 출신이 아니라 매사추세츠 출신이라든가, 형편없는 축구 선수라든가, 타고난 음치인 것들은 내 잘못이 아니다. 마찬가지로 SAT에서 좋은 점수를 낼 소질이 부족한 것도 내 탓이 아니다.

입학과 관련된 권리를 오로지 학문적 기준으로 한정하고, 축구를 잘한다거나, 아이다호 출신이라거나, 무료 급식소에서 자원 봉사를 했다는 요소들은 전혀 고려하지 않을 수도 있다. 그런 관점에서 본다면 학업 성적이나 시험 점수 등 학업 성취 가능성에서 상위권 학생들은 입학 허가 자격이 있다고 볼 수 있다. 달리 말해, 학문적 능력만으로는 입학 자격이 있다.

하지만 드워킨이 지적하듯이, 그런 권리는 없다. 어떤 대학은 오직 학문적 자질만으로 입학생을 뽑을 수 있겠지만, 대부분은 그렇게 하지 않는다. 대학은 다양한 방법으로 대학의 사명을 정한다. 드워킨에 따르면, 그 어떤 지원자도 대학이 사명을 정하는 데 간섭하거나 입학 허가 기준으로 학문이나 운동 실력, 혹은 그 밖의 특정 자격을 우선하라고 말할 권리가 없다. 일단 대학이 사명과 입학 기준을 정하면, 당신은 다른 지원자들보다 그 기준에 맞는지 따져 보고 그에 맞는 타당한 기대를 품게 된다. 그리고 상위권(학문적 가능성, 인종 및 지역적 다양성, 운동 능력, 과외 활동, 봉사 활동 등을 고려)에 드는 지원자는 입학 자격을 갖게 된다.

만약 이들이 합격하지 못한다면 부당하다. 하지만 일부 특정 기준에 부합한다고 해서 누군가에게 입학할 권리가 애초부터 있다고 할 수는 없다.[11]

　바로 여기에 소수 집단 우대 정책을 지지하는 다양성 논리의 핵심에 대한 심오하면서도 논란이 되는 주장이 담겨 있다. 입학 허가는 뛰어난 능력이나 미덕에 수여하는 영예가 아니라는 사실이다. 시험 점수가 높은 학생이든, 불리한 처지에 놓인 소수 집단 학생이든 입학을 허가받을 도덕적 자격이 있는 것은 아니다. 입학 허가의 정당성은 학생의 능력이나 미덕을 포상하는 차원에서가 아니라, 대학이 정한 사회적 목적에 부합하는지 여부를 보고 판단해야 한다. 드워킨의 요지는 입학 허가에서 정의는 능력이나 미덕을 포상하는 문제가 아니라는 데 있다. 대학이 사명을 정하고 나면 신입생을 공정하게 뽑기 위해 무엇이 중요한지 판단할 수 있다. 학교의 사명이 신입생에게 요구되는 능력을 정하지, 학생의 능력이 학교의 사명을 정하지 않는다. 대학 입학과 관련된 정의 문제에 관한 드워킨의 설명은 소득 분배의 정의에 관한 롤스의 설명과 맥락을 같이한다. 그것은 도덕적 자격의 문제가 아니다.

인종 분리 정책과 반유대인 쿼터제

　그렇다면 대학은 자유롭게 사명을 정할 수 있으며, 그 사명에 맞는 입학 정책은 모두 공정하다는 의미일까? 그렇다면 불과 몇십 년 전까지 미국 남부의 대학에서 시행되던 인종 분리 정책은 어떨까? 공교롭게도 이와 관련해 당시 헌법 공방의 핵심에 있던 대학 역시 텍사스 법학대학원이었다. 1946년에 이 학교는 인종 분리 정책에 따라, 매리언 스웨트Marion Sweatt라는 학생의 입학을 거절했다. 미국 대법원까지 이어진 '스웨트 대 페인터'(1950) 사건은 고등 교육에서 행해지던 인종 분리 정책에 타격을 주었다.

그런데 입학 정책의 공정성이 오로지 학교 사명에 부합하는가에 달렸다면, 당시 텍사스 법학대학원의 주장은 무엇이 문제였을까? 이 대학원의 사명은 텍사스에 있는 로펌에서 일할 법률가를 키우는 것이었다. 하지만 텍사스 로펌들은 흑인을 고용하지 않으니, 흑인 학생을 받아들이면 사명을 이행할 수 없다는 게 학교 측의 주장이었다.

당신은 어쩌면 텍사스 법학대학원이 공립 대학이므로 사립 대학보다 사명 선택에 제약이 있다고 주장할지도 모른다. 고등 교육 기관에서 시행되는 소수 집단 우대 정책을 둘러싸고 벌어진 유명한 법정 공방에는 데이비스 소재 캘리포니아 주립 대학교(배키 사건), 텍사스 대학교(홉우드 사건), 미시간 대학교(그루터 사건) 등 주로 공립 대학이 관련되었다. 하지만 지금은 적법한가 여부를 따지는 것이 아니라, 인종을 고려하는 것이 정의로운지 그렇지 않은지를 판단하려는 것이므로 공립과 사립의 차이는 크게 중요하지 않다.

공립 기관뿐 아니라 사립 기관도 정의롭지 못한 행위를 하면 비난받을 수 있다. 인종 분리 정책이 시행되던 미국 남부의 간이식당에서 인종 차별에 항의해 연좌 농성이 벌어졌던 것을 회상해 보라. 그곳은 개인 소유 식당이었지만, 그래도 그들이 시행했던 인종 차별은 부당했다 (실제로 1964년에 제정된 민권법은 그러한 차별을 불법화했다).

1920년대와 1930년대에 일부 아이비리그 대학들이 공식 혹은 비공식적으로 채택했던 반유대인 쿼터제를 보자. 이들 대학이 공립이 아니라 사립이라는 이유로 그러한 쿼터제가 옹호되었는가? 1922년에 하버드 대학교 총장 로런스 로웰A. Lawrence Lowell은 반유대주의를 완화하겠다는 명분을 내걸고, 유대인 입학 정원을 12퍼센트로 제한하는 방안을 마련했다. 그는 이렇게 말했다. "학생들 사이에서 반유대주의 감정이 높아지고 있는데, 유대인 학생의 비율은 늘고 있습니다."[12] 1930년대에는 다트머스 대학교 입학처장이 유대인 학생 증가에 불만을 터뜨린 어느 졸업생에게 보낸 편지에는 이런 글이 쓰여 있었다. "유대인 문제를 언급해 주셔서 기쁘게 생각합니다. 1938년 입학생 가운데 유대인 비율이 5퍼센트나 6퍼센트가 넘는다면, 제 슬픔은 이루 말로 표현할 수 없을 겁니다." 1945년에 다트머스 대학교 총장은 학교의 사명을 들어 유대인 학생의 입학 제한을 정당화하고자 했다. "다트머스는 학생들을 기독교인으로 만들기 위해 설립된 기독교 대학입니다."[13]

다양성 논리에 따라 소수 집단 우대 정책을 옹호했듯이, 대학이 스스로 정한 사명에 따라 입학 기준을 정했다면, 인종 차별이나 반유대주의적 제한을 둔다고 해서 이를 비난할 수 있을까? 남부 분리주의가 특정 인종을 배제하기 위해 인종을 고려하던 행위와 오늘날 소수 집단 우대 정책이 특정 인종을 포함시키기 위해 인종을 고려하는 행위 사이에 근본적인 차이가 있을까? 가장 뚜렷한 차이점은 분리주의자들의 시대에 텍사스 법학대학원은 특정 인종에게 열등하다는 낙인을 찍었던 반면, 오늘날의 인종 우대는 누구를 모욕하거나 부정적으로 낙인찍지 않는다는 사실이다. 홉우드는 자신의 탈락이 부당하다고 느낄지는 모르지만, 그것이 증오나 경멸의 표시였다고 볼 수는 없다.

드워킨은 이렇게 답한다. 분리주의 시대에 특정 인종을 배제한 행위는 "어떤 인종이 다른 인종에 비해 유전적으로 더 우월하다는 혐오스러운 사고"에 기대는 반면, 소수 집단 우대 정책에는 그러한 편견이 없다. 소수 집단 우대 정책은 그저, 주요 전문직에서 다양성이 확대될 필요가 있다 보니, 흑인이나 히스패닉이라는 특성이 "사회적으로 유용한 특성"이 될 수 있다고 주장할 뿐이다.[14]

홉우드처럼 입학을 거절당한 지원자들은 만족할 수 없겠지만, 그러한 결정은 분명 도덕적이다. 텍사스 법학대학원은 홉우드가 열등하다거나 대신 입학한 소수 집단 학생들이 홉우드에 비해 우대받을 자격이 있다고 말하지는 않는다. 단지 학교와 법조계에서 인종적·민족적 다양성을 확보하는 것이 학교의 교육 목적에 부합한다고 말할 뿐이다. 또한 그러한 목적 추구가 입학을 거절당한 사람들의 권리를 어떤 식으로든 침해하지 않는 한, 실망한 지원자들은 부당하게 대우받았다고 법적으로 항의할 수 없다.

백인 우대 정책도 가능할까?

이제 다양성 논리를 시험해 볼 질문을 해보자. 경우에 따라서는 백인을 우대하는 제도도 정당화될 수 있을까? 스타렛 시티Starrett City 사례를 살펴보자. 2만 명이 입주한 뉴욕 브루클린에 있는 이 아파트 단지는 연방 정부가 보조하는 최대 규모의 중산층 주택단지 조성 계획에 따라 건립되었다. 1970년대 중반에 문을 연 이 단지는 인종 통합 공동체라는 목표를 세웠다. 이 목표에 따라 공동체의 민족·인종 구성 비율을 맞추기 위한 '입주자 조절'이 실시되었고, 이에 따라 흑인과 히스패닉은 전체 입주자의 40퍼센트로 제한되었다. 간단히 말해 쿼터제다. 이 비율은 편견이나 경멸에 근거한 것이 아니라, 도시 생활에서 나타나는 인종적 '티핑 포인트(균형이 깨지며 모든 것이 한순간에 변화되는 극적인 순간 – 옮긴이)'에 근거했다. 이곳 관리자들은 다른 지역처럼 '백인 이탈 현상'이 일어나면서 주민 통합이 깨지는 문제를 피하고자 했다. 인종적·민족적 균형을 유지해 안정되고 인종적으로 다양한 공동체를 만들고자 했다.[15]

이 정책은 효과가 있었다. 그곳은 호감 있는 공동체가 되어, 들어와 살고 싶어 하는 가정이 많아졌다. 입주 대기자 명단이 작성되었다. 백인보다 흑인에게 돌아가는 배분량이 적은 탓에, 흑인 가족은 백인 가족보다 더 오래 기다려야 했다. 1980년대 중반에는, 백인 가족은 서너 달 기다리면 됐던 반면, 흑인 가족은 심한 경우 2년까지 기다려야 했다.

백인 신청자에게 혜택을 주는 이 쿼터제는 인종적 편견이 아닌, 공동체 통합이라는 목표에 근거하고 있다. 일부 흑인 신청자들은 인종을 고려하는 이 정책이 부당하다며 소송을 제기했다. 다른 사안에서는 소수 집단 우대 정책을 지지하던 전미유색인지위향상협회(NAACP)가 이들을 대변했다. 결국 스타렛 시티가 현재의 쿼터제를 유지하되, 국가는 소수 집단을 위한 주택 조성 계획을 더 추진하기로 하고 타결을 보았다.

아파트 입주 조건으로 인종을 고려하는 스타렛 시티의 쿼터제는 부당할까? 그렇지 않다. 소수 집단 우대 정책을 지지하는 다양성 논리를 인정한다면, 이 역시 부당하지 않다. 인종적·민족적 다양성을 살리는 방법은 주택 정책과 대학 신입생 선발에서 각각 다르게 적용되며, 적용

264

대상 역시 다르다. 하지만 공정성이라는 관점에서 보면, 두 사례는 다르지 않다.

다양성을 추구하는 정책이 공동선에 기여하고, 이로 인해 누구도 증오나 경멸에서 나온 차별을 받지 않는다면, 인종별 우대는 어떤 사람의 권리도 침해하지 않는다. 왜 그럴까? 도덕적 자격에 대한 롤스의 견해에 따르면, 별개의 특정 능력이 우월하다고 해서 아파트 입주나 신입생이 될 당연한 자격을 갖고 있는 사람은 아무도 없기 때문이다. 어떤 요소가 장점으로 인정받는가는 주택 당국이나 대학 당국이 사명을 결정한 뒤에야 정해질 수 있다.

정의와 도덕적 자격을 분리할 수 있을까?

도덕적 자격이 분배 정의의 기초가 될 수 없다는 주장은 한편으론 매력적이고 다른 한편으론 불안하기도 하다. 매력적인 이유는 성공은 미덕에 씌워 주는 왕관이라거나 부자들은 가난한 사람보다 부자가 될 자격이 있다는, 능력주의 사회에서 흔히 들을 수 있는 우쭐대며 자만하는 태도를 약화시키기 때문이다. 롤스가 상기시킨 대로, "뛰어난 재능을 타고날 자격이 있다거나 애초부터 사회에서 유리한 출발선에 설 자격이 있다고 주장할 수 있는 사람은 아무도 없다". 특정한 재능을 높게 쳐 주는 사회에 살게 된 것도 노력의 결과가 아니라 그저 행운일 뿐이다.

정의를 도덕적 자격과 분리할 때의 불안감은 쉽게 설명하기 어렵다. 일자리와 기회는 그만한 자격을 갖춘 사람에게 돌아가는 보상이라는 믿음은 뿌리가 깊다. 다른 사회보다 미국 사회는 특히 그러하다. 정치인들은 "열심히 일하고 규칙을 따르는 사람"은 앞서 갈 자격이 있다고 끊임없이 외치고, 아메리칸드림을 실현한 사람들의 성공은 그들의 미덕이 반영된 결과라고 칭송한다. 이러한 확신은 좋을 수도 있지만 단점도 있다. 이 확신에 집착하면 사회 결속이 어려워진다. 성공을 자기 행동의 결과로 여길수록, 뒤처진 사람들에 대한 책임감이 줄어들기 때문이다.

성공을 미덕에 대한 포상으로 보아야 한다는 이 끈질긴 믿음은 그저 오해며, 근거 없는 생각이다. 롤스는 행운의 도덕적 임의성을 지적하며 그 믿음에 강력히 의문을 제기했다. 하지만 롤스와 드워킨의 주장처럼 정의를 자격 논쟁으로부터 단호하게 분리하기란 정치적·철학적으로 불가능한 일인지도 모른다. 그 이유를 살펴보자.

첫째, 정의는 흔히 영예의 측면을 갖고 있다. 분배 정의에 관한 논쟁은 누가 무엇을 갖는가의 문제일 뿐 아니라, 어떤 자질이 영예와 포상의 가치가 있는가의 문제이기도 하다. 둘째, 사회 기관이 사명을 정하고 난 뒤에야 어떤 특성이 장점으로 떠오른다면 문제가 복잡해질 수 있다. 정의에 관한 논쟁에서 흔히 거론되는 각종 기관들(학교, 대학, 전문직, 공직 기관 등)은 사명을 멋대로 정할 수 없다. 이들 기관의 사명은 최소한 어느 정도는 이들이 장려하는 고유의 선에 따라 규정된다. 법학전문대학원, 군대, 오케스트라 등이 어떤 사명을 가져야 하는지에 대해서는 시점에 따라 논쟁의 여지가 있을 수 있지만, 어떤 사명이든 괜찮다고 말할 수는 없다. 어느 사회 기관이든 그에 적합한 선이 있으며, 역할의 배분에서 이러한 선을 무시하면 자칫 타락으로 흐를 수 있다.

우리는 홉우드 사건을 통해 정의와 영예가 어떻게 얽히는지 살펴보았다. 누가 입학 허가를 받아야 하는지와 도덕적 자격은 관련이 없다는 드워킨의 주장이 옳다고 해보자. 그렇다면 그 법학대학원은 홉우드에게 다음과 같은 거절 통보 서신을 보내야 한다.[16]

친애하는 홉우드 씨께

유감스럽게도 귀하의 입학이 거절되었음을 알려 드립니다. 이러한 결정으로 귀하를 화나게 할 의도는 없음을 이해해 주시기 바랍니다. 우리는 귀하를 업신여기지 않습니다. 사실 입학이 허가된 사람들보다 귀하의 자격이 미달한다고 생각하지도 않습니다.

귀하께서 귀하의 자질이 필요하지 않은 사회를 만난 것은 귀하의 잘못이 아닙니다. 귀하 대신 입학이 허가된 사람들도 그 자리를 차지할 자격이 있는 것은 아니며, 입학으로 이어진 자질을 칭송받을 자격이 있는 것도 아닙니다. 우리는 단지 그들을(그리고 귀하를) 보다 큰 사회적 목적을 위한 도구로 이용할 뿐입니다.

귀하께서 이 소식을 들으면 실망할 것이라 생각합니다. 하지만 실망스럽다고 해서 귀하의 타고난 도덕적 가치가 반영된 결과라고 과장해서 생각해선 안 됩니다. 귀하가 지원한 시점에 어쩌다 사회가 원하게 된 특성을 귀하가 갖고 있지 않았다는 점에서 우리도 안타까움을 금할 수 없습니다. 다음에는 행운이 함께하길 바랍니다.

텍사스 법학대학원 입학처

한편 입학 허가 통보 서신에 영예를 암시하는 내용을 빼면 다음과 같다. 철학적으로 솔직한 법학대학원이라면 입학생들에게 다음과 같은 내용을 인정하는 서신을 보내야 한다.

친애하는 합격생 여러분께

기쁘게도 귀하의 입학이 허가되었음을 알려 드립니다. 이로써 귀하는 지금 이 순간 사회에서 필요로 하는 특성을 갖고 있음이 밝혀졌습니다. 따라서 우리는 귀하께 법을 공부하도록 허가함으로써, 귀하의 자산을 사회 이익을 위해 이용하도록 제안하는 바입니다.

귀하는 축하받겠지만, 그렇다고 귀하께서 입학 허가로 이어진 자질을 소유할 자격이 있어서는 아닙니다(사실 귀하께 그런 자격이 있는 것은 아닙니다). 그저 복권 당첨을 축하하는 것과 같은 의미일 뿐입니다. 귀하는 적절한 순간에 적절한 특성을 갖게 된 행운아입니다. 귀하께서 우리의 제안을 받아들이기로 결정하신다면, 귀하가 그런 식으로 이용되어 생기는 이익에 대한 권리가 부여될 것입니다. 그런 점은 축하할 만합니다.

거기서 더 나아가 귀하께서는, 아마도 귀하의 부모님께서 더욱더, 이번 입학 허가가 타고난 재능을 높이 평가받은 결과가 아니라면, 적어도 그 재능을 갈고닦은 귀하의 노력을 높이 평가받은 것이라고 여겨 그 점을 축하하고 싶은 유혹을 느끼실 것입니다. 하지만 귀하의 노력에 필요한 우수한 성격이 귀하 덕분이라는 생각도 역시 문제가 있습니다. 귀하의 성격은 귀하의 공으로 돌릴 수 없는 여러 훌륭한 주변 환경 덕분이기 때문입니다. 여기에는 자격이라는 개념이 적용되지 않습니다.

아무튼 가을에 함께 만날 그날까지 안녕히 계십시오.

텍사스 법학대학원 입학처

이런 편지를 보낸다면, 입학을 거절당한 사람들의 침통함을 덜어 주고, 입학 허가를 받은 사람들의 자만심을 누그러뜨릴 수 있을 것이다. 그런데 왜 대학들은 왜 이런 편지 대신 축하와 영광스러운 수사가 가득한 편지를 변함없이 보내는 것일까?(지원자들도 왜 그런 편지를 기대할까?) 아마도 대학이 그들의 역할은 특정 목적을 증진시키는 데 있을 뿐만 아니라, 특정한 미덕을 포상하고 영예를 안겨 주는 데 있다는 생각을 완전히 떨치지 못했기 때문일 것이다.

대학이 경매로 입학생을 뽑아도 될까?

대학이 마음대로 사명을 정해도 좋은가에 관한 두 번째 질문으로 넘어가자. 여기서는 인종·민족 우대를 잠시 접어 두고, 또 다른 우대 정책인 '동문자녀 특례입학 정책^{legacy preference}'를 둘러싼 논쟁을 생각해 보자. 많은 대학이 공동체 의식과 애교심을 키운다는 이유에서 졸업생의 자녀에게는 입학 심사에서 약간의 혜택을 준다. 더불어 자녀의 입학을 고맙게 여긴 부모가 모교에 기부금을 후하게 내놓으리라는 기대도 작용한다.

금전적인 이유만 따로 떼어 놓고 보기 위해 소위 '기여 입학제^{development admits}'에 대해 생각해 보자. 기여 입학생이란 지원자 가운데 졸업생의 자녀는 아니지만, 학교에 상당한 기부금을 내놓을 정도로 재력이 풍부한 부모의 자녀를 말한다. 많은 대학이 학업 성적과 시험 점수가 요구되는 수준보다 낮더라도 이러한 학생들을 받아들인다. 이를 극단적으로 확대해, 대학이 신입생 정원의 10퍼센트를 경매로 최고 입찰자에게 배정한다고 상상해 보자.

이런 입학 제도는 공정할까? 대학이 원하는 '자질'이란 어떤 식으로든 대학의 사명에 기여하는 역량이라고 생각한다면, 그렇다고 대답할 수 있다. 어떤 사명이든, 대학이 사명을 수행하려면 돈이 필요하기 때문이다.

드워킨이 정의한 넓은 의미의 자질에 따르면, 새 도서관 건립 기금으로 1천 만 달러를 내고 학교에 입학한 학생은 칭찬할 만하다. 그 학생의 입학은 대학 전체의 이익에 기여한다. 기부자의 자녀 때문에 입학이 거절된 학생들은 부당한 대우를 받았다고 불평하겠지만, 홉우드 문제에 대한 드워킨의 대답은 이들에게도 똑같이 적용된다. 편견이나 경멸로 인해 거부당한 사람이 없고, 대학이 정한 사명과 그에 따른 기준으로 입학 지원자들을 판단하는 한, 공정하다고 볼 수 있다. 그리고 이 경우도 그러한 기준에 맞는다. 입학하지 못한 학생들은 편견의 희생자가 아니다. 다만 도서관 건립 기부금을 낼 부유한 부모를 두지 못해 불운할 뿐이다.

하지만 이 기준은 너무 취약하다. 돈 많은 부모는 자녀에게 아이비리그 입학권을 사줄 수 있다는 사실이 여전히 불공평해 보인다. 과연 어떤 점이 부당할까? 빈곤층이나 중산층 가정 출신 지원자가 자신이 어찌할 수 없는 요소 때문에 불이익을 당한다는 사실 때문은 아니다. 드워킨이 지적했듯이, 우리가 통제할 수 없는 많은 요소들이 이미 적법하게 입학 심사에서 고려되고 있지 않던가.

입학을 경매에 부치는 방법이 못마땅한 이유는 지원자 입장에서 본 기회의 측면보다 대학의 청렴성과 더욱 연관된다. 더 높은 값을 부른 입찰자에게 강의실 자리를 파는 행위는 교육 기관보다는 록 콘서트나 스포츠 행사에 더 어울린다. 어떤 것에 접근할 기회를 공정하게 배분하는 방식은 그것의 본질 및 목적과 관련된다.

소수 집단 우대 정책 논쟁에는 대학의 존재 목적을 놓고 대립하는 여러 견해가 투영되어 있다. 즉 대학은 어느 정도까지 학문의 우수성을 추구해야 하는지, 어느 정도까지 공익에 부응해야 하는지, 이러한 목적들을 어떻게 조화시켜야 하는지에 관해 견해가 다양하다. 대학은 학생들이 성공적인 경력을 쌓아 나갈 준비를 하게 만드는 곳이지만, 다른 상품처럼 교육을 파는 행위는 일종의 타락이다.

그렇다면 대학의 목적은 무엇일까? 하버드는 월마트나 블루밍데일스 백화점이 아니다. 대학의 목적은 수입의 극대화가 아니라 교육과 연구로 공동선에 기여하는 것이다. 사실 교육과 연구에는 돈이 많이 들기에 대학은 후원금 모금에도 많은 노력을 기울인다. 하지만 돈벌이에 입학 정책이 좌우된다면 대학의 가장 중요한 존재 이유인 학문 추구와 공익에서 멀어지고 만다.

대학 입학이라는 기회 배분에서 정의는 대학이 마땅히 추구해야 하는 선과 관련 있다는 생각은 대학 입학을 돈 받고 파는 행위가 왜 부당한지 설명해 준다. 또한 정의와 권리의 문제를 영예와 미덕의 문제와 분리하기 힘든 이유도 설명한다. 대학은 자신들이 고취하는 미덕을 보여 주는 사람을 기리기 위해 명예 학위를 수여한다. 그런데 어느 면에서는 대학이 수여하는 모든 학위가 명예로운 것이다.

정의에 관한 논쟁이 영예, 미덕, 선의 의미에 관한 논의와 결부된다고 간주하는 것은 가망 없는 의견 차이를 다루는 비결처럼 보일 수 있다. 사람들은 영예와 미덕에 대해 저마다 다른 개념을 갖고 있다. 각 사회 기관(대학, 기업, 군대, 전문직, 일반적 정치 공동체 등)의 적절한 사명이 무엇인지에 대해서는 다양한 의견이 존재한다. 따라서 이러한 논란으로부터 거리를 두는 정의와 권리의 기본을 찾고 싶은 유혹이 생긴다.

근현대의 여러 정치 철학이 풀고자 하는 숙제가 바로 그것이다. 지금껏 살펴보았듯이, 칸트와 롤스의 철학은 좋은 삶에 대해 경쟁하는 서로 다른 시각들로부터 중립적인 정의와 권리의 기본을 찾으려는 과감한 시도였다. 이제 그러한 시도가 성공했는지 확인해 볼 차례다.

JUSTICE

정의와 도덕적 자격: 아리스토텔레스

08

WHO DESERVES WHAT?: ARISTOTELES

서부 텍사스에 있는 앤드루스 고등학교 1학년생 캘리 스마트^{Callie Smartt}
는 인기 있는 응원단원이었다. 뇌성마비를 앓아서 휠체어를 타야 하는
신세였지만, 응원단원으로서 캘리의 열정은 뜨거웠다. 미식축구 선수들
과 관중은 고등학교 대표 팀 경기 때 사이드라인에서 활약하는 그녀에
게 열광했다. 하지만 시즌이 끝난 뒤, 캘리는 응원단에서 방출되었다.[1]

일부 응원단원과 학부모들이 촉구한 결과, 학교 관계자는 캘리에게
다음해에도 응원단에 남아 있으려면 다른 단원들처럼 다리 일자 뻗기
와 공중회전을 비롯해 엄격한 체조 훈련을 해야 한다고 통보했다. 응원
단장의 아버지는 캘리의 응원단 활동에 대한 반대 의견을 이끌었다. 그
는 캘리의 안전이 우려된다고 주장했다. 하지만 캘리의 어머니는 캘리
가 박수갈채를 받는 것이 화나서 반대하는 것이라고 생각했다.

캘리 이야기를 들으면 두 가지 질문이 떠오른다. 하나는 공정성 질문
이다. 캘리가 응원단원으로서 자격을 갖추려면 반드시 체조를 해야 할
까, 아니면 캘리의 장애를 감안할 때, 그런 요구는 부당할까? 이 질문에
답하는 한 가지 방법은 차별 금지 원칙을 적용하는 것이다. 즉 캘리가
역할을 잘 수행할 수 있다면, 응원 공연에서 흔히 선보이는 체조를 할

수 없는, 그녀의 잘못이 아닌 육체적 한계가 있더라도 응원단에서 배제해서는 안 된다.

하지만 차별 금지 원칙도 큰 도움은 못 된다. 논쟁의 핵심에 다시 의문이 제기되기 때문이다. 응원단원으로서 역할을 잘 수행한다는 것은 어떤 의미일까? 캘리의 응원단 활동에 반대하는 사람들은 뛰어난 응원단원이 되려면 공중회전과 다리 일자 뻗기를 해야 한다고 주장한다. 전통적으로 관중을 열광시키는 대표적인 기술이기 때문이다. 반면 캘리의 응원단 활동을 지지하는 사람들은 그러한 주장이 응원단의 목적과 목적을 달성하기 위한 수단을 혼동한 데서 나왔다고 말할 것이다. 응원단의 진짜 목적은 애교심을 높이고 관중에게 활기를 불어넣는 것이다. 캘리가 휠체어에 앉아 환한 웃음으로 수술을 흔들며 관중에게 활기를 불어넣는다면 응원단의 목적을 잘 수행한다고 볼 수 있다. 따라서 응원단원의 자격을 결정하려면, 응원의 필수 요소와 부수적 요소를 규정해야 한다.

캘리 이야기에서 제기되는 두 번째 질문은 분노에 관한 것이다. 응원단장의 아버지가 느낀 분노는 어떤 종류의 분노였을까? 그는 캘리가 응원단에 있는 것에 왜 불만을 느꼈을까? 캘리가 들어올 경우 자기 딸이 응원단에서 밀려날 것을 걱정하기 때문은 아닐 것이다. 캘리는 이미 응원단에 들어와 있으니 말이다. 또한 응원할 때 자기 딸보다 캘리가 더 빛나기 때문에 시기하는 것도 아닐 것이다. 물론 캘리가 더 빛나지도 않는다.

내 추측은 이렇다. 그가 화난 이유는 캘리가 그런 영예를 누릴 자격이 없는데도 그런 영예를 누리고 있으며, 이로 인해 자기 딸의 뛰어난 능력을 보며 느끼던 자부심을 조롱받은 느낌이 들었기 때문일 것이다. 응원단원으로서 필요한 기량을 휠체어에 앉아서도 발휘할 수 있다면, 공중회전과 다리 일자 뻗기를 잘하는 사람에게 따르는 영예의 가치는 다소 떨어질 수밖에 없다.

장애에도 불구하고 캘리가 응원단원의 역할에 필요한 미덕을 보여 준다는 이유로 응원단원이 될 수 있다면, 다른 단원이 누리는 영예가 어느 정도 위협받을 게 분명하다. 그렇다면 단원들이 보여 주는 체조 실력은 더 이상 뛰어난 응원 기술의 필수 요소가 아니며, 단지 관중의 흥을 돋우는 볼거리 중 하나일 뿐이다. 응원단장의 아버지가 너그럽지 못한 것은 사실이지만, 문제의 핵심은 정확히 파악한 셈이다. 한때 그 목적과 그에 수여되는 영예가 정해져 있다고 여겨졌던 사회적 행위가 이제 캘리 덕분에 그 목적과 영예를 새롭게 정의해야 했다. 캘리는 응원단원이 되는 또 다른 방법이 있음을 보여 주었다.

공정성에 대한 첫 번째 질문과 영예와 분노에 대한 두 번째 질문의 연관성에 주목하자. 응원단원 자리를 배분하는 공정한 방법을 정하기 위해서는 응원의 본질과 목적을 결정해야 한다. 그렇지 않으면 무엇이 필수 자질이라고 말할 수가 없다. 하지만 응원의 본질을 결정하는 문제는 논란의 여지가 있다. 이는 결국 어떤 자질이 영예를 받을 가치가 있는가에 관한 논쟁으로 이어지기 때문이다. 응원의 목적으로 무엇이 중요한지는, 부분적으로는 어떤 미덕이 인정과 포상을 받을 자격이 있느냐에 달려있다.

이 일화는, 응원 같은 사회적 행위에는 도구적 목적(팀 응원)만 있는 것이 아니라 영예와 모범을 제시하는 목적(어떠한 우수성과 미덕에 대한 칭송)도 있음을 알려 준다. 고등학교는 응원단원을 선발할 때, 애교심을 높일 뿐 아니라 학생들이 칭송하고 따르고 싶어 하는 자질도 고려한다. 이 일화에서 격렬한 논란이 일었던 이유도 그 때문이다. 언뜻 혼란스러워 보이는 이 문제는 기존 응원단원들(그리고 그 부모들)이 캘리의 적격성 논란에서 위기감을 느낀 까닭을 설명해 준다. 기존 응원단원들의 부모들은 딸들이 갖춘, 응원단원의 전통적 미덕이 존중받기를 원했던 것이다.

정의와 텔로스, 영예의 관계

이렇게 볼 때, 앤드루스 고등학교 응원단 관련 소동은 아리스토텔레스의 정의론을 이해하는 지름길이다. 아리스토텔레스 정치 철학의 핵심은 두 가지인데, 이 두 가지가 모두 응원단 논란에 존재한다.

1. 정의는 목적론에 근거한다. 권리를 정의하려면 해당 사회적 행위의 '텔로스(telos: 목적, 목표, 혹은 핵심 본질)'를 이해해야 한다.
2. 정의는 영예를 안겨 주는 것이다. 어떤 행위의 텔로스를 추론하거나 주장한다는 것은, 적어도 어느 정도는 그 행위가 어떤 미덕에 영예와 포상을 안겨 줄 것인가를 추론하거나 주장하는 것이다.

아리스토텔레스의 윤리학과 정치학을 이해하는 열쇠는 이 두 고려사항에 담긴 영향과 서로 간의 관계를 이해하는 데 있다.

근현대의 정의론은 공정성과 권리의 문제를 영예, 미덕, 도덕적 가치에 관한 주장으로부터 분리하고자 한다. 여러 목적에 중립적인 정의의 원칙을 찾아내, 사람들이 자신의 목적을 스스로 선택하고 추구할 수 있게 하려 한다. 하지만 아리스토텔레스는 정의가 중립적일 수 있다고 보지 않았다. 정의에 관한 논쟁은 필연적으로 영예, 미덕, 좋은 삶의 본질에 관한 논쟁이라고 생각했다.

아리스토텔레스가 정의와 좋은 삶이 서로 연관될 수밖에 없다고 생각한 이유를 살펴보면, 그것을 분리하려는 시도에서 무엇이 핵심인지 이해하는 데 도움이 된다.

아리스토텔레스에게 정의란 자격 있는 사람들에게 그들이 마땅히 받아야 할 몫을 주는 걸 의미한다. 그렇다면 마땅히 받아야 할 몫은 무엇인가? 능력이나 자격의 근거는 무엇인가? 이는 분배되는 대상에 달렸다. 정의에는 두 가지 요소가 있다. "분배 대상과 그것을 분배받을 사람"이다. 그리고 일반적으로 우리는 "평등한 사람들에게는 대상들을 평등하게 배분해야 한다"고 말한다.[2]

하지만 이때 어려운 질문이 등장한다. 어떤 면에서의 평등인가? 답은 우리가 무엇을 분배하는가, 그리고 그와 관련된 미덕은 무엇인가에 달려 있다.

예를 들어 플루트를 배분한다고 가정하자. 누가 최고의 플루트를 가져야 할까? 아리스토텔레스는 최고의 플루트 연주자가 가져야 한다고 대답한다.

정의는 능력에 따라, 연관된 탁월성에 따라 차별된다고 그는 생각했다. 플루트 연주의 경우 연관된 능력이란 플루트 연주 실력이다. 만약 이때 정의가 부, 귀족 신분, 외적 아름다움, 운(제비뽑기) 같은 다른 기준에 따라 차별된다면 부당할 것이다.

> 좋은 신분과 아름다움은 플루트 연주 능력보다 더 훌륭한 장점일 수 있다. 이러한 장점을 균형 있게 소유한 사람들은 플루트 연주자가 연주로 그들을 능가하는 것 이상으로 플루트 연주자를 능가할 수 있다. 하지만 보다 좋은 플루트는 '플루트 연주자'에게 돌아가야 한다는 사실에는 의심의 여지가 없다.[3]

비교의 차원이 다른 대상들을 놓고 어느 것이 뛰어난지 견주는 일은 다소 우스꽝스럽기도 하다. "그 여자가 훌륭한 라크로스 선수인 것보다 내 미모가 더 나아?"라고 묻는다거나 "베이브 루스는 셰익스피어가 희곡 작가인 것보다 더 유명한 야구 선수였는가?"라는 물음은 말이 안 된다. 식구들 간의 잡담거리로나 할 만한 물음이다. 아리스토텔레스의 요지는 플루트를 나눠 줄 때는 부자나 잘생긴 사람 혹은 이런저런 면에서 뛰어난 사람을 골라서는 안 되며, 플루트를 잘 연주하는 사람을 찾아야 한다는 것이다.

귀에 익숙한 이야기다. 오케스트라는 단원을 뽑을 때, 편견이나 다른 생각 없이 오로지 연주의 질로만 심사하기 위해 지원자들이 칸막이 뒤에서 연주하도록 하는 경우가 많다. 최고의 플루트를 최고의 연주자에게 주어야 하는 가장 분명한 이유는 그래야 최고의 음악이 나올 수 있고, 그것이 음악을 듣는 우리에게도 좋기 때문이다. 하지만 아리스토텔레스의 이유는 다르다. 그런 배분 방식은 잘 연주되어야 한다는 플루트의 존재 이유에 맞아떨어지기 때문이다.

플루트의 목적은 뛰어난 음악을 만드는 것이다. 따라서 이 목적을 가장 잘 실현할 수 있는 사람에게 최고의 플루트가 돌아가야 한다.

최고의 악기를 최고의 음악가에게 준다면, 최고의 음악을 빚어내는 긍정적 효과가 나타날 테고, 이로 인해 모두가 즐거워 최대 다수의 최대 행복도 실현될 것이다. 하지만 아리스토텔레스가 말한 이유는 이러한 공리주의적 사고방식을 뛰어넘는다는 사실에 주목해야 한다.

재화의 목적에서 그 재화의 적절한 배분에 이르기까지 아리스토텔레스의 추론 방식은 목적론적teleological 추론의 예다('teleogical'은 '목적', '목표'를 뜻하는 그리스어 'telos'에서 나왔다). 아리스토텔레스는 재화를 공정하게 배분하기 위해서는 해당 재화의 텔로스, 즉 목적을 살펴야 한다고 주장했다.

목적론적 사고의 예: 테니스 코트 사용 권리와 『곰돌이 푸』

목적론적 추론은 정의에 대해 사유하는 낯선 방식이지만, 한편으로는 일리가 있다. 예를 들어 대학 내 가장 좋은 테니스 코트 사용권을 어떻게 배분할지 결정해야 한다고 가정해 보자. 사용료를 비싸게 정해 놓고 돈을 많이 내는 사람에게 우선권을 줄 수도 있다. 아니면 대학 총장이나 노벨상을 수상한 거물급 교수에게 우선권을 줄 수도 있다. 그런데 유명한 교수 두 사람의 테니스 수준이 형편없어서 그물을 겨우 넘길 정도의 게임을 하고 있다고 가정해 보자. 이때 대학의 테니스 부원이 오더니 코트를 사용하겠다고 한다. 그렇다면 그 교수 두 사람은 질이 조금 떨어지는 코트로 옮기도록 하고, 실력 없는 사용자가 쓰기에는 아까운 그 좋은 코트를 테니스 부원이 사용하도록 해야 하지 않을까?

아니면 스트라디바리우스 바이올린이 경매에 나왔다고 생각해 보자. 어느 돈 많은 수집가가 이자크 펄만^{Itzhak Perlman}(세계적 거장 바이올리니스트 ─ 옮긴이)보다 더 높은 경매가를 불렀다고 해보자. 그런데 이 수집가는 바이올린을 그저 거실에 전시만 해둘 생각이다. 그렇다면 경매 자체가 불공정해서가 아니라 사용 용도가 낭비이므로 경매가 불공정하다고 생각되지 않겠는가? 그런 생각의 이면에는 스트라디바리우스 바이올린은 전시가 아닌 연주를 위해 만들어졌다는 (목적론적) 생각이 자리 잡고 있다고 할 수 있다.

고대 세계에서는 오늘날보다 목적론적 사고가 더 흔했다. 플라톤과 아리스토텔레스는 불이 위로 솟는 이유는 본래의 자리인 하늘에 닿고자 해서이고, 돌이 아래로 떨어지는 이유는 원래 속해 있던 땅에 가까워지고자 해서라고 생각했다. 자연에는 의미 있는 질서가 있다고 여겼다. 자연을 이해하고 자연 안에서 우리의 위치를 이해하기 위해서는 그 목적과 핵심 의미를 파악할 필요가 있다고 여겼다.

근대 과학이 출현하면서 자연은 더 이상 의미 있는 질서로 인식되지 않았다. 대신 자연은 물리 법칙의 지배를 받는다는 기계론적 사고가 출현했다. 이제 자연 현상을 목적과 의미로 설명하는 것은 만물을 의인화하는 순진한 사고로 여겨졌다. 이런 변화에도 불구하고, 세계를 목적론적으로 질서 있는 통합체로 보려는 유혹은 완전히 사라지지 않았다. 특히 세계를 그런 시각으로 보지 않도록 교육받아야 할 아이들에게서 이러한 시각이 끊임없이 존재한다. 나는 우리 아이들이 어렸을 때, 밀른^{A.} ^{A. Milne}이 쓴 『곰돌이 푸^{Winnie-the-Pooh}』를 읽어 주면서 이를 알게 되었다. 그 이야기에는 자연을 의미와 목적에 따라 움직이는 매혹적인 대상으로 바라보는 아이다운 시각이 잘 드러나 있다.

이야기 앞머리에서 곰돌이 푸는 숲을 걸어가다가 커다란 참나무를 만난다. 그 나무 꼭대기에서 "윙윙거리는 소리가 크게 들려왔다".

> 곰돌이 푸는 나무 발치에 앉아 발바닥으로 머리를 감싸며 생각하기 시작했어요.
>
> 푸는 이렇게 중얼거렸어요. "저 윙윙거리는 소리에는 뭔가 의미가 있어. 아무 의미 없이 저렇게 그냥 윙윙 소리가 날 리는 없다고. 윙윙 소리가 나는 건 누가 일부러 윙윙 소리를 내기 때문이고, 내가 알기로 그것은 바로 꿀벌이지."
>
> 푸는 다시 한참 생각하다가 중얼거렸어요. "그리고 저기 꿀벌이 있는 이유는 내가 알기로는 꿀을 만들기 위해서야."
>
> 그러더니 푸는 일어나서 말했어요. "그리고 꿀을 만드는 이유는 내가 먹을 수 있게 하기 위해서야." 푸는 나무 위로 기어 올라가기 시작했어요.⁴

꿀벌에 대한 푸의 아이다운 생각의 흐름은 목적론적 추론의 좋은 예다. 어른이 되면서 우리 대부분은 자연 세계를 바라보는 이러한 시각을 버리고, 그것이 매혹적이지만 옛날식이라고 생각한다. 과학이 목적론적 사고를 거부하자, 정치와 도덕도 그러한 사고를 거부하는 쪽으로 기울고 있다. 하지만 사회 조직과 정치 행위에 대해 생각하면서 목적론적 추론을 버리기는 쉽지 않다. 오늘날 과학자 가운데 생물이나 물리에 관한 아리스토텔레스의 글을 읽거나 그것을 진지하게 받아들이는 사람은 없다. 하지만 윤리와 정치를 공부하는 사람들은 여전히 아리스토텔레스의 도덕 정치 철학을 읽고 고민한다.

대학의 텔로스는 무엇인가?

대학의 소수 집단 우대 정책 논쟁을 아리스토텔레스의 플루트 이야기를 바탕으로 재조명해 보자. 우선 분배 기준을 정하는 것부터 시작해 보자. 입학할 권리가 있는 사람은 누구인가? 이 질문의 답을 찾다 보면 (최소한 은연중에라도) 이렇게 자문하게 된다. '대학의 목적 혹은 텔로스는 무엇인가?'

흔히 그러하듯, 대학의 텔로스는 명확하지 않으며 논란의 여지가 있다. 어떤 사람은 대학이 학문의 발전을 촉진하기 위해 존재하므로, 학업 성취 가능성이 대학 입학의 유일한 기준이 되어야 한다고 말한다. 한편 다른 사람은 대학이 사회의 공익적 목표에 기여하기 위해서도 존재하므로, 예를 들어 다원화 사회를 이끌어 갈 리더십 능력도 입학 기준에 넣어야 한다고 말한다. 적절한 입학 기준을 결정하기 위해서는 대학의 텔로스를 가려내는 일이 필요해 보인다. 이는 대학 입학 문제에 관한 정의의 목적론적 측면을 끌어낸다.

대학의 목적을 둘러싼 논쟁은 곧 영예에 관한 문제와 밀접하게 관련되기 마련이다. 대학은 어떤 미덕과 우수성에 영예와 포상을 안겨 주어야 할까? 대학은 학문적 탁월성만을 칭송하고 포상하기 위해 존재한다고 생각하는 사람이라면 소수 집단 우대 정책을 거부할 테고, 대학이 어떤 공적 이상을 추구하기 위해서도 존재한다고 생각하는 사람이라면 소수 집단 우대 정책을 당연히 수용할 것이다.

대학 입학, 응원단, 플루트에 관한 논쟁이 자연스럽게 이런 식으로 전개된다는 사실은 아리스토텔레스가 피력했던 주장의 타당성을 증명한다. 즉 정의와 권리에 관한 논의는 대개 사회 기관의 목적, 즉 텔로스에 관한 논의이며, 이러한 논의에는 사회 기관들이 어떤 미덕에 영예와 포상을 안겨 주어야 하는가를 둘러싼 서로 다른 견해들이 반영된다는 주장이다.

논란의 대상인 활동의 텔로스, 즉 목적을 두고 사람들이 이견을 보이면 어떻게 해야 할까? 사회 기관의 텔로스를 추론할 수 있을까? 아니면 대학의 목적은 학교 설립자나 이사회 같은 곳에서 규정하면 그만일까?

아리스토텔레스는 사회 기관의 목적을 추론할 수 있다고 생각했다. 기관의 핵심 본질은 한번 정해지고 나면 고정되는 것이 아니며, 단순히 누군가의 의견에 달려 있는 문제도 아니다(하버드 대학교의 목적이 단지 설립자의 의도대로 결정되고 마는 것이라면, 우선되는 목적은 지금도 청교도 조합교회 목사를 교육하는 것이어야 한다).

그렇다면 의견이 일치하지 않을 때 사회 기관의 목적을 어떻게 추론할 수 있을까? 영예와 미덕이라는 개념을 어떻게 적용해야 할까? 아리스토텔레스는 정치 논의에서 이 질문에 일관된 답을 제시한다.

정치의 목적은 무엇인가?

오늘날 분배의 정의에 관한 토론은 주로 소득이나 부나 기회의 분배에 초점이 맞춰져 있다. 반면 아리스토텔레스에게 분배의 정의는 대개 돈이 아니라 공직과 영예의 분배와 관련된 문제였다. 누가 통치권을 쥐어야 하는가? 정치권력은 어떻게 배분해야 하는가?

언뜻 생각하면 그 답은 분명하고 당연해 보인다. 한 사람이 한 표씩 행사하는 것이다. 그 외의 방법은 차별적이다. 하지만 아리스토텔레스는 분배의 정의에 대한 이론들이 모두 차별적임을 지적한다. 문제는 '어떤 차별이 정당한가?'이고, 그 답은 해당 활동의 목적에 달렸다고 보았다.

그렇다면 정치 권리와 권력을 어떻게 배분해야 하는지 논하기 전에 정치의 목적, 즉 텔로스부터 물어야 한다. 이렇게 물어보자. "정치적 결사체는 무엇을 위한 것인가?" 이는 대답할 수 없는 문제처럼 보일 수도 있다. 정치 공동체마다 서로 다른 문제에 초점을 맞추고 있지 않은가. 이는 플루트나 대학의 목적을 논의하는 것과는 다르다. 이 둘의 목적은, 이견의 여지는 있지만 다소 제한적이다. 플루트의 목적은 연주에 관련되어 있고, 대학의 목적은 교육에 관련되어 있다. 하지만 정치 활동의 목적이나 목표도 그런 식으로 정할 수 있을까?

요즘 우리는 정치에 특별하고 본질적인 목적이 있다고 생각하지는 않지만, 시민이 지지할 수 있는 여러 가지 목적에 열려 있다고 생각한다. 그렇기에 선거를 통해서 사람들이 특정 시기에 집단적으로 어떤 목적과 목표를 추구할지 선택할 수 있도록 하지 않던가? 정치 공동체에 미리 어떤 목적이나 목표를 부여하는 것은 시민이 직접 결정할 권리를 빼앗는 것처럼 보인다. 또한 모든 사람이 공유할 수 없는 가치를 부여할 위험도 있다. 정치의 텔로스, 즉 목적을 단정하지 않으려는 성향에는 개인의 자유를 배려하는 생각이 반영되어 있다. 우리는 정치를 사람들 스스로 목적을 선택하게 만드는 절차로 여긴다.

하지만 아리스토텔레스는 그렇게 보지 않았다. 그에게 정치의 목적은 어떤 목적에도 중립적인 권리의 틀을 정하는 게 아니라, 좋은 시민을 양성하고 좋은 자질을 배양하는 것이다.

> 이름에 걸맞은 진정한 폴리스(자유와 자치를 이상으로 하는 고대 그리스의 도시 국가 – 옮긴이)는 선을 장려하는 목적에 충실해야 한다. 그렇지 않으면 정치 결사체는 단지 협력체로 전락하고, (……) 그렇지 않으면 법은 단지 계약에 머물고 만다. (……) 그 계약은 폴리스의 구성원들을 선하고 공정하게 만드는 것과 같이, 마땅히 그래야 하는 삶의 규칙이 아니라 "서로에게 반대할 권리를 보장"하는 계약이다.[5]

아리스토텔레스는 정치권력을 추구하는 두 주요 세력을 비판한다. 바로 과두제 정치가들과 민주주의자들이다. 이들은 각기 편파적 주장을 한다. 과두제 정치가들은 자신들이 부유하기 때문에 통치해야 한다고 주장하고, 민주주의자들은 자유 신분이 시민권과 정치권력의 유일한 기준이 되어야 한다고 주장한다. 하지만 두 집단 모두 정치 공동체의 목적을 오해하기 때문에 과장된 요구를 하고 있다.

정치 공동체가 오로지 재산 보호와 경제적 풍요를 위해서만 존재하는 것은 아니기 때문에 과두제 정치가들은 틀렸다. 정치 공동체가 오직 그런 것이라면 재산가들이 정치권력을 가장 많이 차지해야 할 것이다. 또한 정치 공동체는 그저 다수에게 주도권을 맡기는 게 아니라는 점에서 민주주의자들도 틀렸다. 아리스토텔레스가 말한 '민주주의자'란 우리가 다수결주의자라고 부르는 사람들이다. 그는 정치의 목적이 다수의 취향을 만족시키는 것이라는 개념을 거부한다.

두 집단 모두 정치 결사체의 최고 목적을 간과한다. 아리스토텔레스에게 정치의 목적은 시민의 미덕을 키우는 것이다. 국가의 목적은 "상호 방위를 위해 동맹을 체결하거나 (……) 상호 거래를 원활하게 하고 경제 교류를 촉진하는 것"에 있지 않다.[6]

아리스토텔레스에게 정치는 그보다 차원 높은 의미로서, 어떻게 하면 좋은 삶을 살 것인가에 관한 것이다. 정치의 목적은 사람들이 고유의 능력과 미덕을 계발하게 만드는 데 있다. 즉 공동선을 고민하고, 판단력을 기르며, 시민 자치에 참여하고, 공동체 전체의 운명을 보살피게 하는 것이다. 아리스토텔레스는 방위 조약이나 자유 무역 협정 같은 낮은 차원의 결사체의 유용성도 인정한다. 하지만 그런 결사체는 진정한 정치 공동체에 미치지 못한다고 주장한다. 왜 그럴까? 목적이 제한된 탓이다. 북대서양조약기구(NATO), 북미자유무역협정(NAFTA), 세계무역기구(WTO) 같은 조직과 협약은 안보나 경제적 이익에만 관심을 둘 뿐, 참여자들의 인격을 형성하는 삶의 방식을 공유하지 않는다. 안보나 무역에만 관심을 두는 도시나 국가 역시 구성원의 도덕 교육과 시민 교육에 무관심하다. 아리스토텔레스는 "함께 살아도 떨어져 살 때와 정신적 교류가 달라진 게 없다면", 그러한 결사체는 진정한 폴리스, 즉 정치

공동체라 볼 수 없다고 말한다.[7]

"폴리스는 공동의 장소에 거주하기 위한 사람들의 결사체가 아니며, 서로가 부정을 방지하고 교환을 편리하게 하기 위한 결사체도 아니다." 그것들은 폴리스의 필요조건이지만 충분조건은 아니다. "폴리스의 목적과 목표는 좋은 삶이며, 사회생활을 위한 여러 제도는 그 목적을 위해 존재한다."[8]

정치 공동체가 좋은 삶을 장려하기 위해 존재한다면, 이것이 공직과 영예의 분배에 관해서 암시하는 바는 무엇일까? 이 역시 플루트의 경우와 마찬가지다. 아리스토텔레스는 이번에도 대상의 목적에서 분배의 적절한 방법을 이끌어 낸다. "이러한 특성을 가진 결사체에 가장 크게 기여하는 사람"은 바로 시민의 미덕이 탁월한 사람, 공동선을 고민하는 데 가장 뛰어난 사람이다. (최고 부자도, 다수도, 가장 잘생긴 사람도 아니라) 시민의 자질이 가장 뛰어난 사람이 정치적 인정과 영향력을 가장 크게 가질 가치가 있는 사람이다.[9]

정치의 목적은 좋은 삶을 위한 것이기 때문에, 최고 공직과 영예는 페리클레스Pericles처럼 시민의 미덕이 가장 뛰어나고 공동선에 대해 가장 잘 이해하는 사람에게 돌아가야 한다고 보았다. 재산이 있는 사람들도 발언권이 있어야 하고, 다수결주의자의 생각도 어느 정도 중시되어야 하지만, 최고 권력은 무엇보다 스파르타와 전쟁을 치러야 하는지, 치러야 한다면 언제 어떻게 치러야 할지 결정할 자질과 판단력이 있는 사람에게 돌아가야 한다고 그는 생각했다.

페리클레스 같은(그리고 에이브러햄 링컨 같은) 사람이 최고 공직과 영예를 누려야 하는 이유는 단순히 이들이 현명한 정책을 실행해 모든 사람을 잘살게 하기 때문만은 아니다. 정치적 공동체의 존재 의미는 최소한 어느 정도는 시민의 미덕에 영예와 포상을 안겨 주기 위함이기 때문이다. 시민의 자질이 가장 뛰어난 사람을 대중이 인정해 준다면, 좋은 도시의 교육적 본보기를 얻을 수 있다. 여기서 우리는 다시 한 번 정의에서 목적과 영예의 측면이 함께 나타나는 것을 확인하게 된다.

정치에 참여하지 않고도 좋은 사람이 될 수 있을까?

정치의 목적은 좋은 삶을 이루는 데 있다는 아리스토텔레스의 말이 옳다면, 훌륭한 시민의 미덕을 가장 잘 발휘하는 사람이 가장 높은 공직과 영예를 차지할 자격이 있다고 쉽게 결론 내릴 수 있다. 하지만 정치는 좋은 삶을 구현하기 위해 존재한다는 그의 말이 과연 옳을까? 좋게 보더라도 논란의 여지가 있는 주장이다. 오늘날 우리는 흔히 정치를 좋은 삶에 꼭 필요한 요소가 아니라 필요악쯤으로 여긴다. 흔히 정치라고 하면, 타협, 가식, 특수 이해관계, 부패를 연상한다. 정치를 이상적으로 사용(사회 정의를 위한 도구, 더 좋은 세상을 만들기 위한 방법으로 이용)하는 경우라도, 정치를 목적 달성을 위한 수단이자 여러 소명 중 하나로 여기지, 인류의 선을 구현하기 위한 필수 요소로 여기지는 않는다.

그렇다면 아리스토텔레스는 왜 정치 참여를 좋은 삶을 위해 꼭 필요하다고 생각했을까? 왜 정치 없이는 훌륭하고 미덕이 가득한 삶을 살 수 없다는 것일까?

그 답은 우리의 본성에서 찾을 수 있다. 폴리스에 살면서 정치에 참여할 때만이 우리는 인간으로서 본성을 충분히 발현한다. 아리스토텔레스는 우리를 "꿀벌이나 그 밖에 무리 지어 사는 다른 동물들보다 훨씬 더 정치적 연대를 하는" 존재로 간주한다. 그가 그렇게 생각하는 이유는 이렇다. 자연은 어느 것 하나 헛되이 만들지 않는다. 그리고 인간에겐 다른 동물과 달리 언어를 유창하게 구사하는 능력이 있다. 다른 동물들도 소리를 내어 쾌락과 고통을 나타내지만, 인간 고유의 특징인 언어는 단지 쾌락과 고통을 나타내는 데 그치지 않는다. 인간은 언어를 통해 무엇이 공정하고 무엇이 불공정한지 선언하고, 옳고 그름을 구별한다. 우리는 이런 것들을 소리 없이 이해하지 않으며, 말에 담아낸다. 언어는 선을 식별하고 고찰하는 매체다.[10]

우리는 오직 정치 결사체를 통해서만 언어라는 인간 고유의 특성을 발휘한다고 아리스토텔레스는 주장했다. 왜냐하면 우리는 폴리스에 있을 때만이 다른 사람들과 함께 정의와 부정의를 분별하고 좋은 삶의 본질에 대해 고찰할 수 있기 때문이다. 그는 『정치학The Politics』 1권에서 이렇게 언급했다. "이로써 우리는 폴리스가 선천적으로 존재하며, 개인에 앞선다는 사실을 알 수 있다."[11] 여기서 '앞선다'는 표현은 기능이나 목적의 의미로 앞선다는 뜻이지, 시간 순서상 앞선다는 뜻이 아니다. 개인, 가족, 친족은 도시보다 먼저 존재했다. 하지만 우리는 폴리스에 살 때에만 비로소 본성을 실현한다. 우리는 고립되어 자족할 수 없다. 언어 능력과 도덕적 사유 능력을 계발할 수 없기 때문이다.

> 고립된 사람(이미 홀로 자족하여 정치 결사체의 이익을 나눌 수 없거나 그런 필요를 느끼지 못하는 사람)은 폴리스의 일부가 아니며, 따라서

그는 분명 짐승 아니면 신이다.[12]

그러므로 우리는 언어 능력을 발휘할 때만 우리의 본성을 실현할 수 있으며, 이 능력은 다시 타인과 함께 옳고 그름, 선과 악, 정의와 부정의를 고찰할 것을 요구한다.

하지만 왜 유독 정치에서만 언어력과 사고력을 발휘할 수 있다는 것일까? 왜 가족, 친족, 또는 다른 모임에서는 그렇게 할 수 없을까? 이 질문에 답하려면, 아리스토텔레스가 『니코마코스 윤리학Nicomachean Ethics』에서 제시한 미덕과 좋은 삶에 대해 생각해 보아야 한다. 이 책은 주로 도덕 철학에 관한 것이지만, 미덕의 습득이 시민이 되는 것과 어떤 관련이 있는지도 잘 보여 준다. 도덕적 삶은 행복을 추구하지만, 아리스토텔레스가 말하는 '행복'은 고통의 총합을 넘어서 쾌락이 극대화된 상태라는 공리주의적 행복이 아니다.

덕이 있는 사람은 올바른 것에서 쾌락과 고통을 느끼는 사람이다. 예를 들어 누군가는 투견을 보면서 쾌락을 느끼지만, 우리는 이를 극복해야 할 악으로 여기지 진정한 행복의 원천으로 여기지 않는다. 도덕적 탁월성은 쾌락과 고통의 총합을 따져 보는 데서 나오는 것이 아니라, 그것을 구별하여 고상한 것에서 기쁨을, 비도덕적인 것에서 고통을 느끼는 데서 나온다. 행복은 마음의 상태가 아니라 존재의 방식이며, "미덕에 부합하는 영혼의 활동"이다.[13]

하지만 미덕이 가득한 삶을 살기 위해서는 왜 폴리스에 살아야 하는 걸까? 집에서, 철학 수업에서, 혹은 윤리에 관한 책을 읽고 그 내용을 필요한 곳에 적용하면서 건전한 도덕 철학을 배울 수는 없을까? 아리스토텔레스는 그런 식으로는 미덕을 갖출 수 없다고 주장한다. "도덕적 미덕은 습관의 결과로 생긴다." 즉 미덕은 행동으로 배우게 되는 것이다. "예술이 그러하듯이, 미덕은 무엇보다 실천을 통해 얻을 수 있다."[14]

행동으로 배우는 미덕

그런 면에서 미덕의 습득은 플루트를 배우는 것과 비슷하다. 악기연주를 책이나 강의로 배울 수는 없다. 연습을 해야 한다. 물론 뛰어난 음악가의 연주를 듣거나 그들의 설명을 들으면 도움이 되지만, 직접 연습하지 않고는 바이올린 연주자가 될 수 없다. 도덕적 미덕도 마찬가지다. "공정하게 행동해야 공정한 사람이 되고, 절제된 행동을 해야 절제하는 사람이 되고, 용감한 행동을 해야 용감한 사람이 된다."[15]

요리도 비슷하다. 요리 책이 아무리 많아도 책만 읽어서는 훌륭한 요리사가 될 수 없다. 요리를 많이 해봐야 한다. 유머도 또 다른 예다. 유머 모음집을 읽고 웃기는 이야기를 모은다고 해서 코미디언이 될 수는 없다. 그래서는 코미디의 기본조차 익힐 수 없다. 속도, 타이밍, 제스처, 목소리 등을 연습하고, 잭 베니, 조니 카슨, 에디 머피, 로빈 윌리엄스 같은 사람들의 연기를 많이 관찰해야 한다.

도덕적 미덕이 행동으로 배우는 것이라면, 어떻게든 처음부터 올바른 습관을 길러야 한다. 아리스토텔레스는 이것을 법의 1차 목표로 보았다. 즉 좋은 인격 형성으로 이어지는 습관을 기르는 것이다. "입법자들은 시민에게 좋은 습관을 심어 주어 시민을 선하게 만들어야 한다.

이는 모든 입법자의 희망으로, 그런 효과를 거두지 못하면 목적을 달성하지 못하는 셈이다. 좋은 헌법과 나쁜 헌법의 차이는 바로 여기에 있다." 도덕 교육은 규칙을 퍼트리는 것이라기보다는 습관을 기르고 인격을 형성하는 것이다. "어렸을 때 어떤 습관을 기르느냐에 따라 (……) 적지 않은 차이가 생긴다. 사실 그 차이는 매우 커서, 어쩌면 이때 '모든' 차이가 형성될 수도 있다."[16]

아리스토텔레스가 습관을 강조했다고 해서 도덕적 미덕을 기계적 행동으로 간주했다는 뜻은 아니다. 습관은 도덕 교육의 첫걸음이다. 모든 것이 잘 진행되어 마침내 습관이 형성되면, 그때 습관에 담긴 의미를 발견한다. 에티켓 칼럼니스트 주디스 마틴Judith Martin(일명 '매너 양')은 감사 편지를 쓰는 습관이 사라진 것을 유감스러워한다. 그녀는 요즘 사람들은 예의를 차리는 것보다 마음을 중요시한다고 지적했다. 고마움을 느끼는 것이 중요하지, 예의라는 형식을 차리는 수고는 필요 없다고 생각한다. 매너 양은 이에 동의하지 않는다. "저는 그 반대라고 생각합니다. 적절한 행동을 하다 보면 미덕이 깃든 마음이 생겨난다고 보는 편이죠. 감사 편지를 자주 쓰다 보면 감사하는 마음이 피어나는 것을 느낍니다."[17] 이게 바로 도덕적 미덕에 대한 아리스토텔레스의 생각이다. 미덕이 깃든 행동을 하다 보면 미덕을 갖춰 행동하는 기질이 형성된다.

흔히 도덕적 행동이란 규율이나 규칙에 따라 행동하는 것이라고 생각한다. 하지만 아리스토텔레스에 따르면, 이러한 생각은 도덕적 미덕의 두드러진 특징을 놓치고 있다. 올바른 규칙은 알고 있지만 그것을 언제 어떻게 적용할지는 모를 수 있다. 도덕 교육은 어떤 상황에서 어떤 규칙을 적용해야 하는지 판단하는 법을 배우는 것이다. "어떻게 행동해야 하며, 우리에게 선한 것이 무엇인가의 문제는, 우리의 건강이 그렇듯이 늘 변한다. (……) 의술이나 항해술이 그러하듯이, 행위자 스스로 이 상황에는 어떤 행동이 적절한지 그때그때 파악해야 한다."[18]

도덕적 미덕에 관해 일반화시켜 말할 수 있는 사실은 그것이 극단 사이의 중용이라는 점뿐이라고 아리스토텔레스는 말한다. 하지만 이러한 일반화가 그다지 도움이 못 된다는 사실을 그도 인정한다. 주어진 상황에서 중용을 가려내기란 쉬운 일이 아니기 때문이다. 중요한 것은 "알맞은 사람에게, 알맞은 정도로, 알맞은 때, 알맞은 동기를 가지고, 알맞은 방법으로" 옳은 일을 하는 것이다.[19]

이는 습관이 필수적이긴 하지만 도덕적 미덕의 전부가 될 수는 없음을 의미한다. 새로운 상황은 늘 생기기 마련이기에, 어떤 상황에서 어떤 습관이 적절한지 알아야 하기 때문이다. 그러므로 도덕적 미덕에는 판단, 즉 아리스토텔레스가 '실천적 지혜'라고 칭한 지식이 필요하다. 과학 지식이 "보편적이고 필연적인 것"[20]을 다루는 반면, 실천적 지혜는 어떻게 행동하느냐에 관한 것이다. 실천적 지혜는 "구체적인 상황을 인식해야 한다. 실천적 지혜는 실천과 관련된 것이고, 실천은 구체적인 상황에 달려 있기 때문이다."[21] 아리스토텔레스는 실천적 지혜를 "인간의 선에 따라 행동하는 능력의 이성적이고 진실한 상태"[22]라고 규정했다.

실천적 지혜는 정치적인 면이 내재된 도덕적 미덕이다. 실천적 지혜가 있는 사람은 자신뿐만 아니라 다른 시민들에게, 그리고 인류 모두에게 무엇이 이로운지 심사숙고할 줄 안다. 이때의 심사숙고는 언제든 바뀔 수 있는 특정 상황에 대한 것이므로 철학적 사고는 아니다. 그것은 바로 지금, 그 자리에서의 행동에 주목한다. 하지만 단순히 계산 이상

의 것이다. 주어진 상황에서 얻을 수 있는 인간의 최고선을 찾고자 하는 노력이다.[23]

정치와 좋은 삶

이제는 아리스토텔레스가 왜 정치를 그저 여러 소명 중 하나가 아니라 좋은 삶의 필수 요소라고 생각했는지 보다 확실히 알 수 있다. 첫째, 폴리스의 법은 우리에게 좋은 습관을 심어 주고, 좋은 인격을 형성하며, 시민의 미덕을 길러 준다. 둘째, 시민의 삶은 자칫 휴면 상태에 놓일 수 있는 심사숙고하는 능력과 실천적 지혜를 발휘하게 한다. 집에서 홀로 할 수 있는 종류의 일이 아니다. 물론 한쪽 구석에 앉아서 우리가 어떤 정책을 선택해야 할지 고민할 수는 있다. 하지만 이는 중요한 행동을 함께 하며 공동체 전체의 운명을 책임지는 것과는 같지 않다. 실제 공연장으로 들어가서 대안을 저울질하고, 우리 생각을 논의하고, 통치하고 통치받을 때만이, 한마디로 시민이 될 때만이 우리는 심사숙고에 능숙해진다.

아리스토텔레스가 생각하는 시민은 우리가 생각하는 시민보다 더 숭고하고 엄격한 의미의 존재다. 아리스토텔레스에게 정치는 여러 면에서 경제와 다르다. 정치의 목적은 공리를 극대화하거나, 개인의 이익 추구를 위해 공정한 규칙을 제공하는 차원을 넘어선다. 정치의 목적은 우리의 본성을 표현하고, 좋은 삶의 본질과 인간의 능력을 펼쳐 보이는 데 있다.

아리스토텔레스의 노예제 옹호

아리스토텔레스가 찬양하는 시민권을 누구나 누렸던 것은 아니다. 여성은 자격이 없었고, 노예도 마찬가지였다. 아리스토텔레스는 여성과 노예의 본성은 시민이 되기에 적절치 않다고 보았다. 오늘날에는 누가 봐도 부당한 생각이다. 그런데 이 부당함은 아리스토텔레스가 그런 글을 쓴 뒤로도 2천 년 이상 지속되었다. 미국에서도 노예제는 1865년에야 폐지되었고, 여성은 1920년에 비로소 투표권을 얻었다. 하지만 이러한 부당함이 역사적으로 오래 이어졌다고 해서 아리스토텔레스가 그 부당함을 인정했다는 사실에 면죄부를 줄 수는 없다.

아리스토텔레스는 노예제를 수용하는 데 그치지 않고 노예제의 철학적 정당성까지 제시했다. 이제 그의 노예제 옹호론을 살펴봄으로써, 그것이 그의 정치론 전반에 어떤 영향을 미쳤는지 알아볼 가치가 있다. 어떤 사람은 아리스토텔레스의 노예제 옹호 주장을 보며 그의 목적론적 사고 자체에 문제가 있다고 생각하고, 또 어떤 사람은 목적론적 사고가 당시의 편견 때문에 잘못 적용되었다고 생각한다.

나는 아리스토텔레스의 노예제 옹호가 그의 정치 이론 전체를 퇴색시킬 오점이라고는 생각하지 않는다. 하지만 왜 그런 단호한 주장을 했는지 꼭 살펴보아야 한다.

아리스토텔레스에게 정의는 적합성의 문제다. 권리 배분이란 사회 기관의 텔로스를 확인한 뒤 이에 걸맞은 역할에 적합한 사람을 찾아, 그에게 본성을 실현할 기회를 주는 작업이다. 사람들에게 제 몫을 준다는 것은 그들에게 마땅한 공직과 영예를 주고 본성에 어울리는 사회적 역할을 부여한다는 의미다.

근현대의 정치론은 적합성이라는 개념에 불편함을 느낀다. 칸트부터 롤스에 이르기까지 자유주의 정의론자들은 목적론적 사고가 자유와 어울리지 않음을 우려했다. 그들에게 정의는 적합성을 따지는 문제가 아니라 선택의 문제다. 즉 권리 배분은 각자의 본성에 맞는 역할을 찾아주는 게 아니라 스스로 역할을 선택하게 하는 것이다.

이런 시각에서 볼 때, 텔로스와 적합성이라는 개념은 의심스럽고, 심지어 위험하기까지 하다. 과연 누가 내게 어떤 역할이 맞고, 내 본성에 어떤 역할이 어울린다고 말할 수 있단 말인가? 내가 사회적 역할을 스스로 선택할 수 없다면, 내 의지와 상관없는 역할을 맡게 될 수 있다. 만약 권력을 쥔 사람이 특정 집단을 종속적 역할에 적합하다고 판단한다면, 적합성이라는 개념은 쉽사리 노예제로 흐를 수 있다.

자유주의 정치론은 이러한 우려를 감안하여, 사회적 역할을 적합성이 아닌 선택에 따라 배분해야 한다고 주장한다. 사람들의 본성을 판단해 역할을 정해 주기보다는 직접 자기 역할을 선택하도록 해야 한다고 생각한다. 이런 관점에서 보자면 노예제는 그들이 선택하지 않은 역할을 강제한다는 점에서 잘못이다. 이에 대한 해결책은 텔로스와 적합성 윤리를 거부하고, 선택과 합의의 윤리를 택하는 것이다.

하지만 그렇게 결론 내리는 건 너무 성급하다. 아리스토텔레스가 노예제를 옹호했다는 사실이 그의 목적론적 사고가 틀렸다는 증거일 수는 없다. 오히려 그 반대로, 아리스토텔레스의 정의론 그 자체에는 노예제를 비판할 근거가 가득하다. 사실 그가 말한 적합성이라는 정의의 개념은 선택과 합의에 근거한 이론보다 도덕적으로 더 엄격하고, 오늘날의 역할 배분 방식에 비해 더욱 비판적일 수 있다. 왜 그런지 아리스토텔레스의 주장을 살펴보자.

아리스토텔레스에 따르면, 노예제가 정당하려면 두 가지 요건이 충족되어야 한다. 노예가 필요해야 하고, 노예의 본성을 가진 이가 있어야 한다. 아리스토텔레스는 시민들이 함께 모여 공동선을 심사숙고하는 동안 누군가 집안일을 해야 하기 때문에 노예가 필요하다고 주장한다. 폴리스에는 분업이 필요하다. 잡다한 일들을 해줄 기계를 발명하지 않는 한, 일상적인 잡무를 누군가 해주어야 나머지 사람들이 자유롭게 정치에 참여할 수 있다.

그래서 아리스토텔레스는 노예가 필요하다고 결론지었다. 하지만 필요한 것만으로는 충분하지 않다. 노예제가 정당하려면 본성이 노예의 역할에 적합한 사람이 있어야 한다.[24] 그래서 아리스토텔레스는 "노예 역할이 본성에 맞아 그것이 정당한 조건인 사람이 있는지, 아니면 반대로 노예는 누구의 본성에도 안 맞는지" 묻는다.[25] 노예가 본성에 맞는 사람이 없다면, 정치적으로나 경제적으로 노예가 필요하다는 이유만으로 노예제를 정당화할 수는 없다.

아리스토텔레스는 그런 사람이 존재한다고 결론 내린다. 어떤 사람은 천성적으로 노예다. 이들은 육체가 영혼과 다르듯이, 일반인과 다르다. 그런 사람은 "노예로 타고났으며, 그들은 (……) 주인의 지배를 받는 편이 낫다".[26]

"만약 다른 사람의 재산이 될 수 있는 특질이 있다면(또한 그런 이유로 정말로 그렇게 된다면), 그리고 이성적 사고를 스스로 할 수는 없지만 다른 사람의 이성적 사고를 어느 정도 이해할 수준은 된다면, 그 사람은 천성적으로 노예다."[27]

"자유인으로 타고나는 사람이 있는 것처럼 노예로 타고나는 사람도 있다. 그런 상황에서는 노예제가 이롭기도 하고 정당하기도 하다."[28]

아리스토텔레스 역시 자신의 주장에 일부 문제점이 있다고 느꼈는지, 재빨리 단서를 붙였다. "하지만 반대 견해를 가진 사람도 어느 면에서는 분명 옳다."[29] 당시 아테네에 있는 노예를 살펴보던 그는 비판자들의 말에 일리가 있음을 인정하지 않을 수 없었다. 당시에는 순전히 우연한 계기, 즉 원래는 자유인이었으나 전쟁에서 포로로 잡히는 바람에 노예가 된 사람이 많았다. 노예는 이들에게 적합한 역할이 전혀 아니었고, 천성적인 결과가 아니라 불운의 결과였다. 그래서 아리스토텔레스의 자체적 기준으로 보면, 부당한 처사다. "실제에서는 노예나 자유인이 모두 천성적으로 노예이거나 천성적으로 자유인이라고 볼 수는 없다."[30]

누가 노예에 적합한지 어떻게 판별할 수 있을까? 아리스토텔레스는 생각해 보았다. 노예로 잘 살아갈 사람이 누구이고, 노예 역할에 분노하여 도망칠 사람이 누구인지 알아볼 수 있어야 하는 게 기본이다. 물리적 힘을 동원해서 다뤄야 한다면, 그는 분명 노예에 맞지 않는 사람이다.[31] 아리스토텔레스가 강요를 부당함의 징표로 본 이유는 반드시 합의를 거쳐 역할을 부여해야 합법이라고 보아서가 아니라, 누군가에게 무력이 필요하다는 사실 자체가 그의 본성이 그 역할에 맞지 않다는 의미이기 때문이다. 본성에 맞는 일을 맡은 사람에게는 무력이 필요하지 않다.

자유주의 정치론에 따르면, 노예제는 강요하기 때문에 부당하다. 한편 목적론에 따르면, 노예제는 우리의 본성과 맞지 않아서 부당하다. 즉 강요는 부당함의 증상이지, 부당함의 근거가 아니다. 노예제의 부당함은 텔로스와 적합성이라는 윤리 안에서 완전히 설명할 수 있으며, 아리스토텔레스는 (전부는 아니지만) 어느 정도 그렇게 설명한다.

텔로스와 적합성이라는 윤리는 선택과 합의라는 자유주의 윤리보다 직장에서 더 엄격한 정의의 도덕적 기준을 설정한다.[32] 예를 들어 닭 가공 공장의 작업 라인에서 일하는 것처럼 반복적인 업무를 오랜 시간 해야 하는 위험한 직업을 생각해 보자. 그런 노동은 정당할까, 부당할까?

자유지상주의자들은 그것이 노동자가 노동력과 임금을 자유롭게 교환했는지 여부에 달렸다고 대답한다. 롤스라면 합의 당시 양측이 처한 주변 여건이 공정한 상태에서 노동이 자유롭게 교환되었을 때만 정당하다고 답할 것이다. 아리스토텔레스에게는 주변 여건이 공정한 상태에서 합의했다고 끝이 아니다. 그 일이 정당성을 얻기 위해서는 노동자의 본성에 맞아야 한다. 하지만 그렇지 못한 일도 있다. 너무 위험하고 반복적이며 지치는 일이라 사람이 하기에 적절치 않은 경우도 있다. 그럴 경우엔 우리 본성에 맞도록 일을 재조정해야 한다. 그렇지 않을 경우, 노예제가 부당하듯이 그 일도 부당하다.

케이시 마틴의 골프 카트 논쟁

케이시 마틴Casey Martin은 다리가 불편한 프로 골프 선수였다. 혈액 순환 장애로 골프 코스를 걸어가려면 고통이 심했고 출혈과 골절이라는 심각한 위험이 뒤따랐다. 이런 장애에도 불구하고 마틴은 경기에서 항상 뛰어난 실력을 보였다. 그는 스탠퍼드 대학교 챔피언십 팀에서 활동하다가 이후 프로로 전향했다.

마틴은 시합 중에 골프 카트를 이용하게 해달라고 미국 프로골퍼협회(PGA)에 요청했다. PGA는 최상위 프로 경기에서는 카트 이용을 금지한다는 규정을 들어, 그의 요구를 거절했다. 마틴은 미국장애인법(1990)을 들어 소송을 제기했다. 이 법은 문제가 되는 활동의 "본질에 근본적인 변화를 주지 않는" 범위 안에서 장애인에게 합당한 편의시설을 제공하도록 규정하고 있다.[33]

골프계의 거물들이 이 사건에 참고인으로 출석했다. 아널드 파머Arnold Palmer, 잭 니클라우스Jack Nichlaus, 켄 벤추리Ken Venturi 모두 카트 금지 규정을 옹호했다. 이들은 골프 경기에서 피로는 중요한 요소이기 때문에 걷지 않고 카트를 타면 마틴에게 불공평하게 유리하다고 주장했다.

이 사건은 결국 연방 대법원까지 갔다. 대법원 판사들은 한편으론 대법관으로서의 품위에 어울리지 않고, 다른 한편으론 비전문가 입장으로 볼 때 언뜻 어리석어 보이기까지 하는 질문과 씨름해야 했다. "골프 코스에서 카트를 타고 다니면서 샷을 하는 사람도 '진짜' 골프 선수일까?"[34]

이 사건은 전형적인 아리스토텔레스식 정의에 따른 의문을 제기했다. 마틴에게 골프 카트를 이용할 자격이 있는지 판결하려면, 법원은 대상이 되는 활동의 본질을 판단해야 했다. 코스를 걷는 것은 골프의 본질일까, 부차적 행위일까? PGA의 주장대로, 걷는 것도 골프의 본질에 해당된다면 마틴에게 카트를 타도록 허용하는 것은 경기의 '본질을 근본적으로 바꾸는' 조치다. 권리에 관한 이 질문에 답하기 위해 대법원은 골프의 텔로스, 즉 본질을 판단해야 했다.

대법원은 7대 2로, 마틴에게 골프 카트 이용 권리가 있다고 판결했다.

다수 의견을 통해, 존 폴 스티븐스John Paul Stevens 판사는 골프의 역사를 분석한 결과 카트 이용은 골프의 본질에 어긋나지 않는다고 결론 내렸다. "애초부터 골프의 본질은 샷을 하는 행위였다. 즉 골프채를 이용해 티잉 그라운드에 있는 공을 쳐서 가급적 적은 타수로 일정 거리에 있는 홀에 집어넣는 행위다."[35] 걷는 행위가 골프 선수의 체력을 시험한다는 주장에 대해, 스티븐스 판사는 어느 생리학 교수의 증언을 인용했다. 그 교수는 18개 홀을 걷는 데 고작 500칼로리 정도가 소모되며, 이는 "햄버거 하나에 든 것보다 적은 양"이라고 증언했다.[36] 골프는 "강도가 낮은 활동이라, 경기에서 오는 피로는 주로 스트레스와 동기 부여에서 오는 정신 현상이다".[37] 마틴이 카트를 이용하게 함으로써, 그의 장애를 보정해 준다고 해서 골프의 본질을 바꾸거나 불공정하게 그를 유리하게 만드는 것은 아니라고 법원은 판결했다.

그러나 앤터닌 스캘리아Antonin Scalia 판사는 이에 동의하지 않았다. 그는 적극적인 반대 의견을 통해, 법원이 골프의 본질을 판단할 수 있다는 생각을 거부했다. 그의 요지는 단순히 판사에게 골프의 본질을 판단할 권위나 능력이 부족하다고 주장하는 데 그치지 않고, 법원 판결의 밑바탕이 된 아리스토텔레스식 전제(경기의 텔로스, 즉 본질을 이성적으로 판단할 수 있다는 견해)에 의문을 제기했다.

　　무엇이 '본질적'이라는 말은 대개 어떤 목적의 달성에 꼭 필요하다는 의미다. 하지만 경기의 진짜 본성은 오락이 전부(이것이 경기와 생산적 활동의 차이)이므로, 경기의 임의적인 규칙을 '본질적'이라고 말할 수는 없다.[38]

스캘리아에 따르면, 골프의 규칙은 "(모든 경기가 그렇듯) 완전히 임의적이기" 때문에, PGA가 정한 규칙을 비판적으로 평가할 기준은 없다. 팬들은 규칙이 마음에 들지 않으면 "후원을 철회할 수 있다". 하지만 어느 누구도 이런저런 규칙이 골프가 테스트하는 기술과 상관없다고 말할 수 없다.

스캘리아의 주장은 여러 이유로 의심스럽다. 첫째, 그의 주장은 스포츠를 폄하한다. 진짜 팬이라면 스포츠를 그런 식으로 말하지 않는다. 스포츠가 완전히 임의로 정한 규칙에 지배되며 진정한 목적이나 특질이 되는 요소가 없다고 이야기하지 않는다. 자신이 좋아하는 스포츠의 규칙이 감탄할 만한 기술과 재능을 요구하고 또 이를 축하하기 위해 만들어진 게 아니라 임의로 만들어진 것이라고 여긴다면, 경기 결과에 관심을 갖기 어려울 것이다. 그럴 경우 스포츠는 진지한 감상의 대상이 아니라 단순한 오락의 원천으로 전락하고 만다.

둘째, 서로 다른 규칙의 장점을 주장하면서 그 규칙이 경기의 질을 높이는지 떨어뜨리는지 얼마든지 의문을 제기하는 것은 얼마든지 가능하다. 이러한 논의는 청취자 참여 라디오 프로그램이나 경기를 주관하는 사람들 사이에서 늘 일어나는 일이다. 야구에서 지명 타자 제도를 둘러싼 논쟁을 살펴보자. 어떤 사람은 그 규칙이 최고 타자를 타석에 세우고 타격이 약한 투수를 아껴 두어 야구의 질을 높인다고 말하는가 하면, 또 어떤 사람은 타격을 지나치게 강조하고 전략의 복잡한 요소들을 없앰으로써 경기에 해를 미친다고 주장하기도 한다. 각 포지션은 어떻게 하면 최상의 야구 경기를 할 수 있을지에 대한 구상에 의해 결정된다. 어떤 기술을 시험하고, 어떤 재능과 미덕을 축하하고 포상할 것인가? 지명 타자 제도 논쟁은 (소수 집단 우대 정책 논쟁이 대학의 목적에 관한 것이듯이) 궁극적으로는 야구의 텔로스에 관한 것이다.

마지막으로 스캘리아는 골프에 텔로스가 있다는 사실을 부인함으로써 이 논란에서 영예의 측면을 완전히 놓치고 있다. 4년 동안 진행된 기나긴 골프 카트 논쟁은 궁극적으로 무엇에 관한 것이었을까? 겉으로는 공정성 논쟁이었다. PGA와 골프의 거장들은 카트 이용을 허용하면 마틴이 불공정하게 유리해진다고 주장했고, 이에 대해 마틴은 자신의 장애를 감안하면, 카트 허용은 단지 대등한 대결을 가능하게 해주는 조치일 뿐이라고 답했다.

하지만 공정성이 논란의 핵심일 뿐이었다면, 해결책은 쉽고 확실하다. 경기에서 모든 선수에게 카트 이용을 허용하면 되기 때문이다. 모든 선수가 카트를 탄다면 공정성 논란은 사라진다. 하지만 이 해결책은 프로 골프에서는 질색할 일이며, 마틴에게만 허용하는 것보다 더 생각할 수 없는 대안이다. 왜 그럴까? 이 논란은 공정성 논란인 동시에 그보다는 더욱더 영예와 인정에 관한 논란이기 때문이다. 특히 골프가 운동경기로 인정받고 존중받기를 바라는 PGA와 정상급 선수들의 욕구가 반영된 논란이다.

문제의 핵심을 최대한 정교하게 들여다보자. 골프 선수들은 골프라는 경기의 지위에 다소 민감하다. 골프에는 달리거나 점프하는 행위가 없으며, 공은 정지해 있다. 골프가 까다로운 기술이 필요한 경기라는 사실은 누구나 인정한다. 하지만 훌륭한 선수들이 받게 될 영예를 인정받으려면 이 스포츠가 힘든 육체적 대결이 있는 경기로 보여야 한다. 이 분야 최고 선수들이 카트를 타고 경기한다면, 운동선수로서 인정을 받기가 의심스러워지거나 힘들어질 수 있다. 이는 일부 프로 선수들이 카트를 이용하려는 마틴의 시도에 격렬히 반대하는 이유를 설명해 준다. 25년 동안 PGA 투어에 참가한 톰 카이트^{Tom Kite}는 「뉴욕 타임스」에 다음과 같은 논평을 실었다.

> 내가 볼 때, 케이시 마틴의 카트 이용 권리를 지지하는 사람들은 우리가 지금 경쟁하는 스포츠에 대해 논한다는 사실을 무시하는 것 같다. (……) 우리는 지금 운동경기에 대해 논하고 있다. 프로 골프를 운동경기로 여기지 않은 사람은 골프 경기장에 없었으며, 그랬다면 아예 골프를 하지도 않았을 것이다.[39]

골프의 본질에 관해 누구의 의견이 맞든 간에, 대법원에서 다투었던 케이시 마틴의 카트 사건은 아리스토텔레스의 정의론을 생생하게 보여 주는 사례다. 정의와 권리에 관한 논쟁은 흔히 사회 기관의 목적, 그 기관이 배분하는 재화, 그리고 그 기관이 포상하고 영예를 수여하는 미덕에 관한 논쟁으로 이어질 수밖에 없다. 이런 문제에 최대한 중립적인 법을 만들기 위해 노력함에도 불구하고, 좋은 삶의 본질에 대한 논쟁 없이는 무엇이 옳은지를 말하기가 불가능해 보인다.

JUSTICE

우리는 서로에게
어떤 의무를 지는가?:
충성심의 딜레마

09

WHAT DO WE OWE ONE ANOTHER?:
DILEMMAS OF LOYALTY

1997년에는 호주의 한 인권 위원회가 '도둑맞은 호주 원주민 세대'에 가한 잔혹 행위를 기록했으며, 국가 사죄의 날을 지정하라고 권고했다.[8] 존 하워드John Howard 당시 총리는 공식 사과에 반대했다. 사과 문제는 호주 정치권의 논란거리가 되었다. 2008년에 새로 선출된 케빈 러드Kevin Rudd 총리는 호주 원주민에게 공식 사과를 발표했다. 비록 원주민 개개인에 대한 배상은 제시하지 않았지만, 호주 원주민들이 겪은 사회적·경제적 불이익을 극복할 조치를 취하겠다고 약속했다.[9]

미국에서도 공개 사과와 배상에 관한 논쟁이 최근 수십 년 사이 두드러졌다. 1988년에 로널드 레이건 대통령은 제2차 세계 대전 동안 일본계 미국인들을 미국 서해안 수용소에 억류했던 일을 공식 사과하는 법에 서명했다.[10] 사과와 더불어 수용소에 억류되었던 생존자들에게 1인당 2만 달러의 배상금을 지급하고, 일본계 미국인의 문화와 역사를 기리는 기금을 만들었다. 1993년에는 의회가 보다 앞선 과거의 잘못(1세기 전 하와이 독립 왕국의 전복)을 사과했다.[11]

아마도 미국에서 가장 크게 대두되는 사과 문제는 노예제 유산에 관한 사안일 것이다. 남북 전쟁 후 정부는 해방된 노예에게 "땅 40에이커(160제곱킬로미터)와 노새 한 마리"를 약속했지만, 이 약속은 지켜지지 않았다. 1990년대에 흑인에 대한 배상 움직임이 다시 주목을 끌었다.[12] 1989년 이후 해마다 존 코니어스John Conyers 의원은 미국 흑인에 대한 배상을 검토하는 위원회를 만들자는 법안을 제출했다.[13] 이 법안은 여러 흑인 조직 및 시민 단체의 지지를 얻었지만, 일반 대중의 호응을 이끌어 내지는 못했다.[14] 설문 조사에서 흑인은 다수가 찬성했으나 백인의 찬성률은 4퍼센트에 그쳤다.[15]

배상 움직임은 정체된 반면에 공식 사과만은 최근 몇 년간 계속 이어졌다. 2007년에는 노예가 가장 많았던 버지니아 주가 제일 먼저 사과했다.[16] 이어 앨라배마, 메릴랜드, 노스캐롤라이나, 뉴저지, 플로리다 등 여러 주가 그 뒤를 따랐다.[17] 그리고 2008년에는 미국 하원이 노예제와 20세기 중반까지 이어진 인종 차별 정책인 '짐 크로Jim Crow'법에 대해 흑인들에게 사과하는 결의안을 통과시켰다.[18]

국가는 과거의 역사적 잘못을 사과해야 할까? 이 질문에 답하기 위해서는, 집단 책임과 공동체의 요구라는 다소 어려운 질문부터 생각해 볼 필요가 있다.

공개 사과를 정당화하는 주요 근거는 정치 공동체에 의해(혹은 그 이름 아래) 부당하게 고통받은 사람들을 기억하고, 그 부당함이 희생자와 후손에게 미치는 지속적인 영향을 인식하며, 부당 행위를 저지른 사람이나 그것을 막지 못한 사람들의 잘못을 배상해야 한다는 것이다. 공개 행위로서 공식 사과는 과거의 상처를 치유하고 도덕적·정치적 화해의 기반을 제공하는 데 도움이 될 수 있다. 속죄와 사과의 실질적 표현 수단인 금전적 배상도 비슷한 이유로 정당화될 수 있다. 더불어 희생자와 그 후손에게 미치는 부당 행위의 후유증을 줄이는 데도 도움이 될 수 있다.

이러한 조치들이 합당한 사과가 되기에 충분한지는 상황에 따라 다르다. 더러는 공개 사과나 배상을 하려는 시도가 오랜 적대감에 불을 붙이거나, 역사적 원한을 심화시키고 피해의식을 공고히 하여 오히려 분노를 키우는 등 얻는 것보다 잃는 것이 더 많을 수도 있다. 공개 사과에 반대하는 사람들은 그러한 우려를 표한다. 모든 상황을 고려할 때,

사과나 배상이 정치 공동체에 치유가 될지 오히려 해가 될지는 복잡한 정치적 판단의 문제다. 그 답은 사례별로 다를 것이다.

조상의 죄를 우리가 속죄해야 할까?

한편 과거의 역사적 부당 행위에 대한 사과를 반대하는 사람들이 내세우는 논리를 살펴보자. 이들의 논리는 상황에 따라 달라지지 않는 원칙적 논리로서, 앞선 세대가 저지른 잘못을 현 세대가 사과할 필요는 없으며, 사과할 수도 없다는 논리이다.[19] 사과한다는 것은 결국 부당 행위에 일부 책임을 떠맡는다는 것이다. 내가 하지 않은 행위를 내가 사과할 수는 없다. 그렇다면 내가 태어나기도 전에 일어난 일을 내가 어떻게 사과할 수 있단 말인가?

존 하워드 호주 총리는 이런 논리로 호주 원주민에 대한 공식 사과를 거부했다. "호주의 현 세대가 이전 세대의 행위를 공식 사과하고 책임을 져야 한다고는 생각하지 않는다."[20]

노예제 배상 문제에 대한 미국 내 논쟁에서도 비슷한 주장이 제기되었다. 헨리 하이드Henry Hyde 공화당 의원은 배상안을 비판하면서 이렇게 주장했다. "나는 노예를 소유해 본 적이 없다. 또한 누구를 억압했던 적도 없다. 내가 태어나기 전의 이전 세대가 한 일(노예 소유)을 왜 내가 보상해야 하는지 모르겠다."[21] 배상에 반대하는 흑인 경제학자 월터 윌리엄스Walter E. Williams도 비슷한 주장을 했다. "정부가 동화 속 요정이나 산타클로스로부터 돈을 가져온다면 얼마나 좋겠는가. 하지만 정부는 시민으로부터 돈을 가져와야 하는데, 오늘날 살아 있는 시민 가운데 노예제에 책임져야 할 사람은 없다."[22]

과거의 잘못에 대한 배상금을 오늘날의 시민에게 물리는 행위는 특히 문제가 될 수 있다. 하지만 금전적 배상 없이 사과만 하는 경우에도 같은 문제가 대두될 수 있다.

사과에서 중요한 것은 사고방식이다. 그리고 사고방식에서 중요한 것은 책임의 인정이다. 누구든 부당한 행위를 유감스럽게 생각할 수는 있다. 하지만 사과는 그 부당함과 어떻게든 관련 있는 사람만 할 수 있다. 사과에 부정적인 사람들은 도덕적 이해관계를 정확히 따지고 들면서, 현 세대가 앞선 세대의 죄와 관련해 도덕적 책임을 질 수 있다는 생각을 거부한다.

뉴저지 주 입법부가 사과 문제로 논쟁을 벌이던 2008년, 공화당 하원 의원 한 사람이 물었다. "오늘날 생존해 있는 사람 중에, 노예를 소유한 죄를 지어서 이를 사과해야 하는 사람이 누가 있습니까?" 그는 아무도 없다고 생각했다. "오늘날 뉴저지 주민은, 조상을 거슬러 올라가면, (……) 노예를 소유한 사람이 있을지는 몰라도, 개인적으로 자신이 저지르지 않은 잘못에 집단 죄의식이나 책임감을 느낄 수는 없습니다."[23]

하원이 노예제와 인종 분리 정책에 대한 사과 문제를 표결에 부치는 준비를 하는 동안, 이에 부정적인 어느 공화당 의원은 '할아버지의 할아버지의 할아버지'가 한 행동을 사과하는 것이나 마찬가지라며 비난했다.[24]

도덕적 개인주의

공식 사과에 대한 원칙적인 반박은 쉽게 무시할 수 없다. 그런 반박은 자신이 한 행동만 책임질 뿐, 다른 사람의 행동이나 내가 하지 않은 일까지 책임질 수는 없다는 생각에 기초한다. 즉 부모나 조부모 또는 중요하게도 같은 동포의 죄에 책임을 질 수는 없다고 생각한다.

하지만 이런 태도는 문제를 소극적으로 바라보는 시각이다. 공식 사과에 대한 원칙적 반박은 강력하고 매력적인 도덕적 개념을 기반으로 한다는 점에서 무게를 가진다. 우리는 그 개념을 '도덕적 개인주의'라고 부를 수 있을 것이다. 도덕적 개인주의 원칙은 사람을 이기적인 존재로 보지 않는다. 그보다는 자유의 의미에 초점을 맞춘다. 도덕적 개인주의자들에게 자유란 내가 자발적으로 초래한 의무에만 구속되는 것이다. 내가 다른 사람에게 빚을 졌다면, 그것은 합의라는 미덕(암묵적으로든 가시적으로든 내 선택이나 약속이나 동의)의 결과다.

내 책임은 내가 스스로 떠맡은 의무만으로 제한된다는 생각은 자유주의적인 사고다. 이 사고방식에 따르면, 도덕적 행위자인 우리는 자유롭고 독립적인 존재이며, 기존 도덕의 속박을 받지 않고 자신의 목적을 스스로 선택할 수 있다. 관습이나 전통이나 물려받은 지위가 아니라 개인의 자유로운 선택만이 우리를 강제하는 도덕적 의무의 원천이다.

자유에 대한 이런 견해에는 집단적 책임 의식, 혹은 선조들이 저지른 부당 행위에 내가 도덕적 책임을 져야 한다는 의무감이 들어설 여지가 거의 없다. 내가 할아버지의 빚을 갚거나 잘못을 사과하겠노라고 약속하는 것과는 다른 이야기다. 이러한 사과나 보상은 내가 합의한 의무일 뿐, 여러 세대에 걸친 집단적 동질성에서 나온 의무가 아니다. 별도의 약속을 하지 않는 한, 도덕적 개인주의자들은 앞선 세대가 저지른 죄를 보상할 책임을 전혀 느끼지 않는다. 아무튼 그 죄는 그들의 죄지, 내 죄가 아니기 때문이다.

자유에 대한 도덕적 개인주의자들의 견해가 옳다면, 공식 사과에 대한 비판도 일리가 있다. 왜 우리가 조상의 잘못에 책임져야 하는가. 그런데 이러한 시각은 사과나 집단적 책임 문제에 그치지 않는다. 자유에 대한 개인주의자들의 견해는 오늘날의 정치에서 흔히 볼 수 있는 여러 정의론에 등장한다. 하지만 나처럼 이런 견해에 문제를 느끼는 사람이라면, 공적인 삶의 근본 특징들을 다시 생각해 볼 필요가 있다.

앞에서 살펴보았듯이 합의와 자유로운 선택이라는 개념은 오늘날의 정치뿐만 아니라 근현대의 정의론에서도 크게 두각을 나타낸다. 선택과 합의에 관한 다양한 개념이 오늘날의 사고를 어떻게 형성했는지 되짚어 보자.

선택하는 자아의 초기 개념은 존 로크로부터 나왔다. 합법 정부는 합의에 근거해야 한다고 그는 주장했다. 왜 그럴까? 우리는 자유롭고 독립적인 존재지, 아버지의 권위나 왕의 권력에 구속되는 존재가 아니기 때문이다. 우리는 "선천적으로 완전히 자유롭고 평등하고 독립적이기에, 어느 누구도 자신의 동의 없이 이 상태를 벗어나 다른 이의 정치권력에 구속될 수 없다"[25]

한 세기가 지나 이마누엘 칸트는 선택하는 자아의 더욱 강력한 개념을 제시했다. 공리주의와 경험주의 철학자들에 맞서, 칸트는 우리가 스스로를 취향과 욕구의 덩어리 이상의 존재로 생각해야 한다고 주장했다.

자유롭다는 것은 자율적이라는 의미이고, 자율적이라는 것은 자기 스스로 부여한 법칙에 지배된다는 의미이다. 칸트식 자율은 합의보다 더 엄격하다. 내가 도덕법을 따른다고 하면, 그것은 단지 일시적인 욕구나 충성 의지에 따라 선택한다는 의미가 아니다. 그보다는 특정한 이해관계와 애착으로부터 물러나 순수 실천 이성을 따르는 사람으로 행동한다는 의미이다.

20세기에는 존 롤스가 칸트의 자율적 자아 개념을 수용해 이를 기반으로 자신의 정의론을 이끌어 냈다. 칸트와 마찬가지로 롤스 역시 우리 선택에는 도덕적으로 임의의 요소들이 개입되는 경우가 많음을 발견했다. 예를 들어 노동력 착취 공장에서 일하기로 했을 때, 이는 어려운 경제 사정에서 나온 선택이지, 진정 자유로운 선택이라고 볼 수는 없다. 따라서 자발적 합의에 따르는 사회를 원한다고 해도 실제 합의에 기초해서는 안 된다. 그보다는 우리의 특정한 이해관계와 이점이 사라진 무지의 장막 뒤에서 선택해야 할 경우 어떤 정의의 원칙에 동의하겠는지 물어야 한다.

자율적 의지에 관한 칸트의 생각과 무지의 장막 뒤에서 이루어지는 가상적 합의라는 롤스의 생각에는 다음과 같은 공통점이 있다. 특정한 목적이나 애착에 구속되지 않는 도덕적 행위자를 생각한다는 점이다. 도덕법(칸트)을 따르거나 정의의 원칙(롤스)을 선택한다면, 이는 지금 세상에서 자신의 지위나 위치를 만든 역할이나 정체성을 고려하지 않는다는 의미이다.

정의를 생각하는 데 있어서, 만약 특정한 정체성을 배제해야 한다면, 오늘날 독일인이 유대인 대학살을 배상할 특별한 책임이 있다거나, 현

세대 미국인이 노예제나 인종 차별 정책의 잘못을 배상해야 할 특별한 책임이 있다고 주장하기 어렵다. 왜 그럴까? 독일인이나 미국인이라는 정체성으로부터 떼어 놓고, 나를 자유롭고 독립된 자아라고 생각한다면, 그 같은 역사적 부당함을 배상해야 할 책임이 다른 사람보다 내게 더 있다고 말할 근거가 없기 때문이다.

인간은 자유롭고 독립적인 자아라는 생각은 여러 세대에 걸친 집단적 책임이라는 문제에만 그치지 않고, 훨씬 광범위하게 영향을 미친다. 도덕적 행위자라는 개념과 그 행동 방식은 정의에 대한 전반적인 생각에 중요한 영향을 미친다. 우리가 자유로운 선택권을 지닌 독립적 존재라는 개념은 권리를 규정하는 정의의 원칙이 특정 도덕이나 종교적 사고에 기반을 두어서는 안 된다는 생각을 지지한다. 대신 좋은 삶을 규정하는 여러 시각들 사이에서 중립을 지키려 노력해야 한다고 본다.

정부는 도덕적 중립을 지켜야 하는가?

정부는 좋은 삶의 의미를 판단하지 말고 중립을 지켜야 한다고 생각한다면 고대의 정치 개념에서 벗어났다고 볼 수 있다. 아리스토텔레스가 생각하는 정치의 목적은 경제 교환을 용이하게 하고 국가를 공동으로 방위하는 책임에 그치지 않는다. 정치는 사람들에게 좋은 인격을 기르게 하고 좋은 시민이 되도록 하는 데 목적이 있다고 보았다. 따라서 정의에 관한 논의는 좋은 삶에 관한 논의일 수밖에 없다고 생각했다. 아리스토텔레스는 이렇게 썼다. "이상적인 법의 본질[을 조사하기] 전에, 가장 바람직한 삶의 본질부터 밝혀내야 한다. 그것이 불분명하면, 이상적인 법의 본질 또한 불분명할 수밖에 없다."[26]

오늘날에는 정치가 미덕을 키우는 것이라는 생각은 생소하고 위험하기까지 하다. 무엇이 미덕이라고 누가 말할 수 있을까? 그리고 사람들이 이에 동의하지 않는다면? 법이 특정 도덕이나 종교의 이상을 권장하려 들 때, 배타적이고 강압적인 방법이 동원되지 않는다고 누가 장담할 수 있단 말인가? 미덕을 권장하는 국가를 생각할 때, 맨 먼저 떠오르는 건 아테네의 폴리스가 아니다. 그보다는 간통한 자에게 돌을 던지고, 부르카(무슬림 여성들이 온몸을 휘감는 천 – 옮긴이)를 의무적으로 두르게 만들고, 세일럼에서 마녀사냥을 하는 등, 과거와 오늘날의 종교적 근본주의가 떠오른다.

칸트와 롤스는 좋은 삶에 대해 종교적으로든 세속적으로든 특정 개념을 강조하는 정의 이론은 자유와 어울리지 않는다고 생각했다. 그런 이론은 타인의 가치를 강요함으로써, 인간을 목표를 선택할 능력이 있는 자유롭고 독립적인 자아로 존중하지 않는다. 이처럼 선택이 자유로운 자아를 위해서는 중립적인 국가가 유리하다. 이런저런 목적에 구속되지 않는 중립적인 권리의 틀이 필요한 이유는 우리가 자유롭고 독립적인 자아이기 때문이다. 그러한 중립적인 상태에서 시민들은 도덕적·종교적 논쟁에서 어느 쪽의 강요도 없이 스스로 자신의 가치를 선택할 자유를 누린다.

정의론과 권리가 도덕적으로 중립을 지킬 수 있다는 데 반대하는 사람도 있을 것이다. 어느 면에서는 일리 있는 이야기다. 칸트와 롤스가 도덕적 상대주의자는 아니다. 자기 목적은 자기가 자유롭게 선택할 수 있어야 한다는 생각은 그 자체로 강력한 도덕적 사고다. 하지만 어떻게 살라고 말하지는 않는다. 당신이 어떤 목적을 추구하든, 다른 사람에게도 동일한 권리가 있다는 사실을 인정하라고 요구할 뿐이다. 중립적 틀의 매력은 분명 어떤 삶의 방식을 선호한다거나 선(좋음)에 대한 관념을 단정하지 않는다는 데 있다.

칸트와 롤스는 자신들이 특정한 도덕적 이상을 지지한다는 사실을 부인하지 않는다. 이들은 특정 선의 관념을 주장하면서 이로부터 권리를 도출하는 정의 이론을 비판한다. 공리주의가 그런 이론 가운데 하나다. 공리주의는 쾌락 또는 복지 극대화를 선으로 간주하면서, 어떤 권리의 체계가 그것을 이룰 수 있는지 묻는다. 아리스토텔레스는 선에 관해 전혀 다른 이론을 제시한다. 그가 말하는 선은 쾌락의 극대화가 아니라 인간의 본성을 실현하고 인간 고유의 능력을 계발하는 것이다. 인간의 선 관념을 미리 정해 놓고 이를 기초로 추론한다는 면에서 아리스토텔레스의 추론은 목적론적이다.

칸트와 롤스는 이러한 추론법을 거부했다. 두 사람은 권리가 선보다 앞선다고 생각했다. 그들은 의무와 권리를 정하는 원칙이 좋은 삶에 대한 어떠한 특정 관념에 기초해서는 안 된다고 보았다. 칸트는 "도덕의 최고 원칙에 관한 철학자들의 혼동"이라고 표현하며 이렇게 썼다. 고대 철학자들은 "최고선 개념에 대한 정의를 내리는 데 자신의 윤리학적 연구를 온통 집중하고는", 그 선을 "도덕법을 결정하는 근거"로 삼는 과오를 저질렀다.[27] 칸트는 이를 앞뒤가 바뀐 처사이며, 자유와도 어울리지 않는다고 보았다. 우리가 자신을 자율적 존재로 여긴다면 도덕법부터 정할 일이다. 즉 의무와 권리를 규정하는 원칙에 도달한 뒤에야, 비로소 그 원칙에 맞는 선이 무엇인지 물을 수 있다고 생각했다.

롤스 역시 정의의 원칙과 관련해 비슷한 의견이다. "평등한 시민의 자유는 목적론적 원칙에 근거할 때 위태로워진다."[28] 권리가 공리주의적 계산에 좌우되면 얼마나 취약해지는지는 쉽게 알 수 있다. 종교의 자유를 누릴 권리가 존중되는 이유가 단지 전체의 행복을 늘리기 위해서라면, 어느 날 절대다수가 내 종교를 업신여기고 금지하려 들 경우 어떻게 하겠는가?

하지만 롤스와 칸트의 유일한 표적은 공리주의 정의론만이 아니다. 권리를 선에 앞선다고 생각하면, 아리스토텔레스가 생각한 정의 역시 실수다. 아리스토텔레스에 따르면, 정의를 추론하기 위해서는 문제가 되는 선의 텔로스, 즉 본질부터 따져야 한다. 정당한 정치 질서를 고민하려면, 좋은 삶의 본질부터 따져야 한다. 따라서 무엇이 최선의 삶의 방식인지 알아내기 전까지는 정당한 헌법의 틀을 잡을 수 없다. 하지만 롤스는 동의하지 않는다. "목적론적 이론의 구조에는 치명적인 오해가 있다. 그 이론은 애초부터 권리와 선을 잘못 연관시킨다. 선을 독립적으로 먼저 규정하고 그에 따라 삶의 틀을 형성하려 해서는 안 된다."[29]

정의와 자유

이 논쟁의 관건은 '우리는 정의를 어떻게 추론할 수 있을까?'라는 추상적 문제, 그 이상이다. 권리가 선보다 앞선다는 주장에 대한 논쟁은 궁극적으로 인간의 자유의 의미에 관한 논쟁이다. 칸트와 롤스가 아리스토텔레스의 목적론에 반대하는 이유는 우리가 스스로 선을 선택할 여지를 남겨 두지 않기 때문이다. 아리스토텔레스의 이론이 이런 우려를 낳는 이유는 어렵지 않게 알 수 있다. 그는 정의를 인간과 인간 본성에 맞는 목적이나 선의 적합성 문제로 본다. 하지만 우리는 정의를 적합성이 아니라 선택의 문제로 보는 경향이 있다.

권리가 선에 앞선다는 롤스의 주장은 "도덕적인 사람은 스스로 선택한 목적의 주체다"[30]라는 신념을 반영한다. 우리는 도덕적 행위자로서, 우리의 목적이 아니라 우리의 선택 능력으로 규정된다. "우리의 본성을 일차적으로 드러내는 것은 우리의 목표가 아니다." 그것은 우리가 우리의 목표에서 분리될 수 있다면 우리가 선택하게 될 권리의 틀이다. "자아는 오직 자아에 의해 확정되는 목적에 앞서 있기 때문이다. 가장 유력한 목적이라도 분명 수많은 가능성 가운데 하나로 선택된 것이다. (……) 그러므로 우리는 목적론적 신념이 제안하는 권리와 선의 관계를 뒤집어, 권리가 앞선 것으로 보아야 한다."[31]

정의는 좋은 삶을 단정하지 말고 중립을 지켜야 한다는 생각은 인간을 도덕적 선입견에 얽매이지 않고 자유롭게 선택할 권리를 지닌 자아로 본다는 사고를 반영하고 있다. 이런 생각들이 근대 자유주의 정치 사고의 특징이다. 여기서 말하는 '자유주의'는 미국 정치 논쟁에서 흔히 '보수주의'의 반대말로 쓰이는 개념이 아니다. 사실 미국의 정치적 논쟁의 두드러진 특징 가운데 하나는 중립을 지키는 국가와 자유로운 선택권을 지닌 자아라는 이상이 정치권 양 진영에서 모두 발견된다는 사실이다. 정부와 시장의 역할을 두고 다투는 논쟁의 대부분은 어떤 방법으로 개인이 스스로 자신의 목적을 추구하도록 할 것인가에 대한 논쟁이다.

평등주의적 자유주의자들은 시민의 자유와 사회적·경제적 기본권(의료·교육·고용·수입 안정성 등)을 강조한다. 이들은 개인이 자신의 목적을 추구할 수 있도록 하려면 정부는 진정한 선택의 자유를 가능케 하는 물질적 조건을 확보해 주어야 한다고 주장한다. 뉴딜 정책 시절 이래 미국의 사회복지 제도를 설계한 사람들은 사회적 연대와 공동체의 의무보다는 개인의 권리와 선택의 자유라는 명분을 중심으로 자기들의 주장을 이끌어 나갔다. 1935년에 사회 보장 제도를 실시하면서, 프랭클린 루스벨트 대통령은 그것을 시민 상호 간의 의무의 표현으로 제시하지 않았다. 그보다 그는 그것을 민간 보험과 비슷하게 설계했으며, 필요 자금을 일반 조세 수입에서 충당하기보다는 임금에서 공제한 '기부금'으로 충당하도록 만들었다.[32] 그리고 1944년에 미국적 복지 국가 정책 강령을 발표하면서, 이를 '경제의 권리장전'이라 칭했다. 루스벨트는 권리장전의 공동체적 근거를 제시하기보다는 그러한 권리가 "개인의 진정한 자유"를 위해 꼭 필요하다고 주장하면서 "가난한 사람은 자유롭지 못한 사람"이라고 덧붙였다.[33]

자유지상주의자들(현대 정치에서 이들은, 적어도 경제 문제에서는 흔히 보수주의자로 불린다)도 그들 나름대로 개인의 선택을 존중하는 중립 국가를 주장한다(자유지상주의 철학자 로버트 노직은 정부는 "시민들 사이에서 철저히 (……) 중립을" 지켜야 한다고 썼다).[34] 하지만 그러한 이상의 실현을 위해 어떤 정책이 필요한가에 관해서는 평등주의적 자유주의자들의 의견에 동의하지 않는다. 복지 제도를 비판하는 자유방임주의적 자유지상주의자들은 자유 시장을 옹호하면서, 사람들은 자신이 번 돈을 소유할 권리가 있다고 주장한다. 보수적인 자유지상주의자이자 1964년 공화당 대통령 후보이기도 했던 배리 골드워터 Barry Goldwater는 이렇게 물었다. "자기 노동의 열매를 자기 마음대로 처분하지 못하고 공동 재산의 일부로 취급해야 한다면, 어떻게 진정으로 자유롭다고 할 수 있는가?"[35] 자유지상주의자들이 볼 때, 중립적인 국가는 시민의 자유와 사유 재산권을 엄격히 보호하는 정부를 필요로 한다. 이들은 복지 제도가 자기 목적을 스스로 자유롭게 선택할 자유를 주지 않고, 다른 사람의 선을 강요한다고 주장한다.

평등주의자에게나 자유지상주의자에게나 중립을 지향하는 정의론은 큰 매력을 가진다. 이런 정의론은 다원화된 사회에서 자주 나타나는 도덕적·종교적 논쟁에 정치와 법이 휘말리지 않을 수 있다는 희망을 제시한다. 그리고 이런 정의론은 대담한 자유의 관념을 표현하며, 우리를 스스로 제약을 가하는 도덕적 의무의 입안자로만 묘사하기도 한다.

하지만 그 이론이 매력적이긴 해도, 자유를 바라보는 시각에 결함이 있다. 좋은 삶을 놓고 대립하는 여러 관념들 사이에서 중립적인 정의의 원칙을 찾으려는 열망도 마찬가지다.

이것이 적어도 내가 이끌어 낸 결론이다. 나는 지금까지 소개한 여러 철학적 주장과 씨름하면서, 그 주장이 공적인 삶에 어떻게 적용되는지 지켜보았다. 그 결과 선택의 자유는 (공정한 조건에서 이루어지는 선택의 자유도) 정의로운 사회의 기초로는 충분하지 않다고 생각하게 되었다. 더욱이 중립적인 정의의 원칙을 찾으려는 시도는 엉뚱한 방향으로 가기 쉽다. 본질적인 도덕 문제를 다루지 않고 권리와 의무를 규정하는 것이 항상 가능한 것은 아니다. 설령 가능하다 해도, 그것이 바람직하지는 않다. 왜 그런지 살펴보자.

공동체의 요구

자유주의자들이 생각하는 자유의 개념이 가진 약점은 그 호소력과 관련된다. 우리가 스스로를 자유롭고 독립적인 자아로 여긴다면, 또한 스스로 선택하지 않은 도덕에 구속되지 않는다고 생각한다면, 우리가 공통적으로 인식하고 칭찬하기까지 하는 다양한 도덕적·정치적 의무를 이해할 수 없다. 여기에는 연대와 충성의 의무, 역사적 기억과 종교적 신념에 관한 의무가 포함된다. 이는 우리의 정체성을 형성한 공동체와 전통으로부터 생겨난 도덕이다. 우리가 스스로를 '부담을 감수하는encumbered 자아'로 여기지 않는 한, 즉 내가 정하지 않은 도덕적 요구까지 받아들일 자세를 취하지 않는 한, 도덕 및 정치적 경험의 이러한 측면을 이해하고 받아들이기는 어렵다.

롤스의 『정의론』이 미국의 자유주의에 풍부한 철학적 영감을 제공한 지 10년이 지난 1980년대에, (나를 포함해) 몇몇 비판자들이 자유로운 선택권을 지닌, 앞서 설명한, 부담을 감수하지 않는unencumbered 자아라는 롤스의 이상에 도전했다. 이들은 권리가 선보다 앞선다는 주장을 거부하면서, 우리의 목적과 애착으로부터 벗어나 정의에 대해 추론하기란 불가능하다고 주장했다. 이들은 현대 자유주의에 대한 "공동체주의적"비판가로 알려졌다.

이들은 대부분 공동체주의자라는 호칭을 달가워하지 않는다. 특정 공동체가 규정하는 것은 무엇이든 정의가 될 수 있다는 상대주의적 견해를 주장하는 듯 보이기 때문이다. 하지만 이러한 우려는 한 가지 중요한 면을 시사한다. 공동체가 주는 부담은 억압적일 수 있다는 생각이다. 자유주의자들이 말하는 자유는 카스트나 계급, 신분이나 서열, 관습이나 전통, 타고난 지위로 사람들의 운명이 결정되도록 하는 정치론에 대한 해결책으로 발전했다. 그렇다면 공동체의 도덕적 중요성을 인정하면서 동시에 인간의 자유를 인정하는 것이 어떻게 가능하단 말일까? 만약 인간이 자발적 존재라는 관념이 약한 것이라면(만약 우리의 모든 의무가 우리 의지의 산물이 아니라면), 어떻게 우리를 소속된 존재이자 자유로운 자아로 볼 수 있겠는가?

이야기하는 존재로서의 인간

알래스데어 매킨타이어Alasdair MacIntyre는 이 문제에 매우 강력한 답을 제시한다. 『덕의 상실After Virtue』(1981)이란 책을 통해, 그는 우리가 도덕적 행위자로서 목적과 목표에 도달하는 방법을 설명한다. 인간을 주의주의적으로 보는 시각의 대안으로 매킨타이어는 서사narrative라는 관념을 제시한다. 인간은 이야기하는 존재다. 우리의 삶은 서사적 탐색과도 같다. "나는 무엇을 해야 하는가?'라는 물음에 답하려면 그전에 '나는 어떤 이야기의 일부인가?'에 답할 수 있어야 한다."[36]

매킨타이어는 모든 삶의 서사에는 특정한 목적론적 성격이 있음을 발견했다. 외적 권위가 부여한 고정된 목적이나 목표가 있다는 뜻이 아니다. 목적론과 예측 불가능성은 공존한다. "허구의 서사에 등장하는 인물들처럼 우리도 앞으로 어떤 일이 일어날지 알지 못한다. 그럼에도 불구하고 우리의 삶에는 미래로 투사되는 특정한 형식이 있다."[37]

삶을 살아가는 과정은 어떤 통합이나 일관성을 염원하는 서사적 탐색을 해나가는 과정이다. 그 과정에서 갈림길에 마주쳤을 때, 나는 내 삶의 전반에 가장 적합하고 마음이 가는 길을 찾아내려 애쓴다. 도덕적 고민은 내 의지의 행사라기보다 내 삶의 이야기를 해석하는 것에 가깝다. 여기에는 선택이 포함되지만, 그것은 해석에서 나오는 선택이지 의지의 주권적 행위가 아니다. 때로는 내 앞에 놓인 길 가운데 어느 길이 내 삶의 궤적과 가장 잘 어울리는지가 나보다 남에게 더 확실히 보일 수도 있다. 나에 대해 많이 생각해 본 친구가 나 자신보다 나를 더 잘 알 수도 있는 것이다. 도덕적 행위자를 서사로 설명하는 방식에는 이런 가능성을 허용하는 미덕이 존재한다.

이 설명은 도덕적 고민이 어떤 식으로 내 삶이 속한 더 큰 삶의 이야기 안에서 그리고 그것에 관해서 살펴보는지를 보여 주기도 한다. 매킨타이어는 이렇게 언급했다. "나는 개인으로만은 결코 선을 추구하거나 미덕을 실천할 수 없다."[38] 내가 속한 이야기와 친숙하게 될 때만 내 삶의 서사를 이해할 수 있다는 의미이다. (아리스토텔레스와 마찬가지로) 매킨타이어에게 도덕적 사유의 서사적 또는 목적론적 측면은 우리가 전체에 속하는 구성원이라는 점과 소속하고 있다는 점과 밀접하게 연관된다.

우리는 누구나 특정한 사회의 정체성을 지닌 자로서 우리를 둘러싼 환경을 이해한다. 나는 누군가의 아들이거나 딸, 또는 사촌이거나 삼촌이다. 나는 이런저런 도시의 시민이며, 이런저런 조합 또는 전문가 집단의 일원이다. 나는 이런저런 친족, 부족, 나라에 속한다. 그러므로 내게 좋은 것은 소속 집단 사람들에게도 좋아야 한다. 이처럼 나는 내 가족, 내 도시, 내 친족, 내 나라의 과거로부터 다양한 빚, 유산, 정당한 기대와 의무를 물려받는다. 이런 것들이 내 삶의 기정사실을 구성하며 내 도덕의 출발점이다. 또한 이는 부분적으로 내 삶에 도덕적 특수성을 부여하는 것이다.[39]

매킨타이어는 서사적 설명이 현대의 개인주의와 맞지 않다는 사실을 기꺼이 인정한다. "개인주의 관점에서 보자면, 내가 어떤 사람이 될지는 내가 선택한다." 개인주의자들의 시각으로 볼 때 도덕적인 사고를 위해서는 내 정체성과 그로부터 나오는 짐은 제쳐 두거나 없애야 한다. "내 나라가 한 일의 책임을 떠맡기로 내가 직간접적으로 선택하지 않은 이상, 내게 책임은 없다. 이 같은 개인주의는 현대의 미국인에게서도 볼 수 있는데, 이들은 미국 흑인들에게 나타나는 노예제의 영향에 대해 일체의 책임을 부인하면서 '나는 한 번도 노예를 소유한 적이 없다'고 말한다."[40] (매킨타이어가 이 글을 쓴 시기는 헨리 하이드 의원의 노예제 배상 반대 발언보다 20년 이상 앞선다.)

매킨타이어는 또 다른 예를 제시한다. "내가 아는 어떤 독일 젊은이는 자신이 1945년 이후에 태어났으니, 나치가 유대인에게 어떤 일을 저질렀든 현재의 자신과는 도덕적으로 연관성이 없다고 생각한다." 매킨타이어는 그런 입장에서 도덕적 천박함을 목격한다. "나를 사회적·역사적 역할과 지위와 분리 가능하다"라는 추론은 잘못이다.[41]

> 이는 자아를 서사적으로 보는 관점과 명확히 대비된다. 내 삶의 이야기는 언제나 내 정체성의 기원이 된 공동체의 이야기에 둘러싸여 있기 때문이다. 나는 과거를 안고 태어났는데, 개인주의자 방식으로 나 자신을 과거와 분리하려는 시도는 현재의 관계를 변형시키는 시도다.[42]

인간을 서사적 존재로 보는 매킨타이어의 시각은 인간을 자유로운 선택권을 지닌, 과거의 부담을 감수하지 않는 자발적 존재로 보는 시각과 확실히 대비된다. 우리는 이 둘 사이에서 어떤 선택을 할 수 있을까? 어느 쪽이 도덕적 사유의 경험을 더 잘 담아내고 있는지 자문해 볼 수도 있을 것이다. 하지만 추상적으로 대답하기 힘든 문제다. 두 시각을 평가하는 또 다른 방법은 어느 쪽이 도덕적·정치적 의무를 더 설득력 있게 설명하는지 묻는 것이다. 우리는 스스로 선택하지도 않았고, 사회 계약의 결과로도 돌릴 수 없는 도덕적 의무에 묶여 있는가?

합의를 넘어서는 의무

롤스는 그렇지 않다고 대답할 것이다. 자유주의적 사고에 따르면, 의무는 오로지 두 가지, 인간이기에 생기는 자연적 의무와 합의에서 생기는 자발적 의무뿐이다.[43] 자연적 의무는 보편적이다. 인간으로서 다른 인간들, 즉 이성적 존재에게 지는 의무다. 인간을 존중하고, 정당하게 대우하며, 잔인한 행동을 삼가는 등의 의무가 바로 그것이다. 이런 의무는 자율적 의지(칸트) 또는 가상적 사회 계약(롤스)으로부터 생기기에, 합의라는 절차가 필요 없다. 내가 당신을 죽이지 않겠다고 약속했을 때만 나는 당신을 죽이지 않을 의무가 있다고 말할 사람은 없을 것이다.

자연적 의무와 달리 자발적 의무는 보편적이지 않고 특수하며, 합의로부터 생겨난다. 내가 (돈이나 다른 대가를 받기로 하고) 당신 집에 페인트칠을 해주기로 약속했다면 나는 그렇게 할 의무가 있다. 하지만 다른 사람의 집까지 모두 페인트칠을 해줄 의무는 없다. 자유주의 개념에 따르면, 우리는 어느 수준까지는 모든 사람의 존엄성을 존중해야 하지만, 그 이상으로는 우리가 약속한 것만 지키면 된다. 자유주의의 정의는 (중립적 틀에서 규정된) 타인의 권리를 존중하라고 하지만, 타인에게 좋은 일(선)을 증진해야 한다고 말하지는 않는다. 타인의 선에 관여해야 하는지는 우리가 미리 약속을 했는지, 했다면 누구와 했는지에 좌우된다.

이 견해에 함축되어 있는 두드러진 사실 하나는 "엄밀히 말해, 시민에게 일반적으로 부여된 정치적 의무는 없다"는 것이다. 자발적으로 공직에 나선 사람이라면 (당선될 경우 나라를 위해 봉사해야 한다는) 정치적 의무를 초래하지만, 일반 시민은 그렇지 않다. 롤스는 이렇게 썼다. "무엇이 구속력이 필요한 행동이며, 누가 그렇게 했는지는 분명치 않다."[44] 그러므로 의무에 관한 자유주의의 설명이 옳다면, 일반 시민은 부당한 행위를 저지르지 않는다는 보편적이고 자연적인 의무 외에는 동료 시민에게 특별히 다른 의무를 지지 않는다.

인간을 이야기하는 존재로 보는 사람들은 의무에 대한 자유주의의 설명이 너무 빈약해 보인다. 의무에 대한 자유주의의 설명은 시민으로서 서로에 대해 지는 특별한 책임을 언급하지 않기 때문이다. 더욱이 시민들이 져야 하는 충성과 책임을 포착하는 데도 실패한다. 그러한 충성과 책임은 시민의 생활에 필요한 도덕적 힘이 우리 스스로를 특정한 사람(특정 가족, 국가, 민족의 구성원이자 특정 공화국의 시민으로서 그 역사를 떠안은 사람)으로 이해하지 않고서는 불가능하다는 사실에 근거하고 있다. 서사적 주장에 따르면, 그러한 정체성은 도덕과 정의를 숙고할 때 배제해야 하는 우연적 요소가 아니다. 그것은 현재 우리의 일부이며, 그러므로 당연히 도덕적 책임도 따른다. 따라서 인간을 자발적 존재로 볼 것인가, 서사적 개념으로 파악할 것인가를 결정하는 또 하나의 방법은 사회 계약으로는 설명할 수 없는 세 번째 부류의 의무를 인정하느냐에 달렸다. 그 의무를 연대 의무 또는 구성원membership 의무라고 칭하자. 자연적 의무와 달리 연대 의무는 특수하며 보편적이지 않다. 그 의무에는 우리가 져야 할(엄밀히 말해서 이성적 존재가 아니라 역사를 공유하는 존재에 대한) 도덕적 책임이 포함되어 있다. 하지만 자발적 의무와 달리, 합의에 기초하지는 않는다. 연대 의무에 담긴 도덕의 무게는 소속된 자아라는 도덕적 사유에서, 그리고 내 삶의 이야기는 다른 사람들의 이야기와 밀접하게 결부된다는 인식으로부터 나온다.

도덕적 책임의 세 가지 범주

1. 자연적 의무: 보편적이고, 합의가 필요하지 않다.

2. 자발적 의무: 특수하고, 합의가 필요하다.

3. 연대 의무: 특수하고, 합의가 필요하지 않다.

연대와 소속

연대 의무 혹은 구성원 의무의 몇 가지 예는 다음과 같다. 각 사례에 도덕적 무게가 실려 있는지 생각해 보고, 그렇다면 이를 사회 계약의 관점으로 설명할 수 있는지 판단해 보자.

가족의 의무

가장 기본적인 예는 가족 구성원들이 서로에게 느끼는 특수한 의무다. 두 아이가 익사 직전인데, 오직 한 명밖에 구할 시간이 없다고 가정하자. 한 명은 당신의 아이고, 한 명은 모르는 사람의 아이다. 그렇다면 당신이 자기 아이를 구하는 것이 잘못일까? 아니라면 동전을 던져서 정해야만 할까? 대부분의 사람들은 자기 아이를 구하는 행위가 잘못이 아니며, 동전을 던져야 공정하다고 주장한다면 오히려 그게 이상하다고 말할 것이다. 사람들의 그런 반응의 바탕에는 부모라면 자식의 복지에 대한 특별한 책임이 있다는 생각이 깔려 있다. 어떤 사람은 이 책임이 합의에서 나온다고 주장하기도 한다. 아이를 갖기로 선택했다면, 특별히 사랑으로 돌보겠노라고 자발적으로 동의했다고 보는 시각이다.

이번에는 합의라는 요소를 배제하기 위해, 자식이 부모에게 지는 책임을 생각해 보자. 도움의 손길이 필요한 노부모 두 사람이 있다고 치자. 한 명은 내 어머니고, 한 명은 다른 사람의 어머니다. 대부분의 사람들은 두 명 다 보살필 수 있다면 물론 좋겠지만, 그렇지 않다면 자기 어머니를 돌볼 특별한 책임이 있다고 말할 것이다. 이 경우에는 합의로 그 이유를 확실히 설명하기 어렵다. 나는 부모를 선택한 적도, 부모를 갖기로 선택한 적도 없기 때문이다.

자기 어머니를 돌봐야 하는 도덕적 책임은 어린 시절 자신이 어머니의 보살핌을 받으며 자랐다는 사실에서 나온다고 주장할 수도 있을 것이다. 어머니가 자신을 키우고 보살폈으니 그것을 갚아야 할 의무가 있다고 본다. 어머니가 줬던 혜택을 받아들였다면, 어머니가 도움이 필요할 때 다시 갚겠다고 합의한 셈이라는 논리다.

합의와 상호 이익을 따지는 이 계산은 가족의 의무를 설명하기에는 너무 매정하다고 여겨진다. 하지만 양보해서 이 주장을 인정한다고 치자. 그렇다면 자식에 대한 책임을 소홀히 하고 무관심했던 부모에게는 어떻게 해야 하는가? 아이를 어떻게 키웠느냐에 따라 나중에 부모가 되어 도움이 필요할 때 자식에게 요구할 수 있는 책임의 정도가 달라진다고 해야 할까? 부모 노릇을 못한 경우에도 자식이라면 자기 부모를 보살필 책임이 있다고 한다면, 도덕적 책임은 상호 이익과 합의라는 자유주의 윤리를 넘어선다고 할 수 있다.

프랑스 레지스탕스

이제 가족에서 공동체 의무로 넘어가 보자. 제2차 세계 대전 중에 프랑스 레지스탕스 대원들은 나치가 점령한 프랑스 지역에 대한 폭격에 나섰다. 공장과 군수 시설이 목표였지만, 민간인의 희생도 불가피했다. 하루는 어느 폭격기 조종사가 명령을 받고 보니, 공습 목표 지역이 자신의 고향 마을이었다(실화가 아닐 수도 있지만, 도덕 문제를 논의하기에는 흥미로운 소재다). 그는 이번 임무에서 자기를 빼달라고 요청한다. 어제 했던 폭격과 마찬가지로, 프랑스 해방을 위해서는 이번 폭격도 어쩔 수 없음을 그도 인정한다. 그리고 자기가 하지 않으면 다른 누군가가 그 일을 하리라는 사실도 잘 알고 있다. 하지만 고향 사람을 죽일 수도 있는 폭격을 자기 손으로 할 수는 없다는 이유로 임무를 거부한다. 폭격의 명분은 정당할지라도 특별히 이번 임무만은 도덕적으로 문제가 있다는 생각이 들기 때문이다.

당신은 이 조종사의 태도에 대해 어떻게 생각하는가? 존경스러운가, 아니면 나약하다고 생각하는가? '프랑스 해방이라는 명분을 위해 민간인 희생자를 어느 정도까지 정당화할 수 있는가?' 하는 보다 커다란 물음은 접어 두자. 이 조종사는 임무의 필요성이나 받아들일 만한 희생자 수에 이의를 제기한 것이 아니다. 그의 주장은 특정인의 목숨을 자기 손으로 빼앗을 수는 없다는 것이다. 이 조종사의 행동을 유난스럽다고 해야 할까, 아니면 도덕적으로 중요한 뭔가가 반영된 주장이라고 해야 할까? 당신이 이 조종사를 존경한다면, 그의 머뭇거리는 태도에서 고향 마을의 일원으로서 부담을 감수하는 정체성을 발견했기 때문일 테고, 그 행동에 나타난 인격을 존경하기 때문일 것이다.

에티오피아 유대인 구출 작전

1980년대 초, 에티오피아에 기근이 발생하자 약 40만 명이 이웃 나라인 수단으로 밀려들어 난민 수용소에서 근근이 생활했다. 1984년, 이스라엘 정부는 '모세 작전'이라 명명한 항공 수송 작전을 은밀히 감행해, '팔라샤Falashas'라 불리는 에티오피아 거주 유대인들을 구출해 이스라엘로 수송했다.[45] 아랍 정부들이 수단에 압력을 넣어 이스라엘의 작전에 협조하지 못하게 하는 바람에 작전이 중단될 때까지, 에티오피아 유대인 약 7천 명이 구출되었다. 당시 이스라엘 총리였던 시몬 페레스 Shimon Peres는 이렇게 말했다. "에티오피아에 있는 우리 형제자매들이 모두 고향으로 무사히 돌아올 때까지 우리는 멈추지 않을 것이다"[46] 남은 에티오피아 유대인들이 내전과 기근에 시달리던 와중에 이스라엘은 1991년에 더욱 대대적인 항공 수송 작전을 펼쳐, 팔라샤 1만 4천 명을 이스라엘로 수송했다.[47]

이스라엘의 에티오피아 유대인 구출은 옳은 일일까? 대부분 이 작전을 칭찬하지 않을 수 없을 것이다. 팔라샤들은 절망적인 상황에 놓여 있었고, 이스라엘로 가고 싶어 했다. 그리고 유대 국가 이스라엘은 유대인 대학살이라는 비극이 벌어진 뒤 유대인에게 조국을 안겨 주기 위해 건국된 나라다. 그런데 누군가 다음과 같은 문제를 제기한다고 가정해 보자. 에티오피아 난민 수십만 명이 기근으로 고통받고 있는데, 자원이 제한된 탓에 이스라엘은 이들 중 7천 명만 구할 수 있다고 하자. 그렇다면 이들을 제비뽑기로 결정해야 할까? 에티오피아에서 오직 유대인만을 골라 수송하는 행위는 불공평한 차별 아닐까?

연대 의무와 구성원 의무를 인정하는 시각으로는 대답이 분명하다. 이스라엘은 일반적으로 난민을 구해야 한다는 (모든 나라의) 의무를 넘어 에티오피아 유대인을 구할 특별한 책임이 있다고 본다. 어떤 나라든 인권을 존중할 의무가 있으며, 이를 위해 기근·박해·강제 이주 등으로 고통받는 사람을 능력껏 도와야 한다. 이는 같은 인간으로서 타인에게 의무를 느껴야 한다는 칸트식 논리에 따른 보편적 의무다(범주1). 여기서 우리가 판단하려는 문제는 국가에 자국민을 보살필 특별한 책임이 있는가의 여부다. 이스라엘 총리는 에티오피아 유대인에게 '우리 형제

자매'라는 익숙한 비유를 사용해 연대감을 드러냈다. 이 같은 사고방식을 인정하지 않는다면 이스라엘이 항공 수송 작전을 제비뽑기로 결정하지 않은 이유를 설명하기 어렵게 될 것이다. 애국심 역시 방어하기 쉽지 않을 것이다.

애국심은 미덕일까?

애국심은 흔히 논란의 대상이 되는 도덕 감정이다. 어떤 사람들은 애국심을 반박의 여지가 없는 미덕으로 보는가 하면, 다른 사람들은 무조건적인 복종, 쇼비니즘, 전쟁의 근원으로 보기도 한다. 그럼 좀 더 구체적인 질문을 던져 보자. 같은 시민 사이의 의무는 다른 나라 사람에 대한 의무를 초월하는가? 그렇다면 그 의무를 합의만으로 설명할 수 있을까?

애국심의 열렬한 옹호자인 장 자크 루소는 공동체에 대한 애착과 정체성은 보편적 인간성의 하나로 반드시 추가해야 할 요소라고 주장한다. "인간의 감정은 그 범위가 전 세계로 확장되면 사라지거나 약해지는 경향이 있어서, 타타르나 일본에서 재난이 일어나더라도 유럽 사람들에게 재난이 닥쳤을 때와 같은 느낌은 오지 않는다. 이때의 관심과 위로의 감정은 다소 제한적이어서 사람들은 적극적으로 나서지도 않는다." 루소는 애국심이 감정의 범위를 제한하여 동지 원칙을 강화하는 원칙이라고 주장한다. "서로를 습관적으로 만나고, 서로를 연결하는 공동의 관심사로 인해, 같은 시민들 사이에 인류애가 응축되고 그 힘이 강화되는 것은 좋은 일이다."[48] 시민들이 충성심과 동질성으로 묶여 있다면, 외부인들보다는 서로에게 더 큰 의무를 느끼게 된다.

> 사람들이 덕을 갖추기를 원하는가? 그렇다면 그들이 자신의 국가를 사랑하게 하는 것에서 시작하게 하자. 하지만 자신의 국가가 외국인들에게 의미하는 바가 없는 것처럼, 자신들에게도 의미가 없다면, 즉 조국이 그들에게 주는 것이라곤 다른 사람들에게도 줄 수밖에 없는 것들뿐이라면, 어떻게 조국을 사랑하겠는가?[49]

국가는 외국인에 비해 자국민에게 당연히 더 많은 것을 제공한다. 예를 들어 미국 시민은 외국인이 받을 수 없는 공교육, 실업 수당, 직업 훈련, 사회 보장, 노인 의료 보험, 복지 혜택, 무료 식권 등 많은 혜택을 누린다. 사실 좀 더 관대한 이민 정책에 반대하는 사람들은 미국 납세자가 대가를 지불한 사회 복지 혜택이 국경을 넘어온 사람들에게 돌아가는 것을 걱정한다. 하지만 왜 미국 납세자가 외국인보다 자국의 어려운 시민에게 더 큰 책임을 져야 하는지에 대한 의문이 생겨난다.

어떤 사람들은 모든 형태의 공적 부조를 달가워하지 않으며 복지 정책의 규모를 축소해야 한다고 주장한다. 반면 또 다른 사람들은 개발도상국 사람들을 도와주기 위한 외국 원조 제공에 좀 더 너그러워져야 한다고 주장한다. 하지만 복지 정책과 해외 원조의 차이를 모르는 사람은 없다. 그리고 어려움에 처한 자국 시민에게는 전 세계인에게는 미치지 않는 특별한 책임을 져야 한다는 점에도 거의 모든 사람이 동의한다. 그렇다면 이런 차이는 도덕적으로 옹호할 수 있는 것인가, 아니면 단지

내 사람만 챙기는 편견에서 나온 편애인가? 국경의 진정한 도덕적 중
요성은 대체 무엇일까? 하루 벌이가 1달러도 안 되는 사람들이 전 세
계에 10억 명에 달하므로, 순전히 도움의 필요성만 따져 본다면 그들
의 빈곤은 미국의 어려운 사람과 비교가 안 된다.

텍사스 러레이도^{Laredo}와 멕시코 후아레스^{Juarez}는 리오그란데 강을 경
계로 나뉜 이웃 도시다. 러레이도에서 태어난 아이는 미국 복지 정책의
사회적·경제적 혜택을 모두 받고, 일정한 나이가 되면 미국 어디서든
일자리를 구할 권리가 있다. 하지만 강 건너편에서 태어난 아이는 그런
혜택을 아무것도 누릴 수 없다. 게다가 강을 건너갈 권리도 없다. 이 두
아이는 자신이 한 일과는 상관없이, 오직 어디에서 태어났느냐에 따라
전혀 다른 삶을 살아간다.

국가 간 불평등은 국가 공동체 주장을 복잡하게 만든다. 모든 국가가
비슷한 부를 누리고, 모든 사람이 이런저런 나라의 시민이라면, 자국민
을 특별히 돌봐야 하는 의무는, 적어도 정의의 관점에서는 큰 문제가
되지 않는다. 하지만 가난한 나라와 잘사는 나라의 격차가 워낙 크다
보니 공동체의 요구는 평등의 요구와 긴장 관계에 있다. 이민이라는 불
안정한 문제도 이 긴장을 반영한다.

국경 순찰

이민 제도 개혁 문제는 정치의 지뢰밭이다. 광범위하게 지지받는 유
일한 이민 정책은 미국과 멕시코 간의 국경 지역 보안을 강화해 불법
이민자를 막는 것이다. 텍사스 보안관들은 최근 인터넷을 활용해 국경
을 감시하는 새로운 방법을 개발했다. 불법 월경이 빈번한 지역 곳곳에

카메라를 설치하고, 촬영 화면을 인터넷으로 생중계하는 방법이다. 국경 감시를 돕고 싶은 시민은 인터넷에 접속해 '텍사스 인터넷 보안관보'로 활약한다. 그러다 국경을 넘는 사람을 발견하면 보안관 사무실에 연락하고, 그러면 보안관은 필요할 경우, 국경 순찰대의 지원을 받아 현장으로 달려간다.

나는 미국 공영 라디오 방송National Public Radio에서 이 웹사이트 이야기를 들었을 때, 사람들이 무슨 동기로 그 컴퓨터 화면을 들여다보는지 궁금했다. 아무런 보상도 없고, 오랫동안 가만히 앉아 있어야 하는 분명 지루한 일임에 틀림없다. 기자는 수만 명에 달하는 그 사이트 접속자 가운데 한 사람인 사우스텍사스의 트럭 운전사를 인터뷰했다. 긴 하루 일과를 마치고 퇴근한 "197센티미터의 키에, 110킬로그램의 몸무게를 지닌 사내가 카페인 음료를 손에 들고 컴퓨터 앞에 앉아 (……) 나라를 지키기 시작"한다. 그는 왜 그 일을 하는 걸까? 기자의 물음에 트럭 운전사는 이렇게 대답했다. "이 일은 약간 짜릿한 기분이 들게 합니다. 우리나라를 위해서뿐만 아니라 법 집행을 위해서 내가 한몫하고 있다는 느낌 같은 게 들거든요."[50]

기이한 애국심의 발현일지도 모르지만, 어쨌든 이민 논란의 핵심을 제기한다. 국가가 외부인의 합류를 막는 행위를 정당화하는 근거는 무엇일까?

이민 유입 제한에 찬성하는 최선의 주장은 공동체 논리다. 마이클 월처Michael Walzer가 쓴 대로, 사회 구성원이 되는 조건을 규제하는 능력, 즉 입국 허가 및 거부 규정을 정하는 능력은 "공동체 독립의 핵심"이다. 그렇지 않을 경우 "서로에게 특별히 헌신하고 공동의 삶을 특별하게 생각하는 사람들의 연합체인, 역사적으로 안정되고 현재 진행 중인 '덕성 있는 공동체'는 존재할 수 없다."[51]

하지만 부유한 국가의 경우, 이민 유입 제한 정책은 시민의 특혜를 지키는 데도 기여한다. 많은 미국인은 수많은 멕시코인에게 미국 이주를 허용할 경우 사회 복지 부담이 커지고 기존 시민들의 윤택함이 줄어들 것이라고 우려한다. 이러한 우려가 정당한지는 분명치 않다. 하지만 논의를 위해, 외국인 이민을 허용하면 미국인의 생활수준이 떨어진다고 치자. 이는 이민 제한을 정당화하는 충분한 근거가 될까? 리오그란데를 중심으로 부유한 쪽에서 태어나는 사람만이 행운을 누릴 권리가 있다고 믿는다면, 그럴 것이다. 하지만 출생이라는 우연은 권리의 기준이 될 수 없기에, 풍요로움을 지킨다는 명분으로 이민 제한을 정당화할 수 있다고 보기는 어렵다.

이민 제한을 지지하는 더욱 강력한 논리는 저임금으로 기꺼이 일할 이민자들이 몰려올 경우 가장 취약해지는 비숙련 노동자들의 일자리와 임금 수준을 지켜야 한다는 주장이다. 이런 주장은 우리가 해결하려는 질문으로 되돌아가게 만든다. 왜 가장 힘없는 우리 노동자부터 지켜야 할까? 더 가난한 멕시코 사람들에게 일할 기회를 주지 않더라도 그리해야 할까?

제일 어려운 사람부터 도와야 한다는 시각으로 생각해 보면, 개방적인 이민 정책을 실시해야 옳을 듯 보인다. 하지만 평등을 강조하는 사람들조차 이에 선뜻 동의하지 않는다.[52] 이런 태도에는 도덕적 근거가 있을까? 물론이다. 하지만 우리에게는 삶과 역사를 공유하는 미덕을 발휘해 동료 시민들의 복지를 위하는 특별한 의무를 진다는 사실을 인정할 때만 그러하다. 그리고 그것은 인간을 서사적 존재로 인정하고, 이에 따라 도덕적 행위자로서 우리의 정체성이 우리 공동체와 밀접하게 연관된다는 생각을 하느냐에 달렸다. 월처는 이렇게 썼다. "애국의 정서가 도덕에 기반을 둘 때만이, 공동체의 결집이 의무와 공동의 의미에 이바지할 때만이, 이방인은 물론 자국 구성원이 있을 때만이, 국가 공무원은 특별히 자국민의 복지에 (……) 그리고 자국의 문화와 정치 번영에 각별히 신경을 쓸 동기가 생긴다."[53]

'미국산 애용' 운동은 불공평한가?

미국인의 일자리가 줄어드는 이유는 비단 외국인 이민 유입 때문만이 아니다. 요즘에는 자본과 상품이 사람보다 더 쉽게 국경을 넘는다. 이 역시 애국의 도덕적 위상에 의문을 품게 만든다. '미국산 애용'을 호소하는 낯익은 구호를 보자. 도요타보다 포드 자동차를 사야 애국일까? 자동차를 비롯해 점점 더 많은 제품이 세계적인 공급망을 통해 생산되다 보니, 정확히 어떤 차를 미국산이라고 해야 할지 분명치 않기도 하다. 하지만 어쨌거나 미국인에게 일자리를 제공하는 제품이 따로 있다고 해보자. 그렇다면 그 제품을 사야 하는 타당한 근거가 있을까? 왜 우리는 일본, 인도, 중국 노동자보다 미국 노동자의 일자리 창출에 더 관심을 가져야 할까?

2009년 초, 7870억 달러에 달하는 경기 부양책이 미국 의회를 통과해 오바마 대통령의 승인을 받았다. 이 법에는 지원금으로 도로, 다리, 학교, 공공건물을 건설할 때는 미국산 강철과 철을 사용해야 한다는 내용도 포함되어 있었다. '미국산 애용' 정책을 옹호하는 바이런 도건^{Byron}

Dorgan 상원 의원은 이렇게 밝혔다. "가능하면 다른 나라보다 우리나라 경기를 부양하려는 시도는 분명 일리가 있다."[54] 이 법안에 반대하는 사람들은 이 정책으로 다른 나라에서 미국 제품 불매 운동이 일어나 미국 경기가 더 나빠지고 일자리가 줄지 않을까 걱정한다.[55] 아무튼 이 경기 부양책으로 외국보다 미국의 일자리를 창출해야 한다는 주장에 이의를 제기하는 사람은 없었다. 그리고 경제학자들이 미국 연방의 자금이 해외로 흘러나가 외국 일자리를 지원할 위험성을 경고하기 시작하면서 그 주장은 더욱 힘을 얻었다. 『비즈니스 위크』 커버스토리에는 자금 유출을 걱정하는 다음과 같은 제목의 기사가 실렸다. "오바마 정부가 지원한 재정이 얼마나 해외로 '유출'되어, 미국보다 중국, 독일, 멕시코에서 일자리를 창출할까?"[56]

실업의 위험이 고조되었을 때라면 정부 당국자들이 미국의 일자리 보호를 최우선 과제로 삼는 것도 이해할 만하다. 하지만 유출이라는 표현을 보면, 애국의 도덕적 위상을 새삼 다시 느끼게 된다. 어려운 형편만 따진다면, 중국의 실직 노동자보다 미국의 실직 노동자를 먼저 도와야 한다고 주장하기 어렵다. 그럼에도 다른 한편으로는 어려움에 처한 동료 시민을 도울 특별한 의무가 있다는 생각에 이의를 제기할 미국인 또한 거의 없다.

이런 의무를 합의라는 용어로 설명하기는 쉽지 않다. 나는 인디애나 철강 노동자나 캘리포니아 농부를 돕겠다고 동의한 적이 없다. 어떤 이는 내가 암묵적으로 동의했다고 주장할지도 모른다. 국가 경제 안에 존재하는 상호 의존이란 복잡한 체계로부터 내가 이익을 얻고 있기 때문에, 내가 비록 이 경제에 참여한 사람들을 만나거나 재화나 용역을 직접 교환한 적이 없더라도, 이들에게 호혜의 의무를 진다는 주장이다. 하지만 이는 지나친 해석이다. 오늘날의 세계에서 경제 교환이라는 실타래를 끝까지 따라가 보면, 우리는 인디애나 사람들 못지않게 지구 반대편 사람들에게도 의존해 살고 있다는 사실이 드러날 것이다.

그러므로 애국심이 도덕에 기반한다고 생각한다면, 그리고 우리에게는 동료 시민의 복지에 대한 특별한 책임이 있다고 믿는다면, 의무의 세 번째 범주인, 합의가 필요 없는 연대 의무, 혹은 소속 의무를 인정해야 한다.

연대는 자기 사람만 챙기는 편애일까?

물론 우리에게 가족, 동료, 시민에 대한 특별한 의무가 있다는 생각에 모두가 동의하는 것은 아니다. 소위 연대 의무라는 것은 집단 이기심, 즉 자기 사람만 챙기는 편애를 그대로 드러내는 사례라고 주장하는 사람도 있다. 우리가 다른 사람보다 자기 가족, 친구, 동료를 더 생각하게 마련이라는 사실을 그들도 인정한다. 하지만 자기 사람에게만 특별히 관심을 두는 태도는 편협하고 내부 지향적이어서, 애국심이나 형제애라는 이름으로 가치를 인정하기보다는 극복해야 하는 마음가짐이 아닐까?

아니, 반드시 그렇지는 않다. 연대와 소속 의무는 내부만이 아니라 외부로도 향한다. 내가 사는 특정 공동체에서 나오는 특별한 의무 가운데 일부는 같은 공동체 사람에게 내가 지는 의무다. 하지만 나머지는 내 공동체가 역사적으로 도덕적 책임을 져야 하는 사람들에 대해 지는 의무다. 예를 들어 독일인이 유대인에게, 혹은 미국 백인이 미국 흑인에게 부담해야 하는 책임이다. 역사적 부당 행위에 대한 집단적 사죄와 보상은 연대 의식이 내 공동체가 아닌 다른 공동체에도 도덕적 책임을 지게 하는 좋은 사례. 내 나라가 저지른 과거의 잘못을 배상하는 일은 내 나라에 충성을 맹세하는 하나의 방법이다.

때로 연대 의식은 같은 국민 혹은 정부의 조치를 비판하는 특별한 이유를 제공하기도 한다. 애국심은 정부 정책에 대한 반대를 이끌어 내기도 한다. 사람들이 베트남 전쟁 반대 운동을 벌였던 두 가지 근거를 예로 들어 보자. 하나는 전쟁은 부당하다는 생각이었고, 또 하나는 그 전쟁을 미국인이 치를 가치가 없을뿐더러 우리 국민에게 어울리지 않는다는 생각이었다. 첫 번째 이유는 전쟁에 반대하는 사람이라면 누구나 주장할 수 있다. 하지만 두 번째 이유는 그 전쟁에 책임이 있는 나라의 시민들만이 느끼고 주장할 수 있다. 스웨덴 사람도 베트남 전쟁에 반대하고 그 전쟁이 부당하다고 여길 수 있지만, 오직 미국 사람만이 그 전쟁을 부끄러워할 수 있다.

자부심과 수치심은 정체성을 공유한다는 전제로부터 나오는 도덕 감정이다. 미국인이 외국을 여행하다가 볼썽사납게 행동하는 미국인을 보게 되면, 개인적으로는 그를 모르더라도 수치심을 느낄 수 있다. 다른 나라 사람도 그 행동을 보면서 눈살을 찌푸리겠지만 수치심을 느끼지는 않을 것이다.

가족 및 동료 시민의 행동에서 자부심과 수치심을 느낀다는 것은 집단 책임과 관계가 있다. 둘 다 우리 자신을 어딘가에 소속된 자아로 인식하는 데서 나오는 감정이다. 즉 우리는 자신의 선택과 상관없이 도덕적으로 한데 묶여 있으며, 도덕적 행위자로서 우리와 서사적으로 관련된 사람들이다.

자부심 및 수치심이라는 윤리와 집단적 책임이라는 윤리가 이처럼 밀접하게 관련되어 있음을 감안하면, 개인주의를 근거로 집단적 사죄를 거부하는 보수 정치인들(헨리 하이드, 존 하워드를 비롯해 앞서 언급한 정치인들)의 모습은 당황스럽다. 개인은 단지 자신의 선택과 행동만 책임지면 그만이라고 고집한다면, 우리나라의 역사와 전통에 자부심을 느끼기도 어렵다. 미국 아닌 다른 곳에 사는 사람들도 미국 독립 선언서, 미국의 헌법, 링컨의 게티즈버그 연설, 알링턴 국립묘지에 잠든 영웅 등을 존경하거나 칭송할 수는 있다. 하지만 애국적 자부심을 느끼려면 세월을 뛰어넘어 공동체에 소속감을 느낄 수 있어야 한다.

소속감에는 책임감도 동반한다. 내 나라의 과거를 현재로 가져와 도덕적 부채를 해결할 책임을 인정하지 않는다면, 내 나라와 역사에 진정한 자부심 또한 느낄 수 없다.

충성심이 보편적 도덕 원칙을 뛰어넘을 수 있을까?

앞서 살펴본 거의 모든 사례에서, 사회적 연대는 자연적 의무나 인권과 대립하기보다는 보완하는 경향이 있다. 따라서 이런 사례들은 자유주의 철학자들도 기꺼이 인정하는 다음과 같은 핵심을 충족한다. 즉 다른 사람의 권리를 침해하지만 않는다면, 가족이나 동료 시민처럼 우리와 가까운 사람들을 도움으로써 타인을 도와야 한다는 일반적 의무를 수행할 수 있다는 사실이다. 부모가 다른 아이보다 자기 아이를 구조하는 행위는, 그 과정에서 다른 아이를 밟고 지나가지만 않는다면, 전혀 문제가 되지 않는다. 마찬가지로 부자 나라가 자국 시민을 대상으로 후한 복지 정책을 실시하더라도, 다른 나라 사람의 인권을 무시하지만 않는다면 전혀 문제 되지 않는다. 연대 의무가 지탄받을 때는 자연적 의무를 위반하게 만들 때뿐이다. 하지만 인간을 이야기하는 존재로 보는 시각이 옳다면, 연대 의무는 (때로는 자연적 의무와 대립할 정도로) 자유주의자들이 설명하는 것보다 훨씬 엄격할 수 있다.

로버트 리

남북 전쟁 때 남부 연합군 사령관을 지낸 로버트 리^{Robert E. Lee}의 사례를 살펴보자. 남북 전쟁이 일어나기 전까지만 해도 리는 연방군 장교였다. 그는 남부 주들의 연방 탈퇴에 반대했다. 사실 그는, 탈퇴는 곧 반역이라고 생각했다. 전운이 감돌기 시작하자, 링컨 대통령은 그에게 연방 군대를 이끌어 달라고 요청했다. 하지만 리는 거절했다. 고향인 남부 버지니아에 대한 의무가 연방에 대한 의무보다 더 중요하다고 생각했기 때문이다. 하지만 노예제는 반대한다고 분명히 말했다. 그는 아들에게 보내는 편지에서 자신의 결정에 대해 이렇게 썼다.

나는 연방을 절대적으로 지지하지만, 내 친척, 내 자식, 내 가정과 대립하는 편에 서지는 못하겠구나. (……) 연방이 분리되고 연방 정부가 와해된다면, 나는 고향으로 돌아가 고향 사람들과 고통을 나눌 것이다.

내 고향을 지키는 일이 아니라면 나는 더 이상 칼을 빼들지 않을 것
이다.[57]

앞서 프랑스 레지스탕스 조종사처럼 리도 자신의 친척, 아이들, 가정
에 피해를 줄 수 있는 역할을 맡을 수 없었다. 하지만 그의 충성심은 한
발 더 나아가, 자기가 반대하던 것을 대의명분으로 자기 지역민들을 영
도하는 지점에까지 이르렀다.

남부 연합을 지지하는 명분에는 연방 탈퇴만이 아니라 노예제 존속
도 포함되기 때문에 리의 선택을 옹호할 수는 없다. 하지만 그를 딜레
마에 빠뜨린 충성심을 존경하지 않을 수도 없다. 우리는 왜 부당한 명
분을 향한 그의 충성스러운 태도를 존경해야 할까? 이런 상황에서도
충성심에 도덕성이 있어야 하는지 의아해할 사람도 있을 것이다. 그들
은 이렇게 물을 것이다. 충성이 왜 미덕일까? 그것은 도덕적 판단을
방해하고 옳은 일을 할 수 없게 만드는 단순한 정서, 느낌, 감정적 끌림
아닐까?

그렇지 않은 이유는 다음과 같다. 우리가 충성심을 도덕적으로 중요
한 요구로 진지하게 여기지 않는다면, 리의 딜레마를 결코 도덕적 딜레
마로 이해할 수 없다. 충성심이 진실한 도덕적 무게가 없는 감상에 불
과하다면, 리의 난처함은 한쪽에는 도덕, 다른 한쪽에는 단순한 감상
혹은 편견을 놓아두고 벌인 고민일 뿐이다. 하지만 그런 생각은 이 문
제와 관련된 도덕을 잘못 이해하는 것이다.[58]

리의 난처함을 심리적인 감상으로만 해석하면 놓치는 부분이 있다.
우리는 리의 선택이 아니라, 그의 고민에 나타난 인격에 끌려 리 같은

사람을 동정을 넘어 존경한다는 사실이다. 우리가 존경하는 것은 자신의 삶을 더 큰 삶의 일부로 이해하고 감수하는 성향이다. 그것은 나를 특별한 삶으로 끌어들이면서 그 특별함을 의식하게 하고, 다른 여러 요구와 더 넓은 지평에도 눈을 뜨라는 시대의 요구다. 인격을 갖춘다는 것은 (때로는 서로 상충하는) 여러 부담을 받아들이며 산다는 뜻이다.

형제를 지키는 사례1: 벌저 형제

보다 최근에 충성의 도덕적 무게를 시험하는 두 편의 형제 이야기가 있었다. 그중 하나는 윌리엄(빌)과 제임스(화이티) 벌저 William(Bill) and James (Whitey) Bulger 형제 이야기다. 빌과 화이티는 사우스보스턴에 있는 저소득층 주택 단지에서 아홉 남매의 형제로 함께 자랐다. 빌은 고전을 공부하고 보스턴 대학에서 법학 학위를 받은 성실한 학생이었다. 반면에 형 화이티는 고등학교를 중퇴하고 거리에서 세월을 보내며 절도를 비롯해 여러 범죄를 저질렀다.

두 형제는 각자의 세계에서 두각을 나타냈다. 윌리엄 벌저는 정치에 입문해서 매사추세츠 주 상원 의장(1978~1996)이 되었고, 그 뒤 7년 동안 매사추세츠 대학교 총장을 지냈다. 화이티는 은행 강도죄로 연방 교도소에서 복역한 뒤, 보스턴에서 갈취, 마약 거래, 기타 불법 행위를 저지르는 조직 범죄 집단의 우두머리가 되었다. 열아홉 건의 살인 혐의를 받던 그는 1995년에 경찰을 피해 도주했다. 지금도 여전히 잡히지 않은 채, 연방 수사국의 '10대 지명 수배자' 명단에 올라 있다.[59]

윌리엄 벌저는 도피 중인 형과 전화 통화를 했지만 형이 어디 있는지 모른다면서 수사 당국의 협조 요청을 거부했다. 2001년에 윌리엄이 대

배심원 앞에서 증언할 때, 연방 검사가 그를 압박하여 형에 관한 정보를 캐려고 했지만 실패했다. "그렇다면 분명하군요. 증인은 매사추세츠 주보다 형에게 더 충성스러우시군요."

그러자 벌저가 대답했다. "저는 한 번도 그렇게 생각한 적이 없습니다. 하지만 솔직히 형에게 마음이 가고, 형이 걱정되는 게 사실입니다. (……) 형에게 피해가 간다면 누구에게도 협조하고 싶지 않은 게 제 솔직한 심정입니다. (……) 제게는 형을 체포하도록 모든 사람에게 협조할 의무가 없습니다."[60]

사우스보스턴에 있는 선술집에서는 손님들이 형에 대한 벌저의 충성심에 감탄했다. "형의 거처를 털어놓지 않는다고 해서 그를 탓하고 싶지는 않아요. 형제는 형제잖아요. 자기 식구를 밀고할 수 있겠어요?"[61] 「보스턴 글로브」에 실린 어느 주민의 말이다. 반면 편집국과 기자들은 비판적이었다. 어느 칼럼니스트는 이렇게 썼다. "그는 올바른 규범을 택하기보다 거리의 규범을 선택했다."[62] 형을 체포하는 데 협조하지 않는다는 대중의 압력을 받은 벌저는 비록 수사 방해죄로 기소되지는 않았지만, 2003년에 매사추세츠 대학교 총장직에서 물러났다.[63]

대개는 살인 용의자를 정의의 심판대에 세우도록 협조하는 것이 옳다. 그런데 가족에 대한 충성이 이 의무를 뛰어넘을까? 윌리엄 벌저는 그렇게 생각한 모양이다. 하지만 이보다 몇 년 앞서, 골칫거리 형을 둔 또 다른 인물은 윌리엄과 다르게 행동했다.

형제를 지키는 사례2: 유나바머

미 수사 당국은 수차례 우편물 폭발 사건을 일으켜 세 명을 숨지게 하고 스물세 명을 다치게 한 미국 내 테러범을 17년 넘게 추적하고 있었다. 좀처럼 잡히지 않는 이 폭탄 제조범은 주로 과학자를 비롯한 학자들을 표적으로 삼은 탓에 '유나바머 Unabomber'라 불렸다. 유나바머는 자신의 행동 뒤에 숨은 원인을 설명하기 위해 무려 3만 5천 단어로 된 과학 기술 반대 선언문을 인터넷에 올리고는 「뉴욕 타임스」와 「워싱턴 포스트」가 그 글을 실어 주면 폭탄 테러를 멈추겠다고 약속했다. 두 신문은 그의 요구에 응했다.[64]

뉴욕 주 스케넥터디 Schenectady에서 사회 복지사로 일하던 마흔여섯 살 데이비드 카진스키 David Kaczynski는 그 선언문을 읽는 순간, 무척이나 친숙한 느낌에 섬뜩함을 느꼈다. 선언문에 담긴 생각과 말투가 하버드 대학교 수학자 출신으로, 현재는 은둔해 사는 쉰네 살의 자기 형 테드를 생각나게 했기 때문이다. 형은 현대 산업 사회를 경멸해, 몬태나의 어느 산속 오두막에서 살고 있었다. 데이비드는 형을 만난 지 10년이 됐다.[65]

오래 고심한 끝에, 데이비드는 1996년에 연방 수사국에 연락해 그 유나바머가 자신의 형일지 모른다고 제보했다. 그리고 연방 요원들이 테드 카진스키의 오두막 근처에서 잠복하다가 그를 체포하는 데 성공했다. 데이비드는 검찰로부터 형에게 사형을 구형하지 않을 것이란 이야기를 들었었지만, 결국 사형이 구형됐다. 형이 죽을지도 모른다고 생각하니 참담했다. 나중에 검찰은 유죄를 인정하는 대가로 가석방 없는 종신형으로 구형을 변경했다.[66]

테드 카진스키는 법정에서 데이비드를 동생으로 인정하지 않았고, 교도소에서 쓴 책 원고에서는 동생을 "또 하나의 가룟 유다"라고 칭했다.[67] 데이비드 카진스키는 이 일로 지울 수 없는 상처가 생긴 자신의 삶을 다시 일으키려 노력했다. 형이 사형을 면할 수 있도록 애쓰다가 사형 제도에 반대하는 단체의 대변인까지 되었다. 한번은 청중에게 자신의 딜레마를 이렇게 표현했다. "형제는 서로를 지켜 줘야 합니다. 그리고 지금 여기 있는 저는 형을 죽음으로 내몰았다고 할 수 있겠군요."[68] 그는 유나바머 체포에 기여한 공로로 법무부로부터 포상금 100만 달러를 받았지만, 포상금의 대부분을 형 때문에 죽거나 다친 사람들의 가족에게 전달했다. 그리고 가족을 대표해 형의 범죄를 사죄했다.[69]

형 문제에 대한 윌리엄 벌저와 데이비드 카진스키의 서로 다른 생각과 행동을 어떻게 생각하는가? 벌저에게는 가족에 대한 충성이 범인을 정의의 심판대에 세우는 의무보다 중요했고, 카진스키에게는 그 반대였다. 어쩌면 데이비드는 도피 중인 형이 지속적인 위협을 가하고 있다는 점에서 윌리엄 벌저의 경우와 도덕적 차이가 있을 수 있다. 데이비드 카진스키는 이를 심각하게 고려한 듯하다. "등을 떠밀렸다는 표현이 맞을 겁니다. 사람이 또 죽을 수도 있고, 그것을 막을 사람은 바로 나라는 생각이 들었어요. 모른 척 지낼 수가 없었습니다."[70]

당신이 두 사람의 선택에 대해 어떤 판단을 내리든 간에, 이들의 이야기를 읽다 보면 다음과 같은 결론에 이르게 된다. 범죄자를 정의의 심판대에 세울 의무 같은 도덕보다 충성과 연대가 더 무거울 수도 있다는 사실을 인정해야만 이들이 직면했던 딜레마를 이해할 수 있다는 것이다. 우리 의무가 합의나, 인간 대 인간의 보편적 의무에만 기초한다면, 형제애로 인한 이런 곤란한 처지를 설명하기 힘들다.

정의와 좋은 삶

지금까지 우리는 우리를 강제하는 도덕적 의무의 주체적인 입안자라는 사회 계약적 사고방식이 통하지 않는 사례들을 살펴보았다. 공개 사죄와 보상, 역사적 부당 행위에 대한 집단적 책임, 가족과 동료 시민들이 서로에 대해 느끼는 각별한 책임감, 동료와의 연대감, 내 마을이나 공동체 혹은 국가에 대한 충성심, 내 나라 또는 국민에게 느끼는 자부심과 수치심, 형제애와 자식의 도리에서 나온 충성심 등이 바로 그것이다. 이러한 사례에서 발견되는 연대 의식은 도덕 및 정치에서 익숙하게 볼 수 있는 특징이다. 연대 의식 없이는 삶을 살아가거나 이해하기 어렵다. 그것은 도덕적 개인주의로 설명하기 힘들다. 합의의 윤리로도 설명할 수 없다. 연대에는 도덕적 힘이 부여되어 있기도 하다. 연대는 우리에게 부담을 지게 만든다. 연대 의식은 우리의 본성을 이야기하는 존재, 소속된 존재로 본다.

그런데 이런 것들이 다 정의와 무슨 상관일까? 이 물음에 대답하기 위해, 우리를 여기까지 데려온 애초의 질문을 다시 떠올려 보자. 우리는 지금까지 모든 의무와 책임이 의지나 선택의 행동에서 나왔는지 알아내고자 했다. 그리고 그렇지 않음을 알 수 있었다. 연대 의무나 구성원 의무는 선택과 관련 없는 이유, 즉 우리 삶과 우리가 소속된 공동체를 해석하는 서사와 관련된 이유에서 나온다고 할 수 있다.

도덕적 행위자에 대한 서사적 설명, 그리고 의지와 합의를 강조하는 설명 사이의 논쟁에서 정확한 쟁점은 무엇일까? 한 가지 쟁점은 인간의 자유를 어떻게 생각하는가에 있다. 연대와 구성원 의무를 보여 주는 예를 가만히 생각하다 보면 거부감이 들 수도 있다. 내 수업을 듣는 학생들 대부분이 그렇듯이, 이 책을 읽는 당신도 자신이 선택하지도 않은 도덕에 얽매인다는 생각을 좋아하지 않거나 신뢰하지 않을 수 있다. 그러다 보면 애국, 연대, 집단적 책임 등이 요구될 때 거부감이 들거나, 그러한 요구를 일종의 합의에서 나오는 것으로 재해석하고 싶어 한다. 그런 요구를 거부하거나 재해석하고 싶은 마음이 드는 까닭은 그래야 자유라는 익숙한 개념과의 일관성이 느껴지기 때문이다. 그 자유는 자신이 선택하지 않은 도덕에 얽매이지 않으며, 자신을 강제하는 의무는 스스로 정하는 것이라 해석되곤 한다.

나는 앞의 예에서, 그리고 이 책에 제시한 다른 예에서, 자유에 관한 그런 사고방식에는 결함이 있음을 지적했다. 하지만 여기서 문제가 되는 것은 자유만이 아니다. 정의를 어떻게 생각하느냐 또한 문제가 된다.

앞에서 살펴보았던 정의에 대한 두 가지 사고방식을 다시 떠올려보자. 칸트와 롤스는 권리가 선에 앞선다고 보았다. 의무와 권리를 규정하는 정의의 원칙은 좋은 삶을 규정하는 여러 관념 사이에서 중립을 지켜야 한다고 생각했다. 칸트는 도덕법에 도달하려면 우연히 결정되는 이해관계와 목적을 배제해야 한다고 주장했다. 롤스는 정의를 구현하기 위해서는 특정한 목적, 애착, 그리고 좋은 삶에 대한 주관적 견해를 배제해야 한다고 말했다. 무지의 장막 뒤에서 정의를 생각해야 한다는 것이다.

한편 정의에 관한 이런 사고방식은 아리스토텔레스의 견해와는 맞지 않는다. 아리스토텔레스는 정의의 원칙이 좋은 삶에 대한 여러 견해 사이에서 중립을 지킬 수 있다거나 지켜야 한다고 생각하지 않았다. 그와 반대로, 정당한 헌법의 목적 중 하나는 좋은 시민, 좋은 인격을 키우는 데 있다고 주장했다. 그는 정의에 대한 사유란 사회가 배분하는 공직, 영예, 권리, 기회 등의 의미를 숙고하는 것이라고 보았다.

칸트와 롤스가 정의에 관한 아리스토텔레스의 사고방식을 거부한 이유 중 하나는 자유의 여지를 남겨 두지 않는다고 생각하기 때문이었다. 헌법이 좋은 인격을 형성하거나 좋은 삶을 규정하려 든다면, 사람들에게 타인의 가치를 강요할 위험이 있다고 본 것이다. 이런 헌법은 개인을 스스로 자기 목적을 선택할 능력을 가진 자유롭고 독립된 자아로 존중하지 않는다.

자유에 관한 칸트와 롤스의 이 같은 사고방식이 옳다면, 이들이 말하는 정의도 옳을 것이다. 우리는 자유로운 선택권을 지닌 독립된 존재이기에 스스로 선택하지 않은 도덕에 구속되지 않는다면, 우리에겐 여러 목적으로부터 중립적인 권리의 틀이 필요하다. 그리고 자아가 목적에 앞선다면, 자아의 권리는 분명 선에 앞설 것이다.

하지만 만약 도덕적 행위자로서의 서사적 개념이 더욱 설득력 있다면, 정의에 관한 아리스토텔레스의 생각을 다시 들여다볼 필요가 있다. 선(좋음)에 대해 사유할 때 우리 정체성의 근원인 공동체의 선도 함께 고려해야 한다면, 중립을 갈망하는 태도는 잘못되었을 수 있다. 좋은 삶을 생각해 보지 않고 정의를 생각하기란 불가능하거나 어쩌면 바람직하지 않을지도 모른다.

정의에 대한 공개 담론에서 좋은 삶의 개념을 이야기할라치면, 탐탁지 않게 생각하거나 심지어 질색하는 사람도 있다. 미국처럼 다원화 사회에 사는 사람들은 최선의 삶을 규정하는 주장에 동의하지 않는다. 자유주의 정치론은 정치와 법을 도덕적·종교적 논란으로부터 분리하기 위해 탄생했다. 칸트와 롤스의 철학은 그러한 의도를 과감히, 또한 더없이 분명하게 드러낸다.

하지만 이러한 의도는 성공할 수 없다. 정의와 권리에 관한 뜨거운 쟁점 중 상당수가 도덕적·종교적으로 논란이 되는 주제를 피하지 못한다. 시민의 권리와 의무를 규정할 때, 좋은 삶에 관한 여러 견해를 늘 빼놓을 수는 없다. 설령 가능하다 해도 바람직하지 않을 수 있다.

민주 시민에게 공적 영역에 들어갈 때는 도덕적·종교적 신념을 내려놓으라고 요구하는 것은 관용과 상호 존중을 보장하기 위한 조치로 보일 수도 있다. 하지만 사실은 그 반대다. 가능하지도 않은 중립을 가장한 채 중요한 공적 문제를 결정하는 행위는 반발과 분노를 일으키기 십상이다. 중요한 도덕 문제에 정치가 개입하지 않으면 시민의 삶은 저하된다. 사회는 편협하고 배타적인 도덕주의로 흐르기 쉬워진다. 그리고 자유주의자들이 건드리기 두려워하는 곳에는 근본주의자들이 몰려들기 마련이다.

정의에 대한 토론이 어쩔 수 없이 본질적인 도덕 문제로 빠지게 마련이라면, 그 논의가 어떻게 진행되는지 묻지 않을 수 없다. 공개적인 선의 논의가 종교적 논쟁으로 흐르지 않을 수 있을까? 도덕적인 측면을 보다 많이 다루는 공개 토론은 어떤 모습이며, 우리가 익히 보아 온 정치 토론과는 어떻게 다를까? 이것들은 단순히 철학적 질문에 그치지 않는다. 이것들은 정치 담론에 활기를 불어넣고 시민의 삶을 향상시키기 위해 필요한 핵심 질문이다.

JUSTICE

정의와 공동선

10
JUSTICE AND THE COMMON GOOD

1960년 9월 12일, 민주당 대통령 후보 존 F. 케네디 John F. Kennedy는 정치에서 종교의 역할을 주제로 텍사스 휴스턴에서 연설을 했다. '종교 문제'는 선거 운동 내내 그를 괴롭혔다. 케네디는 가톨릭 신자였고, 당시에는 가톨릭 신자로 대통령에 당선된 후보가 없었다. 겉으로 내색하지는 않았지만 속으로 편견을 품은 사람들도 있었고, 케네디가 공직에 오르면 바티칸의 영향을 받거나 공적인 정책에 가톨릭 교리를 반영할 것이라며 우려하는 사람도 있었다.[1] 케네디는 이런 우려를 불식시키기 위해, 개신교 목사들 앞에서 자신이 당선될 경우 자신의 종교가 공직에 어떤 역할을 할 것인지 밝히기로 했다. 그의 답은 간단했다. 아무 역할도 하지 않을 것이란 대답이었다. 어떤 종교 신념을 갖고 있는지는 사적인 문제이며, 공적 책임에는 아무런 영향도 미치지 않을 것이라고 밝혔다.

케네디는 이렇게 말했다. "대통령의 종교적 견해는 사적인 문제로 머물 수 있다고 생각합니다. 제가 대통령이 되어 산아 제한, 이혼, 검열, 도박 등 어떤 문제에 맞닥뜨리더라도 (……) 외부의 종교적 압력이나 지시에 구애받지 않고, 제 양심에 따라 국익을 위해 판단할 것입니다."[2]

케네디는 양심이 종교적 신념에 좌우되는 것은 아닌지, 아니라면 어떻게 그럴 수 있는지는 언급하지 않았다. 하지만 국익에 관한 자신의 믿음이 종교와 관계가 없다고 말하는 대목에서 종교를 '외부의 압력' 그리고 '지시'와 연관시켰다. 그는 개신교 목사들과 미국 대중에게 자신의 종교적 믿음(그 믿음이 무엇이든 간에)을 강요하지 않겠다고 약속했던 것이다.

그 연설은 정치적으로 성공했다고 널리 여겨졌고, 케네디는 마침내 대통령에 당선되었다. 당시 대선 운동을 기록한 유명한 전기 작가 시어도어 화이트Theodore H. White는 그 연설을 "민주 사회에서 현대 가톨릭의 개인적 교리"³를 규정한 연설이라고 칭찬했다.

이후 46년이 지난 2006년 6월 28일, 민주당 대통령 후보 경선에 나선 버락 오바마는 정치에서 종교의 역할에 대해 케네디와 매우 다른 연설을 했다. 우선 그는 2년 전 상원 의원에 출마할 당시, 종교적 문제에 대한 자신의 입장이 어떠했는지 다시 밝혔다. 종교적으로 다소 단호한 보수주의자였던 상대 후보는 동성애 및 낙태 권리를 옹호하는 오바마를 비난하면서, 오바마는 선량한 기독교인이 아니며 예수 그리스도는 그에게 표를 던지지 않을 것이라고 주장했다.

"저는 그러한 논쟁에서, 전형적인 자유주의 입장으로 대응했습니다." 오바마는 그때를 회상하며 이렇게 말했다. "우리는 다원화 사회에 살고 있기에, 자신의 종교적 견해를 다른 사람에게 강요할 수 없으며, 나는 일리노이 상원 의원에 출마하는 것이지, 일리노이 성직에 출마하는 게 아니라고 대답했습니다."⁴

오바마는 상원 의원 선거에서 손쉽게 승리를 거두었지만, 이제 다시 생각해 보니 당시의 반응이 부적절했으며, "나의 가치와 나의 믿음을 안내하는 신앙의 역할을 제대로 설명하지 않았다"고 말했다.[5]

그는 자신의 기독교 신앙을 묘사하면서, 종교와 정치 논의의 관련성을 역설했다. 그는 진보주의자들이 정치에서 "종교적 담론의 영역을 포기"하는 것은 실수라고 생각했다. "일부 진보주의자들은 종교의 낌새만 보여도 불편해하기에, 흔히 도덕적 용어로 주제를 효과적으로 전달하지 못하게 만든다." 자유주의자들이 종교가 빠진 정치 담론을 제시한다면, "수많은 미국인이 개인의 도덕과 사회의 정의를 이해할 때 사용하는 이미지와 용어들을 박탈하는 것이다".[6]

종교는 공명을 불러일으키는 정치적 수사의 원천만이 아니었다. 어떤 사회 문제는 도덕적 문제로 치환해야 해결이 가능했다. "'설교'가 되지 않을까 두려워하다 보면 (……) 시급히 해결해야 하는 사회 문제에서 가치와 문화의 역할을 간과할 수가 있다." 오바마가 말했다. "빈곤, 인종 차별, 건강 보험, 실업" 같은 문제를 다루려면 "가슴과 머리에서 변화가 일어나야" 한다.[7] 따라서 도덕적·종교적 신념이 정치와 법에서 배제되어야 한다는 주장은 잘못이다.

세속주의자들이 종교를 가진 사람들에게 공적인 영역으로 들어가기 전에 종교를 문 앞에 내려놓으라고 요구한다면 잘못입니다. 프레더릭 더글러스, 에이브러햄 링컨, 윌리엄 제닝스 브라이언, 도로시 데이, 마틴 루서 킹 등 미국 역사상 위대한 개혁가 다수는 신앙에 자극받았을 뿐 아니라, 자신의 주장을 펼칠 때 종교적 언어를 수시로 이용했습니다. 따라서 공공 정책을 논할 때 '개인의 도덕'을 개입시키지 말라

는 주장은 현실적으로 불합리합니다. 우리 법은 의미상 도덕의 집대
성이며, 그 도덕의 상당 부분은 유대 기독교 전통을 기반으로 하고 있
습니다.[8]

존 F. 케네디와 버락 오바마가 비슷하다고 많은 사람이 이야기한다.
둘 다 젊고, 연설을 잘하고, 동기 부여에 능한 정치인으로서, 그들의 당
선은 미국의 리더십이 다음 세대로 넘어갔다는 신호였다. 그리고 둘 다
미국인을 결집해 시민이 참여하는 새 시대를 열고자 했다. 하지만 정치
에서 종교의 역할에 관해서는 매우 다른 견해를 보였다.

중립을 향한 열망

종교를 공적인 것이 아닌, 사적인 것으로 보는 케네디의 견해는 가톨
릭에 반대하는 세력을 누그러뜨릴 필요에서 나온 것만은 아니다. 1960
~1970년대에 절정을 이뤘던 한 공공 철학을 반영한 것이기도 하다.
그 철학은, 정부는 도덕적·종교적 문제에서 중립을 지켜, 무엇이 좋은
삶인지 개인이 자유롭게 선택할 수 있도록 해야 한다는 철학이다.

양대 정당도 중립을 주장했지만, 세부 내용은 달랐다. 일반적으로 공
화당은 경제 정책에서, 민주당은 사회·문화적 주제에서 중립을 들먹였
다.[9] 공화당은 개인이 자유롭게 경제적 선택을 하고 자기 돈을 마음대
로 쓸 수 있어야 한다며, 자유 시장에 대한 정부의 개입에 반대했다. 정
부가 공적인 목적을 내세워 납세자의 돈을 쓰거나 경제 활동을 규제하

는 것은, 모두가 공유할 수 없는, 국가가 정한 공동선을 강요하는 행동으로 보는 것이다. 따라서 정부의 재정 지출 확대보다는 세금 감면이 더 바람직하다. 어떤 목적을 추구하고 내 돈을 어디에 쓸지 개인의 자유로운 결정에 맡길 수 있기 때문이다.

민주당은 자유 시장으로 여러 목적 사이에서 중립을 지켜야 한다는 생각을 거부하고, 정부가 경제에 보다 크게 개입하는 수단을 옹호했다. 하지만 사회·문화 주제에서는 이들 역시 중립을 지켜야 한다고 주장했다. 정부는 성적인 문제나 출산 결정에서 '도덕을 입법화'해서는 안 된다고 주장했다. 그럴 경우 사람들에게 특정한 도덕적·종교적 신념을 강요하게 된다는 이유에서였다. 정부는 낙태나 동성애처럼 도덕적 논란이 되는 문제에 제한을 가하기보다는 중립을 지켜 개인이 알아서 선택하도록 해야 한다는 논리다.

1971년에 존 롤스는 『정의론』에서 케네디의 연설이 암시한 자유주의적 중립의 개념을 철학적으로 옹호했다.[10] 1980년대에는 자유주의적 중립을 비판하는 공동체주의자들이 롤스 이론의 바탕이 되는 자유로운 선택권을 지닌, 부담을 감수하지 않는 자아라는 개념에 문제를 제기했다. 이들은 공동체와 연대를 강조할 뿐 아니라, 도덕과 종교 문제에 더 적극적인 공적 개입이 있어야 한다고 주장했다.[11]

롤스는 1993년에 출간한 『정치적 자유주의Political Liberalism』에서 자신의 이론을 일부 수정했다. 사람들이 개인적 삶에서 "애정·헌신·충성을 배제하지 않는, 아니, 배제할 수도 없으며 그래서도 안 된다고 믿는 경우가 많다는 사실을 그도 인정했다. "사람들은 특정한 종교적·철학적·도덕적 신념, 또는 지속되는 어떤 애착이나 충성심을 본인으로부터 떼어

내는 것은 생각할 수도 없다고 여기기도 한다".[12] 자신을 전체의 일부로 여기며 도덕적으로 부담을 감수하는 자아를 어느 정도 인정한 표현이다. 하지만 롤스는 그러한 충성심과 애착이 시민으로서의 정체성에는 영향을 미치지 않아야 한다고 주장했다. 정의와 권리를 토론할 때는 개인의 도덕적·종교적 신념은 접어 두고, 특정한 충성·애착·좋은 삶에 관한 주관적 견해로부터 독립적인 '인간에 대한 정치적 관념'으로 보는 관점에서 주장을 펼쳐야 한다고 보았다.[13]

우리는 정의와 권리에 관한 공개 담론에서 도덕적·종교적 신념을 배제해야 할까? 시민으로서의 정체성을 그보다 폭넓은 개념의 도덕적 존재로서의 정체성에서 분리해야 하는 이유가 뭘까? 롤스는 그 이유가 현대 사회에서 널리 받아들여지고 있는, 좋은 삶에 관한 '합당한 다원주의'를 존중하기 위해서라고 말한다. 현대 민주 사회에 사는 사람들은 도덕적·종교적 물음에 일치된 의견을 내놓지 않는다. 게다가 그것은 합당한 일이다. "뛰어난 이성적 사고력을 가진 양심적인 사람이 자유로운 토론 뒤에도 항상 똑같은 결론에 이르리라 기대할 수 없다."[14]

이 주장에 따르면, 자유주의적 중립을 옹호하는 이유는 도덕적·종교적 이견에 직면했을 때 관용을 베풀 필요가 있기 때문이다. 롤스는 이렇게 썼다. "모든 것을 고려하여 어떤 도덕적 판단이 옳은가는 정치적 자유주의가 판단할 문제가 아니다." 서로 다른 도덕적·종교적 교리 사이에서 비편파성을 유지하기 위해 정치적 자유주의는 "그 교리들이 이견을 보이는 도덕적 주제는 다루지" 않는다.[15]

시민으로서의 정체성을 도덕적·종교적 신념에서 분리하라는 요구는 정의와 권리에 대한 공적 담론을 벌일 때 자유주의적 공적 이성에만 충실해야 된다는 의미다. 정부는 선에 관한 특정 견해를 지지하지 말아야 하며, 시민은 정의와 권리를 토론할 때 자신의 도덕적·종교적 신념을 끌어와서는 안 된다.[16] 자신의 신념을 끌어올 경우, 그리고 그런 주장이 우세해질 경우, 다른 시민에게 특정한 도덕적·종교적 교리에 기초한 법을 효과적으로 강요할 수 있기 때문이다.

우리의 정치적 주장이 공적 이성의 요구에 맞춰 도덕이나 종교적 견해가 전혀 반영되지 않는지 어떻게 알 수 있을까? 롤스는 참신한 실험을 제안한다. "우리가 공적 이성을 따르는지 알아보려면 이렇게 질문해 보자. 어떻게 하면 우리 주장이 대법원의 견해 같은 느낌을 줄 수 있겠는가?"[17] 롤스의 설명에 따르면, 이 방법은 우리 논리가 자유주의에 기초한 공적 이성이 요구하는 중립성을 따르는지 알아보는 확실한 방법이다. "판사는 당연히 자기만의 도덕을 적용해서도, 일반적 도덕의 이상이나 미덕에 호소해서도 안 된다. 그것들과 상관없어야 한다. 마찬가지로 자신이나 타인의 종교적·철학적 견해를 적용해서도 안 된다."[18] 시민으로서 공개 토론에 참여할 때도 이런 자제력이 필요하다고 그는 보았다. 대법원 판사처럼 우리도 도덕적·종교적 신념은 접어 두고, 자신을 자제하며 모든 시민이 이성적으로 받아들일 수 있는 논리만 내세워야 한다고 생각했다.

존 케네디가 주장하고 버락 오바마가 거부한 자유주의적 중립이라는 이상이 바로 이것이다. 1960년대부터 1980년대까지 민주당은 중립이라는 이상을 향해 움직여 갔고, 정치 담론에서 도덕적·종교적 논의를 상당 부분 제거했다. 주목할 만한 몇 가지 예외는 있었다. 마틴 루서 킹은 시민권이라는 대의명분을 발전시키는 데 도덕적·종교적 논리를 기초로 삼았다. 베트남 전쟁 반대 운동은 도덕적·종교적 담론으로 활력을 얻었다. 그리고 1968년에 민주당 대통령 후보로 나선 로버트 케네디Robert Kennedy는 국가에 더 많은 도덕적·공적 이상을 요구하고자 했다. 하지만 1970년대 들어 자유주의자들이 중립과 선택이라는 표현을 수용하면서, 도덕적·종교적 담론은 새롭게 떠오르는 기독교 우파에 넘겨주었다.

1980년에 로널드 레이건이 대통령에 당선되면서, 공화당 내 기독교 보수파의 목소리가 커졌다. 제리 폴웰Jerry Falwell이 이끄는 '도덕적 다수파Moral Majority'와 팻 로버트슨Pat Robertson이 이끄는 '기독교 연합Christian Coalition'은 "발가벗은 공공 영역"[19]에 옷을 입히고, 미국인의 삶에서 도덕적으로 지나치게 관대하다고 판단되는 것들과 전쟁을 벌이려 했다. 이들은 학교 내 예배, 공공장소에서의 종교적 행사에 찬성하고, 포르노그래피, 낙태, 동성애에 대한 법적 규제를 옹호했다. 자유주의자들은 이들의 요구에 반대했는데, 사례별로 그들의 도덕적 판단에 반박하기보다는 정치에 도덕적·종교적 판단이 개입해서는 안 된다는 원론을 들어 반대했다.

이런 식의 주장은 기독교 보수주의자들의 평판에는 이롭고, 자유주의자들의 평판에는 이롭지 못한 영향을 끼쳤다. 1990년대와 2000년대 초반에, 자유주의자들은 다소 방어적으로, 자신들도 가치를 지지한다고 주장했는데, 이들이 지지한다는 가치는 주로 관용, 공정성, 자유로운 선택이라는 가치였다(2004년 민주당 대통령 후보로 지명된 존 케리는 후보 수락 연설에서 '가치'라는 말을 무려 서른두 번이나 사용해 가며, 대중의 공감을 얻기 위한 어색한 시도를 했다). 하지만 이 가치는 자유주의적 중립성,

그리고 자유주의적 공적 이성의 제한과 관련된 가치였다. 그것은 미국 내에 널리 퍼진 도덕적·정신적 갈망과 연관 있지도 않았고, 더 큰 의미의 공적 삶에 대한 열망에도 부응하지 않았다.[20]

다른 민주당원들과 달리 버락 오바마는 이 갈망을 이해하고, 이를 정치적 목소리에 실었다. 그리하여 그의 정치를 그 시대의 자유주의로부터 떼어 놓았다. 그의 설득력 있는 웅변의 핵심은 단순히 뛰어난 언어 구사력에만 있는 것은 아니었다. 그가 구사하는 정치 언어에는 자유주의적 중립을 뛰어넘어 지향하는 도덕적·영적 차원이 스며들어 있었다.

> 날마다 수많은 미국인이 아이를 학교에 데려다주고, 차를 몰고 출근하고, 서둘러 업무 회의에 들어가고, 쇼핑몰에서 물건을 사고, 다이어트를 하는 등의 일상생활을 하다가, 문득 뭔가 놓치고 있다는 생각을 하게 되었습니다. 사람들은 일, 재산, 휴식, 바쁜 일상이 전부가 아니라고 생각하기 시작했습니다. 삶에 목적의식이, 서사적 궤적이 필요해졌습니다. (……) 우리가 진정 사람들에게 그들이 어디로 향하고 있는지 말해 주고 싶다면, 다시 말해 우리 희망과 가치를 그들의 희망과 가치와 관련지어 소통하고자 한다면, 진보주의자인 우리는 종교적 담론이라는 영역을 외면할 수 없습니다.[21]

진보주의자들이 더 폭넓게 신앙 친화적인 공적 이성을 수용해야 한다는 오바마의 주장은 건전한 정치적 직관을 반영한다. 이는 훌륭한 정치 철학이기도 하다. 정의와 권리에 관한 논의를 좋은 삶에 대한 논의에서 분리하려는 시도는 두 가지 이유에서 잘못이다. 첫째, 본질적인 도덕 문제를 해결하지 않고서 정의와 권리의 문제를 결정하는 것이 항상 가능한 것은 아니다. 둘째, 설령 그럴 수 있다 해도 바람직하지 못하기 때문이다.

낙태와 줄기세포 논란

문제의 밑바탕에 있는 도덕적·종교적 입장을 정리하지 않고서는 해결할 수 없는 익숙한 두 가지 정치 문제를 생각해 보자. 낙태와 배아 줄기세포 연구 문제가 바로 그것이다. 무고한 생명을 앗아 가는 낙태를 금지해야 한다는 사람이 있는가 하면, 이에 찬성하지 않는 사람도 있다. 그들은 어느 순간부터 인간의 생명이 시작되는가에 대한 도덕적·신학적 논쟁에서 법은 어느 쪽도 편들지 말아야 한다고 주장한다. 발달 중인 태아의 도덕적 지위는 도덕적·종교적으로 격렬한 논쟁이 있는 문제이니, 정부는 중립을 지키고 여성 스스로 낙태를 결정하도록 해야 한다고 말한다.

두 번째 주장은 낙태 권리를 주장하는 익숙한 자유주의자들의 견해다. 이들은 낙태 문제를 도덕적·종교적 논쟁으로 몰고 가지 말고, 중립과 선택의 자유를 바탕으로 해결하자고 주장한다. 하지만 이 주장은 설득력이 없다. 만약 발달 중인 태아가 도덕적으로 아이와 마찬가지라면, 도덕적으로 낙태는 영아 살해와 마찬가지이기 때문이다. 그리고 정부는 부모가 자기 아이를 죽일지 살릴지 스스로 결정해야 한다고 주장할 사람은 거의 없다. 따라서 낙태 논란에서 선택의 자유를 지지하는 입장은 문제의 바탕이 되는 도덕적·신학적 문제에 실제로 중립적이지 않다. 잉태된 순간부터 인간이라는, 태아의 도덕적 지위에 관한 가톨릭교회의 추정이 틀렸다는 주장에 암묵적으로 기반하고 있는 것이다.

그러한 추정을 인정한다고 해서 낙태를 금지하자는 주장은 아니다. 단지 중립성과 선택의 자유만으로는 낙태 권리를 인정하는 근거로 충분치 않다는 의미이다. 낙태를 여성 스스로 결정할 수 있어야 한다고 주장하는 사람들은 발달 중인 태아도 인간과 마찬가지라는 주장이 잘못임을 증명해야 한다. 법은 도덕적·종교적 문제에 중립적이어야 한다는 주장만으로는 충분치 않다. 낙태를 허용하자는 주장이 금지하자는 주장보다 더 중립적이지도 않다. 둘 다 문제의 바탕이 되는 도덕적·종교적 논란에 대해 모종의 답을 내놓고 이를 전제로 하는 주장이기 때문이다.

줄기세포 연구를 둘러싼 논란도 마찬가지다. 배아 줄기세포 연구에 반대하는 사람들은 의학적 전망이 아무리 좋더라도 인간 배아를 파괴하는 연구는 도덕적으로 허용할 수 없다고 주장한다. 이러한 시각을 가진 많은 이들은 수정된 순간부터 인간이 생명을 얻는다고 믿기 때문에, 초기 배아라도 이를 파괴하는 행위는 도덕적으로 아이를 살해하는 행위와 마찬가지라고 생각한다.

배아 줄기세포 연구에 찬성하는 사람들은 이 연구로 당뇨병, 파킨슨병, 척수 손상 등을 치료할 방법을 찾을 수 있다는 의학적 혜택을 들어 대답한다. 그리고 과학은 종교와 이념의 간섭 때문에 방해받아서는 안된다고 주장한다. 종교적 신념으로 과학에 반대하는 사람들의 견해가 전망이 밝은 연구를 금지할 수 있는 법에 반영되어선 안 된다고 말한다.

하지만 낙태 논쟁과 마찬가지로, 배아 줄기세포 연구 허용 문제 역시 어느 순간부터 인간으로 인정할 것인가에 대한 도덕적·종교적 입장을 정리하지 않고는 해결할 수 없다. 초기 배아가 사실상 인간과 마찬가지라면, 아무리 의학적 전망이 좋더라도 인간의 사지를 자르는 행위를 정당화할 수는 없기 때문에, 배아 줄기세포 연구에 반대하는 사람들의 논리가 맞다. 생명을 구하는 연구를 위해서 다섯 살짜리 아이에게서 장기를 떼어 내는 행위를 합법화해야 한다고 말할 사람은 거의 없을 것이다. 이처럼 배아 줄기세포 연구를 허용하자는 주장은 어느 순간부터 인간으로 인정할 것인가에 대한 도덕적·종교적 논란으로부터 중립적이지 않다. 연구를 허용하자는 주장은 그러한 논란에 대해 배아 줄기세포 연구에서 파괴되는 착상 전 배아는 아직 인간이 아니라는 답을 전제로 하고 있기 때문이다.[22]

낙태와 배아 줄기세포 연구에 대한 법적인 문제는 그 밑바탕에 있는 도덕적·종교적 문제를 다루지 않고는 해결할 수 없다. 두 경우 모두 문제가 되는 행위가 인간의 생명을 빼앗는가, 아닌가가 논란의 대상이기 때문에 중립은 불가능하다. 물론 도덕적·정치적 논쟁이 삶과 죽음의 문제와 관련된 경우는 흔치 않다. 따라서 자유주의적 중립 주장의 열렬한 지지자들은 낙태와 줄기세포 논란은 특별한 경우라고 대답할지도 모른다. 그리고 인간의 정의를 내려야 하는 문제를 제외하고는 도덕적·종교적으로 어느 쪽도 편들지 않고 정의와 권리에 관한 논쟁을 해결할 수 있다고 주장할 것이다.

동성 결혼

하지만 이 역시 옳지 않다. 동성 결혼 논란을 생각해 보자. 당신은 국가가 결혼의 목적과 동성애의 도덕적 지위에 관한 도덕적·종교적 논쟁 없이 동성 결혼을 공인해야 한다고 판단할 수 있을까? 어떤 사람들은 자유주의를 근거로 그렇다고 대답할 것이다. 개인적으로 게이와 레즈비언 관계를 용납하든 용납하지 못하든, 누구나 자신의 결혼 파트너를 선택할 자유가 있기 때문이라는 것이다. 이성 사이의 결혼만 허용하고 동성 사이의 결혼은 허용하지 않는다면, 게이와 레즈비언을 부당하게 차별하고 법 앞에서의 평등을 부정하는 셈이란 주장이다.

이 주장이 국가가 동성 결혼을 인정해야 하는 근거로 충분하다면, 결혼의 목적과 결혼이 추구하는 선에 관한, 논란이 되는 개념에 의존하지 않고도 자유주의적 공적 이성의 테두리 안에서 이 문제를 해결할 수 있다. 하지만 개인적 판단을 배제한 채 동성 결혼에 찬성할 수는 없다. 이 문제는 결혼의 텔로스(목적이나 핵심)에 관한 견해에 달려 있기 때문이다. 그리고 아리스토텔레스가 말했듯이, 사회 제도의 목적에 대한 논의는 그 제도가 영예와 포상을 안겨 주는 미덕에 관한 논의이다. 동성애 논쟁은 근본적으로 게이와 레즈비언의 결합이 국가가 공인한 결혼에 부합하는 영예와 인정을 받을 가치가 있는가에 관한 논쟁이다. 따라서 그 바탕이 되는 도덕적 문제를 피할 수 없다.

왜 그런지 이해하려면, 결혼에 대한 국가 정책은 두 가지만 있는 것이 아니라 세 가지라는 사실을 기억해야 한다. 남자와 여자의 결혼만 공인하는 전통적인 정책을 채택하든지, 이미 일부 국가에서 시행하듯

동성 결혼을 남녀 간 결혼과 똑같이 공인하든지, 아니면 어떤 결혼도 공인하지 않은 채 그 일을 전적으로 사적인 영역으로 돌리는 방법도 있다. 이 세 가지 정책을 요약하면 다음과 같다.

> 정책1. 남자와 여자의 결혼만 공인한다.
> 정책2. 동성 결혼과 이성 결혼을 공인한다.
> 정책3. 어떤 종류의 결혼도 공인하지 않고, 그 일을 사적인 영역으로 돌린다.

국가는 혼인법에 더해 시민결합법이나 가정동반자법을 만들어, 결혼하지 않고 동거하면서 법적 합의 영역에 들어온 사람들에게 법적 보호, 상속권, 병원 방문권, 양육권을 부여할 수도 있다. 미국의 여러 주가 게이와 레즈비언에게 이런 권리를 부여했다. 2003년에는 매사추세츠 주가 미국에서 최초로 대법원 판결을 통해 동성 결혼을 법적으로 공인했다(정책2). 2008년에는 캘리포니아 대법원도 동성 결혼을 공인하는 판결을 내렸지만, 몇 달 뒤 유권자들이 국민발의를 통해 이 결정을 뒤집었다. 2009년에는 버몬트 주가 법원의 판결 없이 순전히 법률 제정만으로 동성 결혼을 합법화한 최초의 주가 되었다.[23]

정책3은 적어도 미국에서는 순전히 가상적인 예다. 아직까지 결혼을 공인하는 정부의 기능을 포기하겠다고 선언한 주는 한 곳도 없다. 하지만 동성 결혼에 대한 찬반 주장을 살펴보는 데 도움이 되기 때문에 검토할 가치가 있는 정책이다.

정책3은 결혼을 둘러싼 논란에 대한 자유지상주의의 이상적인 대안이다. 결혼을 아예 폐지하지는 않지만, 국가 승인 제도로서의 결혼은 폐지하는 정책이다. '혼인제 폐지'라는 표현이 가장 적절할 것이다.[24] 국교제 폐지가 (교회의 존재는 인정하되) 공식적인 국가 교회를 없애는 제도이듯, 혼인제 폐지는 국가의 공식적인 결혼 승인을 없애는 제도라고 할 수 있다.

칼럼니스트 마이클 킨슬리Michael Kinsley는 결혼을 둘러싼 끝없는 논쟁에서 빠져나올 수 있는 방법으로 이 정책을 옹호한다. 동성 결혼에 찬성하는 사람들은 이성 간 결혼만 인정하는 행위는 일종의 차별이라고 불만을 표한다. 반면에 반대하는 사람들은 국가가 동성 결혼을 인정한다면, 단순히 동성애를 눈감아 주는 수준을 넘어 '정부 승인 도장'을 찍으며 공식으로 인정하는 셈이라고 주장한다. 킨슬리는 "정부가 승인한 제도로서의 결혼을 폐지하고 (……) 결혼을 민영화"하는 것이 해결책이라고 썼다.[25] 국가가 승인하거나 간섭하지 말고, 각자 원하는 방식대로 결혼하도록 내버려 두자는 주장이다.

교회나 다른 종교 시설이 결혼식을 계속 제공하도록 허용하자. 당사자들이 원한다면 백화점이나 카지노도 좋다. (……) 당사자들이 원하는 방식대로 자신들의 결합을 기념하고, 원하는 때에 자신들을 부부로 여기게 하자. (……) 그래, 세 사람이 또는 자기 혼자서 결혼하겠다면 그렇게 하게 하고, 누군가 결혼식을 진행하고 그들의 혼인을 선언하는 방식을 택하겠다면, 그렇게 하도록 두자.[26]

킨슬리는 이렇게 생각했다. "결혼이 전적으로 사적 영역의 일이라면,

동성 결혼을 둘러싼 온갖 논쟁은 무의미해진다. 동성 결혼은 정부의 공식 승인을 받지 않겠지만, 그것은 이성 결혼도 마찬가지다." 그는 가정 동반자법을 만들면, 동거하면서 아이를 키울 때 발생하는 재정, 보험, 아이 양육, 유산 등의 문제를 해결할 수 있다고 주장했다. 그러면서 국가가 승인하는 모든 동성 및 이성 간의 결혼을 시민 결합으로 대체하자고 제안했다.[27]

자유주의적 중립의 관점에서 보면, 킨슬리의 제안은 두 가지 기본 정책(정책 1, 2)에 비해 분명한 장점이 있다. 판사나 시민이 결혼의 목적과 동성애의 도덕성에 대한 도덕적·종교적 논란에 개입할 필요가 없다. 국가가 어떤 가족 단위에도 더 이상 결혼이라는 영예로운 칭호를 주지 않기 때문에, 시민은 결혼의 텔로스에 대해, 그리고 게이와 레즈비언이 이를 수행할 수 있는가를 놓고 논쟁을 하지 않아도 된다.

혼인제 폐지 제안을 받아들이는 사람은 동성 결혼 찬반 양측 모두에서 비교적 적다. 하지만 혼인제 폐지 제안은 지금 벌어지고 있는 논쟁의 핵심을 잘 조명함으로써, 동성 결혼 찬성자와 반대자들이 논란의 바탕이 되는 결혼의 목적과 결혼이 규정하는 선을 놓고 도덕적·종교적 논란을 벌이게 되는 이유를 살펴보는 데 도움이 된다. 양쪽 견해 모두 자유주의적 공적 이성의 범위 안에서는 자신의 논리를 방어할 수 없다.

물론 동성 결혼에 반대하는 사람들은 동성 결혼이 죄악을 승인하고 결혼의 진정한 의미를 욕되게 한다며 거리낌 없이 도덕적·종교적 주장을 편다. 반면, 동성 결혼 권리를 옹호하는 사람들은 흔히 중립을 근거로, 결혼의 도덕적 의미에 대한 판단을 피한다. 무판단 논리를 근거로 동성 결혼을 지지하려는 시도는 주로 비차별과 선택의 자유라는 발상에서 나온다. 하지만 그런 발상으로는 동성 결혼의 권리를 정당화하지 못한다. 왜 그런지 이해하기 위해, 동성 결혼을 둘러싼 '굿리지 대 공공보건국'(2003) 재판에서 마거릿 마셜^{Margaret Marshall} 메사추세츠 주 대법원장이 판결문에 쓴 사려 깊고 의미심장한 견해부터 살펴보자.[28]

마셜은 이 주제가 도덕적·종교적 논란을 불러일으킨다는 사실을 인정하는 말로 시작해, 법원은 이 논란에서 어느 쪽도 편들지 않겠다는 의지를 피력했다.

> 결혼은 한 남자와 한 여자의 결합으로 제한되어야 하며, 동성 간의 결합은 부도덕하다는 뿌리 깊은 종교적·도덕적·윤리적 신념을 갖고 있는 사람이 많다. 한편 동성 커플도 결혼할 권리가 있으며, 동성애자도 이성애자 이웃과 다르지 않게 대우받아야 한다는 강한 종교적·도덕적·윤리적 신념을 갖고 있는 사람 역시 많다. 그 어느 관점도 우리 앞에 놓인 질문에 답하지 못한다. "우리 의무는 모든 사람의 자유를 정의하는 데 있지, 우리만의 도덕률을 명령하는 데 있지 않다."[29]

동성애에 대한 도덕적·종교적 논란에 휩쓸리지 않으려는 듯, 마셜은 법원에 제기된 도덕적 문제를 자유주의적 용어(자율의 문제, 선택의 자유)를 사용해 묘사한다. 마셜은 결혼에서 동성애자를 제외한다면 "개인의 자율과 법 앞에서 평등을 존중"하는 원칙과 양립할 수 없다고 썼다.[30] 국가가 "개인에게서 독점적 약속을 주고받을 상대를 선택할 자유를 빼앗을 수 있다"면, "결혼을 할지, 또 누구와 할지 선택할" 자유는 "유명무실해질 것이다."[31] 문제는 해당 선택의 도덕적 가치가 아니라 선택을 할

개인의 권리, 즉 "선택한 상대와 결혼할" 원고의 권리라고 마셜은 주장했다.[32]

하지만 자율과 선택의 자유라는 논리는 동성 결혼 권리를 정당화하기에 충분치 않다. 정부가 모든 자발적이고 사적인 모든 관계의 도덕적 가치에 진정으로 중립을 지킨다면, 국가는 결혼을 두 사람 사이의 일로 제한할 근거가 없다. 서로 합의한 일부다처나 일처다부 관계도 가능해진다. 실제로 국가가 중립을 지키면서 개인의 선택을 무엇이든 존중하고자 한다면, 마이클 킨슬리의 제안을 받아들여 어떤 결혼이든 그것을 승인하는 일에서 손을 떼야 한다.

동성 결혼 논쟁의 진짜 쟁점은 선택의 자유가 아니라, 동성 결합이 공동체로부터 영예와 인정을 받을 가치가 있는가, 즉 결혼이라는 사회 제도의 목적을 수행하는가의 여부에 있다. 아리스토텔레스식으로 말하면, 문제는 공직과 영예의 공정한 배분이며, 이는 또한 사회적 승인의 문제이기도 하다. 선택의 자유를 강조하면서도, 매사추세츠 법원은 일부다처나 일처다부 결혼의 길을 터놓을 의도는 없음을 분명히 했다. 정부는 일부 사적 관계를 사회적으로 승인할 수 있다는 개념에도 이의를 제기하지 않았다. 결혼이나 결혼 제도를 폐지하라는 명령도 내리지 않았다.

이와 반대로 마셜 메사추세츠 주 대법원장은 결혼을 "우리 공동체가 크게 포상하고 매우 소중히 여기는 제도 중 하나"라고 치켜세운다.[33] 국가가 승인하는 결혼을 없앤다면 "우리 사회의 중요한 조직 원칙을 해체하는 것"이라고도 주장한다.[34]

마셜은 국가가 결혼을 승인하지 않기보다는 결혼의 개념을 동성 배우자까지 포함하는 것으로 확대하자고 주장한다. 그렇게 하기 위해 동성 결합의 도덕적 가치를 인정하려고 자유주의적 중립의 테두리 밖으로 나와, 결혼의 목적에 관해 고심에 찬 견해를 내놓은 것이다. 마셜이 보기에, 결혼은 합의한 성인 두 사람의 사적인 약속이라기보다 공적인 인정과 승인이다. "실제로 민간 결혼에는 제3자가 개입된다. 배우자가 될 두 사람과 그것을 승인하는 국가다."[35] 이 같은 특성에서 결혼의 영예로운 면이 드러난다. "민간 결혼은 상대를 향한 지극히 개인적인 약속인 동시에, 상호 관계, 동료 관계, 친밀함, 충실, 가족이라는 이상을 대단히 공적으로 기념한다."[36]

결혼이 영예로운 제도라면 어떤 미덕에 영예를 수여하는 것일까? 이는 곧 사회 제도로서 결혼의 목적, 즉 텔로스를 묻는 질문이다. 동성 결혼에 반대하는 사람들 가운데 상당수는 결혼의 1차 목적이 출산이라고 주장한다. 이 주장에 따르면, 동성 부부는 출산을 할 수 없으므로 결혼할 권리가 없다. 말하자면 결혼에 관련된 미덕을 결여하고 있다고 할 수 있다. 동성 결혼 반대의 핵심에 이런 목적론적 추론이 자리 잡고 있기에, 마셜은 이를 직접 거론한다. 결혼의 목적에 중립을 지키는 척하지 않고, 목적론적 추론과 대립되는 해석을 제시한다. 결혼의 본질은 출산이 아니라 이성이든 동성이든 두 사람 사이의 독점적인 사랑의 약속이라 주장한다.

이제는 이런 의문이 들지 모른다. 결혼의 목적과 본질에 대한 서로 다른 주장들 사이에서 어떻게 판결을 내릴 수 있을까? 결혼처럼 도덕적으로 논란이 제기되는 사회 제도의 의미와 목적에 대해 합리적 주장이 가능할까? 아니면 노골적인 주장들(출산을 강조하는 쪽과 사랑의 약속을 강조하는 쪽)이 서로 충돌해도, 양쪽 다 상대보다 타당성 있는 주장을 할 방법이 없는 것 아닐까?

마셜의 견해는 이런 주장이 어떻게 전개될 수 있는지 잘 보여 준다. 마셜은 우선 출산이 결혼의 1차 목적이라는 이의를 제기한다. 그녀는 현재 국가에 의해 승인되고 통제되는 결혼 제도는 출산 능력을 요구하지 않는다는 사실을 지적한다. 결혼 승인을 신청하는 이성애자 커플에게 "성관계로 아이를 가질 능력이나 의향을 묻지 않는다. 출산 능력은 결혼의 조건도, 이혼의 근거도 아니다. 결혼해서 한 번도 성관계를 하지 않았거나 그럴 계획이 없는 사람들도 계속 결혼 생활을 유지할 수 있다. 임종이 가까운 사람도 결혼할 수 있다." 마셜은 이렇게 결론 내린다. "결혼한 부부 대부분이 (의학의 도움을 받든 받지 않든) 아이를 갖지만, 민간 결혼의 필수 조건은 아이를 갖는 것이 아니라 결혼한 부부 사이의 독점적이고 영원한 약속이다."[37]

이처럼 마셜의 주장 중 일부는 결혼의 목적 혹은 본질에 대한 현존하는 해석에서 나온다. 사회적 행위에 대한 경쟁하는 해석(출산을 위한 것이라는 해석과 독점적이고 영원한 약속이라는 해석) 가운데 어느 쪽이 더 타당하다고 어떻게 판단할 수 있을까? 한 가지 방법은 두 가지 설명 중 어느 쪽이 전반적으로 현재의 혼인법에 잘 부합하는지 살펴보는 것이다. 다른 하나는 어느 쪽 해석이 영예로운 미덕을 칭송하는지 묻는 것이다. 무엇을 결혼의 목적으로 생각하는가는 결혼이 칭송하고 지지해야 하는 특성을 무엇이라고 생각하는가에 일부 좌우된다. 그렇다면 바탕에 깔린 도덕적·종교적 논쟁을 피할 수 없다. 게이와 레즈비언 관계의 도덕적 지위는 무엇인가?

마셜은 이 문제에서 중립적이지 않다. 그녀는 동성애도 이성애와 마찬가지로 존중받을 가치가 있다고 주장한다. 결혼을 이성애자 사이로 한정한다면 "동성애는 이성애에 비해 천성적으로 불안정하고 열등한 관계이며 존중받을 가치가 없다는 해로운 고정 관념을 공인하는 도장을 찍어 주게 된다".[38]

따라서 동성 결혼에 찬성하는 주장을 자세히 들여다보면, 그것이 비차별과 선택의 자유에 기댈 수 없음을 발견하게 된다. 누가 결혼할 자격이 있는지 결정하려면, 결혼의 목적과 결혼이 칭송하는 미덕을 생각하지 않을 수 없다. 그러면 논란이 되는 도덕적 영역에 도달하게 되는데, 이곳에서 우리는 좋은 삶에 대해 대립하는 개념들 사이에서 중립을 지키기가 불가능하다.

정의와 좋은 삶

여기까지 오는 동안 우리는 정의를 이해하는 세 가지 접근법을 탐구했다. 첫 번째 방식은 정의란 공리나 복지의 극대화, 즉 최대 다수의 최대 행복을 추구하는 것이라고 말한다. 두 번째 방식은 정의란 선택의 자유를 존중하는 것이라고 말한다. 그 선택은 자유 시장에서 사람들이 실제로 행하는 선택(자유지상주의의 견해)일 수도 있고, 사람들이 원초적으로 평등한 위치에 있을 경우 '하게 될' 가상의 선택(자유주의적 평등주의의 견해)일 수도 있다. 세 번째 방식은 정의란 미덕을 키우고 공동선을 고찰하는 것이라고 말한다. 이쯤에서 당신도 눈치챘겠지만, 나는 세 번째 방식을 선호한다. 왜 그런지 설명해 보겠다.

공리주의적 접근 방식은 두 가지 단점이 있다. 첫번째는 정의와 권리를 원칙이 아닌 계산의 문제로 만드는 것이다. 두 번째는 인간의 모든 선을 하나의 통일된 가치 척도로 환산해 획일화하여, 그 질적인 차이를 고려하지 않는 것이다.

자유에 기초한 이론들은 첫 번째 문제를 해결하지만 두 번째 문제는 해결하지 못한다. 자유 이론은 권리를 중요시하며, 정의는 단순한 계산 이상이라고 주장한다. '어떤' 권리가 공리주의에서 생각하는 것보다 중시되어야 하는지에 대해서는 자유에 기초한 이론들 사이에서도 의견이 엇갈리지만, 몇몇 권리들은 기본적인 것으로 존중받아야 한다는 데 의견 일치를 보인다. 하지만 존중받을 가치가 있는 권리를 가려내는 것 이상으로, 이 이론들은 사람들의 기호를 있는 그대로 인정한다. 우리가 공적 삶의 영역으로 가져오는 취향과 욕구에 의문을 가지거나 시험해 보라고 요구하지 않는다. 이들 이론에 따르면, 우리가 추구하는 목적의 도덕적 가치, 우리가 영위하는 삶의 의미와 중요성, 우리 모두가 공유하는 삶의 질과 특성은 하나같이 정의를 논하는 영역을 벗어난다.

이 부분이 내게는 실수로 보인다. 정의로운 사회는 단순히 공리를 극대화하거나 선택의 자유를 확보하는 것만으로는 이룰 수 없다. 정의로운 사회를 만들기 위해서는 좋은 삶의 의미를 함께 고민하고, 그 과정에서 생길 수밖에 없는 이견을 기꺼이 수용하는 문화를 만들어야 한다.

일단 하나의 원칙이나 절차를 만들어 놓고 나서 그에 따라 일사분란하게 소득·권력·기회 등 모든 것을 정당하게 배분할 수만 있다면 얼마나 좋을까 하는 생각이 드는 것이 사실이다. 그런 원칙을 찾을 수만 있다면, 좋은 삶을 토론하는 과정에서 늘 생겨나는 소란과 논쟁을 피할 수 있을 것이다.

하지만 그러한 논쟁을 피하기란 불가능하다. 정의에는 어쩔 수 없이 판단이 개입한다. 구제 금융이나 상이군인 훈장, 대리 출산이나 동성 결혼, 소수 집단 우대 정책이나 군 복무, 최고 경영자의 임금이나 골프 카트 이용 권리를 두고 어떤 논란을 벌이든, 정의는 영광과 미덕, 자부심과 인정에 관해 경쟁하는 여러 개념과 관련되어 있다. 정의는 올바른 분배의 문제일 뿐만 아니라, 올바른 가치 측정의 문제이기도 하다.

공동선의 정치

정의로운 사회를 위해서 좋은 삶을 다 같이 고민해야 한다면, 어떤 정치 담론이 우리를 그 방향으로 이끄는가 하는 질문이 남는다. 나는 이 질문에 충분한 답을 찾지는 못했지만, 도움이 될 만한 몇 가지 제안을 할 수는 있다. 첫째는 관찰이다. 오늘날 정치적 주장의 대부분은 복지와 자유에 관한 것들이다. 즉 경제적 산출을 늘리고 사람들의 권리를 존중하는 문제다. 정치에서 미덕이라고 하면, 종교적 보수주의자들이 인생을 어떻게 살아야 한다고 충고하는 모습을 떠올리는 사람이 많다. 하지만 그것이 미덕과 공동선의 개념이 정치에 영향을 미치는 유일한 방법은 아니다. 보다 중요하고 어려운 문제는 도덕적이고 영적인 문제를 진지하게 다루는 정치를 구상하면서도, 이를 성이나 낙태뿐만 아니라 광범위하게 경제 및 시민의 관심사로 가져오는 정치를 구상하는 일이다.

내가 봤던 사람 중에, 이 방면에서 가장 유망한 목소리를 낸 인물은 1968년 민주당 대통령 후보로 나선 로버트 케네디였다. 그에게 정의는 그저 국민 총생산의 규모와 분배의 문제에만 관련되어 있지 않았다. 더 높은 도덕적 목적에도 관련이 있었다. 1968년 3월 18일 캔자스 대학교에서 행한 연설에서 케네디는 베트남 전쟁, 미국 도시 곳곳의 폭동, 인종 불평등, 미시시피와 애팔래치아에서 목격한 심각한 빈곤에 대해 이야기했다. 이처럼 분명히 정의와 관련된 문제들을 언급한 다음에, 그는 미국이 그릇된 것에 가치를 부여하고 있다고 주장했다. "우리가 물질적 가난을 없애려고 아무리 노력하더라도, 또 다른 중요한 임무가 있습니다. 우리 모두를 괴롭히는 (……) 진정한 만족감의 결핍에 맞서는 일입니다." 미국인들은 '순전히 물질 축적'에만 탐닉해 있었다.[39]

이제 우리의 국민 총생산은 한 해 8천 억 달러가 넘습니다. 하지만 국민 총생산은 대기 오염, 담배 광고, 고속도로에서 무수한 사망자를 치우는 구급차도 합산합니다. 우리 문을 잠그는 특수 자물쇠, 그리고 그것을 부수는 사람들을 가둘 교도소도 합산합니다. 미국 삼나무 숲이 파괴되고, 우리 자연의 경이로움이 무분별한 개발로 사라지는 것도 합산합니다. 네이팜탄도 합산하고, 핵탄두와 도시 폭동 제압용 무장 경찰 차량도 합산합니다. (……) 아이들에게 장난감을 팔기 위해 폭력을 미화하는 텔레비전 프로그램도 합산됩니다. 반면 국민 총생산은 우리 아이들의 건강, 교육의 질, 놀이의 즐거움을 계산하지 않습니다. 국민 총생산에는 시문학의 아름다움, 결혼의 장점, 공개 토론에 참여하는 지성, 공무원의 청렴성은 계산하지 않습니다. 우리의 해학이나 용기도, 우리의 지혜나 학습도, 국가에 대한 우리의 헌신이나 열정도 측정하지 않습니다. 간단히 말해, 삶을 가치 있게 만드는 것을 제외한 모든 것을 측정합니다. 그리고 우리가 미국인임을 자랑스러워하는 모든 것을 제외하고 미국에 관한 모든 것을 말해 줄 수 있습니다.[40]

케네디의 이야기를 듣거나 이 인용문을 읽으면서, 당신은 어쩌면 그 시대의 현실 안주 및 물질적 집착을 향한 그의 도덕적 비난이 빈곤, 베트남 전쟁, 인종 차별의 부당함에 대한 그의 견해와 별개라고 말할지도 모른다. 하지만 케네디는 그것들이 서로 연관되어 있다고 보았다. 그러한 부당함을 바로잡으려면 주변에서 발견되는, 안주하는 생활 태도에 도전할 필요가 있다고 케네디는 생각했다. 그는 판단을 내리는 데 주저하지 않았다. 그러면서 이와 동시에 국가에 대한 미국인의 자부심을 일깨우며 공동체 의식을 호소했다.

케네디는 이후 석 달도 못 가 암살되었다. 그렇게 일찍 죽지 않았다면 그가 암시했던 도덕적 색채를 띤 정치가 어떤 결실을 거두었을지, 그저 추측만 할 수 있을 뿐이다.

그로부터 40년이 흐른 뒤, 2008년 대통령 선거 운동을 하던 버락 오바마도 보다 큰 목적을 지향하는 공적인 삶에 목마른 미국인의 갈증에 호소하며 도덕적·영적 갈망이 담긴 정치를 역설했다. 과연 그가 도덕과 시민 의식을 강조했던 대선 공약을 공동선을 추구하는 새로운 정치로 실현할 수 있을지, 아니면 오늘날 금융 위기와 심각한 경기 침체를 해결해야 할 필요성 때문에 방해받을 수밖에 없을지 앞으로 두고 볼 일이다.

그렇다면 공동선을 추구하는 새로운 정치는 과연 어떤 모습일까? 몇 가지 가능한 주제를 소개하면 다음과 같다.

1. 시민 의식, 희생, 봉사

정의로운 사회를 위해서 강한 공동체 의식이 필요하다면, 시민들이 사회 전체를 염려하고 공동선에 헌신하는 태도를 키울 방법을 찾아야 한다. 그러자면 공적인 삶에서 시민이 보이는 태도와 기질인 '마음의 습관'에 무관심할 수 없다. 좋은 삶에 대한 판단을 순전히 개인적인 판단 영역으로 남겨 두지 말고, 시민의 미덕을 키울 수 있는 방법을 찾아야 한다.

전통적으로 공립 학교는 시민 교육의 장이었다. 어떤 시대에는 군대가 그 역할을 일부 맡기도 했다. 내가 말하고자 하는 것은 주로 시민의 미덕을 확실히 가르치는 교육에 대해서만이 아니라, 실용적인 교육, 그리고 경제적·종교적·인종적 배경이 다른 청소년들이 같은 사회 제도 안에서 자연스럽게 익히는 시민 교육도 포함한다.

많은 공립 학교가 열악한 상황에 처한다면, 그리고 미국 사회의 극소수만이 군 복무를 한다면, 미국처럼 다원화된 거대 민주 사회가 정의로운 사회에 필요한 연대감과 상호 책임 의식을 어떻게 키울 수 있을지, 심각한 문제가 아닐 수 없다. 이 문제는 최근 우리 정치 담론에 최소한 어느 정도는 다시 등장하기 시작했다.

2008년 대선 운동 중에 버락 오바마는 2001년 9·11 사태를 계기로 미국인들 사이에서 애국심과 자부심, 그리고 조국에 봉사하려는 마음이 깨어났다는 사실을 발견했다. 그는 조지 W. 부시 대통령이 미국인들에게서 공동의 희생정신을 요청하지 않았다고 비난했다. "우리는 군 복무에 소집되지 않고 쇼핑하도록 권유받았습니다. 우리 역사상 최초로 전시에, 희생을 분담하라고 요구하는 대신 부자들의 세금을 깎아 주었습니다."[41]

오바마는 국가적 봉사를 장려하기 위해서 대학생이 100시간의 사회봉사 활동을 하면 수업료를 보조해 주겠다고 공약했다. 그는 선거 기간에 전국을 돌며, 젊은이들에게 이렇게 제안했다. "당신은 미국에 투자하고, 미국은 당신에게 투자한다." 이는 가장 인기가 높은 공약 가운데 하나였고, 2009년 4월에 오바마는 아메리코(지역 사회 봉사 단체 – 옮긴이)의 사회 봉사 프로그램을 확대하고 자기 지역에서 자원 봉사하는 대학생들에게 학자금을 지원하는 법안에 서명했다. 국가적 봉사를 강조한 오바마의 목소리가 반향을 불러일으켰음에도 불구하고, 국가적 봉사를 의무화하자는 더욱 과감한 제안은 정치권에서 제대로 논의되지 못했다.

2. 시장의 도덕적 한계

우리 시대에 가장 두드러진 특징 가운데 하나는 시장과 전혀 다른 기준의 지배를 받던 전통적 삶의 영역까지 시장 논리 및 시장 친화적 사고가 파고든다는 사실이다. 앞서 우리는 국가가 병역이나 죄수 심문을 민간 도급업체나 외부 인력을 고용해서 맡길 경우, 부부가 개발 도상국가 사람들에게 돈을 주고 임신과 출산을 의뢰할 경우, 사람의 신장을 공개 시장에서 사고팔 경우, 어떤 도덕적 문제들이 생기는지의 예를 들어 살펴본 바 있다. 이런 문제를 살펴볼 수 있는 예는 많다. 학업 성적이 부진한 학교에 다니는 학생들이 표준화된 시험에서 좋은 성적을 낼 경우 현금 포상을 해도 될까? 학생들의 시험 성적이 올라갔다면 교사가 보너스를 받아야 할까? 국가는 영리를 추구하는 기업에 재소자 관리를 맡겨도 될까? 미국은 시카고 대학교 경제학자의 제안을 받아들여 미국 시민권을 10만 달러에 파는 방법으로 이민 정책을 단순화해도 될까?[42]

이러한 물음은 단지 공리와 합의에 대한 질문이 아니다. 중요한 사회적 행위(군 복무, 출산, 교육, 범죄자 처벌, 새 시민을 받아들이는 일 등)의 가치를 측정하는 올바른 방법에 관한 물음이기도 하다. 사회적 행위를 시장에 맡기면 그 행위를 규정하는 규범이 타락하거나 질이 떨어질 수 있기에, 시장의 침입을 막기 위한 비시장 규범은 무엇인지 물을 필요가 있다. 이러한 질문에 답하기 위해서는 선의 가치를 측정하는 올바른 방법을 놓고 공개적인 토론이 필요하다. 시장은 생산 활동을 조직하는 데 유용한 도구다. 하지만 시장이 사회 제도를 지배하는 규범을 멋대로 다시 쓰길 원치 않는다면, 시장의 도덕적 한계에 대해 공개적으로 토론할 필요가 있다.

3. 불평등, 연대, 시민의 미덕

미국 내 빈부 격차는 최근 수십 년간 계속 커지더니 급기야 1930년대 이래 가장 크게 벌어졌다. 그럼에도 불평등은 정치 문제로 비화되지 않았다. 2008년 대선 운동 때 버락 오바마는 소득세율을 1990년대 수준으로 되돌리겠다는 지극히 소박한 제안을 내놓았다가, 공화당 상대 후보로부터 부를 분산시키려는 사회주의자라는 소리를 들어야 했다.

오늘날의 정치에서 불평등이 좀처럼 주목받지 못한다고 해서, 정치 철학자들 사이에서도 관심 주제가 되지 않는 것은 아니다. 1970년대부터 지금까지 소득과 부의 공정한 분배는 정치 철학 논쟁의 중심이었다. 하지만 철학자들은 이 문제를 공리나 합의라는 틀로 바라보는 경향이 있어서, 도덕 및 시민성 회복 운동의 핵심이자 정치 청문회를 열 만한 주제인 불평등에 반대하는 주장을 간과하고 만다.

가난한 자를 돕기 위해 부자에게 세금을 부과하려는 일부 철학자들은 공리의 틀로 논리를 전개한다. 부자에게 100달러를 걷어 가난한 사람에게 주면 부자의 행복은 조금 줄어들지만 가난한 사람들의 행복의 총합은 이보다 훨씬 더 커진다는 논리다. 존 롤스도 재분배를 옹호하지만, 그의 주장은 가상적 합의에 근거한다. 원초적으로 평등한 위치에서 가상적 사회 계약을 한다고 상상한다면, 누구라도 재분배 원칙에 동의할 수밖에 없다는 것이 그의 주장이다.

하지만 세 번째, 미국인의 삶에서 불평등의 심화가 걱정되는 더 중요한 이유가 있다. 그 세 번째 이유는 빈부 격차가 지나치면 민주 시민에게 요구되는 연대 의식이 약화된다는 것이다. 왜 그런지 생각해 보자. 불평등이 깊어질수록 부자와 가난한 자의 생활은 더욱더 분리된다. 풍족한 사람들은 아이들을 사립 학교에(혹은 부유한 교외 지역의 공립 학교에) 보내고, 그 결과 도심 공립 학교에는 어쩔 수 없는 가정의 아이들만 남는다. 학교뿐 아니라 다른 공공 제도나 시설에서도 비슷한 현상이 줄줄이 이어진다.[43] 사설 헬스클럽이 시에서 운영하는 공공 체력 단련장과 수영장을 대체한다. 상류층 지역에서는 사설 경비업체를 고용하며 경찰에 덜 의존한다. 자동차가 한 집에 두세 대씩 있다 보니 대중교통에 덜 의존한다. 이처럼 부유층이 공공 시설이나 공공 서비스를 이용하지 않게 되면서, 그것들은 다른 어떤 것도 감당할 수 없는 서민들에게 만 남겨진다.

이때 두 가지 악영향이 나타난다. 하나는 재정 문제이고, 다른 하나는 시민 의식 문제다. 우선 공공 서비스를 더 이상 이용하지 않는 사람들이 자신들의 세금으로 공공 서비스를 지원하길 꺼려하면서 서비스의 질이 떨어진다. 둘째, 다양한 계층의 시민들이 서로 만날 수 있는 곳에 학교, 공원, 운동장, 시민회관 같은 공공시설이 들어서지 않게 된다. 한때 사람들이 모이고 시민의 미덕을 가르치는 비공식 학교 구실을 했던 공공시설이 확연히 줄어든다. 공적 영역이 공동화되면, 민주 시민 의식의 토대가 되는 연대와 공동체 의식을 키우기가 어려워진다.

그리하여 불평등은 공리나 합의에 미치는 영향과는 별개로 시민의 미덕을 좀먹을 수 있다. 시장에 매혹된 보수주의자들과 재분배에 관심을 쏟는 자유주의자들은 이러한 손실을 간과한다.

공적 영역이 잠식되는 것이 문제라면, 해결책은 무엇일까? 정치가 공동선을 추구한다면 시민적 삶의 기초를 재건하는 것을 1차 목표로 삼을 것이다. 사적 소비에 대한 접근을 확대하려는 목적으로 재분배에 초점을 맞추기보다는, 부자와 가난한 사람이 똑같이 공공기관과 공공 서비스를 이용할 마음이 생길 수 있도록 부유한 사람들로부터 세금을 걷어 이를 재건할 것이다.

이전 세대는 연방 정부의 고속도로 건설 정책에 막대한 투자를 했고, 그 덕에 미국인들은 전례 없는 개인적 이동성과 자유를 누리게 되었다. 하지만 그로 인해 자가용 의존, 도시 외곽의 무분별한 확장, 환경 악화, 공동체를 좀먹는 생활 방식이란 폐해도 나타났다. 우리 세대는 시민 사회 재건을 위한 사회 기반 시설에 그만큼의 중대한 투자를 해야 할 것이다. 부자와 가난한 사람이 모두 자녀를 보내고 싶어 하는 공립 학교, 상류층 통근자를 끌어들일 대중교통 체계, 그리고 보건소, 운동장, 공원, 레크리에이션 센터, 도서관, 박물관처럼 사람들을 배타적인 공동체로부터 끌어내 민주 시민 의식을 공유하는 장소로 모이게 하는 시설 등이 그것이다.

불평등이 시민에게 미치는 결과와 그것을 바로잡을 방법에 초점을 맞춘다면, 비슷한 소득 재분배 주장으로는 불가능한 정치적 견인력을 찾을 수 있을 것이다. 또한 이는 분배 정의와 공동선 사이의 연관성을 조명하는 데도 도움이 될 것이다.

4. 도덕적인 참여 정치

어떤 사람들은 좋은 삶에 관한 문제에 공적으로 관여하는 행위가 시민의 삶을 침해하는 행위이자 자유주의적 공적 이성의 범위를 넘어서는 행위라고 여긴다. 우리는 흔히 정치와 법은 도덕적·종교적 논쟁에 얽히지 말아야 한다고 생각한다. 그럴 경우 강압과 배타성이 우려되기 때문이다. 일리 있는 우려다. 다문화 사회의 시민들은 도덕과 종교에 대해 서로 다른 견해를 갖고 있다. 앞에서 주장했듯이 정부가 이들 서로 다른 견해 사이에서 중립을 지키기란 불가능하지만, 그럼에도 불구하고 상호 존중을 바탕으로 한 정치는 가능하지 않을까?

나는 가능하다고 생각한다. 하지만 그러기 위해서 우리는 지금껏 익숙한 정도보다 더 왕성하게 정치사회 문제에 적극 참여하는 공적 생활이 필요하다. 최근 수십 년간 우리는 동료 시민의 도덕적·종교적 신념을 존중한다는 것은 (적어도 정치적 목적에서는) 그 신념을 모른 척하고, 방해하지 않으며, 공적 생활 영역에서 그것을 가급적 언급하지 않는 것이라고 생각해 왔다. 하지만 그렇게 회피에서 나온 존중은 피상적인 존중이다. 그런 태도는 도덕적 이견을 실제로 회피한다기보다는 흔히 억누른다고 볼 수 있다. 그리하여 반발이나 분노를 유발할 수 있다. 또한 이는 공개 담론의 질을 떨어뜨리고, 이 뉴스 저 뉴스에 휘청거리게 하며, 추문이나 자극적인 기사 또는 하찮은 소식에 정신이 팔리게 만든다.

도덕적 이견에 좀 더 적극적으로 공적 참여를 한다면 상호 존중의 기반을 약화시키기는커녕 더욱 굳건하게 할 수 있다. 동료 시민이 공적 생활에서 드러내는 도덕적·종교적 신념을 피하기보다는 때로는 그것에 도전하고 경쟁하면서, 때로는 그것을 경청하고 배우면서, 더욱 직접적으로 참여해야 한다. 어려운 도덕 문제에 대해 공적으로 숙고한다고 해서 어느 상황에서든 합의를 끌어낼 수 있다거나, 심지어 타인의 도덕적·종교적 견해의 진가를 인정할 수 있다고 보장할 수는 없다. 어떤 도덕적·종교적 교리에 대해 알면 알수록 그것을 덜 좋아하게 될 가능성도 얼마든지 있다. 하지만 해보기 전에는 어찌 될지 알 수 없다.

도덕적인 참여 정치는 회피하는 정치보다 시민에게 더 많은 이상을 불어넣을 수 있을 뿐만 아니라, 정의로운 사회 건설에 더 유망한 기반을 제공한다.

주

1장

1. Michael McCarthy, "After Storm Come the Vultures," *USA Today*, August 20, 2004, p. 6B.
2. Joseph B. Treaster, "With Storm Gone, Floridians Are Hit with Price Gouging," *New York Times*, August 18, 2004, p. Al; McCarthy, "After Storm Come the Vultures."
3. McCarthy, "After Storm Come the Vultures"; Treaster, "With Storm Gone, Floridians Are Hit with Price Gouging"; 크리스트의 말이 인용된 곳, Jeff Jacoby, "Bring on the 'Price Gougers,'" *Boston Globe*, August 22, 2004, p. F11.
4. McCarthy, "After Storm Come the Vultures"; Allison North Jones, "West Palm Days Inn Settles Storm Gouging Suit," *Tampa Tribune*, October 6, 2004, p. 3.
5. Thomas Sowell, "How 'Price Gouging' Helps Floridians," *Tampa Tribune*, September 15, 2004; also published as "'Price Gouging' in Florida," *Capitalism Magazine*, September 14, 2004, at www.capmag.com/article.asp?ID=3918.
6. Ibid.
7. Jacoby, "Bring on the 'Price Gougers.'"
8. Charlie Crist, "Storm Victims Need Protection," *Tampa Tribune*,

September 17, 2004, p. 17.

9. Ibid.

10. Jacoby, "Bring on the 'Price Gougers.'"

11. Lizette Alvarez and Erik Eckholm, "Purple Heart Is Ruled Out for Traumatic Stress," *New York Times*, January 8, 2009.

12. Ibid .

13. Tyler E. Boudreau, "Troubled Minds and Purple Hearts," *New York Times*, January 26, 2009, p. A21.

14. Alvarez and Eckholm, "Purple Heart Is Ruled Out."

15. Boudreau, "Troubled Minds and Purple Hearts."

16. S. Mitra Kalita, "Americans See 18% of Wealth Vanish," *Wall Street Journal*, March 13, 2009, p. A1.

17. Jackie Calmes and Louise Story, "418 Got A.I.G Bonuses; Outcry Grows in Capital," *New York Times*, March 18, 2009, p. A1; Bill Saporito, "How AIG Became Too Big to Fail," *Time*, March 30, 2009, p. 16.

18. AIG CEO Edward M. Liddy quoted in Edmund L. Andrews and Peter Baker, "Bonus Money at Troubled A.I.G Draws Heavy Criticism," *New York Times*, March 16, 2009; 그 외는 다음 참조. Liam Pleven, Serena Ng, and Sudeep Reddy, "AIG Faces Growing Wrath Over Payments," *Wall Street Journal*, March 16, 2009.

19. *New York Post*, March 18, 2009, p. 1.

20. Shailagh Murray and Paul Kane, "Senate Will Delay Action on Punitive Tax on Bonuses," *Washington Post*, March 24, 2009, p. A7.

21. Mary Williams Walsh and Carl Hulse, "A.I.G Bonuses of $50 Million to Be Repaid," *NewYork Times*, March 24, 2009, p. Al.

22. Greg Hitt, "Drive to Tax AIG Bonuses Slows," *Wall Street Journal*, March 25, 2009.

23. 논란이 된 AIG 보너스를 받은 사람이 모두 위험한 투자로 회사를 파산으로 몰고 간 당사자는 아니다. 어떤 사람은 사태가 터진 뒤 금융상품 부서에 들어와 사태 수습에 힘썼다. 그중 어느 임원은 신문에 기고한 글에서, 사람들이 무모한

투자를 했던 사람과 그렇지 않은 사람을 구분하지 않는다며 불만을 토로했다 (Jake DeSantis, "Dear AIG, I Quit!", *New York Times*, March 24, 2009 참조). DeSantis와 달리, 13년 동안 AIG 금융상품부 사장을 지내며 2억 8천만 달러를 챙긴 Joseph Cassano는 자신이 주력했던 신용부도 스와프(CDS)로 인해 회사가 망하기 직전인 2008년 3월에 회사를 떠났다.

24. Senator Sherrod Brown quoted in Jonathan Weisman, Naftali Bendavid, and Deborah Solomon, "Congress Looks to a Tax to Recoup Bonus Money," *Wall Street Journal*, March 18, 2009, p. A2.

25. President Barack Obama, remarks by the president, the White House, March 16, 2009, at http://www.whitehouse.gov/the_press_office/Remarks-by-the-President-to-small-business-owners.

26. Michael Shnayerson, "Wall Street's $16 Billion Bonus," *Vanity Fair*, March 2009.

27. President Barack Obama, remarks by the president on executive compensation, the White House, February 4, 2009, at www.whitehouse.gov/blog_post/new_rules.

28. 글래슬리 상원 의원은 아이오와 WMT 라디오에서 이렇게 말했다. 이 내용은 「뉴욕 타임스」에서 운영하는 블로그 'The Caucus'에 실렸다. 그 외는 다음 참조. Kate Phillips, "Grassley: AIG Must Take Its Medicine (Not Hemlock)," March 17, 2009, at http://www.thecaucus.blogs.nytimes.com/2009/03/17/grassley-aig-should-take-its-medicine-not-hemlock.

29. Ibid. 그 외는 다음 참조. Kate Phillips, "Senator Wants Some Remorse from C.E.O.'s," *New York Times*, March 18, 2009, p. A15.

30. 베어스턴스의 최고 경영자였던 Alan Schwartz의 말. 다음 기사에서 인용. William D. Cohen, "A Tsunami of Excuses," *New York Times*, March 12, 2009.

31. Ibid.

32. Shnayerson, "Wall Street's $16 Billion Bonus."

33. David R. Francis, "Should CEO Pay Restrictions Spread to All Corporations?," *Christian Science Monitor*, March 9, 2009.

34. Ibid.

35. 최고 경영자의 연봉 수치는 다음 자료의 2004~2006년도 분석 데이터에서 인용. Towers Perrin, cited in Kenji Hall, "No Outcry About CEO Pay in Japan," *BusinessWeek*, February 10, 2009.

36. 고전적인 사례인 전차 이야기는 다음 자료에 언급되어 있다. Philippa Foot, "The Problem of Abortion and the Doctrine of Double Effect," in *Virtues and Vices and Other Essays in Moral Philosophy* (Oxford, UK: Basil Blackwell, 1978), p. 19, and Judith Jarvis Thomson, "The Trolley Problem," *Yale Law Journal* 94 (May 1985): 1395-1415.

37. The following account is drawn from Marcus Luttrell, with Patrick Robinson, *Lone Survivor: The Eyewitness Account of Operation Redwing and the Lost Heroes of SEAL Team 10* (NewYork: Little, Brown and Company, 2007).

38. Ibid., p. 205 .

39. Ibid.

40. Ibid., pp. 206-207.

2장

1. *Queen v. Dudley and Stephens*, 14 Queens Bench Division 273, 9 December 1884. 다음 신문 기사에서 인용. "The Story of the Mignonette," *The Illustrated London News*, September 20, 1884. 그 외 참조. A. W. Brian Simpson, *Cannibalism and the Common Law* (Chicago: University of Chicago Press, 1984).

2. Jeremy Bentham, *Introduction to the Principles of Morals and Legislation* (1789), J. H. Burns and H. L. A. Hart, eds. (Oxford University Press, 1996), chap. 1.

3. Ibid.

4. Jeremy Bentham, "Tracts on Poor Laws and Pauper Management,"

1797, in John Bowring, ed., *The Works of Jeremy Bentham*, vol. 8 (New York: Russell & Russell, 1962), pp. 369-439.

5. Ibid., p. 401.

6. Ibid., pp. 401-402.

7. Ibid., p. 373.

8. Ursula K. Le Guin, "The Ones Who Walked Away from Omelas," in Richard Bausch, ed., *Norton Anthology of Short Fiction* (New York: W. W. Norton, 2000).

9. Gordon Fairclough, "Philp Morris Notes Cigarettes' Benefits for Nation's Finances," *Wall Street Journal*, July 16, 2001, p. A2. The text of the report, "Public Finance Balance of Smoking in the Czech Republic," November 28, 2000. 이 자료는 필립 모리스를 위해 Arthur D. Little International, Inc. 가 마련한 것으로, 다음의 웹사이트에서 볼 수 있다. www.mindfully.org/ Industry/Philip-Morris-Czech-Study.htm과 www.tobaccofreekids.org/ content/what_we_do/industry_watch/philip_morris_czech/ pmczechstudy.pdf.

10. Ellen Goodman, "Thanks, but No Thanks," *Boston Globe*, July 22, 2001, p. D7.

11. Gordon Fairclough, "Philip Morris Says It's Sorry for Death Report," *Wall Street Journal*, July 26, 2001, p. Bl.

12. The court case was *Grimshaw v. Ford Motor Co.*, 174 *Cal. Reporter* 348 (Cal. Ct. App. 1981). 비용·편익 분석은 다음 자료에서 인용. Mark Dowie, "Pinto Madness," *Mother Jones*, September/October 1977. 제너럴 모터스 의 비슷한 사례는 다음 참조. Elsa Walsh and Benjamin Weiser, "Court Secrecy Masks Safety Issues," *Washington Post*, October 23, 1988, pp. A1, A22.

13. W. Kip Kiscusi, "Corporate Risk Analysis: A Reckless Act?," *Stanford Law Review* 52 (February 2000): 569.

14. Katharine Q. Seelye and John Tierney, "E. P. A. Drops Age-Based Cost Studies," *New York Times*, May 8, 2003, p. A26; Cindy Skrzycki, "Under

Fire, E. P. A. Drops the 'Senior Death Discount,'" *Washington Post*, May 13, 2003, p. El; Robert Hahn and Scott Wallsten, "Whose Life Is Worth More? (And Why Is It Horrible to Ask?)," *Washington Post*, June 1, 2003.

15. Orley Ashenfelter and Michael Greenstone, "Using Mandated Speed Limits to Measure the Value of a Statistical Life," *Journal of Political Economy* 112, Supplement (February 2004): S227-267.

16. Edward L. Thorndike, *Human Nature and the Social Order* (New York: Macmillan, 1940). Geraldine Joncich Clifford가 편집한 요약본(Boston: MIT Press, 1969), pp. 78-83.

17. Ibid., p. 43.

18. Ibid.

19. John Stuart Mill, *On Liberty* (1859), Stefan Collini, ed. (Cambridge University Press, 1989), chap. 1.

20. Ibid.

21. Ibid., chap. 3.

22. Ibid.

23. Ibid.

24. 1820년대 출간된 벤담의 잘 알려지지 않은 글 *The Rationale of Reward*에서 인용. 벤담의 말은 존 스튜어트 밀로 인해 유명해졌다. 다음 참조. Ross Harrison, *Bentham* (London: Routledge, 1983), p. 5.

25. John Stuart Mill, *Utilitarianism* (1861), George Sher, ed. (Hackett Publishing, 1979), chap. 2.

26. Ibid.

27. Ibid., chap. 4.

28. Ibid., chap. 2.

29. Ibid.

30. 이 말과 이어지는 두 문단은 다음의 훌륭한 책에서 인용. Joseph Lelyveld, "English Thinker (1748-1832) Preserves His Poise," *New York Times*, June 18, 1986.

31. "Extract from Jeremy Bentham's Last Will and Testament," May 30,

1832, on the Web site of the Bentham Project, University College London, at www.ucl.ac.uk/Bentham-Project/who/autoicon/will.

32. 이 인용문을 비롯한 관련 일화들은 아래에 소개한 웹사이트의 다음 글 참조. the Bentham Project, Univesity College London, at www.ucl.ac.uk/Bentham-Project.

33. Ibid.

3장

1. Matthew Miller and Duncan Greenberg, "The Forbes 400," *Forbes*, September 17, 2008, at www.forbes.com/2008/09/16/forbes-400-billionaires-lists-400list08_cx_mn_0917richamericans_land.html.

2. Lawrence Michel, Jared Bernstein, and Sylvia Allegretto, *The State of Working America 2006/2007: An Economic Policy Institute Book*, Ithaca, N.Y.: ILR Press, an imprint of Cornell University Press, 2007, using data from Edward N. Wolff (2006), at www.stateofworkingamerica.org. See also Arthur B. Kennickell, "Currents and Undercurrents: Changes in the Distribution of Wealth, 1989-2004," Federal Reserve Board, Washington, D.C., January 30, 2006, at www.federalreserve.gov/pubs/oss/oss2/papers/concentration.2004.5.pdf.

3. Friedrich A. Hayek, *The Constitution of Liberty* (Chicago: University of Chicago Press, 1960).

4. Milton Friedman, *Capitalism and Freedom* (Chicago: University of Chicago Press, 1962), p. 188.

5. Ibid., p. 111.

6. Ibid., pp. 137-160.

7. Robert Nozick, *Anarchy, State, and Utopia* (New York: Basic Books, 1974), p. ix.

8. Ibid., pp. 149-160.

9. Ibid., pp. 160-164.

10. Ibid., p. 169.

11. Ibid., p. 172.

12. Ibid., p. 171.

13. Monica Davey, "Kevorkian Speaks After His Release From Prison," *New York Times*, June 4, 2007.

14. Mark Landler, "Eating People Is Wrong! But Is It Homicide? Court to Rule," *New York Times*, December 26, 2003, p. A4.

15. Mark Landler, "German Court Convicts Internet Cannibal of Manslaughter," *New York Times*, January 31, 2004, p. A3; Tony Paterson, "Cannibal of Rotenburg Gets 8 Years for Eating a Willing Victim," *The Independent* (London), January 31, 2004, p. 30.

16. Luke Harding, "German Court Finds Cannibal Guilty of Murder," *The Guardian* (London), May 10, 2006, p. 16.

17. Karen Bale, "Killer Cannibal Becomes Veggie," *Scottish Daily Record*, November 21, 2007, p. 20.

4장

1. James W. Geary, *We Need Men: The Union Draft in the Civil War* (Dekalb: Northern Illinois University Press, 1991), pp. 3-48; James M. McPherson, *Battle Cry of Freedom: The Civil War Era* (New York: Oxford University Press, 1988), pp. 490-494.

2. McPherson, *Battle Cry*, pp. 600-611.

3. Ibid.; Geary, *We Need Men*, pp. 103-150.

4. McPherson, *Battle Cry*, p. 601; Geary, *We Need Men*, p. 83.

5. Geary, *We Need Men*, p. 150, and *The Civil War: A Film by Ken Burns*, episode 5, "The Universe of Battle," chapter 8.

6. Jeffrey M. Jones, "Vast Majority of Americans Opposed to Reinstating

Military Draft," Gallup News Service, September 7, 2007, at www. gallup.com/poll/28642/Vast-Majority-Americans-Opposed-Reinstituting-Military-Draft.aspx.

7. Hon. Ron Paul (R-Texas), "3000 American Deaths in Iraq," U.S. House of Representatives, January 5, 2007; at www.ronpaullibrary.org/document.php?id=532.

8. "Army Recruitment in FY 2008: A Look at Age, Race, Income, and Education of New Soldiers," National Priorities Project; data from chart 6: Active-duty Army: Recruits by Neighborhood Income, 2005, 2007, 2008; at www.nationalpriorities.org.

9. Ibid. Heritage Foundation의 연구 결과에는 부유한 지역 출신 장교가 현저히 많았다. 다음 참조. Shanea J. Watkins and James Sherk, "Who Serves in the U.S. Military? Demographic Characteristics of Enlisted Troops and Officers," Heritage Center for Data Analysis, August 21, 2008, www.heritage.org/Research/NationalSecurity/cda08-05.cfm.

10. "Military Recruitment 2008: Significant Gap in Army's Quality and Quantity Goals," National Priorities Project; data from Table 1: Educational Attainment, FY 2008, at www.nationalpriorities.org.

11. David M. Kennedy, "The Wages of a Mercenary Army: Issues of Civil-Military Relations," *Bulletin of the American Academy* (Spring 2006): 12-16. Kennedy cites Andrew Bacevich, *The New American Militarism: How Americans Are Seduced by War* (New York: Oxford University Press, 2005), p. 28.

12. Kathy Roth-Douquet and Frank Schaeffer, *AWOL: The Unexcused Absence of America's Upper Classes from Military Service* (New York: HarperCollins, 2006).

13. Arielle Gorin, "Princeton, in the Nation's Service?," *The Daily Princetonian*, January 22, 2007. 프린스턴 대학교 관련 수치는 군대를 연구하는 사회학자 Charles Moskos의 조사 결과이며, 그는 다음 자료에서 인용. Julian E. Barnes and Peter Spiegel, "Expanding the Military, Without a Draft," *Los Angeles*

Times, December 24, 2006.

14. USA Today는 미국 상원 도서관 자료 검토 결과, 의원 535명의 자녀들 가운데 이라크에서 복무한 사람은 최소 9명이라고 보도했다. Kathy Kiely, "Lawmakers Have Loved Ones in Combat Zone," *USA Today*, January 23, 2007.

15. Charles Rangel, "Why I Want the Draft," *New York Daily News*, November 22, 2006, p. 15.

16. Ibid.

17. Kennedy, "The Wages of a Mercenary Army"; 그 외는 다음 참조. David M. Kennedy, "The Best Army We Can Buy," *New York Times*, July 25, 2005, p. A19.

18. Ibid., p. 13.

19. Ibid,. p. 16.

20. Jean-Jacques Rousseau, *The Social Contract* (1762), Book III, chap. 15, translated by G. D. H. Cole (London: J. M. Dent and Sons, 1973).

21. Doreen Carvajal, "Foreign Legion Turns to Internet in Drive for Recruits," *Boston Sunday Globe*, November 12, 2006; Molly Moore, "Legendary Force Updates Its Image: Online Recruiting, Anti-Terrorist Activities Routine in Today's French Foreign Legion," *Washington Post*, May 13, 2007, p. A14.

22. Julia Preston, "U.S. Military Will Offer Path to Citizenship," *New York Times*, February 15, 2009, p. 1; Bryan Bender, "Military Considers Recruiting Foreigners," *Boston Globe*, December 26, 2006, p. 1.

23. T. Christian Miller, "Contractors Outnumber Troops in Iraq," *Los Angeles Times*, July 4, 2007.

24. Peter W. Singer, "Can't Win with 'Em, Can't Go to War Without 'Em: Private Military Contractors and Counterinsurgency," Brookings Institution, *Foreign Policy Paper Series*, September 2007, p. 3.

25. 미국 노동부의 보험금 청구 자료에 따르면, 사망한 민간 용역 인력은 2008년 4월 기준으로 1,292명에 달한다. 이 수치는 다음 자료에서 인용. Peter W. Singers, "Outsourcing the Fight," *Forbes*, June 5, 2008. 미군 사망자 수에 포함되지

않는 용역 인력 사망자에 관해서는 다음 참조. Steve Fainaru, "Soldier of Misfortune: Fighting a Parallel War in Iraq, Private Contractors Are Officially Invisible—Even in Death," *Washington Post*, December 1, 2008, p. CI.

26. Evan Thomas and March Hosenball, "The Man Behind Blackwater," *Newsweek*, October 22, 2007, p. 36.

27. Prince quoted in Mark Hemingway, "Warriors for Hire: Blackwater USA and the Rise of Private Military Contractors," *The Weekly Standard*, December 18, 2006.

28. 이라크에서 활동한 대가로 블랙워터가 10억 달러를 받은 내용의 출처는 Steve Fainaru, *Big Boy Rules: America's Mercenaries Fighting in Iraq* (New York: Da Capo, 2008)이며, Ralph Peters, "Hired Guns," *Washington Post*, December 21, 2008에서 인용.

29. Ginger Thompson and James Risen, "Five Guards Face U.S. Charges in Iraq Deaths," *New York Times*, December 6, 2008.

30. Singer, "Can't Win with 'Em," p. 7.

31. 이 사례와 이어지는 문단은 법원의 다음 두 판결에서 인용. In re *Baby M*, 217 New Jersey Superior Court, 313 (1987), and *Matter of Baby M*, Supreme Court of New Jersey, 537 *Atlantic Reporter*, 2d Series, 1227 (1988).

32. In re *Baby M* , 217 New Jersey Superior Court, 313 (1987).

33. Ibid., p. 374-375.

34. Ibid., p. 376.

35. Ibid., p. 372.

36. Ibid., p. 388.

37. *Matter of Baby M*, Supreme Court of New Jersey, 537 *Atlantic Reporter*, 2d Series, 1227 (1988).

38. Ibid., p. 1248.

39. Ibid.

40. Ibid., p. 1249.

41. Ibid.

42. Ibid., pp. 1248-1249.

43. Elizabeth S. Anderson, "Is Women's Labor a Commodity?," *Philosophy and Public Affairs* 19 (Winter 1990): 71-92.

44. Ibid., p. 77.

45. Ibid., pp. 80-81.

46. Ibid., p. 82.

47. Susannah Cahalan, "Tug O' Love Baby M All Grown Up," *New York Post*, April 13, 2008.

48. Lorraine Ali and Raina Kelley, "The Curious Lives of Surrogates," *Newsweek*, April 7, 2008; Debora L. Spar, *The Baby Business* (Cambridge, Mass.: Harvard Business School Press, 2006), pp. 83-84.

49. In Spar, *The Baby Business*. 이후 Spar는 Barnard College 총장이 되었다.

50. Ibid., p. 79.

51. Ibid.

52. Ibid., p. 80.

53. Ibid., p. 81.

54. Ibid.

55. Sam Dolnick, "World Outsources Pregnancies to India," Associated Press Online, December 30, 2007.

56. Ibid. 그 외는 다음 참조. Amelia Gentleman, "India Nurtures Business of Surrogate Motherhood," *New York Times*, March 10, 2008, p. 9.

57. Dolnick, "World Outsources Pregnancies to India."

58. Ibid.

59. Gentleman, "India Nurtures Business of Surrogate Motherhood."

60. 이 여성과 그의 경제적 형편은 다음 자료에 보도됨. Dolnick, "World Outsources Pregnancies to India."

61. Ibid.

5장

1. 다음 참조. Christine M. Korsgaard, "Introduction," Immanuel Kant, *Groundwork of the Metaphysics of Morals* (Cambridge: Cambridge University Press, 1997), pp. vii-viii.

2. Immanuel Kant, *Groundwork for the Metaphysics of Morals* (1785), translated by H. J. Paton (New York: Harper Torchbooks, 1964), p. 442. 이 책은 다양한 번역본이 있는데, 여기서는 오늘날 가장 많이 이용되는 판본인 베를린 Royal Prussian Academy 출간본을 기준 삼아 그 책의 페이지를 실었다.

3. Ibid.

4. Ibid., p. 394.

5. Ibid., p. 390.

6. 칸트의 견해를 명확히 표현하는 데 Lucas Stanczyk의 도움을 받았다.

7. Ibid., p. 397.

8. Hubert B. Herring, "Discounts for Honesty," *New York Times*, March 9, 1997.

9. Kant, *Groundwork*, p. 398.

10. Ibid.

11. Ibid.

12. "Misspeller Is a Spelling Bee Hero" (UPI), *New York Times*, June 9, 1983.

13. Kant, *Groundwork*, p. 412.

14. Ibid., p. 395.

15. 칸트는 'Groundwork' 이후 몇 년 뒤에 쓴 에세이에서 이 구절을 이용했다. 다음 참조. Immanuel Kant, "On the Common Saying: 'This May Be True in Theory, But It Does Not Apply in Practice" (1793), in Hans Reiss, ed., *Kant's Political Writings*, translated by H. B. Nisbet (Cambridge, UK: Cambridge University Press, 1970), p. 73.

16. Kant, *Groundwork*, p. 414.

17. Ibid., p. 416.

18. Ibid., p. 425. 그 외는 다음 참조. pp. 419-420.

19. Ibid., p. 421.

20. Ibid., p. 422.

21. Ibid., p. 428.

22. Ibid.

23. Ibid., p. 429.

24. Ibid.

25. Ibid., p. 433.

26. Ibid., p. 440.

27. Ibid., p. 447.

28. Ibid., p. 452.

29. Ibid.

30. Ibid., p. 453.

31. Ibid., p. 454.

32. Ibid., p. 454.

33. Ibid., p. 456.

34. Immanuel Kant, "Duties Toward the Body in Respect of Sexual Impulse" (1784-1785), translated by Louis Infield and published in Immanuel Kant, *Lectures on Ethics* (Cambridge, Mass.: Hackett Publishing, 1981), p. 164. 이 글은 칸트의 강의를 들은 학생들이 정리한 내용을 토대로 했다.

35. Ibid.

36. Ibid., p. 165.

37. Ibid.

38. Ibid., pp. 165-166.

39. Ibid., p. 167.

40. Immanuel Kant, "On a Supposed Right to Lie Because of Philanthropic Concerns" (1799), translated by James W. Ellington and published as a supplement to Immanuel Kant, *Grounding for the Metaphysics of*

Morals (Cambridge, Mass.; Hackett Publishing, 1993), p. 64.

41. Ibid., p. 65.

42. Kant quoted in Alasdair MacIntyre," Truthfulness and Lies: What Can We Learn from Kant?" in Alasdair MacIntyre, *Ethics and Politics: Selected Essays*, vol. 2 (Cambridge, UK: Cambridge University Press, 2006), p. 123.

43. Ibid.

44. CNN에서 보도한 1998년 12월 8일 하원 법사위원회(House Judiciary Committee) 대화 내용. 일부 내용은 다음 웹사이트에서 볼 수 있다. www.cnn. com/ALLPOLITICS/stories/1998/12/08/as.it.happened.

45. Immanuel Kant, "On the Common Saying: 'This May Be True in Theory, but It Does Not Apply in Practice,'" (1793), translated by H. B. Nisbet and published in Hans Reiss ed., *Kant's Political Writings* (Cambridge: Cambridge University Press, 1970), pp. 73-74.

46. Ibid., p. 79.

47. Ibid.

6장

1. John Locke, *Second Treatise of Government* (1690), in Peter Laslett, ed., *Locke's Two Treatises of Government*, 2d ed. (Cambridge, UK: Cambridge University Press, 1967), sec. 119.

2. John Rawls, *A Theory of Justice* (Cambridge, Mass.: The Belknap Press of Harvard University Press, 1971).

3. 계약법의 훌륭한 역사에 관해서는 다음 책 참조. P. S. Atiyah, *The Rise and Fall of Freedom of Contract* (New York: Oxford University Press, 1979; also Charles Fried, *Contract as Promise* (Cambridge, Mass.: Harvard University Press, 1981).

4. Associated Press, "Bill for Clogged Toilet: $50,000," *Boston Globe*,

September 13, 1984, p. 20.

5. David Hume, *Treatise of Human Nature* (1739-1740), Book III, part II, sec. 2 (New York: Oxford University Press, 2nd ed., 1978).

6. Ibid., Book III, part III, sec. 5.

7. The story is related in Atiyah, *The Rise and Fall of Freedom of Contract*, pp. 487-488; Atiyah cites E. C. Mossner, *Life of David Hume* (Edinburgh: Kelson, 1954), p. 564.

8. Hume quoted in Atiyah, *Rise and Fall*, p. 487.

9. Steve Lee Myers, "'Squeegees' Rank High on Next Police Commissioner's Priority List," *New York Times*, December 4, 1993, pp. 23-24.

10. Rawls, *A Theory of Justice*, sec. 24.

11. Ibid., sec. 12.

12. Ibid.

13. Ibid.

14. Ibid.

15. Kurt Vonnegut, Jr., "Harrison Bergeron" (1961), in Vonnegut, *Welcome to the Monkey House* (New York: Dell Publishing, 1998), p. 7.

16. Ibid., pp. 10-11.

17. Rawls, *A Theory of Justice*, sec. 17.

18. Ibid., sec. 12.

19. Ibid., sec. 48.

20. Ibid.

21. Rawls, *A Theory of Justice* (2d ed., 1999), sec. 17.

22. Ibid., sec. 48.

23. Woody Allen, *Stardust Memories*, United Artists, 1980.

24. Milton and Rose Friedman, *Free to Choose* (New York: Houghton Mifflin Harcourt, 1980), pp. 136-137.

25. Rawls, *A Theory of Justice*, sec. 17.

26. Ibid. *A Theory of Justice* 개정판(1999)에서 롤스는 서로의 운명을 공유한다는 표현을 뺐다.

7장

1. The facts of Hopwood's case are presented in *Cheryl J. Hopwood v. State of Texas*, United States Court of Appeals for the Fifth Circuit, 78 F. 3d 932 (1996), and in Richard Bernstein, "Racial Discrimination or Righting Past Wrongs?," *New York Times*, July 13, 1994, p. B8. 지방법원은 판결문 각주에서, 법학전문대학원 입학시험에서 백분위 83점을 기록한 Hopwood의 점수는 "1992년에 입학한 비소수 집단의 중간 점수보다 훨씬 아래"임을 지적했다. 다음 참조. *Cheryl J. Hopwood v. State of Texas*, United States District Court for the Western District of Texas, 861 F. Supp. 551 (1994), at 43.

2. Michael Sharlot, quoted in Sam Walker, "Texas Hunts for Ways to Foster Diversity," *Christian Science Monitor*, June 12, 1997, p. 4.

3. Bernstein, "Racial Discrimination or Righting Past Wrongs?"

4. *Regents of University of California v. Bakke*, 438 U.S. 265 (1978).

5. *Grutter v. Bollinger*, 539 U.S. 306 (2003).

6. Ethan Bronner, "Colleges Look for Answers to Racial Gaps in Testing," *New York Times*, November 8, 1997, pp. Al, A12.

7. 당시 University of Texas Law School의 원장 직무 대행이었던 Michael Sharlot의 말은 다음에 인용되어 있다. Bernstein, "Racial Discrimination or Righting Past Wrongs?"

8. *Regents of University of California v. Bakke*, 438 U.S. 265 (1978), appendix to opinion of Justice Powell, pp. 321-324.

9. Ibid., p. 323.

10. Ronald Dworkin, "Why Bakke Has No Case," *New York Review of Books*, vol. 24, November 10, 1977.

11. Ibid.

12. Lowell quote from "Lowell Tells Jews Limit at Colleges Might Help Them," *New York Times*, June 17, 1922, pp. 3.

13. Dartmouth quotes from William A. Honan, "Dartmouth Reveals Anti-

Semitic Past," *New York Times*, November 11, 1997, p. Al6.

14. Dworkin, "Why Bakke Has No Case."

15. Starrett City 할당제가 훌륭하게 설명된 자료. Jefferson Morley, "Double Reverse Discrimination," *The New Republic*, July 9, 1984, pp. 14-18; see also Frank J. Prial, "Starrett City: 20,000Tenants, Few Complaints," *New York Times*, December 10, 1984.

16. 이 가상의 편지는 다음 책에 실린 것을 각색했다. Michael J. Sandel, *Liberalism and the Limits of Justice* (Cambridge, UK: Cambridge University Press, 2d ed., 1998).

8장

1. Callie Smartt의 이야기는 다음 신문 기사에 보도되었다. Sue Anne Pressley, "A 'Safety' Blitz," *Washington Post*, November 12, 1996, pp. A1, A8. 이 책에 제시한 분석은 다음 책에도 실렸었다. Michael J. Sandel, "Honor and Resentment," *The New Republic*, December 23, 1996, p. 27; reprinted in Michael J. Sandel, *Public Philosophy: Essays on Morality in Politics* (Cambridge, Mass.: Harvard University Press, 2005), pp. 97-100.

2. Aristotle, *The Politics*, edited and translated by Ernest Barker (New York: Oxford University Press, 1946), Book III, chap. xii [1282b].

3. Ibid.

4. A. A. Milne, *Winnie-the-Pooh* (1926; New York: Dutton Children's Books, 1988), pp. 5-6.

5. Aristotle, *The Politics*, Book III, chap. ix [1280b].

6. Ibid. [1280a].

7. Ibid. [1280b].

8. Ibid.

9. Ibid., [1281a]; Book III, chap. xii [1282b].

10. Ibid., Book I, chap. ii [1253a].

11. Ibid.

12. Ibid.

13. Aristotle, *Nicomachean Ethics*, translated by David Ross (New York: Oxford University Press, 1925), Book II, chap. 3 [1104b].

14. Ibid., Book II, chap. 1 [1103a].

15. Ibid. [1103a–1103b].

16. Ibid. [1003b].

17. Judith Martin, "The Pursuit of Politeness," *The New Republic*, August 6, 1984, p. 29.

18. Aristotle, *Nicomachean Ethics*, Book II, chap. 2 [1104a].

19. Ibid., Book II, chap. 9 [1109a].

20. Ibid., Book VI, chap. 6 [1140b].

21. Ibid., Book VI, chap. 7 [1141b].

22. Ibid., Book VI, chap. 5 [1140b].

23. Ibid., Book VI, chap. 7 [1141b].

24. 이 부분은 다음 책의 이해하기 쉽게 설명된 대목을 참조했다. Bernard Williams, *Shame and Necessity* (Berkeley: University of California Press, 1993), pp.103–129.

25. Aristotle, *The Politics*, Book I, chap. v [1254a].

26. Ibid. [1254b].

27. Ibid. [1254b].

28. Ibid. [1255a].

29. Ibid., Book I, chap. vi [1254b].

30. Ibid. [1255b].

31. Ibid., Book I, chap. iii [1253b].

32. 이에 관한 이해하기 쉬운 설명은 다음 참조. Russell Muirhead, *Just Work* (Cambridge, Mass.: Harvard University Press, 2004).

33. *PGA Tour v. Martin*, 532 U.S. 661 (2001).

34. Ibid., Justice Scalia dissent, at 700.

35. Ibid., Justice Stevens opinion, at 682.

36. Ibid., at 687.

37. Ibid.

38. Ibid., Justice Scalia dissent, at 701.

39. Tom Kite, "Keep the PGA on Foot," *New York Times*, February 2, 1998.

9장

1. 제2차 세계 대전 이후의 배상 및 사죄 문제에 관해 잘 살펴볼 수 있는 책은 다음과 같다. Elazar Barkan, *The Guilt of Nations* (New York: W. W. Norton, 2000). 이스라엘과 유대인에 대한 독일의 손해 배상은 pp. 3-29 참조. 그 외는 다음 참조. Howard M. Sachar, *A History of Israel* (London: Basil Blackwell, 1976), pp. 464-470.

2. Konrad Adenauer의 하원 연설은 '보상청구협의회의 역사(History of the Claims Conference)'에서 인용. 이 글은 '독일을 상대로 한 유대인의 물질적 보상청구협의회(Conference on Jewish Material Claims Against Germany)' 공식 웹사이트 www.claimscon.org/?url=history에 실려 있다.

3. Johannes Rau quoted in Karin Laub, "Germany Asks Israel's Forgiveness over Holocaust," Associated Press, in *The Independent*, February 16, 2000.

4. Barkan, *The Guilt of Nations*, pp. 46-64. Hiroko Tabuchi, "Historians Find New Proof on Sex Slaves," Associated Press, April 17, 2007.

5. Barkan, *The Guilt of Nations*.

6. Norimitsu Onishi, "Call by U.S. House for Sex Slavery Apology Angers Japan's Leader," *New York Times*, August 1, 2007.

7. Barkan, *The Guilt of Nations*, pp. 245-248; "Australia Apologizes 'Without Qualification,'" Interview with Professor Patty O'Brien, Center for Australian and New Zealand Studies, Georgetown University, on National Public Radio, February 14, 2008.

8. Barkan, *The Guilt of Nations*.

9. Tim Johnston, "Australia Says 'Sorry' to Aborigines for Mistreatment," *New York Times*, February 13, 2008; Misha Schubert and Sarah Smiles, "Australia Says Sorry," *The Age* (Melbourne, Australia), February 13, 2008.

10. Barkan, *The Guilt of Nations*, pp. 30-45.

11. Ibid., pp. 216-231.

12. Ibid., pp. 283-293; Tamar Lewin, "Calls for Slavery Restitution Getting Louder," *New York Times*, June 4, 2001.

13. 배상 문제 연구를 제안하는 John Conyers 의원의 법안은 다음 참조. www. conyers.house.gov/index.cfm?FuseAction=Issues.Home&Issue_id=06007167-19b9-b4b1-125c-df3de5ec97f8.

14. Walter Olson, "So Long, Slavery Reparations," *Los Angeles Times*, October 31, 2008, A19.

15. Survey research by Michael Dawson, reported in Harbour Fraser Hodder, "The Price of Slavery," *Harvard Magazine*, May-June 2003, pp. 12-13; 그 외는 다음 참조. Alfred L. Brophy, "The Cultural War over Reparations for Slavery," *DePaul Law Review* 53 (Spring 2004): 1201-1211.

16. Wendy Koch, "Virginia First State to Express 'Regret' over Slavery," *USA Today*, February 26, 2007, p. 5A. 버지니아 및 여러 주의 노예 수는 다음 자료 참조. Christine Vestal, "States Lead Slavery Apology Movement," Stateline.org, April 4, 2008, at www.pewtrusts.org/en/research-and-analysis/blogs/stateline/2008/04/04/states-lead-slavery-apology-movement.

17. Vestal, "States Lead Slavery Apology Movement." See also "Apologies for Slavery," *State Legislatures*, June 2008, p. 6.

18. Darryl Fears, "House Issues an Apology for Slavery," *Washington Post*, July 30, 2008, p. A3; House Resolution 194: "Apologizing for the Enslavement and Racial Segregation of African-Americans," *Congressional Record House* 154, no. 127 (July 29, 2008): 7224-7227.

19. 이 주제에 관한 통찰력 있는 분석은 다음 참조. David Miller, *National*

Responsibility and Global Justice (New York: Oxford University Press, 2008), pp. 135-162.

20. Gay Alcorn, "The Business of Saying Sorry," *Sydney Morning Herald*, June 20, 2001, p. 17.

21. Henry Hyde quoted in Kevin Merida, "Did Freedom Alone Pay a Nation's Debt?," *Washington Post*, November 23, 1999.

22. Williams quoted in Lewin, "Calls for Slavery Restitution Getting Louder."

23. Tom Hester, Jr., "New Jersey Weighs Apology for Slavery," *Boston Globe*, January 2, 2008.

24. Darryl Fears, "Slavery Apology: A Sincere Step or Mere Politics?," *Washington Post*, August 2, 2008.

25. John Locke, *Second Treatise of Government* (1690), sec. 95, in John Locke, *Two Treatises off Government*, ed. Peter Laslett (Cambridge: Cambridge University Press, 3rd ed., 1988).

26. Aristotle, *The Politics*, Book VII, 1323a, translated by Ernest Barker (New York: Oxford University Press, 1946.

27. Immanuel Kant, *Critique of Practical Reason* (1788), translated by Lewis White Beck (Indianapolis: Library of Liberal Arts, 1956), pp. 66-67.

28. John Rawls, *A Theory of Justice* (Cambridge, Mass.: Harvard University Press, 1971), sec. 33, p. 211.

29. Ibid., sec. 84, p. 560.

30. Ibid., sec. 85, p. 561.

31. Ibid., sec. 84, p. 560.

32. 이 견해에 대한 상세한 설명은 다음 참조. Michael J. Sandel, *Democracy's Discontent* (Cambridge, Mass.: Harvard University Press, 1996), pp. 280 -284; 그 외는 다음 참조. James Holt, "The New Deal and the American Anti-Statist Tradition," in John Braeman, Robert H. Bremner, and David Brody, eds., *The New Deal: The National Level* (Columbus: Ohio State University Press, 1975), pp. 27-49.

33. Franklin D. Roosevelt, "Message to Congress on the State of the Union," January 11, 1944, in *Public Papers and Addresses*, vol. 13, pp. 40-42.

34. Robert Nozick, *Anarchy, State, and Utopia* (New York: Basic Books, 1974), p. 33.

35. Barry Goldwater, *The Conscience of a Conservative* (1960; Washington, D.C.: Regnery, Gateway edition, 1990), pp. 52-53, 66-68.

36. Alasdair MacIntyre, *After Virtue* (Notre Dame, Ind.: University of Notre Dame Press, 1981), p. 201.

37. Ibid.

38. Ibid., p. 204.

39. Ibid., pp. 204-205.

40. Ibid., p. 205.

41. Ibid.

42. Ibid.

43. John Rawls, *A Theory of Justice*, pp. 108-117.

44. Ibid., p. 114.

45. "Airlift to Israel Is Reported Taking Thousands of Jews from Ethiopia," *New York Times*, December 11, 1984; Hunter R. Clark, "Israel an Airlift to the Promised Land," *Time*, January 14, 1985.

46. Peres quoted in Anastasia Toufexis, "Israel Stormy Skies for a Refugee Airlift," *Time*, January 21, 1985.

47. Stephen Spector, *Operation Solomon: The Daring Rescue of the Ethiopian Jews* (New York: Oxford University Press, 2005). 에티오피아 유대인 이스라엘 연합(Israel Association for Ethiopian Jews) 웹사이트 참조. www.iaej.org.il/pages/history.htm.

48. Jean-Jacques Rousseau, "Discourse on Political Economy" (1755), translated by Donald A. Cress (Cambridge, Mass.: Hackett Publishing), p. 173.

49. Ibid., p. 174.

50. John Burnett, "A New Way to Patrol the Texas Border: Virtually," *All Things Considered*, National Public Radio, February 23, 2009. See www.npr.org/templates/story/story.php?storyId=101050132.

51. Michael Walzer, *Spheres of Justice* (New York: Basic Books, 1983), p. 62.

52. 국경 개방을 옹호하는 사려 깊은 주장은 다음 참조. Joseph H. Carens, "Aliens and Citizens: The Case for Open Borders," *The Review of Politics* 49 (Spring 1987).

53. Ibid., pp. 37-38.

54. Byron Dorgan, "Spend Money on U.S. Goods," *USA Today*, February 2, 2009, p. 14A.

55. Douglas A. Irwin, "If We Buy American, No One Else Will," *New York Times*, February 1, 2009; Anthony Faiola, "'Buy American' Rider Sparks Trade Debate," *Washington Post*, January 29, 2009.

56. Michael Mandel, "Can Obama Keep New Jobs at Home?," *Business Week*, November 25, 2008.

57. Lee quoted in Douglas Southall Freeman, *R. E. Lee* (New York: Charles Scribner's Sons, 1934), pp. 443, 421. 그 외는 다음 참조. Morton Grodzins, *The Loyal and the Disloyal* (Chicago: University of Chicago Press, 1965), pp. 142-143.

58. 이 문단 및 이어지는 문단은 다음 책에서 인용. Sandel, *Democracy's Discontent*, pp. 15-16.

59. Dick Lehr, "Bulger Brothers Find Their Worlds Colliding," *Boston Globe*, December 4, 2002, p. Bl; Eileen McNamara, "Disloyalty to the Dead," *Boston Globe*, December 4, 2002; www.fbi.gov/wanted/topten.

60. Scot Lehigh, "Bulger Chose the Code of the Street," *Boston Globe*, December 4, 2002, p. A19.

61. Nicolas Zamiska, "In South Boston, Belief and Sympathy," *Boston Globe*, June 20, 2003, p. A22.

62. Lehigh, "Bulger Chose the Code of the Street."

63. Shelley Murphy, "No U.S. Charges Against Bulger," *Boston Globe*, April

4, 2007, p. A1.

64. David Johnston and Janny Scott, "Prisoner of Rage: The Tortured Genius of Theodore Kaczynski," *New York Times*, May 26, 1996.

65. Ibid.

66. David Johnston, "Judge Sentences Confessed Bomber to Four Life Terms," *New York Times*, May 5, 1998.

67. William Glaberson, "In Book, Unabomber Pleads His Case," *New York Times*, March 1, 1999.

68. William Glaberson, "The Death Penalty as a Personal Thing," *New York Times*, October 18, 2004.

69. Matthew Purdy, "Crime, Punishment and the Brothers K.," *New York Times*, August 5, 2001.

70. Johnston and Scott, "Prisoner of Rage."

10장

1. Theodore H. White, *The Making of the President 1960* (New York: Atheneum Publishers, 1961), pp. 295–298.

2. Address of Senator John F. Kennedy to the Greater Houston Ministerial Association, Houston, Texas, September 12, 1960, www.jfklibrary.org/Asset-Viewer/ALL6YEBJMEKYGMCntnSCvg.aspx.

3. White, *The Making of the President 1960*, p. 298.

4. Barack Obama, "Call to Renewal Keynote Address," Washington, D.C., June 28, 2006, at www.barackobama.com/2006/06/28/call_to_renewal_keynote_address.php.

5. Ibid.

6. Ibid.

7. Ibid.

8. Ibid.

9. 이 주제에 관한 상세한 내용은 다음 참조. Michael J. Sandel, *Democracy's Discontent: America in Search of a Public Philosophy* (Cambridge, Mass.: Harvard University Press, 1996), pp. 278-285.

10. John Rawls, *A Theory of Justice* (Cambridge, Mass.: Harvard University Press, 1971).

11. Alasdair MacIntyre, *After Virtue* (Notre Dame, Ind.: University of Notre Dame Press, 1981); Michael J. Sandel, *Liberalism and the Limits of Justice* (Cambridge, UK: Cambridge University Press, 1982); Michael Walzer, *Spheres of Justice* (New York: Basic Books, 1983); Charles Taylor, "The Nature and Scope of Distributive Justice," in Charles Taylor, *Philosophy and the Human Sciences, Philosophical Papers*, vol. 2 (Cambridge, UK: Cambridge University Press), p. 289.

12. John Rawls, *Political Liberalism* (New York: Columbia University Press, 1993), p. 31.

13. Ibid., pp. 29-31.

14. Ibid., p. 58.

15. Ibid., pp. xx, xxviii.

16. Ibid., p. 215.

17. Ibid., p. 254.

18. Ibid., p. 236.

19. The phrase is from Richard John Neuhaus, *The Naked Public Square* (Grand Rapids, Mich.: William B. Eerdmans, 1984).

20. 다음 참조: Michael J. Sandel, *Public Philosophy: Essays on Morality in Politics* (Cambridge, Mass.: Harvard University Press, 2005), pp. 2-3.

21. Obama, "Call to Renewal Keynote Address."

22. 배아의 도덕적 지위에 관한 문제 제기는 다음 참조. Michael J. Sandel, *The Case Against Perfection* (Cambridge, Mass.: Harvard University Press, 2007), pp. 102-128.

23. 코네티컷 주(2008) 및 아이오 주(2009)는 주 대법원의 판결로 동성 혼인을 합법화했다.

24. 다음 참조. Tamara Metz, "Why We Should Disestablish Marriage," in Mary Lyndon Shanley, *Just Marriage* (New York: Oxford University Press, 2004), pp. 99-108.

25. Michael Kinsley, "Abolish Marriage," *Washington Post*, July 3, 2003, p. A23.

26. Ibid.

27. Ibid.

28. *Hillary Goodridge vs. Department of Public Health*, Supreme Judicial Court of Massachusetts, 440 Mass. 309 (2003).

29. Ibid., p. 312. 이 문장은 연방 대법원이 동성애 행위를 금지했던 텍사스 법을 뒤집은 재판인 *Lawrence v. Texas*, 539 U.S. 558 (2003)에서 인용했다. 이 판결문에 담긴 인용문의 원래 출처는 낙태 권리를 다룬 연방 대법원의 *Planned Parenthood v. Casey*, 505 U.S. 833 (1992)으로 다시 거슬러 올라간다.

30. Ibid.

31. Ibid., p. 329.

32. Ibid., p. 320.

33. Ibid., p. 313.

34. Ibid., p. 342.

35. Ibid., p. 321.

36. Ibid., p. 322.

37. Ibid., p. 331.

38. Ibid., p. 333.

39. Robert F. Kennedy, "Remarks at the University of Kansas," March 18, 1968, at www.jfklibrary.org/Research/Research-Aids/Ready-Reference/RFK-Speeches/Remarks-of-Robert-F-Kennedy-at-the-University-of-Kansas-March-18-1968.aspx.

40. Ibid.

41. Barack Obama, "A New Era of Service," University of Colorado, Colorado Springs, July 2, 2008, in *Rocky Mountain News*, July 2, 2008.

42. Gary Becker, "Sell the Right to Immigrate," The Becker-Posner Blog,

February 21, 2005, at www.becker-posner-blog.com/archives/ 2005/02/sell_the_right.html.

43. See Robert B. Reich, *The Work of Nations* (New York: Alfred A. Knopf, 1991), pp. 249-315.

공동체의 사람들을 위한
정의의 길

김선욱
숭실대학교 철학과 교수

『정의란 무엇인가』가 우리나라에 번역 출간된 지가 벌써 4년이 넘었고, 많은 사람들에 의해 읽히고 논의되었다. 이 책이 세계 어느 나라보다 우리나라에서 더 환대를 받은 까닭은, 마이클 샌델 교수가 한 언론 기자에게 말했던 것처럼, 정의에 대한 요구가 높았던 한국 사회의 상황에서 이 책이 나왔기 때문일 것이다.

현대 정치 사상의 전개 과정을 들여다보면 오늘날 사상사적으로 가장 주요한 과제 가운데 하나는 정의에 대한 해명임을 알 수 있다. 이는 1971년에 존 롤스가 그의 저서 『정의론』을 통해 이전 정치 사상의 문제 구성 패러다임을 정의 개념을 중심으로 바꾸어 버렸기 때문에 발생한 현상이다. 샌델 교수는 롤스가 구성한 정의 중심의 문제 프레임 안에서 사회 문제를 다루면서도, 롤스 이론의 장단점을 가장 분명하게 구분하고 보완하고 있는 현존하는 최고의 사상가이다. 따라서 우리 사회는 학문적 논의의 첨단을 현실 속에서 다루었다고 할 수 있다. 우리는 이처럼 치열하게 살아왔다.

하지만 그동안 우리나라에서 샌델 교수의 생각이 제대로 이해되고 그 바탕에서 논의가 되어 왔는지 자문하면 그 대답이 항상 긍정적이지만은 않다. 이 책에 담긴 중요한 생각들과 샌델 교수의 근본 입장이 제대로 이해되려면 우선 책 내용이 오해의 여지없이 옮겨져야 할 것이므로, 이 새로운 번역본은 그 역할에 한 걸음 더 나아가려는 노력인 셈이다. 그러나 이와는 별개로, 우리는 샌델 교수에게 붙여진 '공동체주의자'라는 이름표로 인해 그의 입장이 상당히 왜곡되고 있다는 점에 유의해야 한다. 이 책의 본문에서 샌델 교수는 1980년대에 등장한 자유주의 비판가들에 대해 다음과 같이 말하고 있다.

> 이들은 대부분 공동체주의자라는 호칭을 달가워하지 않는다. 특정 공동체가 규정하는 것은 무엇이든 정의가 될 수 있다는 상대주의적 견해를 주장하는 듯 보이기 때문이다. 하지만 이러한 우려는 한 가지 중요한 면을 시사한다. 공동체가 주는 부담은 억압적일 수 있다는 생각이다. 자유주의자들이 말하는 자유는 카스트나 계급, 신분이나 서열, 관습이나 전통, 타고난 지위로 사람들의 운명이 결정되도록 하는 정치론에 대한 해결책으로 발전했다. 그렇다면 공동체의 도덕적 중요성을 인정하면서 동시에 인간의 자유를 인정하는 것이 어떻게 가능하단 말일까? 만약 인간이 자발적 존재라는 관념이 약한 것이라면(만약 우리의 모든 의무가 우리 의지의 산물이 아니라면), 어떻게 우리를 소속된 존재이자 자유로운 자아로 볼 수 있겠는가?

여기서 말하는 '이들'에 샌델 교수 자신이 포함되는 것은 물론이다. 이 인용문에서 말하는 것처럼, '공동체의 도덕적 중요성을 인정'하면서도 동시에 '인간의 자유를 인정'하는 길을 발견하려는 것이 샌델 교수의 입장이고, 그의 노력은 의미 있는 수준으로 성공적이라고 필자는 평가하고 있다.

자유주의와 공동체주의 사이의 논쟁에서 샌델 교수가 서 있는 지점을 정확하게 이해하려면 자유주의와 원래의 공동체주의, 그리고 샌델과 같은 사람들(알래스데어 매킨타이어, 마이클 월처, 그리고 찰스 테일러 등)의 공동체주의 중심 주장을 구별해서 이해할 수 있어야 한다.

자유주의란 자유를 중심적 가치로 삼는 입장을 말하며, 자유란 주로 선택의 자유를 말한다. 자유주의자란 근대에 들어서면서 등장한 사회계약론자들을 포함하며, 이 책에서 많이 다루고 있는 자유지상주의자 로버트 노직과 평등을 강조하는 자유주의자 존 롤스, 로널드 드워킨 등도 여기에 포함된다. 공리주의자인 벤담과 밀 또한 마찬가지다. 이 책에서 샌델 교수는 이마누엘 칸트를 노직과 같은 맥락에서 다루고 있지만, 두 사람의 자유주의는 결코 동일한 성질의 것이 아니다. 칸트는 선택의 자유를 인정하지 않고 그와 전혀 다른 자유 개념을 주장하기 때문에, 비록 이 두 사람이 모두 자유를 가장 중요시했다고 해도 그들의 주장의 실질적 내용은 완전히 다른 것이다.

한국 사회에서는 자유주의가 마음대로 원하는 것을 스스로 선택하는 철저한 개인주의를 의미하기도 하는데, 이런 자유주의는 극단적 형태의 것이며 철학적으로 옹호하기도 어려운 입장이다. 로버트 노직의 자유지상주의는 이런 극단적 자유주의 가운데 성공적인 체계를 갖춘 이론이다. 하지만 정치 철학에서 그의 이론은 하나의 극단적인 주장으로 여겨질 뿐이다. 이보다는 롤스나 드워킨의 사상처럼, 더불어 사는 세상을 아울러 고민한 이론들이 더 호소력 있게 받아들여지고 있다.

자유주의의 반대편에 서 있는 입장은 공동체주의이다. 공동체주의의 원래 입장은 시민권, 계급, 인종적 혈통, 문화적 정체성 등을 중심으로 연대를 이룬 집단인 공동체의 삶 가운데 그 공동체의 연대성, 민족성, 언어, 정체성, 문화, 종교, 역사, 생활 방식 등이 최고의 가치를 갖는 것으로 이해하는 입장이다. 그러나 문제는 이러한 공동체주의가 이념 중심이 될 경우 파시즘, 인종주의, 전체주의로 나아갈 수 있다는 점이다. 공동체가 그동안 형성해 온 습속과 믿음의 체계 혹은 가치관만을 소중히 여길 경우, 개인의 자유를 무시하고 공동체의 안녕을 해치게 된다. 연고주의나 지역주의, 학벌중심주의 등이 이런 폐해의 예다. 앞서 인용한 것처럼, "특정 공동체가 규정하는 것은 무엇이든 정의가 될 수 있다"는 생각은 상대주의적인 생각이며, 보편적 인권을 부정할 수 있으며, "억압적일 수 있다"는 점은 극복해야 할 문제다.

샌델과 같은 현대의 공동체주의자들은 이러한 원래의 공동체주의에 반대하며, 공동체의 중심성을 인정하더라도 보편적 가치 혹은 전 세계적으로 공유할 수 있는 가치가 존재할 수 있다고 믿는다. 보편적 가치의 존재를 줄곧 주장해 온 대표적인 학자가 이마누엘 칸트이며, 존 롤스는 칸트의 정신을 이어받아 현대의 평등적 자유주의 노선을 자신의 『정의론』을 통해 개진했다. 자유주의가 아니면서도 그런 가치의 존재를 인정한다는 말은, 샌델 교수가 롤스에 대한 비판과 수용을 동시에 하고 있음을 의미한다. 그리고 전통의 중요성을 인정하면서도 사회 변화를 동시에 주장하는 것이 샌델 교수의 입장이라는 의미이기도 하다.

다음은 지난 2004년 샌델 교수가 한국철학회의 초청으로 다산기념 철학강좌에서 네 차례 특강을 진행할 때 필자와 가졌던 인터뷰 내용의 일부다. 이는 샌델 교수가 스스로 어떤 입장을 가지고 있는지 잘 보여 준다. 필자는 샌델 교수에게 "이번 강의의 대주제가 '자유주의와 공동체주의'라고 되어 있습니다. 선생님은 이 논쟁적 관계에서 자신의 위치를 어디에 놓고 계십니까?"라고 물었다. 그는 다음과 같이 대답했다.

> 저는 찰스 테일러나 마이클 월처와 마찬가지로 저 자신을 공동체주의자라고 부르기를 꺼려합니다. 일반적으로 공동체주의란 오직 자기 나라나 민족만을 중심으로 생각하는 방식이라고 정의를 내립니다. 그래서 다른 공동체가 가진 도덕적·정치적 주장에 대해 무시하는 경향이 있습니다. 이런 입장에 대해서 저는 반대합니다. 이런 점에서 저는 공동체주의자가 아닙니다. 관습과 전통의 가치는 시험의 대상이 되어야 합니다. 민족주의적 공동체주의의 협소함 때문에 순수보편주의가 대안으로 제시되기도 합니다. 이 입장에 따르면 특정한 정체성이나 전통을 전적으로 무시하고 지구적 관점에서 세계 시민적 태도를 가질 것을 요구합니다. 이것은 적절한 대안이 될 수가 없다고 봅니다. 저는 자유주의는 많은 점에서 오류에 빠져 있다고 생각합니다. 물론 지구적 관점에서의 윤리 교육은 필요합니다. 그러나 그와 동시에 자신이 속한 특정 정체성의 발현과 존중이 함께 이루어져야 합니다.[*]

• 마이클 샌델, 김선욱 외 역, 『자유주의와 공동체주의』(철학과현실사, 2006) pp.328-329. 이 책에 수록되어 있는 인터뷰 '자기 해석적 존재를 위한 정치 철학'에 나오는 내용이다.

샌델 교수의 입장은 그의 첫 번째 주저인 『정의와 자유주의의 한계』를 통해 이론적으로 명확히 전개된다. 그 책에 나오는 세 가지 예를 통해 그의 입장이 자유주의 및 원래의 공동체주의와 어떻게 다른지 살펴보자.

첫 번째 예는, 자유로운 종교 행사는 왜 보호되어야 하는가라는 질문이다. 우리는 국가가 선별적으로 종교를 인정해서는 안 되며, 종교의 자유는 보장되어야 하고, 따라서 자유로운 종교 행사는 보호되어야 한다고 믿는다. 어떤 이유에서일까?

자유주의자는, 개인의 인격을 존중해야 하므로 개인의 자율은 보장되어야 하며, 개인이 자신을 위해 가치 있는 것을 선택할 수 있어야 하므로 자유로운 종교 행사를 보호해야 한다고 생각한다. 이는 엄밀히 말하면 종교 자체에 대한 존중이 아니라, 종교를 갖는 자아에 대한 존중이며, 개인이 자신의 종교를 자유롭게 선택하는 능력에 대한 존중, 그 존엄에 대한 존중을 말한다. 이렇게 보면 자유주의에서 종교적 믿음이 존중받는 것은 그 종교의 중요성과 종교적 믿음의 내용과 무관하게, 그 믿음이 자유롭고 자발적으로 선택되었다는 사실에만 의존하고 있다. 결국 자유주의에서는 종교 자체의 도덕적 중요성이 중시되지 않고 종교적 자유라는 권리의 확보만 중시되고 있음을 알 수 있다. 종교가 가진 좋음(선)의 요소보다는 개인의 권리가 우선하는 것이다. 이런 태도는 "권리(옳음)가 선(좋음)에 앞선다"는 말로 표현된다.

샌델 교수는 이러한 자유주의적 태도가 신앙의 본질을 잘못 이해한 것이라고 비판한다. 나아가 우리는 헌법 혹은 법률에 따라 해로운 유의 종교 행사에 대해서는 조정을 하고 때로는 위법적 행위로 여겨 금지시키는 경우가 있는데, 이런 이유를 모호하게 만든다고 비판한다. 종교적 신앙을 존중하는 것은 그 신앙을 개인이 선택했다는 사실 때문이 아니라, 좋은 삶에서 차지하는 그 신앙의 지위, 신앙이 증진시키는 품성의 질, 또한 정치적 관점에서 볼 때 좋은 시민을 만드는 습성과 기질 함양의 경향 때문이다. 개인이 선택하는 다양한 관심사와 종교적 신앙을 동일시할 수 없다. 다시 말해, 자유주의자의 태도를 따르게 되면 우리는 양심의 문제와 단순한 선호의 문제를 구분할 수 없게 된다. 예를 들어 안식일을 지키고자 하는 이들에게 안식일 휴무를 제정할 권리가 있다면, 축구 관람을 위해 하루 휴무를 원하는 이들에게도 동일한 권리가 허용되어야 마땅하지 않겠는가. 하지만 이 둘은 근본적으로 다른 지위를 갖는 문제다. 종교적 자유와 선택의 자유를 동일시하는 자유주의의 입장은 내용적 중립에 대한 지향성 때문에 생긴 것이다. 샌델 교수는 종교적 자유라는 권리의 정당화는 필연적으로 판단적judgmental일 수밖에 없다고 말한다. 종교적 자유라는 권리를 옹호하려면, 그 권리가 보호하려는 관행의 도덕적 가치에 대해 실질적인 판단을 내려야만 하기 때문이다.

두 번째의 예는, 언론의 자유와 연관된다. 미국 일리노이 주 스코키 마을에는 독일 나치가 자행한 홀로코스트라는 엄청난 인종 학살극의 생존자들이 살아가고 있었다. 그런데 이 마을에서 신나치주의자들이 행진을 하겠다고 신청했을 때, 과연 그런 정신 나간 행위를 언론과 표현의 자유라는 이름으로 허용해야 하는가? 과연 참혹한 트라우마를 갖고 살아가는 사람들에게 백인 우월주의자들의 인종 차별적 견해를 표명할 수 있도록 허용해야 하는가?

자유주의 주장에 따르면, 정부는 시민들의 견해에 중립을 지켜야 한다. 정부는 시간과 장소, 방법 등을 규제할 수는 있지만 그들이 말하는 내용을 규제할 수는 없다. 인종 차별적 견해라 하더라도 그것을 금지하는 일은 그 사람에게 타인의 가치를 강요하는 것이며 그 시민의 권리를 훼손하게 되기 때문이다. 자유주의가 가진 인간관은 '부담을 감수하지 않는 자아unencumbered self(이 말은 학계에서는 '무연고적 자아'라고 흔히 번역한다)'이며, 이런 나의 존엄성은 나의 사회적 역할이 아니라, 자신의 역할과 정체성을 스스로 선택할 수 있는 능력에 근거한다. 따라서 자유주의는 타인에게 해악을 끼치는 것을 금할 수 있지만 증오 연설 자체를 해악으로 여기지는 않는다. 또한 특정 개인이나 집단에 던져진 모욕은, 그 말을 듣는 개인이나 집단의 구성원들도 근본적으로 '부담을 감수하지 않는 자아'임이 전제되므로, 말 자체가 그들의 존엄성을 훼손시키지 않는 것으로 이해된다. 물론 그 연설이 단순한 표현과는 별개의 해악을 선동할 가능성이 농후할 때에는 그 연설을 제약할 수 있다고 생각한다. 결국 자유주의에 따르면 신나치주의자들의 행진과 연설을 막을 수 없다.

　그런데 샌델 교수가 생각하기에 이러한 자유주의 관념은 지나치게 협소하다. 특히 '해악'이라는 말을 사용할 때 그렇다. 자신이 속한 종교 집단이나 민족 집단에 대한 모욕은 실제적으로 손해를 끼치는 해악일 수 있다. 홀로코스트 생존자들에게 신나치주의자들의 행진은 말할 수 없이 두려운 기억을 불러일으킨다. 물론 증오 연설이 잠정적으로 해악을 유발할 수 있다는 이유로 곧바로 연설을 제약해서는 안 될 것이다. 표현의 자유도 여전히 중요하기 때문이다. 그러나 우리가 중요하게 생각해야 할 것은 연설의 내용이 담고 있는 도덕성의 문제이다. 이 예의 경우, 증오 연설은 그 연설을 청취하게 될 홀로코스트 희생자들의 정체성의 도덕적 위상과 관련되며, 그들의 확고한 정체성을 직접 공격하기 때문에 실질적인 해악을 끼치는 행위가 된다. 따라서 스코키 마을에서 신나치주의자의 행진은 금지되어야 한다. 이 경우에 샌델 교수의 입장은 원래의 공동체주의자들의 입장과 동일하다. 스코키 마을 사람들의 공동체적 정체성의 내용이 존중받아야 할 가치가 있다는 점에서 쉽게 동의될 수 있기 때문이다.

하지만 다음의 세 번째 예를 살펴보면, 샌델 교수의 입장은 자유주의자들뿐만 아니라 원래의 공동체주의자들과도 다르다는 점을 확인할 수 있다.

1950년대 미국 남부에서는 흑인 민권을 위한 운동이 일어났다. 마틴 루서 킹은 백인들의 마을에서 흑인의 민권을 위한 행진을 계획했고 이를 신고했다. 남부 분리주의자들은 킹 목사 일행이 자신의 공동체에서 행진하기를 원하지 않았다. 백인들은 전통적으로 흑백 차별을 당연하게 여겼기 때문에 이들의 행진은 백인들이 소중히 여겨 온 전통적 가치와 그들의 신념에 해가 될 수 있을 것이다. 스코키 마을 주민들도 신나치주의자들의 행진을 원하지 않았다. 과연 남부의 마을과 스코키 마을의 경우를 구분하는 원칙적인 방법이 있을까?

자유주의는 개인에게 자유롭게 말할 권리가 있으므로 행진을 허용해야 한다는 입장을 갖는다. 이는 앞의 두 예와 일관된 태도이다. 하지만 자유주의자들이 행진을 옹호해야 한다는 것은 단지 모두에게 언론의 자유가 부여되어야 한다는 취지에서만은 아니다. 흑백 차별 자체가 언론의 자유를 원천적으로 봉쇄하고 있으므로, 자유주의자들은 흑백 차별 정책에 실질적으로 반대한다. 즉 그 내용의 도덕성에 대해서도 자유주의자들은 동의하고 있는 것이다. 본래의 공동체주의자는 공동체에 우선적 가치를 존중해야 한다고 생각하므로 남부 도시 공동체의 흑백 분리주의자들의 공동의 기억에 대한 침해를 원하지 않을 것이다. 흑백 차별 반대가 갖는 도덕적 가치보다 공동체가 믿어 온 신념의 가치가 우선한다고 생각하기 때문에 킹 목사의 행진을 막아야 한다는 결론에 도달한다.

그러나 샌델 교수는 신나치주의자와 킹 목사의 연설에는 그 내용이 갖는 대의명분의 본질에 차이가 있다고 생각한다. 또한 각 공동체가 가진 정체성의 도덕적 가치에도 차이가 있다고 생각한다. 홀로코스트 생존자들이 공유하는 기억은 흑백분리주의자들이 갖고 있는 믿음과 비교할 수 없을 정도의 도덕적 차별성을 지니고 있다는 것이다. 따라서 샌델 교수는 킹 목사의 행진에 대해 찬성한다.

샌델 교수가 말하는 도덕적 차별성은 우리의 상식과 크게 다르지 않을 뿐만 아니라, 자유주의자들의 기본 입장을 통해서도 옹호될 수 있다. 따라서 샌델 교수의 입장은 자유주의자들이 말하는 것과 같은 인간 개념을 수용하지도 않고 또 그들처럼 중립적 입장에서 문제를 접근하지도 않지만, 그들과 실질적으로 동일한 결론에 도달한 것이다. 샌델 교수는 이 경우에도 판단적인 입장을 갖는다. 또한 원래의 공동체주의적 입장과 비교해 본다고 해도 샌델 교수는 그런 공동체주의와는 대립되는 지점에 서 있다. 전통적 가치라고 해서 무조건 옹호하지는 않고 가치를 중심으로 하는 판단적 관점에서 접근한다. 그러나 그는 공동체주의자들처럼 개인의 정체성에 대해 전통이 갖는 중요성은 여전히 인정하면서, 그들과 달리 우리가 인권이라고 부르는 보편적 가치의 중요성을 인정하고 수용하고 있는 것이다.

자유주의와 공동체주의의 논쟁에 대한 잘못된 이해는, 개인의 자유를 찬양하는 자들과 공동체의 가치 혹은 다수의 의지를 받아들이는 사람들 사이의 논쟁이라는 관점, 보편적 인권을 신봉하는 자들과 문화 및 전통의 가치를 공동체 외적인 잣대로 판단하거나 비판해서는 안 된다는 자들 간의 논쟁이라는 관점, 그리고 자유로운 개인의 선택권을 주장하는 사람들과 개인보다는 다수 혹은 공동체의 공통의 의견을 우선시하는 사람들 사이의 논쟁이라는 관점에서 나온다. 이러한 잘못된 관점들은 샌델 교수의 입장을 오해하게 만드는 원천적 오류다. 이런 관점은 원래의 공동체주의 입장을 반영할 수는 있겠지만, 샌델과 더불어 롤스에 대한 비판을 추구하는 새로운 공동체주의, 소위 '자유적 공동체주의'를 주장하는 사람들의 입장은 아니다.

샌델 교수의 입장, 특히 『정의란 무엇인가』를 보다 체계적으로 이해하기 위해 그의 핵심적 주장을 다음의 네 가지로 간추려 보자.

첫째, 샌델 교수는 '선(좋음)이 권리(옳음)에 앞선다the priority of the good over the right'고 주장한다. 문제의 핵심은, 좋은 삶의 개념을 가정하지 않고 권리의 존재만 정당화하는 것이 가능한가라는 데 있다. 샌델 교수의 입장은, 사회의 기본 구조를 규제하는 정의의 원칙은 다양한 성향을 가진 사람들로 구성된 시민들이 가지고 있는 서로 대립적인 도덕적 혹은 종교적 확신과 무관하게 중립적으로 존재할 수 없고, 또 그렇게 정당화될 수도 없다는 것이다. 정의와 좋음에 대한 생각, 즉 정의와 선의식은 서로 상관적일 수밖에 없다. 그는 정의의 원칙이 갖는 도덕적 힘이 특정 공동체 혹은 전통에서 형성되거나 거기서 폭넓게 공유된 가치에서 나온다는 공동체주의에 반대한다. 그런 생각을 따르면, 정의란 공동체가 받아들일 때에만 정의로 성립되거나, 혹은 공동체 전통에 함축되어 있으나 실현되지 않은 이상에 호소할 때 정의로 옹호할 수 있게 된다. 샌델 교수는 정의 및 권리의 원칙의 정당화가 그 원칙이 기여하는 목적의 도덕적 중요성에 달려 있다고 생각한다. 따라서 우리는 그 목적을 실질적으로 도덕적 관점에서 판단함으로써 정의를 이루고 권리를 옹호할 수 있다는 것이다.

둘째, 샌델 교수에게 개인은 공동체와 끊을 수 없는 연고를 가지고 있는 존재이다. 개인은 공동체와 전통이 주는 부담에서 완전히 벗어날 수 없으며, 나아가 그에 적극적으로 응대하는 것이 필요한 존재이다. 이를 설명하는 근거가 인간은 이야기하는 존재, 혹은 서사적 존재라는 주장이다. 개인은 공동체가 역사적으로 이루어 온 것에 대해 부담을 지고 있다. 이는 다른 말로, 우리가 하는 선택이 역사적으로 완전히 중립적일 수 없다는 의미다. 우리의 생각과 우리의 존재는 가치와 역사, 전통 등으로 이미 제약을 받고 있기 때문에, 자유주의자들이 말하는 것처럼 그런 것으로부터 완전히 부담을 덜어 버린 결정을 내리는 것이 아예 가능하지 않은 것이다. 이 때문에 '선이 권리에 앞선다'는 말이 '앞서야 한다'는 당위로서가 아니라, '앞선다'라는 사실 언어로 표현되었다. 이것이 인간관과 관련하여 샌델과 같은 자유적 공동체주의자가 자유주의자들이 주장하는 보편적 가치에 옹호하면서도 '권리가 선에 앞선다'

는 주장에 입각하여 옹호하는 것이 아니라, 각각의 사안이 가지고 있는 가치에 대해 판단적 태도로 접근하는 이유다.

셋째, 샌델 교수가 선 관념의 중요성을 말할 때, 거기에는 반드시 전통에 대한 비판을 포함한다. 공동체가 공유하는 좋음(선)에 대한 생각이 반드시 옳은 것만은 아니다. 따라서 가치 판단을 통해 수용할 수 없는 점들은 반드시 비판을 받아야 한다. 비판적 검토를 거치지 않는 선 관념 혹은 전통은 수용될 수 없다. 그러나 이러한 비판의 기준이 자유주의자들이 생각하는 것과 같이 순전히 절차적으로 규정된다거나 혹은 어떤 일정한 원칙에 입각하여 이루어지는 것으로 생각할 수는 없다. 자유주의에서 주장하는 방식으로 설정된 인권 개념은 특정 문화와 전통의 중요성을 놓치고 있기 때문이다.

이를 정치 영역으로 옮겨서 생각하면, 자유주의에서 말하는 공적 이성은 결코 중립적일 수 없다는 샌델 교수의 주장으로 이어지게 된다. 다른 말로 하면, 정치적 담론은 그런 담론에 참여하는 이들의 도덕적·종교적 정체성과 분리되어 이루어질 수도 없고, 그런 한에서 분리되어서도 안 된다는 것이다. 이는 그동안 자유주의적으로 생각되었던 정치 영역의 개념, 즉 정치에 참여하는 자들은 도덕적 혹은 종교적 입장에서 자신의 주장을 펼쳐서는 안 된다는 생각에 반대하는 것이다. 이런 중립적 정치 영역 개념의 결과가 오늘의 국제 정치에서 보는 것과 같이 종교의 이름으로 이루어지는 수많은 폭력 행위라는 부작용의 한 원인이 된다.

하지만 이와 마찬가지로 종교적 신념에 따라 정치 문제에 접근하는 경우에도 종교적 신념에 근거한 태도에 있어 개방성을 가져야 하며, 종교적 폐쇄성은 내부적 개방성을 통해 해결되어야 한다고 강조한다. 물론 이는 하루아침에 해결될 문제는 결코 아니며, 많은 시간이 필요한 일임을 샌델 교수도 잘 인지하고 있지만, 이런 시간을 회피하지 않고 긴 논의에 참여해야만 문제의 진정한 해결이 가능하다는 것이다.

넷째, 샌델 교수는 정치가 절차적 민주주의만으로는 좋은 정치에 도달할 수 없고, 정치적 숙고를 통해 공동선에 대한 실질적 판단을 해야 한다는 점을 강조한다. 공동선을 산출하게 될 판단을 위해서는 공동으로 처한 상황에 대한 시민의 참여가 필요한데, 시민에게는 올바른 판단을 하려는 태도와 기본 소양이 필요하다.『정의란 무엇인가』는 바로 이런 소양을 함양하는 내용을 담고 있다. 필자는 샌델 교수가 하버드 대학교에서 진행하고 있는 '정의' 강의도 궁극적으로 학생들에게 이런 소양을 함양하기 위한 것으로 보았다. 어쨌든 좋은 정치를 위해서는 민주적 절차와 선거권뿐만 아니라 소양을 갖춘 시민의 존재, 그리고 민주적인 공공문화 형성이 필요한 것이다.

샌델 교수가 중요시하는 공화주의적 덕성을 갖춘 시민이란, 다원적 세계에서 복합적 정체성을 갖고 살아가는 법을 아는 사람이고, 현실에 대해 공감적으로 이해할 수 있는 사람이며, 남과 대화를 통해 의견을 함께 형성할 줄 아는 사람이다. 자신이 원하는 정치인에게 표를 던지는 절차에 참여하는 것만으로는 의미 있는 공동선을 자신의 사회에서 만들어 낼 수 없으며, 자신이 봉착한 사안에 대해 가치의 문제를 자신의 관점에서 실질적으로 고려하고 소통할 수 있는 역량을 갖추어야 한다. 그리고 이런 것이 가능하도록 하는 제도적 장치 또한 만들어 내야 한다.

『정의란 무엇인가』는 공리주의에 대한 비판으로 시작하고 있다. 그 이유는 공리주의가 마땅히 비판받을 만하고 또 손쉬운 비판의 대상이기 때문이 아니다. 우리는 사실상 알게 모르게 어떤 결정을 내릴 때 공리주의에 가장 많이 의존하고 있다. 또한 공리주의는 우리가 살고 있는 자본주의 사회의 기본 원리를 이룬다. 정부가 정책을 내릴 때 어떤 특수한 계층에게만 이익이 되는 결정을 내려서는 안 되며, 국민 다수에게 도움이 되는 결정을 내려야 한다고 주장할 때 우리는 공리주의적 입장에 서 있다. 그러므로 공리주의를 비판적으로 검토한다는 것은 우리 사회에 만연한 문제의 뿌리를 점검하는 일에 해당한다. 그 비판적 검토의 핵심은 공리주의의 가치를 전면적으로 부정하는 데 있지 않고, 다만 공리주의적 사고가 우리의 삶 전체를 지배하지 않도록 하는 데 있다. 맨 처음에 나오는 경로를 이탈한 전차의 예를 위시하여 여러 사례를 활용한 논의의 초점은 공리주의가 사회의 모든 면을 지배하는 것을 비판하는 데 있다.

공리주의에 대한 비판은 현대의 자본주의 사회가 가진 문제점에 대한 근본적인 반성을 요구한다. 이 점에서 샌델 교수의 논의는 정치적인 성격을 갖는다. 그런데 이 과정에서 다양한 관점과 이론이 체계적으로 제시되는 이유는, 어느 하나의 주의나 주장에만 몰입해서는 문제가 해결되지 않기 때문이다. 우리는 다양한 입장과 관점들을 경청하고, 다른 사람들 편에 서서 이해를 시도하면서 어떤 생각이 해당 문제에 더 좋은지 고민하고 판단하는 태도를 가져야 한다. 이 과정을 통해 우리의 사유가 확장되고, 이해가 넓어지면서 우리 사회를 구성하고 있는 다양한 사람들과 더불어 아름다운 공동체를 이룰 수 있다.

이 책을 읽는 독자들은 다양한 사례와 질문이 제시되지만 해답은 주지 않는다는 인상을 갖기 쉽다. 하지만 자세히 읽어 보면, 이 책은 하나의 주장에서 다른 주장으로 넘어갈 때 이루어지는 분석과 비판을 통해 우리에게 생각의 길을 제공하고 있음을 알 수 있다. 따라서 우리는 정답을 얻으려는 데만 집중하지 말고, 여러 주장들의 비판적 만남의 과정 자체에 관심을 기울여야 한다. 또한 우리는 관점의 다양성을 잘 살펴야 한다. 모든 경우에 적용될 수 있는 '하나의' 완전한 철학이란 존재하지 않기 때문이다.

그런데 과연 특정한 상황에 특정한 대답을 찾는 것을 넘어 모든 상황에 적용될 수 있는 보편적 원리는 정말로 존재할 수 없을까? 칸트가 말하는 '정언 명법'이나 존 롤스의 '정의의 원칙들'이 바로 그런 보편적 원리로 제시된 것이다. 하지만 샌델 교수는 그러한 원리들이 전적으로 타당할 수는 없음을 다양한 사례를 통해 반박한다. 칸트의 정언 명법이 타당하지만, 우리 집에 숨은 친구를 찾아온 살인자에게 거짓말을 할 것인가를 묻는 사례처럼, 정언 명법을 모든 사례에 적용했을 때 받아들이기 어려운 어리석은 결과가 나타날 수 있다. 롤스의 정의의 원칙들은 칸트의 경우보다 더 세련되게 구성되어 있지만, 여전히 현실에 제대로 뿌리를 박고 있는 이론은 아니다. 1787년의 미국 헌법이 노예제를 승인하고 있었던 것처럼, 아무리 사람들이 중립적이고 객관적으로 사유하려 해도 자신이 실제로 속한 공동체가 뿌리 깊게 믿고 있는 생각을 근본적으로 제거하기는 불가능하다는 것이 샌델 교수의 지적이다.

우리가 살아가는 데 의존할 여러 도덕적 원리를 아는 일은 아주 중요하다. 그러나 그 원리가 적용될 상황을 적절하게 이해하는 것도 마찬가지로 중요하다. 상황을 제대로 이해하지 못하면 아무리 좋은 원리라도 제대로 적용할 수 없고, 따라서 좋은 판단과 실천은 불가능하게 되기 때문이다. 이와 더불어, 그 상황에 임한 다양한 사람들의 입장과 관점의 다양성을 살피는 것도 중요하다. 주어진 상황에 대해 모든 사람이 중립적으로 접근하는 것이 아니라, 모두는 각자 자신의 철학, 문화, 종교의 옷을 입고 나타나기 때문이다. 물론 상황의 해석과 사람의 다양성에만 얽혀서는 문제가 해결되지 않는다. 따라서 결론적으로, 우리에게는 철학적인 원리, 특수한 상황에 대한 제대로 된 이해, 그리고 다양한 사람들의 입장과 관점에 대한 고려, 이 세 가지를 종합적으로 아우르는 것이 필요한 셈이다.

샌델 교수는 줄곧 우리에게 우리의 문제를 스스로 고민하고 자신의 입장을 수립하라고 요구한다. 토론과 고민을 통해 우리는 우리가 어떤 사람인지 알게 되고, 이를 통해 내 입장의 장점과 한계를 인식하게 되며, 또 우리처럼 장점과 한계를 가진 입장에 있는 다른 사람들을 이해하며 그들과 어울려 살 수 있게 된다. 『정의란 무엇인가』는 바로 이런 노력을 하는 시민들에게 결정적인 도움을 주는 책이다.

이 책을 감수하는 나의 역할은 처음부터 의도된 것이 아니었다. 번역을 돕는 과정에서 그만 감수의 역할을 떠맡게 되어 버렸다. 결국 이미 나온 『돈으로 살 수 없는 것들』과 『마이클 샌델의 하버드 명강의: JUSTICE』에 이어 이번이 샌델 교수의 책에 대한 세 번째 감수가 된다. 앞선 두 책의 해설에서 필자는 조금 쉬운 언어로 샌델 교수 사상의 철학적 배경, 그의 활동의 현실적 배경, 그리고 그의 입장의 장점들을 설명하였고, 또 샌델 교수와 관련된 일화를 소개하였다. 여기에 쓴 해설은 거기서 한 걸음 더 나아가 샌델 교수의 자유적 공동체주의의 입장을 분명히 드러내는 데 초점을 맞추었다. 그러다 보니 설명이 다소 학술적으로 이루어진 점이 마음에 걸리지만, 그래도 그의 입장에 대한 정확한 이해에 기여하는 마음으로 준비하였다. 이 책을 감수하는 과정에서 도움을 주신 분들께 감사드린다.

정의란 무엇인가

초판 1쇄 발행 2014년 11월 21일 | 초판 54쇄 발행 2024년 11월 1일

지은이 마이클 샌델 | 감수 김선욱 | 옮긴이 김명철

펴낸이 신광수
CS본부장 강윤구 | 출판개발실장 위귀영 | 디자인실장 손현지
단행본팀 김혜연, 조기준, 조문채, 정혜리
출판디자인팀 최진아, 당승근 | 저작권 김마이, 이아람
출판사업팀 이용복, 민현기, 우광일, 김선영, 신지애, 이강원, 정유, 정슬기, 허성배, 정재욱, 박세화,
　　　김종민, 정영묵, 전지현
영업관리파트 홍주희, 이은비, 정은정
CS지원팀 강승훈, 봉대중, 이주연, 이형배, 전효정, 이우성, 신재윤, 장현우, 정보길

펴낸곳 (주)미래엔 | 등록 1950년 11월 1일(제16-67호)
주소 06532 서울시 서초구 신반포로 321
미래엔 고객센터 1800-8890
팩스 (02)541-8249 | 이메일 bookfolio@mirae-n.com
홈페이지 www.mirae-n.com

ISBN 978-89-378-3479-0 03300

와이즈베리는 참신한 시각, 독창적인 아이디어를 환영합니다.
기획 취지와 개요, 연락처를 bookfolio@mirae-n.com으로 보내주십시오.
와이즈베리와 함께 새로운 문화를 창조할 여러분의 많은 투고를 기다립니다.

「이 도서의 국립중앙도서관 출판예정도서목록(CIP)은 서지정보유통지원시스템 홈페이지(http://seoji.nl.go.kr)와
국가자료공동목록시스템(http://www.nl.go.kr/kolisnet)에서 이용하실 수 있습니다.
(CIP제어번호: CIP2014029540)」